대중음악과 공공외교
Popular Music and Public Diplomacy

초국가·초학문적 시각
Transnational and Transdisciplinary Perspectives

POPULAR MUSIC AND PUBLIC DIPLOMACY

대중음악과 공공외교

Popular Music and Public Diplomacy

초국가·초학문적 시각

Transnational and Transdisciplinary Perspectives

마리오 던켈(Mario Dunkel)
시나 A. 니체(Sina A. Nitzsche) [공편]
김 진 호 [역]

온누리디앤피
DESIGN & PRESS

역자의 말

본서는 Mario Dunkel, Sina A. Nitzsche (eds.), *Popular Music and Public Diplomacy: Transnational and Transdisciplinary Perspectives,* Majuskel Medienproduktion GmbH: Wetzlar, 2018을 완역한 것이다. 본서의 전체적인 내용은 서론에 잘 설명되어 있다.

책 이름은 평이하고 가볍게 보이지만 내용은 매우 학술적인 깊이가 있다고 생각한다. 전문 음악 용어들이 많이 있어서 국제정치학도인 역자에게는 부담이 되기도 했다. 그러면서도 번역과정에서 각 장들에서 표명되는 음악을 유트브로 직접 듣고 확인하는 호사(?)를 누리기도 했다. 특히 미국의 재즈 외교를 소개하는 장(제4장, 제5장)에서는 50, 60, 70년대 유명 재즈 가수들의 냉전 시기 미국 재즈 대사로서 재즈를 매개로 공공외교를 어떻게 전개해 왔는지는 흥미로웠다. 대중음악이 공공외교 자산으로 활용될 수 있는 가능성을 파악할 수 있었다. 또한 미국은 냉전 기간 단파방송을 통하여 구소련과 동유럽 등에 재즈의 지속적인 전파는 1990년대 구 소련의 해체와 동유럽의 붕괴 등을 촉발하는 내재적인 원인이 되었다고 생각한다.

한국은 최근 영화, 음악, 패션, 음식, 스포츠 등에서 소기의 성과를 달성하면서 한류(K-culture)의 공공외교로의 자산 가능성을 보여주고 있다. 그 중에서 K-pop은 가장 근접한 분야이다. 본서가 대중음악뿐만 아니라 다른 분야를 포함하는 한국 문화외교의 지평을 넓힐 수 있는 논리 개발을 만드는데 기여했으면 하는 소망이다.

본서는 「2021년도 KF 공공외교 주요 자료/서적 발간 지원 사업」의 일환으로 이루어졌다. KF(한국 국제교류재단)에 고마운 말을 전한다. 그리고 지역문화 창달이라는 사명을 가지고 고군분투하는 온누리디앤피의 김용택 사장님과 관계자 등에게도 감사한 말을 전하고 싶다.

2022년 2월 27일

제주대학교 사회대 연구실에서

김진호

목차

감사의 글

본서는 2015년 "대중음악과 공공외교"Popular Music and Public Diplomacy에 관한 국제회의에서 시작된 도르트문트 공과대학교TU Dortmund University와 카를 본 오시에츠키 올덴부르크 대학교Carl von Ossietzky University Oldenburg의 대형 연구 프로젝트의 결과물이다.

우리는 이 프로젝트를 가능하게 해 준 기관과 사람 등에게 감사하고 싶다. 독일연구협회The Deutsche Forschungsgemeinschaft, DFG, 뒤셀도르프 미국영사관, 도르트문트 공대 동문회TU Dortmund Society of Friends, 그리고 옥스퍼드 음악 잡지Oxford Music & Letters 등은 우리에게 처음 회의에 재정지원을 받을 수 있도록 보조금을 제공해 주었다. 우리는 또한 도르트문트 공과대학의 영문과와 음악과 그리고 올덴부르크 대학 음악과 등의 동료들에게도 감사의 말을 전하고 싶다. 월터 그룬즈바이그Walter Grünzweig와 홀거 놀츠Hloger Noltze 등은 처음 회의를 지원해 주었다. 레베카 아렌트Rebecca Ahrendt, 마크 페라구토Mark Ferraguto, 데미엔 마히에트Damien Mahiet, 그리고 다니엘 스타인Daniel Stein 등으로 구성된 우리 회의 자문위원회도 우리에게 회의 프로그램을 기획하는데 도움을 주었다. 우리의 패널 사회자들인 에릭 C. 에르바체르Eric C. Erbacher, 엘레나 프루라네토Elena Furlanetto, 란디 군젠호이저Randi Gunzenhäuser, 시빌레 클렘Sibylle Klemm, 피터 크로제Peter Klose, 아이리스-아야 랑머히트Iris-Aya Laemmerhirt, 사이프리안 피스크

레크Cyprian Piskurek, 그리고 제롤드 세들마이르Gerold Sedlmayr 등은 회의 분위기를 자극적이고 생산적이 되도록 만들어주었다. 빌럼 쿰페르Bileam Kümper는 연구장비를 차분하게 관리해 주었다. 반면에 스티븐 울프Steven Wulf는 창의적인 회의 구상을 제공해 주었다. 맷 로커비Matt Lockaby는 우리에게 출판 제안을 다듬어주는 데에 도움 주었다. 테렌스 쿰프Terence Kumpf는 원고를 교정해 주었고 개별 장에 대해서 코멘트를 해 주었다. 마지막으로, 우리는 본 프로젝트를 조직화 하는데 우리를 도와주었을 뿐만 아니라 주제에 대한 귀중한 시각을 제공해 준 우리 학생들에게도 고마운 말을 전하고 싶다. 우리들 조교인 카산드라 벡만Kassandra Beckmann, 탄자 페레이라Tanja Ferreura, 투이비 응우옌Thuy-Vy Nguyen, 그리고 한나 로드왈드Hanna Rodewald 등은 회의 동안 우리들을 헌신적으로 도와주었다. 비욘 제드델로Björn Jeddeloh와 레온 라스첸Léon Raschen 등은 우리에게 마지막 편집과정에서 도움을 주었다. 우리 학생들의 열정, 신뢰, 그리고 헌신 등은 본 프로젝트의 성공의 기반이었다.

마리오 덴켈Mario Dunkel과 시나 A. 니체Sina A. Nitzsche

올덴부르그와 도르트문드, 2018년 10월

서론

대중음악과 공공외교

마리오 던켈과 시나 A. 니체 *Mario Dunkel and Sina A. Nitzsche*

2013년 4월 30일 이래 매년 열리는 소위 글로벌 음악회 행사인 유네스코의 공식 국제 재즈의 날은 교통 체증으로 끝나고 말았다. 개별 예술가들의 2시간 가량의 라이브 공연 이후, 행사에 참여한 모든 음악가들은 존 레논John Lennon의 "이매진"Imagine을 마지막 공연으로 무대를 꾸몄다. 이 노래의 글로벌 음악회 버전은 2010년 허비 핸콕Herbie Hancock 자신의 *이매진 프로젝트*Imagine Project녹화에 대한 각색으로 구성된다. 몇몇 음악인들이 "이매진"연주를 내내 하는 반면에, 다른 음악인들은 개별 소절들을 따라 부른다. 몇몇 연주자들은 솔로 가수를 보충해주기 위해 모여드는 반면, 다른 이들은 연주가 마무리될 즘에 지원한다. "이매진"은 섹트 리프sact riff로 끝을 맺는다. 이것은 다시 한 번 핸콕의 초기 버전에 따른 것이다. 음절의 "바"ba "답"dap 등을 여러 음악인들이 부르면서, 마지막은 협주곡을 모티브로 악기 모방형식을 이끌어낸다. 재즈를 "보편적인 언어"로 구성하는 행사의 핵심적인 레토릭을 재확인하면서 말이다. 2011년에 시작된, 재즈의 날은 전 세계 시민들을 묶어주는 재즈의 "외교적인 역할"을 공식적으로 기념 한다"대략". 이 행사는 미국2012년과 2016년, 터키2013년, 일본2014년, 프랑스2015년, 쿠바2017년, 그리고 러시아2018년 등에서 개최되어 왔다. 2019년 행사는 호주에서 열렸다. 오바마Barack Obama 미국 대통령이 2016년 백악관에서 재즈의 날을 열었다. 또한 러시아 문화부도 이 행사가 푸틴Vladmir Putin대통령의 고향인 성 페테스부르그에 있는 마리이닌스키Mariinsky극장에서 열릴 때인 2018년 글로벌 음악회를 지원해 주었다. 여러 중앙 정부의 연관성에 더해서, 국제재즈의 날은 유나이티드 에어라인United Airlines과 도요타Toyota 등과 같은 대기업 등에 의하여 재정 지원되어 왔다.

재즈의 날과 같은 이벤트는 대중음악과 공공외교의 교감에 관한 본서의 의미를 증명해 주는 세계적으로 유명한 몇몇 재즈 음악가뿐만 아니라 국가지도자, 대기업과, 관심층 등에게는 의미가 있다. 의심할 것도 없이, 재즈와 이것이 갖는 중개mediations는 정부와 기업 등에게 중요한 문화 자본으로 연결된다. 지난 20여 동안, 국제관계에서 이러한 음악의 정치적 의미에 관한 문제들이 다양한 분야에서 떠올랐다. 많은 사람 중에서 앤드류 C. 쿠퍼Andrew C. Copper, 리사 다벤포트Lisa Davenport, 페니 본 에센Penny von Eschen, 제시카 지노우헤후트Jessica Gienow-Hecht, 시모 미케코넨Simo Mikkonen, 프레드릭 라멜Frédéric Ramèl 등은 다양한 유형의 실질적인 문화의 중요성을 강조해 왔다. 이러한 관행과 중개 등이 공공외교에 기여하고 정치적으로 효과적이게 된 다양한 방식을 살펴보았다. 국제관계에서 음악에 대해서 말이다Eschen; Gienow-Hecht, *Sound Diplomacy*; Davenport; Cooper' Ramel and Prévost-Thomas; Mikkonen and Suutari.

동시에, 음악학자, 문학자, 예술사학자, 그리고 문화연구에 흥미를 갖는 다른 학자 등은 음악과 음악인의 외교적 정치화가 문화 영역에서 파문을 불러일으키는 방식에 관하여 문제를 제기하기 시작했다Foster-Luissier, *Music*; Ahrendt, Ferraguto, and Mahiet; Bauer; Street; Kemper et al. 등을 보라. 음악의 정치화는 음악인들의 마케팅에서부터 장르의 브랜딩과 음악적 관행과 미학 등의 전환까지 광범위하다. 역사, 정치학에서뿐만 아니라 음악학과 대중음악연구 등에서 보는 시각을 통합한다. 이에 따라서 본서는 글로벌화 된 세계에서 문화적, 음악적, 사회적, 경제적, 그리고 정치 발전 등에 적절한 문제제기를 하는 획일적이거나 상호적이라기보다는 다각적인 것으로 대중음악과 외교 간의 상호관계를 이해하려는 것이다.

대중음악과 음악 외교 연구

본서는 초국가적이고 여러 학문에 걸친 시각으로부터 바라보는 대중음악과 공공외교의 상호 연관성을 살펴본다. 다양한 국적과 학제적인 배경을 가진 14명의 학자들이 개별 장chapters들을 맡아주었는데, 주제에 관한 폭넓은 시각을 보여줄 것이다. 제1장을 예외로 하더라도, 주제에 관한 역사적인 배경을 제공하는 본서에 수록되어 있는 각 장들은 음악외교에서 특정 양상과 시기 등에 대하여 초점을 맞춘다. 제2차 세계대전 이후 대중음악에 집중하면서, 집필자들은 음악외교 관련 개별 논쟁에 대한 수정과 추가 사항 등을 제공한다. 그런 다음 시간과 음악적 관행 등에 관한 본서의 협의적인 초점은 주제에 대한 그렇지 않은 광범위한 접근방법을 용이하게 해준다.

음악이라기보다는 오히려 *대중*음악에 초점을 둔 필자들은 그 자체가 다양한 생각으로부터 나온 결과이다. 첫째, 대중음악은 음악외교 연구에선 열외로 취급되어왔다. 선전에서 예술의 역할에 관한 초기 연구는 주로 유럽 콘서트 음악에 초점을 둔다. 최근에 들어서야 연구자들이 대중음악을 포함하는 외교적 관행에 더욱 더 많은 관심을 보여주기 시작했다. 미국 재즈 대사 프로그램에 관하여 페니 본 에센의 연구는 지난 15년 동안 부상되어 왔던 유럽 예술음악의 표준을 넘어서는 음악 관행과 장르 등을 고찰하는 연구를 위한 개척자로 여겨질 것이다Eschen. 본 문집은 음악 외교 연구에서 이러한 간극을 좁히는데 기여한다.

둘째, 공공외교에서 대중의 관행과 장르의 포함은 문화적 대표성, 참가와 권력 등의 문제와 밀접하게 연관된다. 다양한 음악 관행이 공공외교에서 포함되고 배제되어 오던 과정을 보는 것은 거대 현상에 관한 문제를 제기한다. 예를 들면 사회적, 문화적, 정치적 참여 등이다. 음악외교는 스튜어드 홀Stuart Hall이 "대표 레짐"regimes of representation으로 부르는 것을 재확인하고, 유지하며 그리고 개입하는 독특한 힘을 가진다232. 음악 외교에서 배제되는 한 가지 사례로는, 예를 들면 1950년대의 음악외교 프로그램에서 대중음악의 경시이다. 이 기간 가장 성공적인 음악인 로큰롤rock 'n' roll이 공식적인 음악 외교 프로그램에서 주변부적인 역할만을 할 때이다. 대중음악의 외교적인 활용은 처음에 재즈와 같은 "세미 semi-대중적인"[1] 관행에 한정되었던 반면에, 20세기 후반에는 국가, 노동 계층, 록, 펑크, 레게, 그리고 힙합 등을 포함하면서 외교적인 맥락에서 다양한 대중적인 장르에 관한 점증하는 압력을 보게 되었다. 두 가지 사건들은 국가의 대표성과 대중문화에 관한 이해가 어떻게 1950년대 근본적으로 변화하는지를 다음과 같이 시사한다. 미국 국무부를 대표해서 디지 길레스피Dizzy Gillespie의 중동, 터키, 그리고 발칸 순회 여행과 동년 유로비전 송 콘테스트Eurovision Song Contest, ESC의 시작 등이었다. 딘 뷔레틱Dean Vuletic이 자세하게 설명한 바와 같이, 유로비전 송 콘테스트는 대중문화가 유럽 정체성의 형성을 의미한다는 것을 재확인해준다Vuletic; 본서에 있는 뷔레틱의 글을 보라. 어떤 면에서, 두 가지 사건들은 음악외교에서 대표성 정치에 대해 근본적으로 의문을 제기했는데, 음악의 대표성에 관한 매우 참여적이고 민주적인 관행을 제시하면서 말이다.

셋째, 공공과 음악외교 분야에서 정치 문서 의존은 청중—공공외교의 표면적인 수용자—과 음악가 등의 시각을 무시하는 경향을 포함한다. 반면에 정부 관리들의 시각은 지나치게 강조된다. 이러한 경향은 지난 10년 동안 부상되어 온 민족지적인 연구에 의하여 비판적으로 문제가 제기되어 왔다Aidi; Bayles; Fosler-Lussier, "Cultural Diplomacy"; Salois 등을 보라.

---

1) 다니엘 포스레-루시에르Danielle Fosler-Lussier에 따르면, "세미semi-대중음악"이란 용어는 "밴드와 학생합창단 등을 포함하는 '영구성의 정도를 성취해 왔던' 음악"으로 이것을 정의했던 미국해외공보처USIA에 의하여 실질적으로 사용되었다.

이러한 노력에도 불구하고, 공공외교 연구에서 청중의 시각을 포함시키는 것은 분야 안에서 가장 커다란 도전들 중에 하나로 남는다. 대중음악과 대중화 과정 등에 초점을 두면서, 본서는 배타적으로 정부를 지향하는 시각을 분산시킬 것이다. 대중음악과 대중문화 등에 관한 참여적인 정향은 일반적으로 문화정책 연구에 대한 분야를 저감시키기보다는 오히려 음악외교에 관한 다양한 문화적 압력과 수용과정 등에 대한 문제를 제기하도록 학자들을 자극한다.

따라서 대중음악의 포함은 장르의 문제 이상이다. 사실상, 장르로써 대중음악을 정의하기 위한 시도는 반복적으로 실패해 왔다Shuker. 본서의 범위 내에서, 대중음악의 "대중"은 음악이 실행하고 중재하는 특별한 방식 이상인 음악의 정수 혹은 본질과는 거리가 멀다. 결과적으로, 본서는 음악—그리고 사실상 도움을 주어 왔던—이 접근 가능하고, 호소되고 그리고 향유되는 복잡한 메시지를 만들면서 *대중화하도록* 도움을 줄 수 있는 방식에 관심이 있다. 예를 들어 재즈의 날에서, "이매진"과 같이 이례적으로 인지도가 높은 노래가 참여하는 공연은 재즈가 소수의 재즈 마니아를 넘어서 일반 청중들에게 접근할 수 있도록 만들었다. 그런 다음 본서는 매우 다양한 종류의 음악을 함께 묶는 대중화에 관심을 가지는 것이다. 아담 이그나시즈Ádám Ignácz가 논의한 바 있는 헝가리 음악과 라이트light 대중음악에서 네빈 사힌Nevin Sahin이 연구한 터키 팝 음악과 본서에 있는 켄드라 살로이스Kenfra Salois가 분석한 미국 힙합 등을 망라하는 것이다. 항상 대중화되는 이와 같은 음악은 다음과 같은 두 가지 방식으로 작동된다. 음악 외교가 정치적인 것을 음악극으로 만든다면, 이것 또한 음악극을 정치화하는 것이다. 공공외교에서 대중음악 관행 활용은 결과적으로 이것이 외교 관행을 형성하는 것만큼이나 대중음악과 문화적인 틀에 관한 이해 등에 영향을 준다. 외교가 브랜딩과 재차 브랜딩과 관련을 갖는다면Dinnie, 그런 다음 이와 같은 재차 브랜딩은 음악 브랜드뿐만 아니라 국가와 기업 브랜드 등에게도 영향을 미친다.

문화적인 강력함 이외에, 음악 외교는 사교계와 절대 분리될 수 없다. 초기부터, 대중음악 외교는 사회적일 뿐만 아니라 문화적 대표성 등에 관한 것이었다. 첫 번째 미국 재즈 외교 순회공연은 민권운동의 한창 중에 시작되었다. 아프리카계 미국 재즈 대사들에 의한 미국의 대표성은 동등한 민권과 사회 정의 등을 위한 운동의 주장과 분리되지 않는다Eschen; Monson. 음악 외교 안에서 더 커진 사회현실에 대한 이와 같이 중요한 존재는 역시 재즈의 날에 명백해진다. 버락 오바마 대통령이 2016년 백악관 행사를 개최했을 때, 그는 민권운동과 재즈 외교의 역사적인 연관성을 이끌어냈다. 2016년 백악관에서 열린 재즈의 날 글로벌 음악회는 아프리카계 미국 문화와 세계문화유산에 대한 예술적 공헌 등으로서 재즈를 정착시켜 놓았다.

아프리카계 미국 음악이 미국에게는 하나의 "선물"이라 한다면, 사회학자와 민권운동가인 윌리엄 에드워드 부르크하르트 두 보이스W. E. B. Du Bois가 1903년에 주장한 바와 같이, 그 당시에 이러한 선물은 사회 평등을 요구하기 위하여 활용될 수 있었다Radano을 보라. 이와 같은 방식에서, 재즈의 날과 같은 이벤트는 국제무대에서 기능을 했을 뿐만 아니라 각자의 사회 안에서 사회단체의 사회적 문화적 입장과 마주했다. 네빈 사힌, 게사 주르 니에덴 Gesa zur Nieden, 그리고 켄드라 살로이스 등에 의한 본서 기고문에서 적시한 바와 같이, 이와 같이 현대 음악 대사들은 문화 대표성에서 소수자 참여에 관하여 유사한 문제에 주목하기 위하여 다양한 국가들에서 대중음악을 활용한다.

대중음악과 외교 관행

음악외교에 포함된 음악관행의 범위가 확대되면서, 마찬가지로 외교 관행 그 자체에 대한 이해를 갖게 해준다. 지난 15년 동안 수많은 연구들은 다양한 종류의 문화 관행과 이것의 외교적 의미 등을 다루어 왔다. 연구자들은 공공외교에서 대중음악 관행뿐만 아니라 그들은 더 커진 음악 현상이 외교관행에 영향을 미치는 방식을 살펴보았다. 예를 들면, 유명인사 외교celebrity diplomacy에 관한 쿠퍼의 연구는 오드리 햅번출처: 위키 백과, Audrey Hepburn, 영국의 배우이자 자선가였다. 본명은 오드리 캐슬린 러스턴이며, 할리우드의 황금시대에서 영화와 패션의 아이콘으로 활동했다. 미국 영화 연구소로부터 여성 배우 중 스크린 전설 3위로 선정되었고, 베스트 드레서 부문 명예의 전당 여성 배우로 선정되었다. 나이가 들면서 햅번은 적은 수의 영화에 출연했으며 나중에 만년의 삶 대부분을 유니세프에 헌신했다. 1954년부터 조직에 기여했으며 1988년부터 1992년까지 아프리카, 남아메리카, 아시아의 가장 가난한 나라의 공동체에서 일을 했다. 1992년 12월 유니세프 친선대사로 활동하면서 대통령 훈장 받음.에서 밥 겔도프출처: 위키 백과, Bob Geldof, 아일랜드의 싱어송라이터이자 사회운동가이다. 1985년에 아프리카 기아 난민을 위한 범세계적인 자선공연 라이브 에이드를 기획하여, '음악계의 성자' 라는 찬사를 받았음와 보노출처: 위키 백과, Bono, 아일랜드의 싱어송라이터로, 록 밴드 U2의 리드 보컬이다. 기부와 자선, 환경 문제 등에 대한 사회 운동으로 유명하여서, 아일랜드 총리는 보노에게 실업 비상대책위원회에 참석해 달라고 요청했음 등을 망라하는 대중의 아이콘과 외교적 활동 간의 공생을 살펴보았다Cooper. 다른 연구들은 비전문 음악인들의 경험과 음악외교 프로그램에서 이들의 음악 관행 등에 관한 경험과 역할을 연구해 왔다Folser-Lussier, "Cultural Diplomacy".

동시에, 외교를 구성하는 것에 관한 이해가 변화해 나갔다. 사실상, 국제 재즈의 날은 어떤 미국 기관에 의하여 다음과 같이 조직되었다. 그것은 텔로니오스 몽크 재즈연구소Thelonious Monk Institute of Jazz이다. 워싱턴과 로스앤젤레스 등에 본부를 둔 비영리단체인 몽크 연구소는 재즈의 날 주요 주최자가 되기 이전 미국 재즈 외교 이니셔티브에 이미 관련되어 있었다. 2000년대, 미국 국무부는 여러 가지 국제 재즈 외교 프로그램을 시도하기 위하여 연구소에 직접적인 재정지원을 해 왔다. 본 에센von Eschen, 다벤포르트Davenport, 포세르-루시에르Folser-Lussier, 그리고 다른 사람들이 보여 준 바와 같이, 미국 재즈 외교의 관행은 1950년대로 거슬러 올라가고 냉전사 또는 문화적 냉전 등과 밀접하게 얽혀진다Mikkonen and Suutari; Gienow-Hecht, "Culture". 동서 간의 긴장이 1950년대에 고조되면서, 미국 국무부는 외국 주민들의 호의를 얻기 위하여 외국에 재즈 대사들을 파견했다. 가장 유명한 수많은 미국의 재즈 음악인들이 이러한 프로그램들에 참여했다. 미국 정부 입장에서 보면, 재즈의 날은 이러한 순회공연들의 성공에 기반을 두려는 시도이다.

미국 국무부가 재즈 외교 프로그램을 수행하기 위하여 몽크 재즈 연구소에게 직접적으로 재정지원을 하면서, 민간 기부자들은 미국 정부에 속해 왔던 최근에 역할을 취해 왔다. 예를 들면, 연구소의 주요 스폰서들 중에 하나인 민간 군납업자인 노스롭 그루먼Northrop Grumman이다. 민간 기업이지만, 노스롭 그루먼은 미국 행정부와 긴밀하게 연결되어 있다. 정부 계약의 83퍼센트 이상을 이 회사가 수주하고 있기 때문이다Dunkel. 노스롭 그루먼은 미국 정부의 호의를 창출하는데 관심을 가지면서, 계속해서 정부는 전 세계를 통하여 미국 문화 진흥에 관심을 지녔다. 현장에 있는 이해 당사자들의 다양성이 여기에서 어떠한 경우에라도 정치적 기업의 투자를 어렵게 하더라도, 재즈의 날은 1950년대 재즈 외교 프로그램과는 전혀 유사하지 않은 방식으로 여전히 기능을 했다. 미국의 글로벌 이미지를 개선하기 위하여 아프리카계 미국인 음악을 증진 시키면서 말이다.

재즈의 날에 관한 이와 같이 복잡하고 구조적인 체제, 21세기 음악외교의 추이에서 주요 변화들 중에 하나는 다음과 같은 관련이 있다. 이것은 외교적 이니셔티브에 투자한 행위자들을 특정하는 것은 지속적으로 어려운 것이 되어 왔다. 재정지원은 매우 규정하기 힘든 방식으로 분포된다. 냉전 동안 미국의 재즈 외교가 미국 이니셔티브로 명백하게 형성된다면, 미국 국무부에 의하여 조직된다면, 이해 관계자들은 지금 상당히 투명하지 않았을 것이다. 음악외교에서 이러한 움직임을 이해하기 위한 핵심 개념들 중에 하나는 "신 공공외교"New Public Diplomacy이다. 2005년 정치학자인 얀 멜리센Jan Melissen이 이것을 아래와 같이 설명한 바 있다.

> 신 공공외교는 더 이상 메시지를 전달하고, 캠페인을 촉진하거나 외교정책 목표에 부합되도록 외국대중과 정부의 직접적인 접촉 등에만 한정되지 않는다. 이것은 또한 다른 국가들 안에 있는 시민단체들과의 관계형성 구축과 국내외에 있는 비정부단체 간의 네트워크를 촉진 등에 관한 것이다. 미래 외교관들은 지속적으로 이러한 종류의 활동에 익숙하게 될 것이다. 이것을 매우 원활하게 수행하기 위하여 그들은 지속적으로 비정부 이니셔티브에 편승해야만 하고, 비공식기관과 협력하고 대사관의 안팎에서 현지 전문가들로부터 혜택을 받아야 한다(*New Public Diplomacy* 22).

이와 같이 공공외교에 관한 증폭된 정의는 비정부기구의 활용을 포함한 문화적이고 예술적인 관행이 국제관계 안에서 기능하는 방식으로 더욱 더 강력한 초점을 갖는다. 본서의 맥락에서, 이것은 우리에게 정치, 문화, 상업 그리고 외교 관행 안에 있는 음악 등에 관한 복잡한 상호작용에 관심을 가지는 문제를 제기하도록 허용해 주는 장점을 가진다.

멜리센은 이와 같은 유형의 공공외교가 전 지구적으로 통용되는지를 다음과 같이 심도 있게 주장했다.

> 공공외교는 덜 국가적이 되어가고 있는 중이다. 관련 행위자들의 입장에서뿐만 아니라 국가가 '자신들이 말하려는 이야기' 주제 선택을 고려할 때조차도 말이다. 중앙정부는 항상 염두에 둔 자신들만의 이해관계를 가지고 있다. 그러나 공공외교를 실행할 때, 그들은 지속적으로 일반 이익뿐만 아니라 글로벌 공공재를 강조 한다(*Beyond* 21).

내셔널리즘의 부활과 "트위터 외교,"Twitter Diplomacy "비외교적인 외교," undiplomatic diplomacy, 그리고 2016년 이래로 "자기 우선 외교"me-first diplomacy 등과 같은 이러한 용어들의 부상 등은 다시 한번 외교 관행이 어떻게 변화하고 있는가에 관한 이해에 대한 도전들을 제공해 준 것처럼 보인다. 그렇지만, 다면론polylateralism과 비정부행위자 등에 초점을 두면서, 신 공공외교 개념은 분석적 접근방법으로서 의미심장한 것으로 남는다. 이것은 외교에 관한 지속되는 다차원적인 복잡성을 설명해주기 때문이다.

디지털과 알고리즘 외교를 통한 권력의 행사가 지속적으로 의미를 가지게 되면서Melissen, "Fake News", 이와 같은 최근의 변화는 역시 음악외교에 영향을 미친다. 중개 전략은 글로벌 콘서트에 있는 음악가들, 유네스코 대사들, 유명인사들, 그리고 정치인들에 의한 연설에서 행사의 직접적인 틀에서, 그리고 난 다음 다양한 방송과 전파 플랫폼 등을 거쳐서 재차 중개되는데, 디지털 미디어와 사회 네트워크에서 그들의 교섭까지 망라된다.

한편으로, 예를 들면, 글로벌 음악회에서 음악인들의 연주 시리즈는 음악 연주 사이에 벌어지는 수많은 연설에 의하여 형성된다. 성 페테스부르그에서 열린 2018년 글로벌 음악회에서, 유네스코 재즈 대사인 허비 핸콕은 다음과 같이 말했다.

> 이전 그 어느 때보다도, 세계는 국제 재즈의 날을 필요로 한다. 인간성의 미래를 위한 비전은, 국제 재즈의 날은 모든 인간들의 상호연관성을 주창하는 것이다. 그리고 오늘 저녁, 문화적으로 다양한 음악인들로 구성된 올 스타 그룹은 성 페테스부르그 안에 있는 여기에 모였고 재즈는 세계 시민들을 하나의 인종—인류—으로 묶어주는 힘을 지녔다는 것을 보여줄 것이다(United Nations).

이러한 핸콕 연설의 일부는 긴급성"이전 그 어느 때보다도", 글로벌 연대, 초인종적인 다양성, 그리고 영웅적인 목표 등이라는 말로 재즈의 날을 규정했다. 동시에, 핸콕의 언급은 다양한 해석을 낳기에 충분할 정도로 애매했다. 첫 번째 문장만이 수많은 방식으로 읽혀질 수 있다. 음악외교는 애매한 메시지의 조작을 포함하는 균형 잡힌 행동이 될 수 있음을 보여준다. 세계는 왜 어느 때보다도 재즈를 필요로 하는가?에 우리는 의문을 가진다. 이것은 트럼프 행정부의 대립 정치와 관련이 있는 것인가? 아니면 핸콕은 러시아 군사 침공을 넌지시 내비친 것인가? 대답은 불명확한 것으로 남는다. 두 가지의 메시지는 핸콕의 언명에서 읽혀질 수 있다.

이벤트에 관련된 정치인들에 의한 연설들은 나에게 매우 특수한 것 같은 경향이 있다. 핸콕과 무대를 공유하면서, 예를 들면, 러시아 블라드미르 푸틴 대통령의 특별대표인 미하일 예브모비치 샤브드코이Mikhail Yefimovich Shvydkoy는 재즈의 융성과 예술에 대하여 일반적으로 러시아에 커다란 국가 공헌을 다음과 같이 강조한다.

> 올해 성 페테스부르그에서 포럼이 열린 것은 매우 상징적이다. 러시아는 재능 있는 예술가, 작곡가 그리고 감독 등의 스타, 최고의 콘서트 장소에서 연주하고 자신들의 본래 재능, 명연주자와 현란한 즉흥연주 등으로 청중을 사로잡는 재즈의 진정한 거장 등으로 유명한 것으로 잘 알려져 있다. 이들의 창의적인 에너지와 진정한 헌신 때문에, 우리 조국은 젊은 음악인들의 전문적인 발전에 많은 일을 해 왔고 국제 인도주의 협력분야에서 혁혁한 프로젝트를 수행해 왔다. 러시아 재즈 교육에 대한 명성은 점차 높아지고 있는 중이다(United Nations).

명백하게, 재즈에 관한 소유권 분쟁은 이벤트의 기본적인 양상이다. 이것은 본서에서 정보를 제공하고자 하는 대중음악 관행을 주장하는 것에 관한 폭넓은 논쟁의 모범사례가 된다Ritter on jazz; Sanz Diaz and Morales Tamaral on flamenco, Salois and zur Nieden on hip-hop, Sahin on dervish performances). 이러한 소유권 분쟁은 연설로는 종식되지 않는다. 그러나 이것은 대중음악 연주에 관한 더욱 넓어진 중개 안에서 지속된다. 재즈의 날은 이벤트 생방송을 따르는 재즈 열혈 팬보다도 글로벌 콘서트에 실질적으로 참여하는 소수의 수천 여명의 관객들에게는 매우 다른 무엇인가가 나타난다. 이것은 또한 공식 행사 웹사이트인 재즈데이닷컴jazzday.com의 오리지널 스트림의 축약판 관객보다도 *유튜브*YouTube의 글로벌 콘서트에서 개별 아티스트의 출연을 살펴보는 청중들에게 다양하게 도달한다. 다른 재즈 매니아들은 세계지도에 재즈의 날을 주최하는 위치와 장소 등을 말해주는 재즈데이닷컴에 재즈의 날 이벤트에 단순하게 등록하면서 참여하게 된다"2018 International Jazz Day".

그렇다면, 음악외교 중개를 고려하는 것은 행위자들이 어떻게 청중과 참가자 등이 재즈의 날과 같은 음악 이벤트를 경험하는 매우 다양한 방식의 통제를 강구하는 조사를 의미한다. 핸콕이 재즈의 날을 평화, 조화와 글로벌 연대 등의 축하로 규정했지만, 사실상 글로벌 콘서트의 중개에 대한 보다 면밀한 조망은 개별적인 이해관계자들 간의 중요한 수준의 경쟁을 나타낸다. 2018년 성 페테스부르그 재즈의 날의 경우에, 러시아 문화부는 자신만의 웹사이트jazzdayrussia.com를 개설했다—재즈의 날이 행사를 대표하는 항상 하나의 일반적인 웹사이트를 가지고 있는 사실에도 불구하고 말이다—이것의 구조와 디자인은 거의 정해진다. 텔로니오스 몽크 재즈연구소 운영하는 원래 웹사이트인, 재즈데이닷컴은 성 페테스부르그와 뉴올리언스 등에서 동시에 열렸던 이중 이벤트로써 2018년 기념식을 장식했다. 웹사이트의 주요 페이지에는 두 개의 비디오를 걸어 놓았는데, 방문객들이 "성 페테스부르그와 뉴올리언스 등으로부터 나오는 2018년 재즈의 날을 볼 수 있도록" 초청했다. 전년 웹사이트에는 각각의 행사 개최도시에서 열렸던 글로벌 콘서트를 특별하게 포함만 했다. 2018년에 성 페테스부르그는 뉴올리언스의 동시발생적인 재즈의 날 행사를 강조했다. 이에 따라서 웹사이트는 개최 도시로서 성 페테스부르그의 의미를 깎아내리면서 재즈에 관한 미국의 소유권을 재차 주장한다. 대조적으로, 재즈데이러시아닷컴은 뉴올리언스 콘서트를 언급조차 하지 않았는데, 성 페테스부르그 글로벌 콘서트"International Jazz Day"만을 보도록 관객들을 초대했다. 명백하게, 미국과 러시아 이해관계자들은 다양한 방식으로 이벤트를 중개하는데, 각 측은 자신들만의 성과만을 강조하고 다른 편의 공헌을 무시하면서 말이다. 재즈의 날 중개에서 이러한 차이들은 이벤트에 초대된 다양한 행위자들 간의 음악 저작권을 위한 디지털 경쟁을 여실히 보여준다.

본서의 구성

디지털과 비디지털 영역 두 가지는, 대중음악과 공공외교 간의 상호연계는 여러 가지 계속되는 긴장들로 특징지어진다. 이것은 "밀고 당긴다"고 다니엘 포스레-루시에르Danielle Fosler- Lussier가 설명하고, 그리고 밀고 당기는 힘"Music Pushed"을 가진 것처럼 말이다. 이에 따라서, 본서는 대중음악 외교의 관행을 형성해 오는 다양한 긴장을 다루는 네 가지 부분으로 나누어진다. 제1부의 장들인 **"경쟁과 협력"**Competition and Collaboration에서는 경쟁과 협력 간의 긴장이 음악외교에 영향을 미치는 방식을 고찰한다. 클라우스 나타우스Klaus Nathaus에 따르면, 경쟁은 19세기와 20세기 음악외교의 역사적인 발전에서 핵심적인 요소였다. 제1부에 포함된 연구들은 대중 음악외교가 다양한 문화적 배경과 정치적인 맥락에서 한편으로는 국제경쟁과 다른 한편으로는 초국가적인 협력 사이에서 왔다 갔다 하는 하나의 관행으로써 이해될 수 있는 정도를 살펴본다.

"제1장 **초국가적인 이전과 국제 경쟁: 19세기와 20세기 독일, 영국 그리고 미국**Music in Transnational Transfers and International Competitions. Germany, Britan, and the US in the Nineteenth and Twentieth Centuries,"에서, 역사학자인 클라우스 나타우스는 서구에서 음악외교의 발전 이면에 있는 주요 요인들 중에서 한가지로 경쟁을 강조한다. 그는 문화전파가 일반적으로 그리고 특별하게 음악이 지난 25년 동안에 역사학자들 사이에서 지속적인 주목을 끌어 왔던 반면에, 제국주의, 저항, 그리고 도용 등을 연구 중인 연구들은 협력적이고 양자적인 것으로 국가들 간의 문화적 긴장을 설정한다. 나타우스의 장에서는 약간은 다른 해석을 하는 시각을 제시한다. 이것은 이러한 관계들을 경쟁적이고 위신 지향적인 것으로 이해하기 때문이다. 그의 접근방법은 이러한 외교적이고 문화적인 관계가 어떻게 연구되고, 이행되고 그리고 평가될 수 있는지에 관한 문제를 제기한다. 고전적이고 대중음악 업적, 관행 그리고 음악가들에 의한 두서없는 전략 등을 분석하면서, 나타우스는 19세기 초 이래로 초국가적인 음악 경쟁의 제도화의 연속성을 특정한다.

알렉산드로 마졸라Alessandro Mazzola는 벨기에 음악외교는 이 나라의 역사적, 정치적, 언어적 그리고 문화 균열을 고려하지 않고선 이해할 수 없다고 주장한다. 자치정부들이 국제적인 차원에서 통합하고 협조하는 정책을 채택하는 연방제 주들과는 다르게, 플랑드르Flanders와 왈로니아Wallonia—벨기에의 독일어권과 프랑스어권—등은 이러한 문제에 협조하지 않는 것처럼 보인다. 마졸라에 따르면, 대중음악은 두 개의 공동체들이 매우 다양한 접근방법을 채택하고 자원과 국제 비전을 위한 경쟁을 종결하는 주요 영역이다. "제2장 **연방 국가에서 문화와 공공외교의 역설: 벨기에 플랑드르로부터의 사례연구**The Paradoxes of Cultural and Music Diplomacy in a Federal Country: A Case Study from Flanders, Belgium"에서는 특별하게 플랑드르에서 어떻게 유일하고 동일 인종이고 자율적인 "플랑드르 민족"에 관한 이미지를 만들고 통용되는 자기표현 전략을 지원해 왔는지를 보여준다. 문화제도들은 거시적인—벨기에—맥락에서 공동체를 놓고 보기 보다는 오히려 자치적인 국가건설 프로젝트에 초점을 맞추는 것처럼 보인다.

첫 번째 부분을 끝내면서, 네빈 사힌Nevin Sahin의 제3장은, **"유로비전 무대의 데르비시**dervish**: 대중음악과 현대 터키의 권력 이해관계의 복잡성"**Dervish on the Eurovision Stage: Popular Music and the Heterogeneity of Power Interests in Contemporary Turkey에서 유로비전 송 콘테스트ESC에서 터키 공연의 이면에 있는 외교와 권력 투쟁 등을 밝힌다. 2004년, 대중가수인 셀탑 에레네Sertab Erener는 대중음악을 이슬람교 탁발 수도승 그룹 사이에서 수행했던 전통 무용과 융합시켰는데, 문화부와 관광부, 수피 단체 그리고 메블레비 수피즘Mevlevi Sufism를 대표하는 관중 간의 살아있는 논쟁을 목적으로 하는 것이다. 유로비전 송 콘테스트 공연에서 이슬람교 탁발 수도승에 관한 이미지는 여전히 활발하게 논쟁을 벌이고 있다. 15개월 민족지 분야에서 자료를 수합하면서, 음악외교 관행에서 국가, 상공업 그리고 종교적인 이해관계 사이에서 경쟁과 협력 등에 관한 역동성을 연구한다.

제2부인 **"침략과 도용"**Infiltration and Appropriation에서는 음악외교 관행에서 수신자와 송신자 지향의 접근방법 간의 긴장에 초점을 둔다. "미국 냉전외교에서 음악"Music in America's Cold War Diplomacy에서 다니엘 포스레-루시에르Danielle Fosler-Lussier는 음악이 외국인 대중의 마음 안으로 . . . 쏟아져 들어[갈] 수 있는 단일 방향의 톱다운 과정으로써 문화 "침투"에 관한 아이젠하워 행정부의 전략을 설명한다4. 대조적으로, 도용과 교환 등에 관한 그 이후의 개념은 자신들만의 의미와 문화적 관행을 적극적으로 발전시킴으로써 문화적 침략을 부정하는 수용자 기관을 강조한다. 포스레-루시에르가 미국 음악외교만 집중하면서, 이 부분에서는 철의 장막의 양면에 대한 다양한 환경에서 침략과 도용에 관한 역할을 고찰한다.

뤼디거 리터Rüdiger Ritter와 마리스텔라 푸슬레Maristella Feustle 등이 살펴본 바와 같이, 침투와 설득의 전략들은 예상치도 않은 결과를 가지는데, 개인적인 협력과 교환을 흔하게 촉진시켰던 공개적이거나 숨겨진 사람 간 외교로 이끈다. 그의 제4장인 **"선전과 공공외교 사이에서: 냉전에서 재즈"**Between Propanganda and Public Diplomacy. Jazz in the Cold War에서, 리터는 음악과 외교에 관한 학자들은 미국과 소련 음악 외교 간의 유사성과 차이점을 재고할 필요가 있음을 주장한다. 리터에 따르면, 재즈는 미국뿐만 아니라 소련과 그 위성국 등을 위한 문화적 패권 투쟁에서 하나의 도구이었다. 미국 관리들은 라디오 방송을 통해 재즈를 송출하거나 재즈 음악가들을 재즈 대사로 파견함으로써 사회주의 사회를 해체하려고 했다. 반면에 동유럽 블록에 있는 상대방들은 자신들을 소비에트-사회주의 문화 모델로 통합하기 위해 음악을 활용했다. 리터가 주장한 바와 같이, 미국 행위자들은 자신들의 노력을 문화외교로 불렀다. 반면에 동유럽 블록들은 자신들의 행동을 단순히 선전이라고 불렀다. 동서 행위자들 모두는 재즈를 자신들의 가치를 증진하는데 활용했다. 자신들의 행동을 선전으로 보았다. 그들 모두는 상대의 약점을 통해 이득을 보려고 했다. 리터는 이데올로기적 상대방 둘 다 다음과 같은 성공과 실패를 거뒀다고 한다. 서구는 상대를 붕괴시키지 못했고 동구는 자국 내의 미국 대중음악을 저감시키지 못했다. 그렇지만, 냉전 중인 양쪽 적들 모두 동유럽 재즈 영화를 지원하고 재즈에 접촉하려 노력하였고, 이러한 협력들은 베를린 장벽 붕괴 이후 상호 재즈 교류를 촉진했다.

푸슬레는 20세기 중반 미국 "소프트파워"Soft Power에 관한 가장 효과적인 활용들 중에 하나로 주장되는 윌리스 코노버Willis Conover의 유명한 재즈방송인 *뮤직 유에스에이*Music USA를 살펴본다. 푸슬레가 주장한 바와 같이, 코노버 프로그램의 재즈 외교는 음악 스스로가 가진 계약자로서의 독자성뿐만 아니라, 그의 주장에 의하면 존엄성에 의존한다. 따라서, *미국의 소리*Voice of America 라디오 방송은 자유 사회의 강점에 관하여 반복적으로 이야기 할 수 있었다. 그렇지만 재즈는 행동 중인 이러한 질적인 것들을 보여주는데 성공했고, 효율적으로 방송 전파를 전송할 수 있는 예술적인 순간을 실현했다. 푸슬레의 기고인 제5장 **"농노 신분으로부터 해방: 1967년 윌리스 코너와 탈린 재즈 페스티벌"**Liberated from Serfdom." "Willis Conover and the Tallinn Jazz Festival of 1967에서는 코노버 접근방법의 영향을 파악하기 위하여 북 텍사스 대학에 있는 윌리스 코노버 선집을 1차 원전으로 활용한다.

아담 이그냐츠Ádám Ignácz는 냉전 동안의 침투 전략에 관한 또 다른 예상치 않은 결과를 살펴본다. 그가 보여준 바와 같이, 헝가리 정부는 헝가리 대중음악에서 스탈린식 음악외교 방식의 도용·전달을 종식했다. 제6장 **"뮤지컬 종교 재판: 1950년대 초 헝가리 뮤지컬 공연에 관한 소련 '대표단'"**A Musical Inquisition? Soviet 'Deputies' of Musical Entertainment in Hungary during the Early 1950s에서는 공산주의 엘리트들이 소련 음악 전통의 모델을 받아서 재즈가 없는 헝가리 "국민 무용 음악"을 만들어내기 위하여 어떻게 노력했는지를 자세하게 설명한다. 미국 음악외교는 아이젠하워 행정부가 언급한 문화적인 "침투"로서 냉전 초기 동안 바르샤바 조약 내의 사람들은 목표로 삼았다. 반면에 소련은 자신만의 전략을 만들어냈다. 1940년대 말 소비에트화가 진행된 국가들이 늘어나면서, 소련은 지역 공산당에 의하여 수행된 문화혁명을 "도와주고," 요구되는 변화를 직접적으로 지휘·감시·감독하기 위한 점증하는 동기부여를 가졌다고 주장한다. 이와 같은 개입에 음악은 하나의 중요한 도구였다. 소련 음악외교관들이 어떻게 지역 문화를 서구의 대중 침투로부터 보호할 수 있는지를 보여주기 위해 헝가리를 방문했기 때문이다.

제3부에서는, **"교육과 홍보"**Education and Promotion," 두 개의 음악 외교에 관한 적대적인 목표들 사이에서 분쟁을 살펴본다. 외국에서 국가가 지원하는 음악 프로그램을 둘러싼 레토릭은 음악 외교가 자신들의 음악과 문화 교육에 공헌함으로써 외국 대중에게 영향력 행사를 자주 모색한다. 그렇지만, 자비스런 개입으로써 음악외교에 관한 시각은 이러한 프로그램의 기조를 이루고 있는 상업적이고 정치적인 이해관계로 도전 받는다. 이 부분에서는 정치에서 독자적인 행위자들의 이익과 연예사업 등이 중립에 대한 요구와 음악 외교 관행의 교육적인 동기를 어떻게 복잡하게 만드는지를 사례로 삼을 것이다.

음악인과 음악 매니저 등은 마케팅 장치로써 정치와 정치인과의 연계를 가지면서 자주 활용되어 왔다Cooper. 동시에, 정치인과 정치제도는 유명인사 음악인과의 협조로 혜택을 받아 왔다. 베일스Martha Bayles의 제7장에서는, **"족쇄를 찬 무용: 음악은 왜 세계를 자유롭게 유지할 수 없는가"**Dancing in Chains: Why Music Can't Keep the World Free, 미국 대중음악이 어떻게 억압에 대한 하나의 힘으로 되었는지 특별하게 관심을 가진다. 그녀는 미국의 팝과 바두Erykah Badu, 케리Mariah Carey, 웨스트Kanye West 등과 같은 랩 스타 등이 권위주의 국가들에서 어떻게 공연을 해 왔는지를 설명한다. 이러한 인도주의적이고 인종적인 것들에 대한 금전적인 대가의 특혜를 준다. 베일스는 자신이 제2차 세계대전 이후 재즈 대사 프로그램과 함께 자유 세력을 낭만주의 음악 개념으로 여기는 것을 개념화한다. 베일스는 베를린 장벽 이래로 정치 미디어와 사회-문화적 전환이 어떻게 유럽과 아시아에 공공외교에 영향을 미쳤는지를 설명한다. 재즈, 록, 팝, 힙합, 그리고 컨트리 뮤직 등에 관한 다양하고 초국가적인 사례를 논의하면서, 베일스는 서구 국민국가들이 공공외교에서 대중음악의 역할을 재설정하기 위하여 정치와 음악시장과 음악 산업 사이의 관계를 재고하기를 요구한다.

브라운Nichloas Alexander Brown은 미국 가수인 빌리 조엘Billy Joel이 어떻게 1980년대 말 모스크바와 레닌그라드 공연 동안의 독무대 공연을 분석한다. 그의 제8장, **"노동자 뮤지컬 외교관 되기: 빌리 조엘과 1987년 미국-소련 간극을 메우기"**Becoming a Blue-Collar Musical Diplomat: Billy Joel and Bridging the US-Soviet Divide in 1987에서, 브라운은 빌리 조엘이 미국의 노동자 계층 음악인으로서 어떻게 현명하게 행동했는지를 살펴본다. 이러한 정체성 형성은 소련 정권의 백인 남성이 지배하는 노동자계급 이데올로기와 소련 청중의 경험과 잘 조화를 이룬 것이다. 브라운은 빌리 조엘의 노래 가사는 소련 정부의 정치에 불만족한 "일반인"들의 관심을 보여 준다. 소련 안팎의 청중에게 말하고자 하는 쟁점이라고 평한다. 브라운의 장에서는 빌리 조엘의 노동자 외교는 궁극적으로는 상업적 목적을 가졌지만, 미국 예외주의와 소련의 *개방*glasnost정치 간의 위상을 보여준다. 오늘날까지도, 빌리 조엘은 철의 장막을 무너뜨리는데 조력한 것으로 추정된다. 미국의 예술가로서의 그의 유산을 쌓아 올리며, 다큐멘터리와 앨범 발표로 그의 상징적인 여정을 보여주고 발전시키는 것을 계속해 나가고 있다.

역사학자인 쿠베Sven Kube는 동독 레코드 산업을 사회주의 정권으로부터의 상대적인 독립의 여지로 접근하였다. 그는 또한 대중음악 산업을 권위주의 국가에서 자유를 얻는 힘으로 바라본다. 제9장 **"문화외교에 편승하는 음악교역: 장벽이 쳐진 레코드 시장에서 서구 록과 팝**Music Trade in the Slipstream of Cultural Diplomacy: Western Rock and Pop in a Fenced-In Record Market에서는 동독에서 서구 음악에 관한 지속적으로 집중화되는 존재는 정치변동을 위한 요구에 불을 붙였던 문화 영역에서 자유화를 전파했다고 주장 한다. 예전 관리자, 기업인, 대리인, 그리고 공무원 등과의 개인 인터뷰에 근거한다. 이 장에서 도이치 샬플랫텐Detsche Schallplatten이 동독의 유일한 레코드 사가 어떻게 공식적인 사회주의 국가의 이데올로기, 대중적인 감각과 자본주의 생산 메커니즘에서 운영되어 왔는지를 고찰한다. 궁극적으로, 쿠베는 도이치 샬플랫텐을 독재국가에서 상대적인 자유의 공간으로써 해석한다. 뿐만 아니라, 그는 흔들리는 동독 경제을 안정화시키려는 사회주의 공무원들이 대중음악 교류로부터 외국환을 얻어오는 혜택을 보았다고 한다.

디아스Carlos Sanz Díaz와 타마랄José Manuel Morales Tamaral 등은 프랑코Francisco Franco 정권의 플라멩코 외교를 살펴본다. 당시 관광, 무역과 글로벌 외교, 그리고 경제 무대에서 고립된 스페인의 입장을 돌파하기 위한 것이었다. "국민 플라멩코주의" 현상에 관한 새로운 시각을 보여준다. 주로 정체성과 미학과 관련된 문화연구학자와 사회학자 등에 의하여 연구 되어 왔다. 필자들은 플라멩코를 스페인 경제, 문화와 정치에 깊게 녹아 들어간 외교 관행으로써 접근한다. 제10장 **"국민적 플라멩코주의: 프랑코 정권(1939-1975)에서 스페인 공공외교의 도구로써 플라멩코**National Flamencoism: Flamenco as an Instrument of Spanish Public diplomacy in Franco's Regime(1939-1975)에서는 대사관 다큐멘트, 편지, 보고서, 그리고 국제뉴스기사 스크랩 등과 같은 유일한 역사적인 원전에 관한 면밀한 검토를 제시한다. 냉전 동안 서독과 소련 등으로 부터 나온 두 가지 사례들을 논의한다. 디아즈와 타마랄 등은 원래 대중적이고 상업적이고 토착적이고 초문화적인 예술 플라멩코가 동일한 국가 정체성을 진작시키려는 스페인 공무원들에게 어떻게 균질화되는지를 확실하게 보여준다. 이 장에서는 플라멩코 외교가 어떻게 냉전 동안 공식 외교기관 협력을 하면서 사기업, 개인 관리자와 개인 행위자 등에 의하여 일반적으로 조직되었는지를 자세하게 보여준다. 프로그램의 공식적이고 교육적인 의도는 중요한 교역적이고 정치적 동기부여에 얽혀든다는 것을 밝혀 준다.

제4부, **"대표성과 참여"**Representation and Partcipation"에서는 음악외교의 변화에서 정치 참여가 어떻게 대표성의 모드와 메커니즘을 수립하는지를 최종적으로 특히 중시한다. 이러한 면에서 제4부의 장들에서는 국가 내부와 개인 차원에서의 참여를 고찰한다. 국민 참여 정치는 국제 무대의 대표가 된 것 뿐만 아니라 사람 간 외교에 참여하면서 외교 관행을 도발적으로 전환해 왔다. 부가적으로, 참여정치는 소수 그룹들이 국제 무대를 대표하는 방식에 영향을 미쳐 왔다. 이와 같이, 그들은 자신들의 각각의 국가 안에서 소수자의 사회적이고 문화적인 입장에 대한 담론에도 영향을 미쳐왔다. 여기서는 참여가 어느 곳에서, 그리고 개인에서, 개인 간, 국제 차원의 정치에 개입함으로서 어떻게 정치적인 효과를 가지는지를 탐구한다.

살로이스Kendra Salois의 제11장, **"미국 힙합외교에서 공감의 정치와 윤리:** 넥스트 레벨 프로그램 사례The Ethics and Politics of Empathy in US Hip-Hop Diplomacy: The Case of the Next Level Program에서는 미국 국무부의 소위 넥스트 레벨의 프로그램을 살펴본다. 2014년에 시작된, 이러한 외교적 이니셔티브는 활동가, 교사, 엠시emcee, 디제이deejay, 무용수, 그리고 음악 제작가 등을 연결한다. 살로이스에 따르면, 넥스트 레벨 프로그램은 재즈 대사 프로그램 이래로, 국무부에서 시행한 외국에서의 장기적인 미국 문화 진흥에서 전환점을 찍었다. 이것은 미국 교사와 학생으로 다시 명명된 외국 예술가 간의 동정, 감성과 문화적 이해 등으로 이끌어주는 개인 간 외교를 강조한다. 기획자와 참여자 등과의 인터뷰와 음악공연 실황을 분석하면서, 본 장에서는 공공외교에서 음악, 감성, 그리고 영향 등에 관한 역할을 재고하는 연구를 위한 사례를 만든다.

기고문인 제12장, **"유엔에서 대중 음악공연과 관객정치"**Popular Musicking and the Politics of Spectatorship at the United Nations에서, 제임스 볼 3세James R. Ball III는 유엔 공공외교에서 주관성과 정서 등의 역할을 살핀다. 필자는 대중음악과 포크 음악공연이 자유, 상호 이해와 연대 등에 관한 의도적인 객관성 이외에 상반된 효과를 가질 수 있음을 보여주고자 한다. 전 유엔사무총장 반기문의 유엔 국제 재즈 행복의 날International Day of Jazz과 세르비아의 비바 복스 합창단Viva Vox Choir 공연 관람을 분석하면서, 이때의 반기문의 참관이 어떻게 청중들 사이에서 소외와 좌절의 감정을 이끌어 내고 외교적인 여지를 부여하는지를 보여준다. 비열한 이론과 정서에 대한 페미니스트 장학금을 통합하면서, 볼 3세는 외교 환경에서 자유와 휴머니즘의 표현으로써 대중음악 신화에 의문을 제기하면서 베일스에 참여한다.

살로이스가 밝힌 미국의 힙합 외교 프로그램과 유사한, 힙합 문화에 관한 참여 양상은 독일 음악 외교에서 최근 추이에 대하여 중요한 의미를 부여해 왔다. 그녀의 제13장인, **"이민자의 아들에서부터 *이민자의 노래*까지: **1990년대와 현재까지 음악과 독일 뮤지컬 외교를 통한 이주와 이주 후기 통합From Songs of Gastarbeita to *Songs of Gastarbeiter*: MIgrant and Post-Migrant Integration through Music and German Musical Diplomacy from the 1990s to the Present"에서, 주르 니덴Gesa zur Nieden은 이주와 이주 후 음악인들이 어떻게 지난 과거 30년 동안 외국에서 (서)독일 문화의 증진에 영향을 미쳐 왔는지를 분석한다. 루르 지역에 본부를 두었으며, 가스타베이의 노래를 논의하고, 프랑스 전역의 괴테문화원을 여행했던 다인종 랩 그룹은, 독일의 프랑스 유학생에 대하여, 독일 이주자의 힙합 문화를 표명하는 개념의 추이에 대해 상세한 설명이 된다. 주르 니덴의 사례연구에서는 국제무대에서 국민대표를 제고하는 문화 제도를 위해 음악인들이 어떤 방식으로 이주자들에게 활짝 열린 경험을 제공하는지에 대해 예를 들 것이다.

유로비전 송 콘테스트의 정치적 의미에 관한 딘 뷔레틱의 기고인 본서의 마지막 장인 제14장, **"공공외교와 유로비전 송 콘테스트의 정책 결정"**Public Diplomacy and Decision-Making in the Eurovision Song Contest에서는 유럽연합과 비유럽연합 국가들이 이러한 대중음악 무대에 참여함으로써 자신들의 공공 이미지를 재고하는 방식을 최종적으로 살핀다. 1956년 만들어진 유로비전 송 콘테스트는 우리가 유럽의 대중문화라고 불리는 것에 대한 가장 현저한 사례들 중 하나이다. 유럽방송 연합이 조직하는 이 대회는 2차 세계대전 이후의 자유민주주의 국가와 권위주의 국가의 정치적 스펙트럼을 넘어 수많은 국가에서 높은 인기를 누려 왔다. 본서의 마지막 장에서는 콘테스트의 다면적인 역사에 대해서 살펴본다. 이벤트가 국민국가에 관한 재구성에 기반을 두었기 때문이다. 유로비전 공연과 그 전략 등을 연구하는 것은 유럽 국가들이 다른 국가들에 대해 경쟁적인 강점을 얻기 위해 어떻게 유로비전 송 콘테스트를 활용했는지를 뷔레틱에게 허용한다. 뷔레틱은 청중들이 이러한 공연들을 어떻게 인지하는지를 살펴본다. 그의 장은 유럽의 정치 조망이 지속적으로 분열될 때 유럽 정체성 형성에 중요한 공헌을 한다.

종합해보면, 본서의 장들에서는 대중음악과 공공외교 간의 복잡하고 다면적인 상호관계를 자세하게 설명할 것이다. 주제에 관한 필자들의 다양하고 초국가적이고 초학문적인 시각은 대중음악과 공공외교에 관한 연구가 어떻게 그 자체로 정치 관행에 녹아들어 있는지를 보여준다. 우리가 이러한 관계형성을 이해하기 위해 채용하고 있는 용어—선전에서 문화와 공공외교까지—가 담아있고 정치 투쟁에 속해 왔다본서 리터의 장을 보라. 모든 것을 포함하는 설명을 제공하는 것을 모색하는 것과는 전혀 별개로, 본서는 개별 사례들의 특징을 살피고 대중음악과 공공외교의 접속에서 연구를 위한 새로운 이정표를 열어주기를 희망한다.

인용 자료

"2018 International Jazz Day Event Map." *International Jazz Day.* Web. 10 July 2018. 〈jazzday.com〉.

"About." *International Jazz Day.* Web. 23 Aug. 2018. 〈jazzday.com/about〉.

Ahrendt, Rebekah, Mark Ferraguto, and Damien Mahiet, eds. *Music and Diplomacy from the Early Modern Era to the Present.* New York: Palgrave Macmillan, 2014. Print.

Aidi, Hisham D. *Rebel Music: Race, Empire, and the New Muslim Youth Culture.* New York: Vintage Books, 2014. Print.

Bauer, Gerd U. *Auswärtige Kulturpolitik als Handlungsfeld und Lebenselixier: Expertentum in der deutschen Auswärtigen Kulturpolitik und der Kulturdiplomatie.* München: Iudicium, 2010. Print.

Bayles, Martha. *Through a Screen Darkly: Popular Culture, Public Diplomacy, and America's Image Abroad.* New Haven, London: Yale UP, 2014. Print.

Cooper, Andrew F. *Celebrity Diplomacy.* Boulder: Paradigm, 2008. Print.

Davenport, Lisa E. *Jazz Diplomacy: Promoting America in the Cold War Era.* Jackson: UP of Mississippi, 2009. Print.

Dinnie, Keith. *Nation Branding: Concepts, Issues, Practice.* New York: Routledge, 2014. Print.

Dunkel, Mario. "'Jazz Embodies Human Rights': The Politics of UNESCO's International Jazz Day." *Forum for Inter-American Research* (forthcoming).

Eschen, Penny M. von. *Satchmo Blows Up the World: Jazz Ambassadors Play the Cold War.* Cambridge: Harvard UP, 2006. Print.

Fosler-Lussier, Danielle. "Cultural Diplomacy as Cultural Globalization: The University of Michigan Jazz Band in Latin America." *Journal of the Society for American Music* 4.1 (2010): 59-93. Print.

___. Music in America's Cold War Diplomacy. Oakland: U of California P, 2015. Print.

___. "Music Pushed, Music Pulled: Cultural Diplomacy, Globalization, and

Imperialism." *Diplomatic History* 36.1 (2012): 53–64. Print.

___. "'The State's Canon': The United States Information Agency and American Music Abroad." Sounds and Voices on the International Stage: Understanding Musical Diplomacies Conference. Sciences Po, CERI, Paris. 21–22 Apr. 2016. Conference Paper.

Gienow-Hecht, Jessica C. E. "Culture and the Cold War in Europe." The Cambridge History of the Cold War. Vol. 1. Ed. Melvyn P. Leffler and Odd A. Westad. Cambridge: Cambridge UP, 2010. 398–419. Print.

___. *Sound Diplomacy: Music and Emotions in Transatlantic Relations, 1850–1920.* Chicago: U of Chicago P, 2009. Print.

Hall, Stuart. *Representation: Cultural Representations and Signifying Practices.* London: Sage, 1997. Print.

"International Jazz Day to be Celebrated Worldwide on 30 April." *International Jazz Day.* Web. 10 July 2018. 〈https://jazzdayrussia.com/en/〉.

Kemper, Dirk, et al., eds. *Literatur und Auswärtige Kulturpolitik.* Munich: Wilhelm Fink, forthcoming.

Melissen, Jan. *Beyond the New Public Diplomacy.* Clingendael Paper No. 3. The Hague: Netherlands Institute of International Relations Clingendael, 2011. Print.

___, ed. *The New Public Diplomacy: Soft Power in International Relations.* Basingstoke: Palgrave Macmillan, 2008. Print.

___. "Fake News—and What (Not) to Do About It." *Clingendael Alert* (2018):1–5. Web. 23 Aug. 2018. 〈https://www.clingendael.org/sites/default/files/2018-02/PB_Alert_Fake_News.pdf〉.

Mikkonen, Simo, and Pekka Suutari. *Music, Art and Diplomacy: East-West Cultural Interactions and the Cold War.* New York: Routledge, 2016. Print.

Monson, Ingrid T. *Freedom Sounds: Civil Rights Call Out to Jazz and Africa.* Oxford, New York: Oxford UP, 2010. Print.

Radano, Ronald M. *Lying Up a Nation: Race and Black Music.* Chicago: U of Chicago P, 2003. Print.

Ramèl, Frédéric, and Cécile Prévost-Thomas. *International Relations, Music and Diplomacy: Sounds and Voices on the International Stage.* New York: Palgrave Macmillan, 2018. Print.

Salois, Kendra. "The US Department of State's Hip-Hop Diplomacy in Morocco." *Music and Diplomacy from the Early Modern Era to the Present.* Ed. Rebekah Ahrendt, Mark Ferraguto, and Damien Mahiet. New York: Palgrave Macmillan, 2014. 231-50. Print.

Sheafer, Tamir, and Itay Gabay. "Mediated Public Diplomacy: A Strategic Contest over International Agenda Building and Frame Building." *Political Communication* 26.4 (2009): 447-67. Print.

Shuker, Roy. *Understanding Popular Music Culture.* New York: Routledge, 2013. Print.

Street, John. *Music and Politics. Cambridge: Polity,* 2012. Print.

United Nations. "The International Jazz Day Global All-Star Concert (St Petersburg, Russia, 30 April 2018)." YouTube, 2018. Web. 23 Aug. 2018. 〈https://youtu.be/IKiWqkw4AuA〉.

Vuletic, Dean. *Postwar Europe and the Eurovision Song Contest.* New York: Bloomsbury Academic, 2017. Print.

제 ❶ 부

경쟁과 협력

제1장 초국가적 전파에서 음악과 국제 경쟁

19세기와 20세기에서 독일, 영국 그리고 미국

제2장 연방 국가에서 문화와 음악 외교의 역설

벨기에 플랑드르 사례연구

제3장 유로비전 무대에서 데르비시

현대 터키에서 대중음악과 권력 이해관계의 이종성

제1장

초국가적 전파에서 음악과 국제 경쟁

19세기와 20세기에서 독일, 영국 그리고 미국

클라우스 나타우스 *Klaus Nathaus*

*피츠카랄도*Fitzcarraldo, 감독 베르너 헤어조크, Werner Herzog, 1982는 20세기 초 페루의 안데스에 오페라 하우스건설 꿈을 꾸는 아일랜드 사업가인 브라이언 스위니 피츠카랄도 피츠제럴드Brian Sweeney “Fitzcarraldo” Fitzgerald, 클라우스 킨스키 주연, Klaus Kinski에 대한 영화이다. 그는 고무 사업 호황으로 얻은 이익을 자신의 꿈에 투자하려는 열망을 가지고 있다. 사창가를 운영하는 형의 여자 친구클라우디아 카르디날레가 주연, Claudia Cardinale와 함께, 그는 다른 고무 소유주들이 접근불가능하다는 주장을 받아들인다. 피츠제럴드의 과감한 계획은 두 개의 물줄기가 매우 좁은 능선에 의하여 분리된 지점에서 두 번째 강에 배를 나가도록하면서 폰고Pongo강의 급물살을 피한 다음에, 강 하류에 있는 고무나무에 도달하기 위하여 폰고에 있는 땅에 그의 배를 옮겨 놓는 것이다. 하지만 이 능선에 가기 위해, 그는 외부 침입자에게 매우 적대적이라는 원주민 거주 지역을 지나가야만 했다. 그의 일행들이 이것을 깨달았을 때, 대부분은 배를 포기했다. 하지만 피츠카랄도는 일꾼들에 의해 뒤에 남겨졌기 때문에, 그의 레코드 플레이어에서 흘러나온 정글로 향하는 호른이라는 아리아를 통해 원주민들의 호감을 사게 된다.

그런 신비스런 이유로, 원주민들은 피츠카랄도가 언덕 위로 거대한 증기기관선을 끌어올리는 것을 도와준다. 한바탕 술판이 벌어진다. 일행들이 선상에서 잠들자, 원주민들은 배를 고정시키는 밧줄을 끊어버린다. 그리고 선상 위의 원주민들은 이 배는 신이 자신들을 천국으로 데려가기 위한 것이라고 믿고 있다. 선상에 있는 십여 명의 희색이 만면한 인디오들과 함께, 피츠카랄도는 그의 출발 지점으로 되돌아간다. 최소한 부분적으로 그의 오페라 꿈을 이루고자, 그는 증기선을 매각하고 기울어진 배 선상에서 빈센초 벨리니Vincenzo Bellini의 오페라인 아이 푸리타니I Puritani 앙상블을 공연한다. 해안에 일렬로 늘어선 득의만면한 페루인들을 위해서 말이다.

*피츠카랄도*는 문화전파를 위한 은유로써 그 자체를 차용한다. 불신의 장벽에 대한 저항은 국경을 넘어서는 문화전파에 필요한 노력임을 보여준다. 피츠카랄도가 거리감을 느끼며 남은 사람들에게 그의 아리아를 공연한 것은 만남에 관한 공개성을 보여준다. 피츠카랄도의 오페라 공연은 궁극적으로는 매춘사업으로부터 얻은 이익으로 재정을 지원받은 것이기 때문에, 영화는 역시나 예술에 돈은 필수적이고 썩 존경받지는 못하는 자금으로부터 도움을 받기도 한다는 것을 보여준다. 부가적으로, 영화의 사운드트랙은 다양한 문화를 융합한다. 페루에 사는 한 유럽 출연자에 의해 공연된 스코틀랜드 청교도에 관한 이탈리아 오페라가 이를 잘 보여준다. 독일 록 밴드인 포폴 부흐출처: 네이버, PopolVuh, 키체어로 씌어 진 마야의 역사. 신학의 서(書). '민중의 서' 또는 '충고의 서'를 의미하며, 세계와 인간의 기원에서부터 시작하여 마야의 신화나 역사에 관한 자료를 풍부하게 전하고 있다. 16세기에 로마자화 된 텍스트가 17세기에 과테말라의 산트·토마스·치치 카스테난고에서 발견되었다. 레시노스에 의한 스페인 어 번역서 및 거기에 근거한 영역『포폴 부흐』가 있다는 배경음악으로 카루소의 오페라 리코딩을 부정한다.

지난 25년 동안, 역사가들은 이러한 문화전파에 지속해서 관심을 가져오게 되었다. 그들은 대서양을 넘어선 조우와 서유럽의 미국화 가능성 등의 시각으로 탐구해 왔다. 그들은 매스미디어 정치경제와 소비자 문화가 가진 매력 등에 초점을 맞추면서, 몇몇 저자들은 미국 송출자들이 유럽 문화를 상당히 효과적으로 형성했음을 주장한다De Grazia; Malchow. 이러한 연구들은 피츠카랄도의 전축과 그의 방송에 외견상 보이는 매혹적인 효과 등을 살펴본다. 수정주의 입장은 원주민들에 대한 견해를 바꾸었다. 그들은 그들 방식으로 아리아를 "이해했고" 그것들을 그들만의 문화 안으로 통합했음을 지적했다. 이러한 연구들은 피츠카랄도의 인디언들에 대하여 유럽 문화의 소비자들주변부화되고 적대적이며 유사한 것으로 자주 설명되는은 재즈, 로큰롤, 힙합과 할리우드 영화 등을 포함하는 미국 대중문화를 전용했다. 그들 자신만의 필요로 말이다Masse; Poiger; Jackson. 문화제국주의와 창조적인 도용 간의 논쟁은 음악외교에 관한 가장 최근의 연구에 반향을 주고 있다. 재차 초점은 대서양을 횡단하는 관계로 이동한다. 해석은 문화 메시지에 관한 정치적 효율성의 문제에 중점적으로 관심을 가진다. 이러한 연구는 국제관계와 국가의 정치적 야망에 관한 반영으로 음악을 취하고 지금 청중의 "흡인 요인"과 긴급성 등에 유리하게 문화제국주의의 개념을 일상적으로 떨쳐 버린다Gienow-Hecht, Sonic History; Eschen; Fosler-Lussier.

이러한 모든 것은 초국가적인 접근방법을 항상 취하고 다소간 강력한 송출자와 외국에 있는 다소간 적극적인 수혜국 간 2개 부분의 관계로서 상호적인 이전을 인식한다. 다음 장에서는 다른 접근방법을 제안한다. "소프트"soft재화를 위한 글로벌 경쟁에 관한 사회학자 베르론Tobias Werron의 개념을 이끌어 내면서Werron, 이것은 음악 외교—종종 관리되지만 좀처럼 정부 기관에 의하여 주도되지 않는 국가의 이름으로 국경선을 넘어서서 음악 증진으로써 여기에 정의된—가 국제 위신 경쟁에서 필수적으로 참여하는 형태인데, 월드컵 축구 대표 팀 파견과 비교해서 말이다. 이러한 가정은 음악은 외부인의 마음을 어떻게 얻고, 음악 토너먼트가 어떻게 수립되는지에 관한 관심을 통합한다. 이것은 이중적인 커뮤니케이션 모델을 3자 구조의 경쟁으로 대체하는데, 이에 따라서 진정으로 음악외교에 관한 국제 차원을 강조한다.

본 장에서, 나는 음악외교가 19세기 초 이래로 일정한 패턴을 반복해 왔다는 것을 보여주기 위해 고전음악과 대중적인 장르 등에 대해 장기적인 견해를 취한다. 상업적이고 초국가적으로 거래되는 음악을 배경으로, 한 국가 내 주요 그룹들은 본질적으로 '가치 있고' 국가를 대표하는 음악 스타일을 특정하기 시작했다. 이러한 운동은 결과적으로 중개자와 우리가 항상 음악적인 목적은 아니지만 자신들만의 것을 추구했던 "재벌기업인" 등에 의하여 다른 국가에서도 지속 되었다. 특정 종류의 음악은 예술의 형태라는 개념과 유사한 제도와 미학적 기준 등에 의해 전 세계적으로 확산 되었다. 음악학교, 음악당, 시상식, 그리고 음악저널리즘 등은 차례로 국가 음악의 성과 비교를 위한 국제적인 구조를 만들어냈고, 비평가와 음악학자 등과 같은 음악 "전문가"는 위신 경쟁 prestige competition에서 참고용으로 행동해왔다.

본 장에서는 두 가지 부분으로 음악에서 국제 토너먼트의 수립을 추적한다. 첫 번째 섹션에서는 19세기 동안 음악적 우월성 기준으로서 고전음악의 부상을 살핀다. 독일에 기원을 두고 있고 영국과 미국에서 다양한 방식으로 발전되었다. 두 번째 부분에서는 20세기로 이동한다. 미국과 영국 등이 첫 번째 재즈를 그 다음 록을 예술로 전환시키는데 주도를 했던 시기이었다. 반면에 독일은 후발주자에 맞게 취사선택하면서 진행했다. 결론은 초국가 관계에서 음악의 효율성에 관한 문제로 되돌아갈 것인데, 위신 경쟁을 배경으로 해서 이것을 규명한다. 나는 원칙적으로 음악은 사회를 변용시킨다는 데에 동의하면서, 이러한 가능성은 음악외교의 경우 제한될 수 있다고 생각한다. 나는 전문가와 관료 등에 의해 "가치 있는 것"으로 여겨지는 음악은 최초의 조우들에 관한 공개성을 배제한다는 점에서, 듣는 사람의 반응을 형성한다고 주장한다.

내셔널리즘과 예술적 우월성: 20세기 국제음악 경쟁의 기원

오늘날의 시각에 보면, 1800년경 음악적 조망은 명백한 윤곽이 부족하다. 확실히, 지형은 조성, 튜닝과 박자 등에 관한 기준에 의하여 다음과 같이 구축되어 왔다. 표기법 시스템과 기악편성과 장르 등에 관한 컨벤션 등으로 제한된다. 그러나 음악회는 여전히 특별한 이종적인 레퍼토리를 포함한다. 음악적 취향은 전문 비평가에 의해 독점되기보다는 오히려 일반 대중 속으로 들어가는 것이라고 생각한다Weber. 오페라는 다양한 국가들에서 다양한 청중들에게 마케팅 되면서 녹아 들어갔다Sorba. 예술적인 장점에 관한 뚜렷한 점은 여전히 일반적으로는 남아 있지 않다. 철학자들은 음악은 문학 등의 다른 상징적인 표현보다는 열등하다고 여겼다. 일반적으로 음악인들은 상대적은 낮은 사회적 신분을 가지고 있다. 상당한 수입을 얻고 스타로서 대접받는 소수의 사람—카세트라티출처: castrati, 카스트라토 또는 거세가수는 변성기 이후 음역이 내려가는 것을 막고 여성의 음역을 내기 위해 거세한 가수를 말한다. 여성의 소프라노 음을 낼 수 있다. 최후의 카스트라토는 20세기 초반까지 있었다. 그리고 최후의 카스트라토는 알레산드로 모레스키임 또는 바이올린 거장—는 직업의 세계와 사회의 계층구조 밖에 위치했다.

백 년 후에, 모든 환경이 급격하게 변화해 왔다. "문명화 된 세계"의 음악 환경이 완벽하게 파악되었다. 이것은 "진중함"의 정상과 "대중적"의 바닥으로 확실한 지형을 가졌고, 민족의 경계와 함께 나누어졌다. 이 지형은 비평가, 작곡가, 지휘자, 전문가, 아마추어 그리고 교양 있는 청취자 등의 확실한 인정을 받는 인물들로 채워졌다. 이러한 사람들은 음악당과 연주장 안팎을 드나들고, 음악 잡지를 읽고, 음악학을 전공하고 음악 사회를 형성했다. 이러한 기관들은 평가를 위한 역사, 탁월성, 그리고 미디어 등을 부여했다Blanning; Osterhammel.

음악의 의미와 가치 형성에 수반되면서, 음악은 국제 위신 경쟁을 위한 하나의 매체로 전환되었다. 두 가지의 상호연관적인 추이들이 이것을 다음과 같이 가능하게 만들었다. 첫 번째로, 음악은 본질적으로 가치가 있게 되어서, 경쟁하기 위한 인센티브로서 위신을 창출(그리고 이것을 상실할 우려)한다. 두 번째로, 음악은 국가와 연관되게 되었다.

이러한 두 가지 추이는 독일에서 최초로 시작되었는데, 음악 민족주의가 가장 처음 발전한 국가이다. 그들은 19세기 초 노동 시장의 붕괴에 직면했던 사람들이었다. 프랑스 점령하에서 궁궐 숫자의 빠른 퇴조와 도시의 재정문제 등은 음악인들을 위한 일자리를 감소시켰고, 그들은 아무 곳에서든 임금노동을 할 곳을 찾아야 했다. 음악회와 작곡등만으로 자신들을 지탱할 수 있는 사람은 거의 없었다. 상황이 악화되자, 다른 국가에서 예술을 장려했던 계급인 상업 부르주아지는 독일에선 상대적으로 빈약했고 문화 투자에도 인색했다. 대안적인 수입의 흐름이 취약해지자, 진보적인 음악인들은 잠재적인 물주로 국가에 의지하게 되었다Applegate, “German”; *Bach in Berlin*.

이러한 목적을 위하여, 음악인들은 관료들과의 접촉을 모색했고 음악의 영혼적인 가치를 설득하려고 노력했다. 이미 예술가로 인정받은 작가들을 앞세우면서, 음악인들은 음악을 예술의 표준안으로 포함시키기 위한 예술의 자율성에 대해서 주장했다. 그들은 “단순히” 대중적 어필을 위해 작곡된 음악과 구분되는 “좋은” 음악의 “진중함”을 강조했다. 그들은 “진중한” 음악은 교육적인 가치와 공동체를 통합시키는 영향이 있다고 주장했다. 이러한 방식으로, 그들은 “독일다움의 입안자와 형성자인 교육의 흐름을 차지하는 남자들의 대학 입학, 국가봉사, 잡지 기고, 결사체 참여” 등의 목적과 음악이 양립 가능하도록 만들었다Applegate, “German” 287.

역사학자인 애플게이트Celia Applegate는 불안한 음악인의 인생 때문에 자신의 일을 바꾼 한 장인의 사례로 젤터Carl Friedrich Zelter를 살펴본다. 그는 경력을 키우기 위한 첫 번째 단계로서, 그는 싱카데미Singakademie, 아마추어 합창단에 들어간 다음 이것을 주도했다. 그는 이곳에서 베를린의 관료 엘리트들과 접촉했다. 결과적으로, 그는 괴테와 교류했다. 괴테는 젤터에게 상당한 흥미를 가졌다. 괴테는 예술의 형태를 상승 제고하기 위해 실무 음악인과의 교류가 필요하다고 생각했기 때문이다. 어쨌거나 괴테와의 우정은 젤터와 더 나아가서는 그의 음악에 권위를 부여했다. 괴테도 프러시아 예술 아카데미에 음악을 통합해야 한다는 비회원인 젤터의 과감한 제안에 찬성했다. 이듬해, 독일 공동체의 이름으로 "진중한" 음악이라는 명분을 진작시키기 위한 젤터의 노력은 결실을 맺었다. 그는 아카데미 명예 회원과 베를린 소재 훔볼트Humboldt대학 초대 음악교수가 되었다. 그는 독일 전역에 걸쳐 아마추어 합창단을 위한 모델을 제공하는 음악학교와 음악회 등의 제도를 지원했다Applegate, "German" 289-95.

인정받기 위한 음악인의 요구는 음악을 진지하게 받아들인 새로운 음악 언론에 의해 확장되어 공감받기 시작했다. 음악 출판사인 하텔Gottfried Christoph Härtel이 재정을 지원하고 음악가에서 작가로 전환한 로틀리츠Friedrich Rochlitz가 편집한 *일반음악신문* AMZ, Allegemeine Musikalische Zeitung이 1798년 시작돼 50년 동안 독일에서 음악 비평의 깃발을 올리게 되었다. 유서 깊은 저널들이 음악회를 사회 현상으로 다루었다. *일반음악신문*은 음악 자체에 관한 정보제공된 판단을 제고시켜 주었다. 이것은 음악을 기존 예술들 사이에서의 공간을 요구했고 이것의 가치에 관하여 독자들에게 교육시키는 것을 약속했다. 함부르크, 베를린, 비엔나와 다른 도시발 기사를 실으면서, *일반음악신문*은 일관되게 생생한 음악세계의 기사를 제공했다. 이런 것들은 독자들에게 "상상 속 공동체"의 일부가 된다는 감각을 제공하면서 같은 소재에 관심이 있는 광범위한 독자층을 보장했다. 애플게이트가 앤더슨Benedict Anderson과 관련해서 설명한 바와 같이 말이다Applegate, *Bach in Berlin* 86-104.

국가의 서비스에서 창작에 대한 요구는 처음으로 국내 엘리트를 목적으로 했다. 그렇지만, 음악 교역과 음악 저널리즘에 관한 초국가적인 연계를 부여한다면, 19세기 중반까지 이니셔티브는 다른 국가 안에서도 영향을 보여주었다. 독일 음악인들이 상업적으로 성공한 이탈리아와 프랑스 레퍼토리와는 반대로 "진중함"에 대한 음악을 형성했기 때문에, 그들은 대중성을 피상적으로 여겼으며 음악은 예술적이고 영혼의 가치로 판단된다고 주장했다. 유럽 소국 음악인들의 경우에, 독일의 사례는 국민음악에 관한 자신들만의 성공적인 전통을 수립하는 하나의 모델을 제공했다. 교육 때문에 독일로 갔던 노르웨이 태생인 그리그Edvard Grieg, 1843-1907 또는 체코 태생인 드보르작Antonin Dvorak, 1841-1904 등과 같은 작곡가들은 "음악의 고향"에서 보았던 특질을 가지고 귀국했다.

양방향으로의 전파는 중세기부터 이어졌던, 지속적으로 밀착하는 효과적인 형태의 문화적 교류의 기반시설을 활용했다. 많은 국가의 음악 잡지는 외국에서의 음악 활동에 관심을 두었다. 특파원들은 고국에 보도했고, 기사들은 국내 독자를 위해 번역된 외국 출판물들에게 밀려났다. 예를 들면, 런던의 뮤직월드Music World 독자들은 1852년과 1881년 사이 미국 보스턴에서 발행되었던 드와이트 저널 오브 뮤직Dwight's Journal of Music에서 나오는 독일 음악에 관한 정보를 많이 보았다. 드와이트는 계속해서 미국 독자를 위하여 번역했던 독일 교재로부터 자신의 정보를 취득했다Cohen. 유럽 음악 출판사들은 또한 외국에 있는 출판사들과 협력하거나 지사를 개설해 국경을 넘어 활동을 확대했다. 판권을 개혁했고, 인쇄 기술은 이러한 팽창을 촉진시켰다. 합창단과 아마추어 피아니스트 등으로부터 점증해 왔던 요구가 그러했던 것처럼 말이다Boorman et al. 370. 19세기 중반 이래로, 독일 음악인들에 의하여 창출되는 문화자본과 비평가 등은 경제 자본으로 전환되었다. 독일 음악은 관현악곡 공연 시장을 주도하기 위하여 부상되었다.

초국가적인 음악교역과 음악 저널리즘 등에 관한 지속적인 통합은 음악 내셔널리즘을 국제적인 위신 토너먼트 안으로 전환 시켰다. 부상 중인 수많은 유럽의 소국은 여기에 참여하기를 원했지만, 영국과 미국의 토너먼트로의 진입은 특히 눈에 띈다. 이것은 국제적 청중의 마음을 얻기보다는 다양한 방면의 동기부여의 의도를 암시한다.

자신들만의 음악 전통에 자부심을 갖고있는 스코틀랜드와 웨일즈 등은, 경쟁을 위해 영국에게만 의존했다. 영국은 1880년대에 음악 르네상스를 발표하면서 위신 토너먼트에 참여했다. 영국이 음악 내셔널리즘에 관심을 늦게 보인 주된 이유는 영국이 가장 선진화된 음악시장을 가지고 있었기 때문이다. 이것은 음악인들이 인지 또는 지지를 위해 국가에 덜 의지하게 만들었다. 효과적으로, 음악 르네상스에 가장 저명한 확장자는 음악인들이 아니라 음악 토너먼트에 국가 참여를 국가 자부심의 문제로 만들면서 인기를 얻었던 독자적인 위신 사업가들이었다. 영국의 국민음악을 창조하기 위한 프로젝트는 1851년 세계박람회부터 발전되었고 공무원이고 예전 철도관리원이던 콜Henry Cole이 처음으로 주도했다. 그 이후, 실지적인 지휘는 재능 있는 산문가이지만 음악 연주자는 아닌 그로브George Grove에 의해서 되었다Stradling and Huges. 음악 르네상스의 기본적인 주장이 근대 영국에서는 도외시되는 동안 음악은 엘리자베스 시대에 중요하게 자리매김을 해 왔었다는 것이다. 영국 고전의 우월성은 독일 음악의 전성기보다 실질적으로 앞섰고 현존하는 영국 작곡가 세대를 위한 역사적인 준거점을 제공한다. 이러한 논쟁에서 독일 국적을 가진 그로브는 음악비평가들의 지지를 받기 위해 상당한 노력을 기울였다Huges.

영국의 기성 음악인들은 르네상스에 열정적이 되어야 할 이유가 별로 없었다. 라이프치히에서 공부했고 당시 가장 위대한 음악가로 추앙받던 영국의 가장 저명한 작곡가인 설리반Arthur Sullivan은 그의 재능을 낭비하는 것을 비판한 르네상스 운동과는 선을 긋고 생을 마쳤다. 확실히, 설리반은 그의 경력 동안 "진중한" 음악을 작곡했다. 그러나 그는 뮤지컬 코미디에 자신의 명성과 자금을 써왔고, 이것은 그를 경쟁으로부터 배제시켰다. *더 타임스*The Times지에 나타난 그의 부고에는 모국에 관한 음악적 희망과 이러한 평가를 제공받은 위신 경쟁의 생각 등을 실현하기 위하여 준비해왔던 한 작곡가에 대한 비평가의 실망을 실었다. 기사는 다음과 같이 한탄했다.

설리반은 지속적으로 고차원적인 것을 추구하지 않았다. 그는 스스로를 높은 진지성 차원과 경쟁하는 대신에 오펜바흐Offenbach와 레코크Lecocq 등을 라이벌로 상정했다. . . . 그가 이러한 길을 따랐다면, 그는 전 세대에 걸쳐서 그의 이름을 떨쳤을는지도 모른다. 그는 본국에서 그의 이름이 알려지는 것 이외에 유럽에서 명성을 얻었다인용, in Huges 116-17.

확실하게, 상업적인 성공은 작곡가의 국내의 인기를 획득했지만, 그를 국제적인 인물로부터 벗어나게 한다. 19세기 전환기까지, 설리반의 다재다능함은 "진지한" 작곡가를 위한 변명의 여지가 없는 자질이 되어 왔었다.

영국과 비교하면서, 미국은 음악 위신 토너먼트를 위한 경쟁을 할 때 더 많은 어려움을 가지고 있었지만, 그럼에도 불구하고 노력을 했다. 미국은 일반적으로 문화의 저장소로서는 부족하다고 여겨졌다. 제1차 세계대전까지 미국음악회는 독일 로맨틱 레퍼토리와 독일 음악가 등이 주가 되었다. 1890년과 1915년 사이에, 미국에서 교향악단에 의하여 연주된 모든 음악의 60퍼센트 이상이 독일에 기원을 두는 것이었다 Gienow-Hecht, "Trumpeting" 599.

독일 음악은 흥미를 가진 미국인들에 의해 가장 많이 수용되었다. 동부의 도시 엘리트들은 19세기 중반 이래로 음악학교와 교향악단 등에 재정을 지원해 왔다. 처음부터 예술음악은 유럽과 독일 등으로부터 수입할 필요가 있다는 믿음을 가지고 말이다. 그래서 음악비평가인 드와이트John Sullivan Dwight와 같은 영향력 있는 인물들이 "신성한" 음악에 관한 재정지원과 감사의 글 등을 위한 로비를 했다. 반면에, 그들은 또한 "진지성"의 부족으로 국내 작곡가들을 혹평하기도 했다Levine 143; Davidson. 다른 사람들은 국내 예술음악의 부족을 국가 치욕의 근본으로 여겼다. 처음엔 파리 음악학교를 모델로 해서 1885년 뉴욕국립음악학교National Conservatory of Music를 만들었다. 뉴욕의 부유한 엘리트가 자금을 대도록 하면서 하나의 치유로 중요한 조치를 취하게 되었다Ogasapian and Orr 73. 1891년, 음악학교는 드보르작을 채용해 미국인들에게 국민음악을 창조하는 방법을 가르치는 권한을 부여했다. 히긴슨Thomas Wentworth Higginson과 알렌William Francis Allen 등에 의한 초기 이니셔티브에서, 체코 작곡자는 미국음악은 국내의 "포크" 전통에 기반을 두어야 한다고 권고했다. 즉, 원주민 혹은 흑인 음악을 말이다. 이러한 방향으로의 약간의 시험이 있었던 반면에Pisani, 국내 포크 스타일로부터 국민음악을 창조하려는 시도가 결실을 맺기까지는 50년이 더 걸리게 되었다. 이것은 이것을 위한 기본적인 자양분을 제공했던 원주민의 목소리는 아니었다.

미국은 국민음악을 영국 음악의 르네상스와 비교해서, 국민음악을 개인 문제로 창조하기 위해 다음과 같은 시도를 하였다. 국가 당국은 관여하지 않았다. 또 다른 차이는 상업적으로 성공한 영국 작곡가들의 음악적인 운동에 관해서는 문제를 가지고 있었다는 것이다. 반면에 채드윅George Whitfield Chadwick과 비치Amy Marcy Cheney Beach 등과 같은 미국 동료들은 인정이라는 점에서 전혀 실망하지 않았고 국민음악을 위한 요구를 따르는 게 훨씬 용이하다는 것을 알게 된다Ogasapian and Orr 67.

이러한 영미 간의 비교는 미국의 백인 중산층 여성들은 자주 음악과 관련이 있다는 것을 나타낸다. 위신 산업뿐만 아니라 여성 예술 매니저 등도 있다. 커지고 있는 미국 예술 음악의 의미는 여성들을 위한 경력 기회를 창출하고 있음을 보여 준다Broyles 231. 미국 여성들은 독일 음악회 음악은 그들에게 공연장과 정서적인 연주를 시연할 기회를 줄 가능성이 있음을 알게 되었다. 예술 음악 연주회장은 여성 후원자들에게 이름 있는 독일 음악가들의 열정에 압도당하는 면허증을 부여해 주었다. 그들은 무대에 비밀스런 개인 메시지를 꽃들과 함께 던졌다. 이것은 후에 남성밴드 팬들의 행위와 전적으로 다르지 않는 환호성을 보여주었다고 역사학자인 지노우헤후트Jessica Gienow-Hecht는 주장 한다"Trumpeting,"; Newman 307-08.

"마티네 소녀"matinee girls로부터의 찬사는 예술 음악 장소를 무시했다. 인디언들과 피츠카럴도의 독특한 조우를 연상시키는 그런 환영방식 중 하나였다. 비슷한 일이 동부도시 외곽에서 발생했다. 순회 음악인들은 자주 청중들에게 신비하거나 열정적, 심지어 위협적인 경험을 제공했다. 음악 공연단에게 친숙한, 지역의 후원자들은 유럽 음악가들에게 퍼레이드와 무료 야외 콘서트를 해주길 기대했고 그들 중 아무도 왜 공연할 때 얼굴을 까맣게 칠하는지 궁금해 하지 않았다. 콘서트에 간 사람들은 행사에 항상 정장을 할 필요가 없음을 알게 되었다. 유럽 청중들처럼 조용히 앉아서 공연을 들을 필요가 없음을 배웠다. 그들은 발을 동동 굴렀고 짖는 개를 데려왔다. 청중들은 조용한 구절이라도 더 크게 불러서 더 잘 들리게 해달라고 요구했다. "매우 여리게"pianissmo를 주장했던 지휘자들을 위한 이해가 전혀 없음을 보여주었다Gienow-Hecht "Trumpeting"; *Sound Diplomacy*.

음악의 예술성과 국가 정체성의 표시 등을 이와같이 무심히 보는 것은, 음악과 자원으로서 이념을 효율적으로 사용하는 지역 프로젝트들로부터 나온 다양한 목적을 가진 대리인들의 결과였다. 계속해서, 다양한 현지의 스타들은 음악인, 비평가, 명망 있는 기업가와 각국 안에 있는 청취자 간의 다양한 권력관계를 만들었다. 초국가적인 음악 교역과 음악 저널리즘, 등에 관한 범위와 통합 등으로 인하여, 국가운동은 외국에서 영향을 가지게 되었다. 그들은 소국에게 그들의 능력을 뛰어넘는 기회를 부여했다. 대국에게 압력을 가하는 경쟁을 형성하기 위한 국제적인 틀을 수립하게 되었다. 대회는 경쟁자들에게 공과에 따라 행동하도록 허용했을 뿐만 아니라 결점 있는 기대의 위험성을 창출했다. 마지막으로, "진지한" 음악의 부상은 음악당, 예술 음악학교와 캐논(가수나 악기들이 번갈아 가며 한 멜로디를 반복하는 음악 형식) 등의 확산을 자극했는데, 제도적 동형화를 창출했다DiMaggio and Powell. 결과적으로, 전 세계 비평가들은 탁월함을 평가하는 데에 비슷비슷한 기준을 적용했다. 작곡가와 음악인 등에게 유사한 목표를 갈망하도록 독려했다. 더디지만 확실하게, 청중들은 유사하게 침묵하고 예측 가능한 방식으로 행동하도록 인도되었다.

역방향이지만 여전히 움직이는: 20세기 재즈와 록에서 경쟁

20세기로 접어들면서, 우리는 고전 음악의 부상과 "가치 있는" 대중적인 장르 간에 눈에 띄는 유사성을 본다. 고전음악 사례에서와 같이, 추이는 열악한 조건에서부터 시작했다. 이번에는 애틀랜타의 반대편에서 시작되었다. 1890년대 이전, 미국은 대중음악을 포함한 음악의 수입국이었다. 지난 십여 년간은 진부한 발라드의 값싼 음악을 주로 생산하는 국내 대중음악 교역의 부상을 보여주었다. 부상하는 미국 대중음악 사업은 음악당 무대를 진흥시키기 위해 악보를 인쇄하는 새로운 팝 출판사의 등장에 기원한다Suisman.

대중적인 레퍼토리는 스타일적으로 이질적이었고, 예술적인 가치 보유를 주장하지 않았고 중앙과 동부유럽의 가난한 최근 이민자들에 의하여 주로 작사되고 거래되었다. 노래들은 기능적(춤을 추거나 행진하는)이거나 시사적(어머니나 재난의 노래)이었다. 레퍼토리는 인종적인 특수성을 나타냈다. 반면에, 대중음악은 "진짜"여야 한다는 개념은 여전히 정착이 되어야만 했다. 공연자들은 "다방면"이지만 "진짜"는 아니기를 기대했다. "니그로"Negro, "네덜란드"Dutch, "중국사람" 등의 연극은 명백한 가장 무도회였고, 아무도 그들을 "가짜"라고 여기지 않았다. 초장기의 창작 오페라들처럼, 대중음악은 공연자들을 고정된 정체성에 얽매이지 않게 했다. 흥미를 넘어서는 개념이 되려는 허세도 부리지 않았다.

이러한 모든 것이 1910년대 변화하기 시작했다. 대중음악 제작자들이 존경을 기대하자, 특정 장르는 다른 것들보다도 매우 "가치가 있게" 되었다. 레퍼토리도 국민과 인종적인 경계와 함께 다양해졌다. 첫째로, 레코드 산업은 음악 역사학자인 밀러Karl Hagstrom Miller가 "민속학적 패러다임"이라고 불리우는 것을 상업 음악으로 도입했는데, 인종적으로 민족적으로 정의된 청취자들에게 어울리는 소리이었다. 미국과 유럽의 축음기 회사들은 산업 초기 이래로 전 세계적으로 기계와 레코드를 팔려고 노력해 왔다. 처음부터, 그들은 "좋은" 음악과 접목시킴으로서 축음기를 진지한 음악 매체로 선전해 왔다. 피츠카랄도와 같이, 그들은 예술음악을 음악의 주변부로 가져가는 중이었다. 그렇지만, 영화 캐릭터와는 다르게, 그들은 고전음악이 자신들의 잠재적인 고객을 냉정하도록 하는 반면에, 이동식 차량을 타는 순회 영업사원들의 현지 음악에 관심을 가질 수 있다는 걸 발견했다. 1910년대부터, 미국 회사들은 전 세계적인 흥행에서 국내시장까지 자신들의 통찰력을 적용했는데, 인종적으로 정의된 음향을 음악적으로 교육받지 않은 청취자들로 잡았다. 과정에서, 그들은 블루스 또는 컨트리 등과 같은 "진짜" 대중음악을 만들어냈다Miller.

한편으로, 흑인 음악인들도 음악은 인종적 정체성과 인종차별적인 신체 등에 타고난다는 인식을 활용했다. 대부분의 녹음 스튜디오로부터 거부당하고, 음악조합에 의하여 배척당하고 음악당 접근이 제한당하면서, 흑인 음악인들은 댄스 음악을 위한 노동시장에 집중했고 효과적인 영업 논쟁으로써 "정통"을 활용했다. 1910년, 밴드리더인 제임스 리스 유럽James Reese Europe은 흑인 음악인을 위한 고용 에이전시로 클레프 클럽 오프 뉴욕 시티Clef Club of New York City를 설립했다. 이 클럽은 잠재적인 고객들에게 밴드와 접촉할 수 있는 통로 제공뿐만 아니라 음악회의

클레프 클럽 회원들의 기교를 공연했다. 흑인 음악인들은 댄스 리듬에 특별한 감각을 가지고 있다는 주장을 뒷받침해주었다. 이와 같이 제임스 유럽과 그의 조력자 등은 아프리카계 미국인들이 타고난 댄스 음악인들이라는 인종적인 고정관념을 재 확인시켜 주었다Gilbert.

"정통"이라는 개념은 대중음악에서 견인력을 갖게 되었다. 작사가 겸 작곡가 등은 음반 사업의 단기성과 지속적으로 히트를 쳐야 한다는 압력으로부터 벗어나고자 고군분투했다. 이러한 목적을 위하여, 수많은 작사가 겸 작곡가들은 뮤직홀에서 브로드웨이 극장으로 이동했다. 이것은 제1차 세계대전 이후 가능했던 것으로 유럽의 뮤지컬 코미디와 오페레타출처: 위키 백과, operetta, 대사와 춤, 오케스트라가 있는 오페라이다. 오페레타는 이탈리아어 그대로 "작은 오페라"를 의미한다. 그러나 이탈리아에서는 이 이름의 형식은 거의 발전하지 않고, 오늘날 상연되는 것은 대부분이 독일어 작품, 프랑스 작품 등의 유입을 멈추게 했다. 이들 작사가 겸 작곡가들 중에 몇 사람도 1914년 미국작곡가·저자·출판업자협회American Society of Composers, Authors and Publishers설립에 관계한다. 1920년대 말까지 라디오방송국과 극장 등과 같은 음악 사용자들로부터 자금을 모으고 유명한 회원들에게 히트곡이 덜 나오돈 시기를 메우도록 해 주던 협회였다. 예전 그들이녹음된 음악과는 달리 한 장의 악보로 발행된 음악 판매에서 나오는 일시 납입 혹은 수익의 1%를 받는 반면, 작사가 겸 작곡가 등은 추가공연 저작권 사용료를 받아 경력에 통합시킬 수 있었다. 이 같은 수입의 원천의 중요성은 더욱 커졌는데, 악보로 발행되는 음악은 퇴조했고 라디오가 새로운 음악 매개체로 등장하였다. 이러한 초기 상황에서, 미국 작곡가·저자·출판업자협회는 음악 사용자들에게 독점이라는 혹독한 비판을 들었다. 미국 작곡가·저자·출판업자협회의 정통성 투쟁과 대중 음악 작곡가들이 유니언 스퀘어Union Square, 샌프란시스코 소재에서 타임스 스퀘어Times Square, 뉴욕소재로 이동한 것은 작사가 겸 작곡가의 존경심을 획득하려는 경향을 강조해 준다Ryan.

벌린Irving Berlin은 미국 음악 산업의 상승적인 이동성을 사례로 삼는다. 흠잡을 데 없는 타이밍으로, 그는 1914년 자신의 첫 번째 뮤지컬 코미디를 집필했고 미국 작곡가·저자·출판업자협회의 명목상 리더였다. 로어 이스트 사이드Lower East Side, 다양성이 공존하는 음울한 분위기의 골목과 다세대형 주택이 고급아파트, 세련된 부티크와 섞여 있고, 밤에는 트렌디한 바, 음악공연장, 레스토랑으로 젊은이들이 모이는 뉴욕시 맨해튼 지역 출신의 전직 노래하는 웨이터는 알곤킨 지식인 모임Algonquin circle of Intellectuals의 회원이 되었고 부유한 사업가의 딸과 결혼했다. 1925년, 벌린의 저널리스트 친구인 울곳Alexander Woolcott은 그의 첫 번째 작사가 겸 작곡가의 전기를 출판했다. 피아노를 한 키 정도밖에 연주하는 법을 배웠던 벌린은 심각할 필요가 있다는 인상을 확신하면서 말이다Woolcott. 동시에, 벌린은 또한 재즈의 여러 "왕"들 중에 한 사람으로 받아들여졌다. 연주자들이 하찮고 떠들썩한 래그타임ragtime, 1900년대 초에 미국 흑인들에 의해 처음 연주되기 시작한, 특히 초기 피아노 재즈을 남겨 놓으려고 노력했던 음악 장르였다Wald.

대중음악인들이 존경을 받으려는 열망이 있게 되면서, 그들은 또한 자신들의 저작물을 미국에 유통 시켰다. 미국 시민권을 얻었고 1918년 초 군대에 징집되었던 벌린은 그의 시간을 애국적인 시사풍자 뮤지컬인 *이입 야판크*Yip Yip Yaphank를 제작하는데 그의 군 복무를 적절하게 활용했다Magee 69-82. 대중음악을 국가와 연계시키는 것 또한 흑인 음악인들의 손으로부터 싱크로 팝 댄스를 분리시키는데 도움을 주었다. 이것은 인종적인 "뿌리"를 미국의 모더니즘으로 대체했기 때문이었다. 이러한 미래 지향적인 전통은 백인 중심의 대중음악 작곡가들을 제공했다. 이들 중 대다수는 미국 중산층으로 진입하는 티켓인 최근 이민 배경, 저임금 직업, 그리고 빈곤 등을 가지고 있었다.

1920년대까지 재즈가 존경을 받았지만, 이것은 여전히 예술로 간주되지 않았다. 독일에서 고전음악 사례에서처럼, 이것은 이러한 변화를 달성하는데 음악적인 비판의 축복을 받았다. "교향곡 당김음"symphonic syncopation으로 사상적으로 전향시키는 백인인 밴드 리더인 화이트만Paul

Whiteman과 같은 사람은 라디오와 발성 영화가 수익이 나는 분야임을 알게 되었다. 반면에 음악은 여전히 상업적으로 남았다. *다운 비트*Down Beat와 같은 새로운 재즈 잡지에 기고하는 음악 저널리스트들은 1930년대와 1940년대의 음악적인 인기 캠페인의 주도권을 인계받았다. 그들은 예술적인 가치와 사회적 소유권 등의 측면에서 재즈의 신뢰성을 위하여 투쟁해 왔다. 컨센서스는 문학교수이고 재즈 학자인 스턴스Marshall Stearns에 의하여 1950년대 형성되었다. 그는 매카시즘McCarthyism, 1950년대 미국의 극단적이고 초보수적인 반공주의 선풍)의 위협과 물질에 오염된 비밥(be-popper, 음악 초기 모던 재즈의 한 형식. 종래의 스윙 재즈와 같은 중후한 연주 대신 다채로운 리듬, 복잡한 멜로디나 화성이 특징이다. 1945년에서 1950년대 사이에 유행하였으며, 파커 등이 중심 인물이다의 악명 등을 요령있게 잘 피해 나갔다Dunkel, "Marshall Winslow Stearns. 예술로서 재즈의 지위를 발전시키기 위하여, 그는 국무성에 자신의 근무처를 제공받았다. 국무성은 계속해서 그를 전 세계에서 미국의 이미지 제고를 바랬던 미국정부는 디지 길레스피Dizzy Gillespie, 미국의 트럼펫 연주가를 순회공연 밴드에 동행하도록 특별 자문으로 임명했다Eschen 33.

국가가 후원하는 밴드들은 스스로를 위한 동정심을 획득했다. 그리고 미국의 경우에 아마도, 제1차 세계대전 이래 외국으로의 재즈 전파는 미국 외부에서 이것의 정착을 자극하면서 초국가적인 압력을 가지게 되었다. 처음부터, "재즈"라는 용어는 유럽 대륙에서 매우 자유롭게 지속되었다. 독일에서, 미국 이름의 초기 채택자들은 모든 종류의 얄팍한 상혼을 지닌 광란의 댄스 음악 연주로 여겼다. 미국 재즈가 대단하지만 자신들의 공연목록을 열렬하게 집착했던 독일 음악인들에게는 완전히 받아들여지지 않았다. 미국 공연이 화려한 볼거리를 제공했던 당시의 기대에 맞추기 위해 즉흥적으로 자본을 투자해 고난도 공연을 꾸몄다. 19세기 미국 음악인들이 독일어 가명을 얻었고 독일 악센트로 연습했다. 마찬가지로, 독일 "재즈" 음악인들은 주로 가공적인 미국 모델에 대한 자신들의 무대 인물을 만들어 냈다. 이들의 허세는 최초 미국 밴드가 1920년대 중반 독일에 왔을 때 독일 음악단체에 의하여 불러졌다. 화이트만Paul Whiteman과 우딩Sam Wooding 등이 독일에 교향곡 싱코페이션syncopation, 당김음, 강세를 주거나 약박의 음표길이를 길게 늘이는 것을 도입했기 때문에, "가짜들" 이 판을 치던 독일 음악계에서는 이 세련된 스타일을 수용했다. 그 당시 "진정한" 미국 재즈가 공식적으로 훈련된 연주자의 기술을 필요로 했음을 보게 되어서 기뻐했다Nathaus.

카바레에서 음악 홀 까지 재즈의 변환은 독일에서 급속하게 진전되었다. 이미 1928년에, 프랑크푸르트에 있는 호흐Hoch음악원은 재즈 강의를 개설했다. 그러나 이를 "퇴폐적인" 언더그라운드 음악이라고 강요했던 나치 정권에 의해 심층적인 제도화가 방해받았다Kater. 제2차 세계대전 이후, 재즈는 재빠르게 회복했다. 헌신적인 재즈 밴드 리더와 연주자 등은 서독 지역방송국에서 앙상블을 지휘했다Scharlau and Witting-Nöthen. 재즈 애호가와 음악 저널리스트들은 자신들이 선호하는 음악이 진흥할 기회를 특별히 라디오 방송에게 부여했다. 디트리히 슐츠 쾬Dietrich Schulz-Köhn ("재즈 박사")는 독일북부방송NDR, North German Broadcasting과 서부독일방송WDR, West Germany Broadcasting 등을 위하여 자신의 방송에서 재즈 음악을 다루었다. 뮌헨 바이에른 방송Bayrischer Rundfunk, Bavarian Broadcasting은 재즈 음악을 송출했고 슐츠-쾬처럼 지역 재즈 클럽 단체와 독일 재즈협회 등에서 적극적이었던 후버Hans Ger Huber, 정거만Jimmy Junger Jungermann, 그리고 괴체Werner Götz 등을 채용했다. 가장 저명한 재즈 비평가는 "재즈 교황"인 베렌트Joachim-Ernst Berendt이었다. 그는 바덴바덴에 있는 남서방송SWF, South- West Broadcasting에서 라디오 텔레비전 프로그램을 기획하고 제작하고 있었다. 그는 또한 1952년 자신의 영향력 있는 *재즈북*Jazzbuch을 출판했고 독일뿐만 아니라 외국에서 재즈 음악회를 기획했다Wright Hurley.

베렌트와 스턴스 같은 주주에게 고용되고, 정치적인 의도를 가진 학술적인 비평가 등은 재즈를 당시 상업적으로 유행한 독일의 유행가와 로큰롤과 구분했다. 이러한 방식으로, 그들은 재즈의 외부 시장 개척을 위해 대안적인 기금 자원을 공개했다. 그들은 재즈를 보편적인 음악 용어라고 정의했다. 이것은 자유롭고, 관용적이고 민주적인 방향에서 아프리카계 미국인 뿌리로부터 성장한 조건이다. 이러한 개념을 기반으로, 서독 정부는 결과적으로 자신만의 대표를 외국으로 파견했다Dunkel "Jazz-Made in Germany".

고전음악에서처럼, 재즈 비평가와 음악당에 관한 재정지원 그리고 축제 등에 의하여 출판 진흥의 초국가적인 확산은 재즈를 고전으로 여기고 학술적으로 만들었다. 재차, 우리는 국제적인 비판적 합의의 부상을 바라보고 있다. 후발 국가들이 자신들의 선구자보다 훨씬 뛰어날 수 있는 분야로 도전할 수 있는 경쟁의 프레임워크를 제공하는 합의이다. 재즈의 제도화는 음악 그 자체의 동질화를 이끌지 않았다. 재즈에 관한 스타일적인 다양성은 지속적으로 음악인들에 의하여 발전되었기 때문이었다. 그러나 이것은 이것의 수용 규칙을 안정화시켰다. 전문가를 무분별한 청취자와 구분하면서, 기본적으로 교육받은 중산층을 목표로 했다DeVeaux. 고전 음악처럼, 예술적인 재즈는 청중들을 침묵케 했거나, 더 정확히 말하면, 적당한 시간에 아주 즐겁게 떠들며 놀고 박수치게 만들었다.

로큰롤에서 예술까지로의 록의 변신은 고전음악과 재즈의 제도화에 의하여 설정된 패턴을 따랐다. 로큰롤 음악회와 주요 작품 목록을 만든 비평가들이 떠오르기 이전에, 국제 위신 경쟁의 명분을 준비하려는 음악인들에 의해 새로운 시도가 나타났다. 간단히 말하자면Wald를 보라, 비틀스Beatles는 이러한 부흥 운동에 선구자였다. 비틀스는 일상적인 팝 밴드를 넘어 독자적 경력을 강화하기 위해 그들의 명성을 지렛대로 사용하였다. 비틀스는 자신들의 음악을 녹음하고 새로운 스튜디오 기술을 시험하는 여유를 보였다. 비틀스를 재빠르게 따라간 다른 초창기 록 밴드처럼, 비틀스는 예술가로서 진정으로 소통하며 타협하지 않는 공인의 이면에 있는 호감 가는 인상을 주었다. 록 밴드들은 더 길고 더 복잡한 노래, 특별한 악기, 새로운 사운드 그리고 의미심장한 가사 등을 시험했다. 1960년대 말에 진보적인 제네시스Genesis 밴드와 다른 밴드 등이 절정에 다다를 때였다. 이러한 실험이 진행되는 와중에, 음악인들은 다른 예술의 분야와 동맹을 맺었다. 젤터가 뉴욕 지식인으로서 괴테와 어빙 벌린 등의 친교로 혜택을 받은 것과 마찬가지로, 록 밴드들은 예술 무대와 접촉하며 자신들의 예술적 야망을 구체화했다Braun.

가장 중요한 것으로, 1963, 64년 비틀스의 대 히트 이후 가장 중요한 것으로, 새로운 독자층을 찾아 나선 한 음악 잡지는 비트 밴드에 관심을 가졌다. 최초의 사람 중 하나로, 발행 부수가 줄어들고 있는 중이던 재즈 잡지인 영국의 *멜로디 메이커*Melody Maker는 음악적인 용어로 야심 찬 목소리를 취재했다. 이것은 신흥 록 밴드의 공연을 평가하고 상업적인 가치로부터 예술적인 작업을 분리시키는 미학적인 카테고리를 다루었다. 더 많은 잡지, 그리고 책을 계속 다루며 우리는 1960년대 말까지의 장르를 열심히 공부할 수 있었다Lindberg et al..

고전음악과 재즈의 사례처럼, 록은 소리와 연주뿐만 아니라 이데올로기로 확산되었다. 음악가와 저널리스트 등은 후자를 중요하게 다루었다. 이것을 자신들만의 전문적이고 정치적인 목표를 심층화시키는데 활용했다. 서독에서, 록 이데올로기는 영미 록 무대에 대한 지식에 기반을 두고 있던 젊은 작가들에 의해 수용되었다. 유명 밴드, 고전음악 앨범과 음악 장르의 역사를 다루는 독일 출판사 수는 점점 늘어났다. 그리고 이는 교육을 받고 정치 지향적이고 대학에 입학했으며, 새로운 자유민주주의 독일을 형성하려는 주로 남성 독자층을 충족시켰다Rumpf.

독일 록 비평가들의 입장은 개념상의 실수로 영미 오리지널의 "정통성"이 모자란 국내 밴드의 비평보다도 더욱 엄격했다. 이는 영미 비평가들이 색다르게 바라보면서 변화하기 시작했고, 독일 주변부의 록 음악에서 독특한 점들이 발견되었다. 그들의 소위 크라우트록krautrock,

1970년대부터 시작된 시험적인 독일 록음악의 장르 밴드의 발견은 민족적인 특수성은 배타적이 아니라 보편적인 제도로써 록과 양립할 수 있음을 보여준다. 특권적인 입장을 유지하면서, 영국과 미국에서 트렌드를 만드는 비평가들은 영미 중심 외부로부터 기부를 위한 장을 마련했다Simmeth. 독일과 같은 록 음악의 변방에 있는 국가들의 저널리스트는 영미 밴드를 위한 “정통성” 자리를 지속적으로 마련해주었다. 이것이 자신들의 권위를 강화했기 때문이었다. 크라우트록 밴드들은 이러한 비판에 순응해야만 했고 국민적인 언어로 국제 록 레퍼토리에 기여·형성하는 것이 유용함을 알게 되었다. 예를 들면, 크라프트베르크Kraftwerk, 팝음악가의 랄프 휘터Ralf Hütter는 독일의 진부한 말로 자신의 음악을 설명했다. 특별하게 외국 비평가에게 말을 했을 때이다. 1975년, 그는 미국 음악 저널리스트인 레서터 뱅Lester Bangs에게 다음과 같이 말했다.

> 우리는 우리가 독일출신임을 부인할 수 없다. 매우 선진화된 독일 정신은 항상 우리 행동의 일부가 될 것이다. 우리는 매우 기계적인 모국어인 독일어로 탄생 된다. 우리는 우리 음악을 위한 기본 구조로 활용한다. 또한 독일 산업으로부터 나온 기계들이다qtd in Adelt 396.

독일 정신의 산물인 크라우트록에 관한 휘터의 입장은 국제적으로 의미 있는 제도로써 상정했다. 록에 관한 글로벌 레퍼토리에서 국가적인 특성을 인정받은 “제3의 당사자”로 말이다. 이러한 언명들이 발표되고 신중하게 여겨진 사실은 이러한 국제적인 인정이 1970년대 중반까지 굳건하게 자리 잡게 되었음을 보여준다.

우리가 재즈와 록의 역사에서 음악적인 부상이 재차 발생되는 낡은 유형을 보는 동안, 20세기 끝자락에서 음악외교는 다른 유형을 띠게 되었다. 2000년 독일이 세계박람회 “엑스포”를 개최했을 때, 정부는 크라프트베르크이거나 유사한 예술적인 위상을 갖고 있는 밴드 등을 초대하지 않았는데 오히려 세계적으로 독일을 대표하는 스콜피언스Scorpions를 초청했다. 밴드는 "록의 대사"라는 직함으로 공식적인 인정을 받았다. 엠티브이MTV는 1980년대에 그들에게 그렇게 부과해 왔다. 행사가 시작되면서, 그들은 베를린 필하모니와 고전음악의 선두 그룹과 글로벌 팝-록에서 미국의 슈퍼스타인 본 조비Bon Jovi 등과 무대를 같이 했다. 스콜피언스의 엑스포 공연은 음악인들이 자신들의 예술적인 명성 때문만이 아니라 자신들의 세계적인 인기 때문에 음악외교관이 되었던 강력한 트렌드의 시사점으로 간주될 수 있는 것이다본서의 Bayles를 보라; Cooper. 확실하게, 20세기 말 예술에서 명성으로 대중 음악외교에서 변화가 존재해 왔다. 이것은 다른 곳에서 심층적으로 연구해 볼 가치가 있다.

음악 연주의 힘과 인정: 결론

고전음악, 재즈, 그리고 독일, 영국 그리고 미국 등에서 록 등에 관한 역사를 회고해 보면서, 본 장에서는 이러한 음악 장르들이 어떻게 국가들이 위신을 걸고 경쟁하는 분야가 되었는지를 보여주려고 노력해 왔다. 이것은 이러한 추이에서 핵심 행위자와 주요 자극제로서 열등함에 관한 두려움으로 비평가와 명망 높은 기업가 등을 특정해 왔다. 더욱이, 이것은 음악회, 비평잡지, 그리고 글로벌 위신 토너먼트를 위한 미학적인 기준 등과 같은 음악적인 인정의 중요성을 지적해 왔다.

사회학자 모티 레게프Motti Regev가 팝-록 음악에 집중해서 논의하고 본 장에서 확인한 바와 같이, 이러한 음악적 인정들은 문화 제국주의도 아니고 문화 수입국의 수혜자들에 의한 비효율적인 모방도 아니라는 것이다. 대신에, 이것들의 확산은 "표현 동형주의"expressive isomorphism의 결과를 가져왔다. 레게프는 이것을 "문화적인 독창성을 나타내는 것은 창의적인 기술, 스타일적인 요소, 장르 그리고 세계적인 모델로부터 나오는 예술의 형태 등을 채용하고, 적응하고, 조절하고, 통합하고 그리고 정통함으로써 구축된다고 정의 한다"Regev 11. 이러한 과정은 우리의 아마존 은유Amazon methaphor에서 다음과 같이 제시할 수 있다. 처음, 제국주의자인 피츠카럴도는 경제적으로 문화적으로 원주민들을 길들이는데 실패했다. 인디오들은 피츠카럴도의 기술을 무리하지 않고 자신들만의 신화 속으로 수용했다. 그러나 이야기는 인디오들의 최후의 승자라고 끝맺지도 않는다. 증기선은 실질적으로 그들을 좋든 나쁘든 간에 미래로 수송했기 때문이다. 그들은 서구 식민주의자들의 교두보인 이키토스Iquitos, 페루 동북부 아마존강 상류에 면한 항구도시에 당도한다. 그들은 고무 남작이 그들에게 제공했던 샴페인을 의심스러운 눈으로 쳐다보았다. 사실적인 사건을 바탕으로 쓰인 피츠카럴도의 픽션 이야기를 지속하면서, 인디오들은 자신들의 새로운 환경에 신속하게 적응한 것처럼 보인다. 1938년까지, 오스트리아의 테오도르 부흐발트Theodore Buchwald가 지휘하는 페루 국립 심포니 오케스트라는 리마시립극장Teatro Municipal de Lima에서 초연했다. 앙상블은 유럽 고전음악을 연주했을 뿐만 아니라 레게프가 설명한 바와 같이 "세계적인 모델로부터 나온 요소들을 지닌 문화적인 독창성"을 구성한 국내 작곡가들의 작품을 진흥시켰다. 피츠카랄도와 인디오 모두가 배 안으로 입장한 것은 운명이라는 것이다. 이것은 그들을 상호 인정을 하도록 얽어매는데, 그들에게 독특성을 생산하고 동일한 경기에서 경쟁하도록 만들었다.

음악적인 인정에 관한 이러한 견해는 음악외교의 효과성의 의문에 대한 해답을 의미한다. 사회학자인 티아 데노라Tia DeNora는 음악을 유용하게 연주자와 청중들이 "뭔가를 할 수 있는" "행동 유도성 구조"라고 설명한다.DeNora 44. 이러한 견해에서, 음악에 관한 변용적인 잠재성은 "음악 그 자체"에서 아니라 연주의 틀 안에서 발견된다는 것이다. 특정의 상황에서, 음악은 사람들에게 비범한 일을 하도록 할 수 있다. 본 장에서, 우리는 미국의 "마티니 걸스"가 음악을 자신들의 사회적 연계망의 경계를 확장시키는데 활용해 왔음을 보았다. 그들은 정서적으로 넋을 잃게 하는 면허증을 갖고 있기 때문이다. 가짜 미국인들은 1920년대 초 독일에 있는 카바레에서 재즈를 신나게 연주했다. 4인의 리버풀 사람들은 세상을 폭풍에 휘말리게 했다. 이 같은 음악의 추이는 연주자와 청중 사이의 예측 불가능한 공개적 불일치에 의해 가능한 것이다. 음악 장르의 인정 과정에서 연주회의 경직화는 이러한 변용적인 순간을 가능성이 모자라도록 만들었다. 우리는 이를 보고 음악 외교관에게 매력적인 음악을 만든 것은 변용적인 잠재성보다는 예측성임을 주장할 수 있다. 음악외교관의 전문성은 국제적인 대화 조정 시 가늠하기 어려운 것들은 최대한 많이 최소화할 것을 요구한다 그러나 우리는 당시 고전 음악, 재즈, 그리고 록은 스스로의 악마들을 길들이고 더 나은 미래로 도달하지는 못했다고 한탄한다고 여긴다.

인용 자료

Adelt, Ulrich. "Machines with a Heart: German Identity in the Music of Can and Kraftwerk." *Popular Music and Society* 35.3 (2012): 359-74. Print.

Applegate, Celia. Bach in Berlin: Nation and Culture in Mendelssohn's Revival of the "St. Matthew Passion." *Ithaca*, NY: Cornell UP, 2005. Print.

___. "How German Is It? Nationalism and the Idea of Serious Music in the Early Nineteenth Century." *19th-Century Music* 21.3 (1998): 274-96. Print.

Blanning, Tim. *The Triumph of Music: The Rise of Composers, Musicians and Their Art.* Cambridge, MA: Belknap, 2008. Print.

Boorman, Stanley, Eleanor Selfridge-Field, and Donald W. Kummel. "Printing and Publishing of Music." *New Grove Dictionary of Music and Musicians.* Ed. Stanley Sadie. 2nd ed. vol. 20. London: Macmillan, 2001. 326-81. Print.

Braun, Anna. "Where Was Pop? Die Robert Fraser Gallery zwischen

Popmusik und bildender Kunst in 'Swinging London.'" *Popgeschichte: Band 2: Zeithistorische Fallstudien 1958–1988.* Ed. Bodo Mrozek, Alexa Geisthövel, and Jürgen Danyel. Bielefeld: transcript, 2014. 65–88. Print.

Broyles, Michael. "Art Music from 1860 to 1920." *The Cambridge History of American Music.* Ed. David Nicholls. Cambridge: Cambridge UP, 1998. 214–54. Print.

Cohen, H. Robert. "On the Dissemination of Information about Music in Nineteenth-Century Europe: An Introduction to the Session." *Revista de Musicología* 16.3 (1993): 1619–26. Print.

Cooper, Andrew F. Celebrity Diplomacy. Boulder: Paradigm, 2008. Print.

Davidson, Mary Wallace. "John Sullivan Dwight and the Harvard Musical Association Orchestra: A Help or a Hindrance?" *American Orchestras in the Nineteenth Century.* Ed. John Spitzer. Chicago, IL: U of Chicago P, 2012. 248–68. Print.

De Grazia, Victoria. *Irresistible Empire: America's Advance through 20th Century Europe.* Cambridge, MA: Harvard UP, 2005. Print.

DeNora, Tia. *After Adorno: Rethinking Music Sociology.* Cambridge: Cambridge UP, 2003. Print.

DeVeaux, Scott. "Who Listens to Jazz?" *Keeping Time: Readings in Jazz History.* Ed. Robert Walser. 2nd ed. New York: Oxford UP, 2015. 313–18. Print.

DiMaggio, Paul J., and Walter Powell. "The iron cage revisited: Institutional Isomorphism and Collective Rationality in Organizational Fields." *American Sociological Review* 48 (1983): 147–60. Print.

Dunkel, Mario. "'Jazz—Made in Germany' and the Transatlantic Beginnings of Jazz Diplomacy." *Music and Diplomacy from the Early Modern Era to the Present.* Ed. Rebekah Ahrendt, Mark Ferraguto, and Damien Mahiet. New York: Palgrave Macmillan, 2014. 147–68. Print.

___. "Marshall Winslow Stearns and the Politics of Jazz Historiography." *American Music* 30.4 (2012): 468–504. Print.

Eschen, Penny M. von. *Satchmo Blows up the World: Jazz Ambassadors*

Play the Cold War. Cambridge, MA: Harvard UP, 2004. Print.

Fosler-Lussier, Danielle. *Music in America's Cold War Diplomacy.* Berkeley: U of California P, 2015. Print.

Gienow-Hecht, Jessica C. E. "Sonic History, or Why Music Matters in International History." *Music and International History in the Twentieth Century.* Ed. Jessica C. E. Gienow-Hecht. New York: Berghahn, 2015. 1-30. Print.

___. *Sound Diplomacy: Music and Emotions in Transatlantic Relations,* 1850-1920. Chicago, IL: Chicago UP, 2009. Print.

___. "Trumpeting Down the Walls of Jericho: The Politics of Art, Music and Emotion in German-American Relations, 1870-1920." *Journal of Social History* 3.3 (2003): 585-613. Print.

Gilbert, David. *The Product of Our Souls: Ragtime, Race, and the Birth of the Manhattan Musical Marketplace.* Chapel Hill, NC: U of North Carolina P, 2015. Print.

Hughes, Meirion. *The English Musical Renaissance and the Press 1850-1914: Watchmen of Music.* Aldershot: Ashgate, 2002. Print.

Hurley, Andrew Wright. *The Return of Jazz: Joachim-Ernst Berendt and West German Cultural Change.* New York: Berghahn, 2009. Print.

Jackson, Jeffrey H. *Making Jazz French: Music and Modern Life in Interwar Paris. Durham,* NC: Duke UP, 2003. Print.

Kater, Michael H. *Gewagtes Spiel: Jazz im Nationalsozialismus.* Köln: Kiepenheuer & Witsch, 1995. Print.

Levine, Lawrence W. *Highbrow / Lowbrow: The Emergence of Cultural Hierarchy in America.* Cambridge, MA: Harvard UP, 1988. Print.

Lindberg, Ulf, et al. *Rock-Criticism from the Beginning: Amusers, Bruisers, Cool-Headed Cruisers.* New York: Peter Lang, 2005. Print.

Maase, Kaspar. *BRAVO Amerika: Erkundungen zur Jugendkultur der Bundesrepublik in den fünfziger Jahren.* Hamburg: Junius, 1992. Print.

Magee, Jeffrey. *Irving Berlin's American Musical Theatre.* New York: OUP, 2012. Print.

Malchow, Howard L. *Special Relations: The Americanization of Britain?*

Stanford, CA: Stanford UP, 2011. Print.

Miller, Karl Hagstrom. *Segregating Sound: Inventing Folk and Pop Music in the Age of Jim Crow*. Durham, NC: Duke UP, 2010. Print.

Nathaus, Klaus. "Popular Music in Germany, 1900–1930: A Case of Americanisation? Uncovering a European Trajectory of Music Production into the 20th Century." *European Review of History* 20.5 (2013): 755–76. Print.

Newman, Nancy, and John Spitzer. "Gender and the Germanians: 'Art-Loving Ladies' in Nineteenth-Century Concert Life." *American Orchestras in the Nineteenth Century*. Ed. John Spitzer. Chicago, IL: U of Chicago P, 2012. 290–310. Print.

Notaker, Hallvard, Giles Scott-Smith, and David J. Synder. "Introduction: Reasserting America in the 1970s." *Reasserting America in the 1970s: US Public Diplomacy and the Rebuilding of America's Image Abroad*. Ed. Idem. Manchester: Manchester UP, 2016. 1–7. Print.

Ogasapian, John, and N. Lee Orr. *Music of the Gilded Age: American History through Music*. *Westport*, CN: Greenwood Press, 2007. Print.

Osterhammel, Jürgen. "Globale Horizonte europäischer Kunstmusik, 1860–1930." *Geschichte und Gesellschaft* 38 (2012): 86–132. Print.

Pisani, Michael V. *Imagining Native America in Music*. New Haven: Yale UP, 2005. Print.

Poiger, Uta G. *Jazz, Rock, and Rebels: Cold War Politics and American Culture in a Divided Germany*. Berkeley: U of California P, 2000. Print.

Regev, Motti. *Pop-Rock Music: Aesthetic Cosmopolitanism in Late Modernity*. London: Polity, 2013. Print.

Rumpf, Wolfgang. *Pop & Kritik: Medien und Popkultur. Rock 'n' Roll, Beat, Rock, Punk. Elvis Presley, Beatles/Stones, Queen/Sex Pistols in Spiegel, Stern & Sounds*. Münster: LIT, 2004. Print.

Ryan, John. *The Production of Culture Perspective in the Music Industry: The ASCAP-BMI Controversy*. Lanham: UP of America, 1985. Print.

Scharlau, Ulf, and Petra Witting-Nöthen. *"Wenn die Jazzband spielt…":*

Von Schlager, Swing und Operette: Zur Geschichte der Leichten Musik im deutschen Rundfunk. Berlin: Springer, 2006. Print.

Simmeth, Alexander. *Krautrock transnational: Die Neuerfindung der Popmusik in der BRD, 1968-1978.* Bielefeld: transcript, 2016. Print.

Sorba, Carlotta. "Between Cosmopolitanism and Nationhood: Italian Opera in the Early Nineteenth Century." *Modern Italy* 19.1 (2014): 53-67. Print.

Suisman, David. *Selling Sounds: The Commercial Revolution in American Music.* Cambridge, MA: Harvard UP, 2009. Print.

Stradling, Robert, and Meirion Hughes. *The English Musical Renaissance 1860-1940: Construction and Deconstruction.* London: Routledge, 1993. Print.

Wald, Elijah. *How the Beatles Destroyed Rock 'n' Roll: An Alternative History of American Popular Music.* New York: Oxford UP, 2009. Print.

Weber, William. T*he Great Transformation of Musical Taste: Concert Programming from Haydn to Brahms.* New York: Cambridge UP, 2008. Print.

Werron, Tobias. "On Public Forms of Competition." *Cultural Studies - Critical Methodologies* 14.1 (2014): 62-76. Print.

Woolcott, Alexander. *The Story of Irving Berlin.* New York: Putnam, 1925. Print.

제2장

연방국가에서 문화와 음악 외교의 역설
벨기에 플랑드르 사례연구

알렉산드로 마졸라 *Alessandro Mazzola*

다른 연방 시스템과 유사한 벨기에에서, 문화외교는 국제무대에서 자국을 대표하는 목적만 있는 것은 아니다. 이것은 또한 지방정부 단위체들뿐만 아니라 그들과 중앙정부 간 문화적, 경제적, 정치적 관계에서 핵심적인 역할을 수행 한다Michelmann. 사실상, 다양한 형태의 벨기에 문화외교 내용은 국가 외교정책의 일관성을 보장하기 위한 협력과 합의의 결과로 바라볼 수 있다. 그럼에도 불구하고, 문화외교는 연방국가 공동체에 의해서도 수행되는 지방정부 정체성 대표를 위한 여지와 물질적 자원 등에 대한 경쟁에 의하여 강력하게 영향을 받는다. 즉, 벨기에 사례에서, 문화외교는 북부의 네덜란드어권 그룹과 남부의 프랑스어권 그룹인 주요 언어공동체 간에 존재하는 분쟁과 연관된 쟁점과 주장 등을 반영한다.

다양한 언어 그룹에 관한 정치적 동원화에 대응하는 것으로, 벨기에의 제도적인 환경은 헌법상 보장된 지자체에 대해서 높은 정도의 자율성을 부여해 왔다. 1970년에 시작된 벨기에 연방제는 문화정책에 대한 정교함과 실천 등을 포함하는 공간과 관련되고 사람과 관련된 수많은 문제들에 대한 배타적인 관할권을 부여받은 정치 지역과 문화 공동체 등을 수립해 왔다. 그럼에도 불구하고, 지방정부의 최대 자율성을 위한 요구는 벨기에 현대 정치와 특별하게 네덜란드어권인 북부지역에 있는 플랑드르에서 정치 논쟁 등을 지속적으로 특징 지웠다. 이러한 맥락에서, 소위 플랑드르 내셔널리스트들은 경제성과에 관한 실용주의적인 태도, 상당한 발전과 플랑드르의 제도적인 효율성 등에 기초한 벨기에 지역 단체의 수직적인 대표성을 정교화 했다Huysseune. 놀랄 것 없이, 국제화를 위한 일반화된 의지와 함께, 플랑드르의 부유한 경제와 굿 거버넌스good governance 등으로 대표되는 것은 2014년 연방 선거에서 최근 선거 승리를 얻은 플랑드르 내셔널리스트 당이고 프랑스어와 플랑드로어 공동체 간의 역사적 분쟁을 일깨우고 벨기에 최대 정당이 된 신플람스 연합Nieuw-Vlaamse Alliantie의 담론과 이데올로기 등에서 핵심적인 주제이다De Wever and Kesteloot.

이러한 상황에서, 우리는 문화외교에 관한 골수 내셔널-벨기에식 접근방법을 위한 여러 가지 복잡한 문제들을 관찰할 수 있다. 본장의 목표는 벨기에 연방의 맥락에서 플랑드르 문화외교에 대한 한 가지 사례를 분석하고 플랑드르 내셔널리스트적인 담론으로부터 나오는 압력과의 상호작용하고 동시에 벨기에 연방조직의 직접적인 결과로써 존재하는 이와 같은 관행의 형태를 살펴보는 것이다.

벨기에를 특징짓는 갈등의 탄생과 진화에서 문화의 역할은 학술문헌에서 심층적으로 관찰 분석되어 왔다Martiniello, "Culturalisation"; Bloommaert. 특별하게, 언어와 민족성은 플랑드르 내셔널리즘의 형태를 포함하는 다양한 분리주의 경향과 벨기에 사례 등에 관한 연구에서 핵심 요소를 나타낸다. 사실상, 관찰자들은 주로 비폭력적인 형태로 연방국가의 사회문적인 역사와 삶 등에 관한 수많은 다양한 양상을 포함해 왔던 벨기에의 국내분쟁의 강력한 문화습득과 종족화ethnicizations, 정체성을 사회적 관행 혹은 민족에 의해 구분 등을 강조해 왔다Martiniello, "Culturalisation"; Bloommaert. 지금, 문화는 주변부적인 차원으로 내려앉은 것처럼 보인다. 정치적 경제적 요인들이 공공 논쟁에서 최우선을 차지해 왔기 때문이다. 본 논문의 목적은 실용적인 비전에 기초해서 논쟁에서 가장 커다란 참고자료를 가진 요인으로 문화의 역할을 재조명하는 것이다. 이것은 오늘날 벨기에 연방 단위체 간의 경쟁과 분쟁에 관련된 사상, 원칙과 태도 등을 환기시킬 수 있기 때문이다.

이러한 목적을 위하여, 나는 문화외교에 집중할 것이다. 벨기에 같은 맥락에서 제도에 의해 만들어진 문화는 연방국가의 정치 구성원들의 수직적인 대표성과 경쟁을 생산하고 공유하는 수단이 된다. 좀 더 구체적으로 말하면, 나의 가정은 플랑드르에서 문화외교는 지역 경제발전과 구조적인 효율성 등에 대한 담론을 산출하는 것으로 관찰될 수 있다는 것이다. 나의 장에서는 문화적인 형태로써 음악과 관련된 문화외교의 한 가지 특수 사례에 초점을 둔다. 즉, 앤트워프Antwarp음악원과 국제 예술 캠퍼스인 디싱엘deSingel 등에 말이다. 좀 더 구체적으로 말하면, 나는 디싱엘의 공식 정책 기획인 벨리즈플란Beleidsplan,네덜란드어로 정책 2011-2015DeSingel Internationale Kunstcampus에 해당되는 다큐멘터리 자료들을 분석할 것이다. 이것에는 국제 활동과 네트워크 등에 관한 자세한 정보를 담고 있다. 본장에서는 역시 2개의 심층 인터뷰를 포함하는 다큐멘터리가 아닌 원전에 기반한다. 첫 번째 인터뷰는 디싱엘의 예술 감독이자 사무총장인 제리 애어츠Jerry Aerts와 함께 이루어졌다. 두 번째 인터뷰는 얀 푸만스Jan Peumans인데, 내셔널리스트이자 보수주의 플랑드르당인 신플랑드르 연합의 핵심 인사이자 플랑드르 국회의장이다.

나의 분석은 순수하게 음악적인 차원과 이러한 다양한 차원들이 국제적이고 벨기에적인 맥락으로 정교화되는 방식보다는 오히려 디싱엘의 음악외교의 조직적이고, 구조적이며 재정적인 양상에 초점을 둘 것이라고 언급하는 것도 중요하다. 여기에서 제시되는 연구 결과들은 음악에만 한정시킨 것만이 아니라는 것은 논쟁거리이다. 이러한 이유로 나는 특수한 용어인 음악외교 대신 문화외교라는 용어를 자주 사용할 것이다. 나는 문화외교를 음악외교보다도 더 커다란 공공이익과 정책 행동의 한 분야로 이해한다. 그럼에도 불구하고 디싱엘은 음악기관으로 주로 인식되고 본장에서 분석된 사례와 제공된 사례 등은 음악과 연관된 문화외교에만 관련 있다.

디싱엘을 대표적인 사례연구로 선택한 것에는 여러 이유들이 존재한다. 첫째, 이 기관은 벨기에와 유럽의 문화 지형에서 가장 중요한 행위자들 중에 하나일 뿐만 아니라 플랑드르 공동체 안에 있는 공공기금에 의하여 가장 강력하게 지원받은 것들 중에 또 다른 하나이기도 하다. 둘째로, 디싱엘은 플랑드르 최대 도시이고 플랑드르 내셔널리스트당 신플랑드르 연합의 현대도시 아성인 앤트워프에 위치하고 있다.[1] 그렇지만 앞에 언급한 것들과 마찬가지로 중요한 것으로, 디싱엘은 역사에서 언어분쟁에서 매우 상징적으로 중요한 사회문제를 지니고 있다. 이것은 벨기에 최초의 네덜란드어 전용예술교육기관으로 1898년 설립된 앤트워프왕립음악원의 직계이다. 벨기에 안의 프랑스어 엘리트와 네덜란드어 인구 간의 역사적인 반목의 진화에서 아이콘을 갖는 장소이다. 오늘날, 내가 설명하겠지만, 이 기관은, 아마도 다른 것보다도, 현대 플랑드르 문화정책의 정보 제공을 하는 통합과 국제화의 지도 원칙을 충족한다.

제도적이고 정책적 맥락: 지역의 사명으로써 문화외교

벨기에는 자체의 제도적인 정책 구조는 프랑스어와 플랑드르어 단체의 자결권에 근거해서 국가의 헌법기관이라고 여겨지는 연방 국가이다Martiniello, "Sortir" 71. 1970년대 이래로, 제도 개혁에 관한 스탭바이스탭step by step과정은 두 개의 주요 언어단체 출신 정치 엘리트들의 장기간에 걸친 분쟁을 안정화하기 위해 다음과 같이 구현되었다. 왈로니아Wallonia 안의 프랑스어 그룹과 플랑드르 안의 네덜란드어 그룹 등이다. 사실상, 플랑드

1) 의미심장한 것으로, 신플람스 연합 당수인 바르트 드 웨버Bart De Wever는 2013년 1월 이래로 앤트워프 시장 직을 맡고 있다.

르어/프랑스어 분열은 세 개의 정치 지역플랑드르, 왈로니아와 브뤼셀-수도지역)과 문화 공동체플랑드르, 왈로니아와 소규모 독일어 공동체 등은 분쟁에서 실질적인 역할을 하지 않았다 등이 수립되어 오던 주요 핵심 축이다Jacobs 4. 연방개혁은 다문화주의 원칙에 따라 실행되었고 언어로 규정된 중앙정부에서 지방정부로 권력을 이양하기 위한 목적을 두고 있었다. 그렇지만, 두 개의 거대 언어 공동체를 특징짓는 역사적인 분열소위 공동체 균열과 보다 커진 자율성을 위한 관련된 주장 등은 중단된 적이 없었다. 오히려, 이것은 지난 십여 년간 특히 플랑드르 정치적 지형을 포함해 부상되었다. 이러한 상황은 두 가지의 정치적이고 경제적인 이유로 다음과 같이 발생했다. 중앙정치의 영역화플랑드르어와 프랑스어 정당 등으로 분열된 가장 중요한 정당원들과 함께와 유럽에서 가장 부유한 지역들 중에 하나인 플랑드르의 등장 등이다Blommaert.

정치적-제도적 구조의 연방화는 플랑드르와 프랑스어권 정당들의 거버넌스와 정치적 대표성에서 주요한 격변이라고 결정되어 왔다. 모든 국가의 정파—기독-민주당, 사회주의당과 진보당—등이 네덜란드어와 프랑스어 정당으로 쪼개졌다. 결과적으로, 교섭, 협력, 정치적 정당성과 안정성 등의 문제가 매번 부각되어서, 새로운 행정부는 353일 동안의 내각 교섭이라는 역사적 기록이 생겨난 2010~2011년 위기까지 극적으로 보여주었다. 정파들의 분열로 인해 정치 분석가들은 연방개혁 과정을 비판하고 "분열의 연방주의"로 특징지어진 벨기에의 비폭력적인 분쟁 해결 방식의 효율성을 의심하였다Martiniello, "Immigrant Integration 120. 더욱이, 지난 20여 년간 공동체 균열은 경제적 효과와 좋은good 대vs 나쁜bad 거버넌스의 문제를 지속적으로 특징지어 왔다. 제2차 세계대전 이후 급격한 발전은 플랑드르 주민들이 왈로니아 산업의 중심으로부터 경제력의 핵심을 정식으로 인도받게 해 주었다Witte et al. 오늘날, 경제성과의 차이, 고용률과 구조적 효율성 등은 두 지역 사이의 영토적인 이중성이 높아져 왔다. 플랑드르 주민과 왈로니아 주민 등은 정치 논쟁에서 적대적인 말을 자주 표명해 왔다. 플랑드르 내셔널리스트들은, 특별하게, 논쟁을 주도하고 2007년 이래로 쭉 선거 승리를 이룩해 왔다. 글로벌 금융위기 동안 사회복지, 혜택, 그리고 사회보장시스템 등을 포함하는 사회-경제 문제의 심층적인 분리를 주장했다.

플랑드르의 문화외교는 국제무대에서 지역을 대표하는 임무를 넘어선 기능을 한 정치도구로써 여겨질 수 있다는 가정들에 대한 것이다. 이데올로기적이고 정치적인 분쟁과는 별도로, 연방 시스템 자체에 관한 특정 단체와 구조 등은 문화외교에 상당한 영향을 준다. 벨기에에서, 문화 공동체들은 예술과 문화 관련 활동에 대해서 공공정책 결정을 포함하는 소위 '국민 관련 활동'에 대한 배타적인 관할권을 갖는다. 그들은 플랑드르어와 프랑스어권 공동체가 관할권을 공유하는 프랑스어와 네덜란드어 이중 언어를 사용하는 지역을 제외하곤 자신만의 언어 지역에 대한 범위 안에서 활동한다. 문화외교는 언어공동체가 고도의 자율성을 가지는 이니셔티브들 중에 하나이다. 사실, 연방정부는 1988년 헌법 개정에 의하여 소개된 *내부 포럼, 외부 포럼*in foro interno, in foro externo 원칙이 하위 단위체에게 국내적 자율성을 허용 받은 이러한 문제들에 대해서 외교정책 관할권을 보장한 이래로 경쟁을 하지 않는다. 의미심장하게, 연방정부에서 문화 관련 문제에 책임지는 내각의 입장은 존재하지 않는다Craenen. 공동체들이 연방정부의 조정 역할 아래에서 협력을 하도록 조치되지만, 벨기에 외교정책은 문화외교에 속한 문제에서 실행할 행동과 취해야 할 행동에 관한 구체적이고 제도적인 일관성을 항상 부여받지 않는다. 1993년 연방 개혁 이래로, 공동체들은 국제관계에 대하여 자치를 향유해 왔고, 문화정책은 정부 역할은 일반 규정과 비정부 단체 보조에 제한됨에 따라서 보충성의 원칙principle of subsidiarity, 초국가기구와 연방제에서 정책을 결정할 때 본연의 자세를 가리키는 말이다. '보완성'이라고도 한다. '정책 결정은 그 형성 과정과 실행의 유효성을 유지할 수 있는 범위에서 가장 낮은 수준으로 실천해야 한다고 하는 사고방식'으로 정의된다. 곧, 권력분배이다. 권한을 분산하고 많은 사람이 찬동할 수 있는 것으로 할 것, 최소 단위의 정치 공동체가 하는 의사결정권을 존중하고, 상위 단위의 개입을 최소한으로 하려고 하는 것이다. 유럽 통합을 목표로 하는 과정에서 사용한 조어이다. 1975년 유럽위원회(European Commission)는 처음으로 '보충성 원리의 원칙'을 공식적으로 내걸고, 유럽연합(EU)의 여러 기구의 권한에 일정한 제한을 두는 기준으로 삼았다. 이 개념은 1991년 네덜란드에서 열린 유럽공동체(EC) 정상회담인 마스트리히트조약(1992년 조인)에서도 언급되었다. 출처: 두산백과에 의하여 지배된다. 그로부터, 그리고 문화와 예술에 대한 공공적 접근방법을 특징지었던 민주주의 접근 원칙과 함께, 장기정책 기획에 기반한 비즈니스 지향적인 접근방법은 플랑드르 지역에서 부상되었다.

지역발전을 진작시키기 위한 하나의 수단으로써 실용적인 비전을 위한 일반화된 매력뿐만 아니라 이러한 비즈니스와 관련된 가치에 대한 특정 관심은 플랑드르 또는 벨기에 맥락에서만 배타적인 특성이 아니라는 것이다. 이러한 것들은 유럽에 있는 중앙정부와 지방정부에 의한 문화 정책과 외교에 대한 일반적인 접근방법의 특성이다. 그렇지만, 벨기에에서, 연방과 지방, 지방자치제와 지역정책결정 차원에 있는 긴장 사이에서 원인과 결과적인 관계 형성이 특별하게 뚜렷하다. 경제적 불평등은 플랑드르 내셔널리스트들에 의하여 주장되어 온 분리주의 주장의 기반이다. 이와 같은 정치적 전통에서 친연방주의 입장은 국가개혁 시기에 비해 최근에는 눈에 덜 띄는 것처럼 보인다. 격렬한 논쟁이 지역 간 사회보장 이전과 매우 일반적으로 부유한 플랑드르와 궁핍한 왈로니아 간의 차이 등에 문제에 관심을 가진다. 이러한 논쟁에는 발전을 추인하는 특별한 사회문화적 특성을 부여받았으며 유럽에서 가장 부유한 지역으로 특정되는 지역개발 패러다임을 중심으로 다룬다Keating et al. 벨기에에서, 지역과 국가적인 공공 담론에서, 근거는 플랑드르의 경제 성공을 설명하기 위하여 특별한 사회문화적 특성과 내생적인 미덕을 자주 만든다Huysseune.

이러한 맥락에서, 플랑드르의 문화외교는 협력원칙에서 경쟁으로 이동한다. 이것은 플랑드르 내셔널리스트들이 지배하는 지방의 정치 환경의 경향과 함께 가기 때문이다. 외국 청중과 기관의 마음을 사로잡는데 목적을 둔 소프트파워의 형태로Nye, 이것은 지역의 중요하고 정치적으로 긴급한 것을 반영한다. 현재, 더 부유하고 효율적인 플랑드르와 더 가난해지고 효과가 덜해진 왈로니아 등의 상징적인 대조는 벨기에 문화외교의 내용과 형태에 대한 영향을 가지는 것으로 보인다.

정치적 맥락: 플랑드르 내셔널리즘

벨기에 정치 전체를 관통하면서 플랑드르 내셔널리즘에 관한 특별한 추이 분석은 본 장의 목적을 벗어난다. 그럼에도 불구하고, 플랑드르 내셔널리즘의 추이를 간략하게 개관하고 이것의 현대적인 이데올로기적인 특성을 살펴보는 것은 중요하다. 이러한 것들은 여기에서 제시하는 사례연구의 역동성과 맥락에 영향을 주기 때문이다. 플랑드르 내셔널리즘은 양차 세계대전 사이 이래로 벨기에 제도 정치에 관한 기존의 구성 요인이었다. 이것은 벨기에가 프랑스어권 엘리트에 의하여 지배되었을 때 비프랑스어권 주민들에 대한 사회적이고 문화적인 해방을 지지하는 것으로 창출된 19세기 플랑드르 운동의 이데올로기로 자리 잡는다. 제2차 세계대전 전후로, 두 가지 형태의 플랑드르 내셔널리즘은, 하나의 중도적이고 다른 하나는 매우 급진적인, 벨기에 정치 무대에 나타났다. 이러한 이데올로기적인 트렌드는 공식 정당으로 전환되어 왔고 2000년대 말까지 제도 정치에 영향을 다음과 같이 미쳐 왔다. 한 편으로는 1954년에 창당된 중도-내셔널리스트이고 친 연방주의인 [국민당]VU이고, 다른 정당은 1978년 국민당에서 분리된 급진-분리주의로부터 창당된 극우인종내셔널리스트 플람스벨랑Vlaams Blok/Belang이다.

전통적인 언어 관련 투쟁의 직접적인 표현으로 바라본다면, 국민당은 네덜란드어 구사 주민들의 해방을 위한 주장과 더 나아가 민주화 추구 수단으로서 정확하게 표현된 문화사상으로 특징된다. 1970년대부터 2000년대 초까지 연방개혁 기간에, 국민당은 나머지 플랑드르 정치단체에 대한 친연방주의와 친벨기에 정당의 접근방법과 연립했다. 지방과 국제문화정책에 관한 입법의 명분을 나타냈던 태도가 배려되고 실행되었다. 다른 한편으로, 플람스벨랑은 벨기에 안의 조화를 위한 전통적인 인종적-내셔널리스트적인 바람으로 구성되었다현재까지도 그렇다. 이와 같은 특수한 사례의 독립적인 플랑드르 국가와 문화적으로 동질적인 주민으로 말이다. 문화적으로 다른 주민들을 거부하면서 외부 영향력에 반대하는 이러한 공동체 보호와 플랑드르의 독자적인 공동체를 만들어 나가는 것은 인종주의와 외국인 혐오증이 오늘날에도 여전히 존재하는 것에 대한 정당의 레토릭rhetoric을 주도하는 핵심적인 쟁점이다. 흥미롭게도, 정당은 네덜란드와 다른 네덜란드어권 국가들과 자신의 연계를 최우선시해 왔다. 반면에 유럽 통합국민당이 스벵에다우를 바라보는 국가적이고 국제적인 분석을 위하여; Jamin에 급진적으로 반대하는 중이다.

플랑드르 내셔널리즘에 관한 이중적인 본질은 특정한 정치사상을 공유하거나 나타내는 요인 또는 구체적인 정책도구로써 문화외교에 대한 두 가지의 완전하게 다른 접근방법을 포함한다. 대외관계의 공동화communitarization를 비준했던 1993년 헌법개혁 이래로, 국제 문화정책과 문화외교 수립은 부분적으로 플랑드르 내셔널리즘의 이중적인 태도를 반영해 왔다. 일반적인 용어로, 벨기에 공동체들은 'Europe of the Regions'을 진작시키고 지역의 특수성과 이익 등을 대표하는데 적극적이었다Massart-Piérard. 벨기에의 언어공동체들은 동일한 언어를 구사하는 인접국과의 강력한 유대관계를 형성하는 경향이 있다. 특별하게, 플랑드르는 네덜란드뿐만 아니라 수리남과 남아프리카공화국을 포함하는 네덜란드어권 국가 연합인 네덜란드 탈루니Taalunie, 네덜란드 언어연합이라고 불리는 국제적인 네트워크에서 다년간에 걸친 자신만의 정책을 추진해 왔다. 언어 동질성 원칙 이외에, 플랑드르의 국제문화정책은 지역의 문화적 특수성을 진작시키는데 목적을 둔 정책성 구축 프로젝트에 초점을 두었다. 문화단체, 학교와 음악당 등을 포함하는 일련의 역사적이고 새롭게 설립된 기관 등은 전 세계적인 파트너와의 협력 프로젝트를 실행하는 임무를 지닌 문화외교관으로서 나타났다. 특별 보조금이 이러한 전략에 부응한 국제 활동에 부과되었다.

2000년대 초에 연방화 과정이 완성되었다. 국민당이 플랑드르 내셔널리즘의 주요 이데올로기적인 특성을 대표하는 분리주의 극우와 거리를 두고 떨어져 나갔다. 그렇지만, 플람스벨랑의 정치적 대표성도 한계가 있었다. 다른 플랑드르 정당들이 극우와는 협력과 소위 *완충지대* cordon sanitaire 정당으로 남는 것에 동의하지 않았다. 동일 기간에, 새로운 플랑드르 내셔널리스트 정당이 벨기에 정치 지형에 다음과 같이 부상되었다. 신플람스연합N-VA, Nieuw-Vlaamse Alliantie이다. 정당의 주요 목적이 플랑드르 독립을 달성하는데 있지만, 신플람스연합은 자신들이 유럽연합과 국제정치 무대 안에서 독자적인 플랑드르 공화국을 설립하기 위한 희망 때문에 현대의 외교적이고, 실용적이고, 친유럽적인 환경에서 이러한 목적을 재구성해 왔다. 이 정당은 플람스벨랑이 주장했던 급진적인 내셔널리즘의 이미지로부터 스스로를 효율적으로 차별화해 왔다. 신플람스연합은 자신의 목표를 급진주의와는 전혀 상관없고 경제적이고 구조적인 효율성뿐만 아니라 인종적이고 시민적인 가치 등의 문제에 관심을 두는 민주적인 프로젝트라고 설명한다Maly. 다양한 이유로, 국민당과 플람스벨랑이 주요 선거인단을 전혀 달성하지 못한 반면에, 신플람스연합은 점차적으로 스스로를 거대 유권자와 함께 주요 정당으로 자리매김했는데, 2010년 연방선거에서 벨기에 최대 정당이 되었다.

지역적이고 국가정치 무대에서 신 플람스연합의 등장과 두 개의 언어공동체에서 신자유적인 긴축정책을 일반적으로 지지하는 것 등은 벨기에 정치 전반에 걸쳐서 문화외교에 대한 실용적인 태도의 특징을 말해준다. 지금도, 신플람스 연합의 정책 접근방법은 공공지출 축소뿐만 아니라 제도적이고 정부 구조의 최적화에 대해서 특별하게 목적을 둔다. 문화정책의 한 부분과 관련해서, 이러한 제도적인 실용적 접근방법에 관한 한 가지 영향력은 2004년에 발효되고 2008년 수정된 소위 예술법령Arts Decree이다. 예술법령은 국가와 국제적인 문화 활동을 위한 공공재정에 접근할 수 있는 문화행위자를 위한 주요한 장치를 상징한다. 이것은 문화 활동, 예술교육, 그리고 문화 관련 운동 등에 관한 프로젝트와 단체에게 2년과 4년간의 재정지원을 제공한다. 국제운동을 위한 지원은 거대 프로젝트에서 협조하는 활동을 제안하는 단체가 얻어낼 수 있다. 제도적이고 정책 구조의 최적화에 관하여, 제도 한 세트가 선택되었고 플랑드르 공동체의 공식인 문화제도 지위를 부여받아 왔고 주요 국제 행위자로 인정받아 왔다. 이러한 제도들에는 지역정부로부터 더 커진 지원에 의존할 수 있다.

플랑드르와 유럽에서 디싱엘: 신플람스 연합 시대의 플랑드르 문화외교 사례

위에서 개관한 바와 같이, 플랑드르의 문화적인 섹터는 개별 공동체의 공식 제도로써 선별된 주요 문화행위자의 존재에 의하여 특징된다. 앤트워프에 본부를 둔 국제예술대학 디싱엘은 2004년 공식적인 문화기관의 지위를 획득했다. 이것은 음악, 춤, 극장, 행위예술, 그리고 건축 등과 같은 여러 분야를 다루는 다양한 문화관련 활동을 통합한다. 이것은 음악교육에서 생산과 진흥까지를 망라하는 활동을 위한 벨기에 문화지형에서 주요 공공 행위자이다. 부가적으로, 이것은 회의실, 재즈와 시험문화 등을 위한 벨기에서 가장 유명한 장소들 중에 하나이다. 앤트워프 주변에 있는 커다란 캠퍼스에 설립되어서, 디싱엘의 활동은 1,000석 규모의 콘서트 홀, 800석의 극장, 다양한 음악과 연극 스튜디오, 전시 공간, 독서실, 그리고 카페 등에서 벌어진다.

예술법령에 따르면, 공동체 기관으로 디싱엘의 공식 인정은 자체적으로 공공재정 지원에 대한 직접적인 접근을 포함하지 않는다. 다른 기타 비정부 협의체, 기관, 행위자 등처럼, 디싱엘은 자신의 활동을 위한 공공지원을 모색하기 위해 자신만의 계획을 제출해야 한다. 그렇지만, 대규모 사회기반시설, 다양한 활동과 플랑드르 문화 지형에서 주도적인 입지는 보조금에 대한 접근을 촉진한다. 이러한 면에서, 플랑드르 의회 의장인 얀 푸만스Jan Peumans는 다음과 같이 언급한다.

이러한 거대하고 적극적인 기관은, 플랑드르의 창조적이고 문화적인 섹터에서 왕관 보석, 공공 보조금에 반드시 의존해야 함이 명백하다. 당신이 보조금들이 제공하는 모든 활동을 바라본다면, 교육에서 엔터테인먼트까지, 공공투자는 의심할 것도 없이 그 값을 하게 된다.[2)]

따라서, 디싱엘은 일반적으로 플랑드르 공동체로부터 약 700만 유로한화로 약 100억를 공공섹터로 보조금을 받고 있다. 거기에 앤트워프 시와 도로부터 수십여 만 유로를 수령하고 있다. 매년 전체 예산은 약 900만 유로한화로 약 126억에 달한다. (표 1을 보라).

표 1: 디싱엘 수입 개관 (2011–2015)

2012년에서 2015년까지 디싱엘의 기획한 수입 (출처: Beleidsplan 2011–2015)					
	2011	2012	2013	2014	2015
	€1.024.500	€1.045.000	€1.066.000	€1.087.000	€1.109.000
플랑드르 공동체	€6.910.000	€7.031.000	€7.154.000	€7.279.000	€7.406.000
앤트워프 주	€200.000	€204.000	€208.000	€212.000	€216.000
앤트워프 시	€150.000	€153.000	€156.000	€159.000	€162.000
후원	€100.000	€100.000	€100.000	€100.000	€100.000
기타	€530.000	€541.000	€552.000	€563.000	€574.000
	€8.914.500	€9.074.000	€9.236.000	€9.400.000	€9.567.000

출처: Beleidsplan 2011-2015.

2) 불어 원문: “C'est évident qu'une institution aussi grande et active, un fleuron dans le secteur créatif et culturel flamand, devrait compter sur des subventions publiques. Si vous regardez toutes les activités qu'ils font, de l'éducation au loisir, l'investissement public est sans doute compensé.”

결과적으로, 지역 이익에 대한 명백한 지원은 국제문화 무대에서 플랑드르 예술의 불빛이 되도록 하는 것이 디싱엘의 공식적 사명의 핵심으로 놓이게 한다. 예를 들면, 공식적인 2011-2015년 정책 기획에서. 디싱엘의 국제 차원은 지역발전에 대한 근본적인 공여 형태로써 명백하게 다음과 같이 특징 지어진다.

> 외국에서 온 주요 행위예술의 경우 디싱엘은 매우 높은 수준의 질 좋은 장소를 제공하고, 예술 캠퍼스를 통하여 국제적인 잠재력을 지닌 플랑드르 예술가들은 외국에 있는 모든 중요한 장소로 파견 나간다. . . . 우리는 이러한 계획을 가지고 우리는 플랑드르에 상당한 기여를 한다고 확신한다. 이것은 엄중한 국제예술 무대에서 적극적인 참여를 하는 생생한 문화 공동체를 갖고 있는 것이다DeSingel 10.

지역과 외국 파트너들과의 접촉과 교류를 통하여 풍부해지고 보호받는 문화자산의 형태로써 예술생산의 아이디어는 국제 차원에서 활동하는 의도에 필수적이다. 정책 기획은 다음과 같이 언급한다. "우리는 국제 예술생산을 자극하고 표현하는 우리의 주요 임무를 지속할 것이다. 이러한 방식으로 우리는 자산을 보호하고 국제예술무대에 대한 주도적인 행위자로 남게 된다"deSingel 22.

사실, 디싱엘은 두 가지의 영토적인 차원을 가지고 행동한다. 이것은 플랑드르의 문화 행위자와 협력을 하는 공동체 기관일뿐만 아니라 국제적인 네트워크에서 주요 기관으로 활동하기 때문이다. 한편으로는, 직접적인 경쟁을 회피하기 위하여 플랑드르와 브뤼셀에서 파트너들과 정기적으로 협의한다. 문화적인 공유를 하는 보완성을 유지하고 협력생산과 합동 이니셔티브를 구상하기 위해서이다. 이러한 점이 다음과 같은 용어로 정책 기회에서 특징지어진다. "우리는 플랑드르 공동체 기관과의 경쟁을 할 의도가 전혀 없다. 반대로, 다른 기관과 함께, 그리고 협력을 목적으로, 우리는 합동 대화 기구를 구성해야 한다DeSingel 108.

다른 한편으로, 디싱엘은 음악외교에서 국가의 가장 적극적인 기관들 중에 하나인데, 프랑스, 네덜란드, 영국, 독일과 룩셈부르크 등과 같은 국경을 접하는 인접국에서 국제적인 파트너들과 긴밀하게 협조하고 있다. 플랑드르 공동체 안팎에서의 협조하는 하나의 사례로는 디싱엘, 브람스Vlaamse오페라, 앤트워프 음악회사인 트랜스패런드Muziektheater Transparant of Antwerp 등이 플랑드르에서 공공 기획한 2년마다 열리는 음악축제 오페라 XXI이다. 이벤트 구성을 특징지었던, 디싱엘의 사무총장인 제리 에어츠Jerry Aerts는 다음과 같이 주장한다.

플랑드르 기관과 작업 하는 것이 우리의 최우선 사항이다. 우리는 다른 기관들을 자극하고 영감을 주기를 원한다. 그들은 우리가 개방하고 풍요롭게 하는데 목적을 두고 있는 동일한 문화자산을 대표하기 때문이다. 오페라 XXI은 이러한 임무를 이룩하는데 적절한 경우이다. 이것은 우리가 우리의 경험과 구조적인 기구를 움직이게 할 수 있는 종류의 활동들이기 때문이다Aerts.

플랑드르 기관 이외에, 네덜란드 오페라 로테르담Dutch Operadagen Rotterdam, 프랑스국립리옹음악창작센터National de Création Musicale de Lyon 등이 오페라 XXI에 참여한다. 3국으로 수출되고 국제적인 장소에서 조직화된 이러한 순회 일정은 디싱엘이 국제무대에서 자신의 상징하는 역할을 이해하는 방식에 대하여 특별하게 실용적이다. 이러한 면에서, 에어츠는 2014년 4월 이탈리아 볼로냐 시 극장이 주최한 오페라를 다음과 같이 논의한다.

[오페라 XXI]는 우리가 어떻게 국제 활동을 수행하는 지에 대한 한 가지 사례이다. 예를 들면, 최근 우리는 볼로냐로 페스티발을 가져왔고, 이 행사를 위하여 플랑드르의 전문가들과 작업을 한 2명의 유명한 이탈리아 작곡가들인 안드리아 모리노Andrea Molino와 지로르지오 반 스트라텐Giorgio Van Straten 등이 감독하고 쓰여 진 놀랄만한 공연을 제작했다. 이것은 이탈리아 사람들에는 일종의 혁명이었다. 오페라 XXI는 팝 음악과 스타일 등을 고전적인 극장 양식 안으로 옮겨 온 것으로 생각해 왔다. 그러나 우리가 제공했던 것은, 예술적인 지향과는 별개로, 구조적인 지침이다. 우리는 현지 주최자에게 유용한 우리의

구조적인 조직을 만들었고 그리고 물론 우리는 자금도 만들어 주었다. . . . 이것은 볼로냐 극장이 그들만의 페스티발을 조직하고 지원하는 것은 완전히 불가능했다Aerts.

오페라 XXI의 목적은 음악과 예술적인 교류 자체를 통하여 플랑드르의 상징이 되는 것뿐만 아니라 제도의 구조적이고 조직적인 질을 진작시키는 것처럼 보인다. 이러한 음악 외교 형태가 특히 이탈리아 청중을 대상으로 한 공개행사를 모색하는 것은, 제도적인 생각과 벨기에 지역의 문화적 섹터가 이유다. 이것의 예술과 문화의 형태와 내용이라기보다는 말이다. 즉, 청중에게 매력을 끌기 위한 필요성은 제작 그 자체의 그것보다는 오히려 제작 시스템의 대표성과 확대 등을 통하여 추구된다.

연방개혁 시기에 형성된 플랑드르의 정체성 과정이 현지 플랑드르의 예술 형식과 전통적인 가치 등에 관한 대표성을 중심으로 돌아간다면, 오늘날 이러한 요인들은 더 이상 국제 프로젝트의 중심이 아니다. 플랑드르 공동체는 이것의 문화가치와 예술과 문화 제작을 통한 정체성 등을 보여주는 유일한 목적을 가지고 문화외교 이니셔티브를 지원도 실천도 하지 않는다. 오히려, 음악뿐만 아니라 춤, 연극 또는 국제무대에서 다른 모든 차원의 예술형식 등을 지원하는 것은 플랑드르 사람들에게는 구조적인 발전과 단체의 역량 차원 등을 집중 조명하는 하나의 수단이다. 이러한 접근방법은, 위에서 언급한 바와 같이, 지역적으로 그리고 국가적으로 정치 논쟁을 주도하는 지역개발 패러다임의 반영으로 바라볼 수 있는 것이다. 디싱엘 감독자인 에어츠는 이러한 면에서 숨김이 없었다.

유럽의 소국이다. 이것이 우리의 처지이다. 세계화 시대에 우리는 우리가 확실하게 자랑스럽게 여기는 우리의 전통적인 예술 또는 문화적 우수성을 보여주는데 의지할 수 없다. 그리고 우리는 네덜란드어권 지역으로 널리 확대된 언어가 절대 아니다. 이것은 우리가 왜 우리의 노하우 수출을 선호하는 지인데, 그 노하우라는 것은 '일' 자체보다는 오히려. . . . 일을 할 수 있는 우리의 방식이다. 예를 들면, 우리 지역의 교육시스템은 잘 발전된 것은 부인할 수 없는 일이다. 이것은 잘 운영된다. 우리는 음악교육에 대한 이와 같은 효율성 차원을 전파할 수 있고, 우리 파트너들에게 어떻게 그리고 왜를 보여주기를 원한다. 이것은 우리가 어떻게 국제무대에서 플랑드르의 입장을 강화시킬 수 있는 시도이다Aerts.

이러한 인용은 플랑드르의 문화 섹터에 대한 실용적인 비전을 반영한 것은 매우 명백한 것이다. 경제발전, 시스템 안정, 그리고 제도적인 효율성 등과 같은 원칙의 이상화에 의존하는 비전을 말한다. 에어츠의 언급은 또한 따라야 할 성공 모델로서 문화 산업에서 활동 중인 플랑드르 방식을 묘사하는 특수한 인종 중심의 접근방법을 전달한다. 지역의 공연과 발전 수준으로 이끌었던 구조적이고 경제적인 환경 또는 역사적인 상황 등에 의심을 갖지 않고 말이다.

벨기에와 왈로니아의 디싱엘

이미 특성을 살펴본 바와 같이, 디싱엘은 2004년 플랑드르 공동체의 공식기관으로 인정받았다. 그 이후로, 이것은 벨기에와 벨기에를 넘어서서 플랑드르의 대표성에서 주요 행위자로 부상 되어 왔다. 그렇지만, 이것의 국내 정책은 공동체 이해관계에 봉사하는 특수한 의무로부터 확실하게 면제된다. 흥미롭게도, 음악교육과 지원 등을 위한 디싱엘의 정책에 관해서, 에어츠는 다음과 같이 언급한다.

우리는 전 세계에서 온 학생들을 가르치고 있다. 우리 과목을 수강 중인 약 580명의 학생들 중에 40 퍼센트가 외국인이다. 이것은 어떤 의미를 가진다. 우리가 당신의 재능을 개발하는 장소로 인정받고 있음을 의미한다. 물론, 우리는 공식적으로 플랑드르 음악인들을 지원하도록 요구받고 있다. 그러나 요점은 이러한 정의가 어떻게 제도적으로 규정되어 있는 지인데. . . . 플랑드르 음악인들은 플랑드르 출생자뿐만 아니라 여기에 거주하면서 공부하는 중인 사람들이다. 그러므로, 우리는 인종적이나 민족주의적인 구분을 두려는 게 아니라는 것이다. 절대 아니다Aerts.

에어츠는 공동체의 이해관계를 지닌 한 가지 공식적인 의무의 준수만을 가진다고 언명한다. 특별하게 플랑드르 예술인들을 지원할 의무뿐만 아니라 플랑드르다움의 사상에 대한 반-본질주의적anti-essentialist 접근방법의 견지를 원한다. 그의 견해에서, 디싱엘의 국제 학생들은 예술센터는 이것의 한계가 플랑드르의 지리적인 영토 또는 네덜란드어권의 차원을 넘어서는 정체성의 형태를 진흥시키는 방식에 관한 구체적인 한 가지 사례를 나타낸다.

그럼에도 불구하고, 이러한 종류의 대리인에게 정보제공을 한다는 논리는 벨기에 내부 분쟁과 플랑드르 민족주의 이념이 형성된 플랑드르와 왈로니아의 반대로부터 도망치지 않는다. 사실상, 디싱엘의 활동은 언어공동체들 간에 분쟁에 관련된 상징적이고 구조적인 함의를 가지면서 평가될 수 있다. 첫째, 디싱엘의 구조적인 단체와 질적인 기준 등은 플랑드르의 일반화된 번영과 연계된 것처럼 보이고 직접적으로 지역 정신의 형태의 결과인데, 플랑드르 사람들의 내생적인 특성으로 간주될 수 있다는 비즈니스에 대한 태도이다. 이러한 논쟁은 벨기에서 공공 논쟁과 여론 등에서 상당한 적실성을 갖는다. 얀 퓨만은 다음과 같이 확신한다.

> 나는 플랑드르 주민들은 다른 심리를 가지고 있다고 확신한다. 이것이 우리가 다양한 수준의 능률을 갖는 이유이다. 우리는 사람들을 즐겁게 하고 우리 기관에 처음으로 투명성을 갖다 놓았다. 동일한 내용을 다른 지역에 말하지 않는다. 주민과 정치 계층 등에 관심을 갖는 문화적 다양성이다.[3)]

디싱엘이 특정한 의미를 가지고 지역들 간의 이중적인 문화적 대립을

3) 불어 원문: “Je suis sûr que les flamands ont une mentalité différente. C’est la raison pour laquelle nous avons un différent niveau d’efficacité. Nous sommes des gens entreprenants, et nous mettons d’abord la transparence dans nos institutions. On ne peut pas dire la même chose pour l’autre côté du pays. Il s’agit d’une différence culturelle, qui concerne le peuple et la classe politique.”

생산한다는 가정은 플랑드르 내셔널리스트들이 이해하는 바와 같이 쉽게 드러나지 않는다. 운영 중인 기관들이 내셔널리스트의 사상을 따르는지를 또는 후자가 전자의 활동을 전용하고 이것을 플랑드르의 문화적 우월성의 증거로 활용을 모색하는지 등을 평가하는 것이 어렵다는 것은 이해할 만하다. 그렇지만, 이러한 가정은 에어츠가 디싱엘을 국가 전체를 위한 자원으로써 설명을 한 직후 재확인하면서 그에 의하여 공식적으로 다음과 같이 거부되었다.

> 우리는 내셔널리스트들에 의하여 지배되는 도시에서 활동한다. 우리는 우리 이사회들 간에 내셔널리스트를 가지고 있다. 이것은 우리 활동에 영향을 주지 않는다. 우리가 표현하고자 하는 것에서, 나는 플랑드르 내셔널리스트로부터의 어떤 도구화를 보지 않는다. . . . 우리는 프랑스어 구사 학생, 음악인, 시나리오 작가 또는 기술자 등에게 문을 닫지 않는다. 그들은 여기에 올 수 있고 개선된 조직화 된 시스템의 생산품이라는 우리의 구조, 프로그램과 정책을 활용할 수 있다Aerts.

이러한 인용은 공식적인 공동체 기관으로써 디싱엘의 위상이 약간은 애매하다는 것을 보여준다. 한 편으로는, 플랑드르의 문화적 정체성을 추진하기 위한 목표 또는 특정한 의무는 존재하지 않는다. 디싱엘 그 자체는 플랑드르와는 무관하다는 것을 상징한다. 그러나, 다른 한편으로는, 문화 섹터에서 이것의 활동과 주적인 입장 등은 국가적인 맥락에서 플랑드르의 구조적이고 경제적인 우선 사항에 관한 사상을 가져오고 재 강화한다. 요약하자면, 음악교육과 문화 누설의 중심으로서 기능과 관련해서, 정치 내셔널리즘을 갖고 있는 디싱엘에 관한 함의는 구조적이라기보다는 매우 상징적일 가능성이 있다.

그래서 위에서 언급했던 벨기에의 국내 분쟁에서 디싱엘의 상징적인 역할은 문화적인 문제라기보다는 오히려 구조적인 것으로 강화된다. 이처럼, 이것은 정책 선택에 구체적으로 정보를 제공하고 국가적인 맥락에서 행동을 감독할 수 있다. 이러한 면에서, 디싱엘이 다른 파트너들과 국제적이고 국가적인 공동체 간의 관계를 구축하고 유지하는 방식을 비교하는 것은 흥미롭다. 사실상, 아트센터는 항상 동일한 접근방법을 유지하지 않는 것처럼 보인다. 국제적인 시나리오에서, 위에서 설명한 바와 같이, 디싱엘은 구조적이고 심지어 재정적인 지원을 제공하면서 오페라 XXI와 같은 국제적인 프로젝트로 통합될 때는 지원 파트너로서 활동한다. 벨기에 프랑스어권 문화기관과의 접촉과 교류 등에 관해서는 언급하지 않는다. 사실상, 디싱엘은 왈로니아와의 어떠한 지역 간 프로젝트에 관련하지 않는다.

일반적으로, 디싱엘과 프랑스어권 문화 행위자들 간의 협력부족의 이유는 두 지역들 간의 경제적인 격차뿐만 아니라 현대 정치논쟁을 주도하는 제도적인 구조적인 효율성의 필요성에의 차이와 연계될 수 있다. 실용적인 원칙에 따르면, 문화제도와 기관 등은 플랑드르의 카운터파트에게는 잠재적인 파트너로써 매력적이지 않다는 것이다. 프랑스어권 문화기관이 디싱엘을 표현하는 것에 의심을 가질 때, 에어츠는 다음과 같이 답한다.

> 우리는 왈로니아에 대한 편견을 가지고 있지 않다. 벨기에 남부에는 매우 훌륭한 학교와 장소 등이 존재한다. 요점은 우리가 그들과 거래하는 것이 불편하거나 최소한 지금까지 그런 사례가 없다는 것이다. 예를 들면, 며칠 전 우리는 리에주에 있는 데레 드 라 플레이스Théâtre de la Place in Liège와 접촉을 한 바 있다. 이것은 우리는 지역 간 협력에 선험적으로 반대하지 않았음을 바로 증명하는 것이다. 나는 어떤 협력 형태가 미래에 취해질지 모른다. 그러나 벨기에서 함께 일을 조직하는 것은 어렵다. 우리가 우리의 방역을 활동하고, 조직하고 그리고 마무리 짓는 방식뿐만 아니라 우리가 공공보조금을 활용하는 방식에 차이가 존재한다. 우리는 두 가지의 분리된 인접국들처럼 말이다Aerts.

에어츠에 따르면, 공동체 간에 대한 장벽은 플랑드르의 효과적인 보조시스템과 왈로니아의 현실적이고 잠재성 낮은 조직적인 효율성 등의 차이와 관련이 있는 것처럼 보였다. 이것은 위에서 부상된 바와 같이, 경제나 구조적으로 더 취약한 국제파트너들과 협력 요구를 받았을 때 경제적이나 구조적인 효율성을 하나의 장벽으로 인식하지 않음을 언급하는 것이 중요하다. 볼로냐 극장과의 오페라 XXI에 대한 협력의 경우와 같다.

이러한 명백한 모순은 벨기에 공동체 간의 관계를 반영한다. 이것이 벨기에 연방 협약으로 규정되기 때문이다. 사실상, 벨기에 시스템에 대한 한 가지 지도 원칙은 연방을 구성하는 정부 제도들은 지역 관할권 아래로 떨어지는 문제에서 서로 개입하지 않는 다는 것이다. 이것은 얀 퓨만스에 의해 명백해진다.

원칙은 다른 공공문제에 당신이 참견하지 않는다는 것이다. 그들이 우리가 실수하도록 만든다면, 우리는 그들의 선택을 존중하고 그들의 결정, 그들의 관행 등을 변화하거나 영향 주는 주장을 하지 않아야만 한다. 이것이 우리가 헌법을 개혁할 때 연방국가로서 활동을 결정하는 방식이다.4)

플랑드르 문화기관들이 국제무대에서 효율적인 모델로 스스로를 진작시킬 수 있는 반면에, 그들은 그들의 프랑스어권 카운터파트에 대한 동일한 역할을 수행할 수 없다. 이러한 원칙은 디싱엘과 같은 문화행위자에 관한 구체적인 행동을 설정할 뿐만 아니라 이것은 플랑드르와 프랑스어권 공공 행위자들 간에 상호 이해에 정보제공을 한다. 벨기에의 제도적인 배경의 한계는, 에어츠에 따르면, 다음과 같이 못 본 체한 것을 유감으로 생각한다.

나는 우리는 벨기에의 국민적인 역할을 가질 수 있다고 여전히 믿고 있는데, 특별하게 우리는 주민들에 의하여 플랑드르 기관으로 인지되지 않기 때문이다. 즉, 이것은 비참한 일이다. 왈로니아와의 협력이 너무 어렵다는 사실은 자원 낭비라는 것이다. 그러나 이것은 우리의 분열된 시스템에 대한 부정적인 함의들 중에 하나이다. 그래서 벨기에서 이에 대한 생산적인 논의를 여는 것도 어려운 일이다.

공동체 간 관계 형성이 이분법, 생산성과 효율성에 관한 경제적 수직구조와 담론 등의 영향을 받을지라도, 이와 같은 마지막 인용은 벨기에 상황이 지난 수십여 년간 어떻게 구상되고 실천되어 왔는지와 연방시스템의 한계에 의해 길들여지는지의 이해에 대한 핵심이다. 이것은 벨기에 연방협약들이 섹터 경제를 위한 심각한 결과를 가질 수 있을 뿐만 아니라—특수 사례에서 국가 문화 산업을 위하여—이것은 대화와 응집력을 발전시킬 가능성을 약화시킨다는 것은 논쟁거리이다.

결론

본 장에서는 벨기에의 지역적인 정치 맥락과 연방제도 구조 등이 플랑드르의 문화외교와 앤티워프의 예술과 음악센터인 디싱엘과 같은 주요 행위자의 행동에 관하여 영향을 가진다는 것을 특정해서 보여주어 왔다. 국가적인 차원에서, 디싱엘은 이것이 지역 네트워크에서 협력 형태로 수립되고 이 지역 안에 있는 다른 행위자와의 직접적인 경쟁을 피하기 때문에 플랑드르 제도로써 행동한다. 이것은 플랑드르의 문화 자본의 재생산과 진흥에서 상징적인 역할을 심도 있게 수행하고 현대적이고 코스모폴리탄적인 시각에 대한 플랑드르의 정체성을 변화시키는 데에 도움 준다. 이러한 변용은 지난 10여 년간 전통적이고 보수적인 접근방법에서부터 문화적 정체성과 민족성에서 효율성, 개발과 근대성 등에 기반 한 담론까지 진화된 플랑드르 내셔널리즘의 이데올로기 건설에서 변화의 반향을 불러일으킨다. 즉, 디싱엘, 제도적-정치적 환경을 주도하는 문화에 대한 실용적인 시각과 또한 현대 플랑드르 내셔널리즘 원칙 등에 의하여 대표되는 원칙들 사이에서 선형 대응이 존재한다. 사실상, 이러한 상호 관계는 벨기에서 플랑드르의 우월성과 오늘날 내셔널리스트에 의하여 정교화된 것처럼 독립을 위한 주장 등에 대한 담론에 연계된다. 플랑드르의 구조적인 효율성의 상징은, 내셔널리스트 운동 스스로가 생산하고 대중화되어 온 주제인, 지역과 외국 간에 국제적인 문화 교류를 정보 제공하는 것이다. 디싱엘은 유럽 무대에서 대표되고 진흥되기 위한 모델 기구라는 입장을 취해왔고, 이것의 파트너에게 구조적인 지침과 조직적인 도움을 제공할 목적으로 국제관계를 유지한다. 문화외교는 플랑드르의 특수 사상을 대표하고 공유를 하는데 도움을 준다. 이것은 왈로니아와의 분쟁적이고 적대적인 관계로부터 부상되기 때문이다.

플랑드르와 왈로니아 간의 공동체 간 협력은 제도적으로 보장되는 것이 아니다. 사실상, 왈로니아의 위상은 보장된 것이 아니다. 사실상, 왈로니아의 위상은 애매한 것이다. 플랑드르의 지역정책을 초월을 고취시키는 원칙과 공동체 간의 정치적 접촉을 규제하는 것 등은 모순적이기 때문이다. 한 편으로, 플랑드르 공동체는 더 취약해졌거나 재정 수단이 적다고 특정되는 비 플랑드르 행위자에 유용한 독자적인 구조적 효율성을 만들기를 원한다. 다른 한 편으로, 이것은 왈로니아에서 이러한 역할을 수행할 수 없다. 공동체들은 서로의 내부 문제에 개입하지 않게 되기 때문이다. 네트워킹은 이것의 구조를 통하여 생산되거나 지원되는 문화 자본의 국제화에 대해 강력히 강조한 디싱엘을 위한 최우선 사항이다. 이 기구가 지속적으로 협력한 현지와 국제 파트너들 사이에, 벨기에 프랑스어권 행위자들은 잠재적인 파트너들로 간주 되지 않는다.

제도적인 역할에도 불구하고, 디싱엘은 강력한 플랑드르 정체성 안에서 형성된 것으로 인식되기를 원하지 않거나 최소한 이것은 이것의 모든 내셔널리스트적이거나 인종 중심적인 이해와 연계되기를 원하지 않는다. 문화센터들은 음악학교에 입학할 뿐만 아니라 현지 동료들과 연주하고 협조하기 위하여 왈로니아를 포함한 전 세계에서 온 학생들, 음악인들과 다른 예술인 등을 환영한다. 그들은 현지 문화 무대를 풍요롭게 하면서 자신들만의 재능을 다음과 같이 개발시킬 수 있다. 이와 같이, 외국에서 파트너 기관으로부터 받고 보내지는 수천여명의 예술가와 학생들과 함께 디싱엘과 유럽과 국제 파트너들 간 존재하는 상호교류는 벨기에의 프랑스어권 기구들과 존재하지 않는다. 디싱엘은 이러한 기능에서 중요한 역동성으로써 협력을 특정 한다고 명백하게 긍정—그리고 다른 플랑드르 제도와 경쟁하지 않는다고 협의 한 바 있다-왈로니아의 접근방법은 경쟁으로 강력하게 치우친 것처럼 보이거나, 일종의 일방적인 관계로 더 좋게 치우친 것이다.

음악은 가장 강력한 요인이다. 국가의 좋은 면, 국가 가치와 성과 등이 전시될 수 있어서이다. 다양한 맥락에서, 음악과 관련된 음악외교 프로젝트는 국가 위신을 위한 경쟁에 관한 시각 안에서 분명히 표현될 수 있다본서의 Nathaus를 보라. 본 장에 제시된 사례에서, 음악은 엄격한 음악적인 차원이 아니라 오히려 이것의 조직적이고 구조적이며 재정적 것에서 면밀히 조사되는데, 생산, 이벤트와 교육뿐만 아니라 프로제트 실행 등과 같은 공공재정, 활동의 조정 분배 등을 포함한다. 디싱엘의 사례는 국제무대에서 지역의 위신을 나타내려는 수단으로서 플랑드르에서 기능하는 유명인들을 통한다는 것을 보여준다. 디싱엘의 사례에서 플랑드르의 문화적 정체성은 음악 그 자체에 의하여 전달되지 않고, 다양한 구조와 제도 등에 의해 생산이 지지되고 청중과 공유된다. 이러한 문화에 관한 실용주의 비전은 벨기에 언어공동체 간에 경쟁의 역동성 안에서 정확히 설명된다. 한 가지 특정 사례연구에 한정한다 해도, 본장에서 논의된 사실은 현대 유럽 사회에서 특별하게 인종적으로 문화적으로 그리고 정치적으로 파편화된 맥락에서 음악과 문화의 정치 사회적 역할을 관찰하기 위한 특수한 시각을 열리게 할 수 있다. 이러한 시각은 문화, 언어 그리고 정체성 간의 관계 형성은 문화적 형태 그 자체를 뛰어넘어서서 갈 수 있다.

인용 자료

Aerts, Jerry. *Personal interview.* 29 Sept. 2014.
Blommaert, Jan. "The Long Language-Ideological Debate in Belgium." *Journal*

of Multicultural Discourses 6.3 (2011): 241–56. Print.

Bursens, Peter, and François Massart-Piérard. "Kingdom of Belgium." *Foreign Relations in Federal Countries.* Ed. Hans Michelman. London: McGill Queen's UP, 2009. 91–113. Print.

Craenen, Godelieve. "België en de Europese Unie." *La Participation de la Belgique à l'élaboration et à la Mise en oeuvre du droit Européen.* Ed. Yves Lejeune. Brussels: Bruylant, 1999. 39–72. Print.

DeSingel. *DeSingel Internationale Kunstcampus: Over Grandeur en het oomhutgevoel. Kapitaal en Innovatie in de Kunsten. Beleidsplan 2011–2015.* Antwerp: 2011. Print.

De Wever, Bruno, and Chantal Kesteloot. "When was the End of Belgium? Explanations of the Past." *Journal of Belgian History* 42.4 (2012): 218–28. Print.

Huysseune, Michel, ed. Contemporary Centrifugal Regionalism: Comparing Flanders and Northern Italy. Brussels: KVAB, 2009. Print.

Jacobs, Dirk. "Alive and Kicking? Multiculturalism in Flanders." *International Journal on Multicultural Societies,* 6.2 (2004): 280–99. Print.

Jamin, Jerôme. "Extreme-Right Discourse in Belgium: A Comparative Approach." *Mapping the Extreme Right in Contemporary Europe: From Local to Transnational.* Ed. Andrea Mammone, Emmanuel Godin and Brian Jenkins. New York: Routledge, 2012. 62–77. Print.

Keating, Michael, John Laughlin and Kris Deschouwer. *Culture, Institutions and Economic Development: A Study of Eight European Regions.* Cheltenham, Northampton: Edward Elgar, 2003. Print.

Maly, Ico. *N-VA: Analyse van een Politieke Ideologie.* Berchem: EPO, 2012. Print.

Martiniello, Marco. "Culturalisation des Différences, Différenciation des Cultures dans la Politique Belge." *Les Cahiers du CERI 20* (1998): 1–41. Print.

___. "Immigrant Integration and Multiculturalism in Belgium." *Challenging Multiculturalism: European Models of Diversity.* Ed. Raymond Taras. Edinburgh: Edinburgh UP, 2013. 120–37. Print.

___ . *Sortir des Ghettos Culturels.* Paris: Presses de Sciences Po, 1997. Print.

Massart-Piérard, F. "Les Entités Fédérées de Belgique, Acteur Décisionnels au sein de l'Union Européenne." *Politique et Société* 18.1 (1999): 3-40. Print.

Michelmann, Hans, ed. *Foreign Relations in Federal Countries.* London: McGill-Queen's UP, 2009. Print.

Nye, Joseph. *Soft Power: The Means to Success in World Politics.* New York: Public Affairs, 2004. Print.

Peumans, Jan. *Personal interview.* 9 June 2016.

Swyngedouw, Marc. "The Extreme Right in Belgium: Of a *Non-Existing Front National and an Omnipresent Vlaams Blok.*" *New Party Politics of the Right: Neo-Populist Parties and Movements in Established Democracies.* Ed. Hans Georg Betz and Stefan Immerfall. Basingstoke: Macmillan, 1998. 59-75. Print.

Witte, Els, Jan Craeybeck and Alain Meynen. *Political History of Belgium from 1830 Onwards.* Brussels: Vrije Universiteit Brussel UP, 2000. Print.

제3장

유로비전 무대에서 데르비시
현대 터키에서 대중음악과 권력 이해관계의 이종성

네빈 사힌 *Nevin Şahin*

내셔널리스트적인 정체성 주장이 지배적인 유로비전 송 콘테스트ESC, Eurovision Song Contest에 관한 터키의 여정은, 2003년 터키의 수상으로 정점에 달했고, 2012년 바쿠Bak u에서 갑작스럽게 끝을 맺었다. 터키의 40여 년 간의 유로비전 송 콘테스트 참여는 노래 선정과정에서부터 무대 공연에 관한 결정 과정까지 갈등적인 권력의 이해관계를 보여준다. 이에 대한 논쟁은 회전하는 춤 노래인 데르비시whirling dervish공연에 관하여 이스탄불에서 열린 2004년 저녁 유로비전 송 콘테스트 결선에서 최고조에 달했다. 관광업계, 전국방송 채널터키라디오텔레비전공사Türkiye Radyo ve Televizyon Kurumu, TRT, 문화관광부, 수피Sufi, 이슬람신비주의자단체, 2003년 유로비전 송 콘테스트 수상자이자 가수인 셀탑 에레네Sertab Erener를 포함하는 다양한 이해관계자들이 2004년 유로비전 송 콘테스트 순회에서 회전하는 춤 노래 데르비시의 참가에 영향을 미쳤다. 그렇게 함으로써, 그들은 충돌하는 권력의 역동성의 망web을 창출했다. 이것은 공공외교의 맥락에서 이론화될 수 있다.

역사학자인 제시카 지노우에흐트Jessica Gienow-Hecht는 문화외교에서 대리인agency구조의 이종성heterogeneity을 강조한다10. 병행하여, 본 장에서는 터키에서 대중음악과 외교의 맥락에서 다양한 대리인들 간의 이질적인 권력의 이해관계가 존재한다는 것을 주장한다. 유로비전 송 콘테스트에서 회전하는 춤 노래인 데르비시가 상징하는 "터키다움"의 공연이 어떻게 문화 영역에서 행위자들의 경쟁과 협조를 반영하는가? 터키의 유로비전 송 콘테스트 공연의 이면에 있는 권력의 역동성의 특성을 살피려는 노력으로, 본 장에서는 처음으로 터키의 유로비전 송 콘테스트 역사에 초점을 둔다. 그런 후에 이것은 다른 공공 이벤트에서 회전하는 춤 노래인 데르비시에 관한 경쟁하는 무대로 향한다. 권력과 공공외교에 관한 부르디우스Bourdieusian의 분석에 따를 것이다.

유로비전 송 콘테스트에서 터키: 짧은 역사

터키의 유로비전 송 콘테스트 참가는 터키의 국제축구 경기 수용에 비견되는 국민적 자부심이자 수치의 원천이 되어 왔다. 터키의 축구팬들은 터키와 다른 국가의 경기를 수년 동안 전쟁처럼 여겨왔다. 예를 들면, 노련한 축구 기술 감독이자 축구계의 유명인사인 일마즈 부랄Y ı lmaz Vural은 2016년 말 우크라이나 팀인 다이나모 키예프 "크루세이더스" crusaders를 불러들이는 것을 주저하지 않았다Haber Türk. 비슷하게, 유로비전 송 콘테스트는 터키의 최초 참가자인 세미야 안키Semiha Yanki가 저널리스트 부란 펠렉Burhan Felek에 의하여 "전사"로 언급되며 1975년 국가대표 자격으로 데뷔한 이후, 터키에게 있어 전쟁지가 되었다Şivgin 201. 매년, 콘테스트는 유럽의 전쟁터가 되었고 내셔널리즘의 볼거리가 되었다Şivgin 205. 콘테스트와 관련한 논쟁이 시작되었고 대중문화의 반응을 살폈다. 데뷔하는 해, 예를 들면, 2명의 우승자들이 국가결선에 나왔다. 심사단은 세미야 얀키의 "Sennie Bir Dakika"One Moment with You를 아바의 전설적인 시상이 있었던 스톡홀름에서의 터키 대표로 선정했다. 또 다른 시상자는 키키 카즐라르Cici K ı zlar의 "Delisin"You Are Insane는 그 당시 가장 인기 있었던 영화배우인 타르크 아칸Tarık Akan이 출연했던 이름이 같은 영화의 사운드트랙이 되었고, 전자와 같이 터키에서 전국적인 인기를 얻었다.

전문가 평가단들은 터키의 국민문화를 대표하는 것을 모색했지만, 그들은 유럽에서 대중음악의 유행을 따르는 출품작을 선택했다. 1982년 유로비전 송 콘테스트의 경우에, 타히르 네자트 와질마젤스Tahir Nejat Özyılmazel's, Neco의 디스코 팝송인 "Hani ?"Where ?은 유로비전 송 콘테스트에 대한 터키의 공로로 선정되었다. 제목이 호소력이 있었는데, 영어로 "꿀벌"처럼 들리기 때문이었다Dilemener 294. 비슷한 노력으로, 체틴 알프와 키사 달가Çetin Alp and Kısa Dalga 보컬 그룹은 그들의 노래인 "오페라"를 가지고 1983년 유로비전 송 콘테스트에서 대표로 선정되었다. 노래의 가사에는 바그너, 푸치니와 베르디 등과 같은 오페라 작곡가들의 이름을 포함하고 있었고, 토스카, 카르멘 그리고 라 트비아타 등과 같은 잘 알려진 유럽 오페라를 언급했다. 밴드는 자신들의 영어식 이름 단파Short Waves로 유로비전 송 콘테스트 무대에서 공연했다. 가사는 터키 말이었지만, 작곡가와 오페라의 이름은 네코의 노래처럼 유럽풍으로 들렸다Dilmener 295.. 이 노래 또한 1980년 유로비전 송 콘테스트에서 독일 가수인 카자 엡스타인Katja Ebstein이 "Theater"으로 2위의 입상자 타이들을 거머쥐자 소셜 미디어에서의 논평이 줄을 잇도록 했다.

예술적 관심 이외에도, 1979년 석유 위기 같은 글로벌 쟁점이 터키의 유로비전 대표에도 진입하게 되었다. 1980년 터키의 유명 가수인 아즈다 페칸Ajada Pekkan은 "Pet'r Oil이라는 노래로 터키를 대표하게 되었다. "Artık dizginlerim senin elinde petrol"석유, 당신은 지금 나에게 굴레를 씌우고 있어요와 같은 가사로, 아랍 국가의 금수조치로 석유를 필요로 하는 터키 상황을 사랑하는 사람의 애정을 필요로 하는 사람에 빗대어 표현했다. 그해 국영방송사인 채널 터키 라디오 텔레비전 공사가 유로비전 송 콘테스트 노래의 작곡자를 국가별로 선정하도록 하는 게 아니라 직접 선정한 것은 특별한 상황이다. 부가적으로, 노래는 터키어, 영어 그리고 프랑스어 등과 같은 3개의 다른 버전으로 녹음되었다. 유럽 대중음악의 미학을 다루는 이전 노래와는 대조적으로 듀에크 비트düyek bea와 같은 "동양적인" 요소를 의도적으로 포함시켰다Meriç 295-96. 더 나은 순위를 위한 새로운 전략에도 불구하고, 노래는 23점을 얻었고 15위19팀 중에를 차지했다. 세미야 얀키의 데뷔 순위 때의 꼴찌를 면한 정도였다Akin 125. 1983년 체틴 알프스Çetin Alp's의 "오페라"는 실패의 또 다른 이야기를 상징한다. 이 노래는 유로비전 송 콘테스트에서 하위를 차지했다. 터키의 두 번째 공헌에도 처음으로 0점을 받게 되었다Kuyucu 21.

국제 축구 경기를 위한 준비와 비슷하게, 터키는 내셔널리스트적인 열정과 예전 실패에 대한 대응으로써 상향된 전략을 가지고 유로비전 송 콘테스트를 준비했다. 그러나 여전히 또 다른 실패가 도사리고 있었다. 유럽의 질시유럽연합의 경제통합에 따른 단일화된 강력한 유럽, "Fortress of Europe에 관한 "패배"를 비난함으로써, 터키의 저널리스트와 비평가 등은 동서, 기독교와 무슬림 간의 적대감을 형성하는 터키의 기여는 유로비전 송 콘테스트에서 고전을 면치 못하는 경향이 있다는 사실과 일치 한다Şıvgın 202-03. 더블린에서 열린 1997년 유로비전 송 콘테스트에서 체브넴 페이커Şebnem Paker'가 3위를 차지할 때까지, 터키 청중들은 실망의 연속이었다. 오랜 기다림 속 2003년 유로비전 송 콘테스트에서 셀탑 에레네의 공헌으로 우승이 나왔지만, 이러한 성공에는 비판이 뒤따랐다.

"Everyway that I Can"이라는 셀탑의 우승 노래 연주는 터키 청중들에 의하여 비판을 받았다. 특히 그의 억양 때문이었다. 이 노래는 리가에서 열린 콘테스트 결선에서 자주 탈락했으며 벨기에에서는 2점으로 간신히 통과했었다. 대부분, 저널리스트와 논평가 등은 노래의 언어 선호도에만 초점을 두었다. 노래는 영어로만 연주된 최초의 터키 진출곡임을 강조했다. 영어 가사의 활용은 유로비전 송 콘테스트가 1999년 언어 규칙을 변화한 이후 가능해졌다. 이것은 참여국의 노래를 자신들만의 공식 언어로 연계시켰다Schacht and Swann. 영어 노래인 "Everyway that I Can"은 터키의 언어 내셔널리즘에 도전했다. 그리하여 예전 콘테스트에 대한 실망은 2003년 유로비전 송 콘테스트에서 다양한 형태가 되었다. 비평가들은 터키는 서유럽의 언어를 포용함으로써 언어 주권을 포기해 왔기 때문에 시상만을 허용할 뿐이라고 주장했다Kuyucu 29. 앞선 진출과 영어 가사 활용에 관한 유럽화의 노력에도 불구하고, 셀탑의 노래와 공연 등은 비-오토만적인 요소를 포함했다. 오리엔탈 비트는 그림 1이 보여주는 바와 같이 고블릿 드럼goblet drums과 세라글리오를 주제로 한seraglio-themed 뮤직 비디오 등으로 공연했다. 그리하여 이것은 유로비전 송 콘테스트에서 "민족전통적인" 스타일로 발전되었다Solomon 147.

그림 1: 네오-오토만 미장센에서 특집으로 다룬 셀탑 에레네의 "Everyway that I Can"의 스크린 샷

출처: *유튜브*

이러한 유행은 2004년 우크라이나 가수 루스라나Ruslana가 따랐다. 그녀는 우크라이나의 후술Hutsul주민들을 떠올리는 무희들과 함께 공연했다. 2005년 그리스 가수인 헬레나 파파리주Helena Paparizou에 의하여, 그녀는 전통적인 그리스 악기와 현지의 "민족전통" 사운드를 포함시켰다Baker 174. 이러한 논쟁들에도 불구하고, 셀탑의 성공은 이스탄불을 2004년 유로비전 송 콘테스트의 개최도시로 만들었다.

수상과 공연에 대한 논쟁: 2004년 이스탄불 유로비전 송 콘테스트

셀탑의 2003년 유로비전 송 콘테스트 우승은 터키에게 문화 관광의 풍부한 기회를 제공했다. 그러나, 예전 시상과 유사하게, 2004년 이스탄불 유로비전 송 콘테스트는 논쟁을 촉발했다. 문화관광부는 터키의 문화관광 특징을 대표할 때 상당한 노력을 부과해서 유럽 청중들의 "관광객 시선"Urry 1-2 충족을 모색했다. 문화관광부는 돌마바체Dolmabahçe궁전에서 참여 경쟁국을 위한 연회를 개최했다. 참여국 사절들에게 선물과 기념품 등을 전달했고 참가국 사절들로부터 비디오를 받는 대신에 터키의 다양한 부분의 이미지를 나타낸 46장의 "포스트카드"무대 준비와 소품 설치하는 동안 관람객들을 즐겁게 하기 위한 터키의 공연 전에 비디오 클립, 판촉용으로 짧게 제작한 비디오)를 촬영했다Seluck. "관광객의 시선"을 위한 관심은 대회 공연 전체를 통하여 하나의 문제였다. 예를 들어, 아나톨리아 민속 무용수 출신 인물과 현지 문화를 기반으로 한 현대 무용단 아나톨리안 파이어Anatolian Fire는 사회자가 투표 결과를 발표하기 전에 미리 공연해서Üstünel 아나톨리아 지역을 음악적인 관광지로 홍보했다.

터키 관광 진흥 이외에, 셀탑의 개막 공연에 대한 그녀의 개인적인 노력은 저녁에 의미가 있었다. 그녀는 자신의 2003년 우승곡과 1999년 발표된 그녀의 초창기 노래인 "Ask"Love를 각색했고 가장 오페라적인 발라드인 "Leave" 등을 포함하는 메들리를 준비했다. 리가에서 열린 2003년 유로비전 송 콘테스트 공연과 유사하게, 메들리의 첫 번째 부분은 벨리 댄서belly dancers, 배꼽춤 무희들과 함께 진행되었다. 두 번째 순서에서, 그녀는 남녀 무용수의 선회 무용 동반 공연을 고집했다. 음악 연구가 빅터 빈센트Victor Vicente는 발라드에서 수피가 함축된 의미가 있음을 밝혀낸 바와 같이 이러한 공연 구상이 의미가 있음을 발견했다 234-35. 그럼에도 불구하고, 셀탑의 공연은 여성과 남성이 함께 회전하는 동작을 하지 못하고 여성의 회전 동작을 공개적으로 금지하는 메브레비Mevlevi관행을 따르지 않아서 큰 논란이 되었다. 대회의 총괄 조정관인 블렌트 오스마Bülent Osma는 여성 데르비시의 선회무용을 선호하지 않았다. 전통에 관련해서가 아니라 여성과 남성 데르비시가 공연할지는 그들의 결정이다. 이것은 공연이지 종교적 의식이 아니므로, 셀탑의 공연에 여성의 참가에 의문제기는 케케묵은 것이다Altuntaş.

유로비전 송 콘테스트 개막 공연에 관한 논쟁이 진정되었다. 그러나 메브레비 수피즘메브레비 엔지오 비정부기구들 사이에서의 논쟁은 중단되지 않았다. 국제메브라나재단 부의장이자 13세기 수피 시인 메블라나 잘랄라딘 루미Mevlana Jalal ad-Din Rumi의 후손인 에신 엘레비Esin Çelebi는 셀탑의 공연에서는 여성의 선회무용도 허용되지만 여성과 남성이 함께 추는 것은 적절하지 않다고 발언했다. 엘레비에 따르면, 혼성 선회무용 공연에 대한 고집은 유감스러운 것이라고 했다Gülmez. 또 다른 재단 회원인 이언 엘레비Işin Çelebi는, 선회무용은 쇼가 아니라 의식임을 강조했다. 그녀는 유명한 터키 가수인 제키 무렌Zeki Müren이나 "팝의 여왕"인 마돈나 등도 자신들의 공연에 화려한 옷을 입은 여성의 선회무용을 넣는 것에 대해 몇 년 전에 재단과 논의했다고 말했다. 엘레비에 따르면, 마돈나와 무렌 등은 재단이 선회무용의 종교적 의미에 관해 알려준 이후 무대에 선회무용을 넣지 않았다고 했다Haber Vitrini.

여성 선회무용에 관한 논쟁은 유로비전 송 콘테스트 이전에 종결되었다. 셀탑은 반라의 남성 밸리 댄서들과 같이 공연하기로 했다. 혼성 데르비시 무용은 터키의 환경에서는 이례적인 것이었다. 그림 2에서 보여주는 바와 같이, 이것 또한 터키의 맥락에선 흔치 않은 일이었다.

그림 2: 2004년 5월 15일 이스탄불에서 열린 2004년 유로비전 송 콘테스트 개막식 스크린 샷

출처: *유튜브*

그녀의 2004년 데르비시 공연이 주류 미디어에 의해 더 이상 비판받지 않으면서, 그녀는 유로비전 송 콘테스트 동안 만났던 사람들과 무대를 공유하면서 성공적인 공연을 이어나갔다.

의식과 오락 사이의 회전하는 데르비시

회전 데르비시 무용은, 그녀의 유로비전 송 콘테스트 경력에도 불구하고, 이후 셀탑의 공연에서는 재개되지 않았다. 그렇지만, 회전하기 데르비시는 특별하게 이스탄불 유로비전 송 콘테스트에 관한 논쟁 이후에

국가적인 아젠다로 자리 잡기 시작했다. 셀탑은 1990년대 말 이래로 국제적으로 공연하고 협연을 해 왔다. 유로비전 송 콘테스트에서 공연하기 오래 전에, 그녀는 국제적인 음악인들과 함께 싱글 음반을 발표했다. 1999년, 예를 들면, 그녀는 아카펠라 그룹인 보이스 메일Voice Male과 함께 최고의 싱글 앨범을 녹음했다. 이듬해 그녀는 리키 마틴Ricky Martin의 표지 노래인 "Private Emotion"원곡은 후터스가 녹음을 터키식으로 각색해서 공연했다. 처음으로 스웨덴 가수 메자Meja를 주역으로 노래를 발매하였다. 같은 해, 그녀는 그리스 가수인 만도Mando와 함께 오페라 풍의 발라드 "Aşk"를 리메이크해 실었다. 그녀 자신이 일부 그리스어 가사의 절반을 불렀다. 싱글인 "Φως/Aşk"사랑을 의미의 성공적인 협조 이후, 만도와 셀탑은 우연히도 2003년 리가에서 서로 경쟁하게 되었다. 아마도 2003년 셀탑의 유로비전 송 콘테스트 수상 경험 이후, 셀텝은 그녀의 싱글인 "Here I Am"과 그녀의 경쟁력 있는 곡인 "Everyway that I Can" 등을 그리스 차트의 탑에 올려놓았다"Greece Top 20".

셀탑의 음악인들과의 국제적인 협업은 흥행의 결과를 가져왔을 뿐만 아니라 그리스와 터키의 음악적이고 문화적인 관계로 이끌었다. 양국의 공통적인 역사에도 불구하고, 오토만 제국 이래 전쟁과 분쟁이 점철1922년 터키와 그리스 간의 전쟁과 1974년 키프러스 작전 등을 포함되었다. 셀탑은 그리스의 다른 예술가들과 함께 무대에서 평화와 우정을 위한 작업을 계속했다. 이스탄불 유로비전 송 콘테스트 경선 이후에, 그녀는 그리스 팝스타인 사키스 루바스Sakis Rouvas와 함께 공연 했다. 그는 유로비전 송 콘테스트에서 2004년 3위를 차지했다. 양국 문화부의 공동 주관으로, 음악회는 역사적인 장소인 이스탄불의 중앙인 술탄 아흐메트Sultanahmet 광장에 모인 어마어마한 청중 앞에서 벌어졌다Vatmanidis. 음악회의 주요 테마는 평화로운 세계를 위한 존 레논John Lenon의 상징적인 노래인 "이매진"Imagine으로 셀탑과 루바스의 양자의 공연에서 강조된 우정과 평화이었다.

그럼에도 불구하고, 협연이 항상 순조로운 것은 아니었다. 루바스는 예전에도 터키의 다른 팝 가수인 부락 커트Burak Kut와 협연을 한 바 있었다. 그는 월터 디즈니 만화영화인 *The Hunchback of Notre Dame*에서 터키어 더빙을 한 바도 있기 때문에, 커트는 1997년 루바스와 함께 영화 사운드트랙을 녹음했다. 이러한 협연은, 이것은 1974년 전쟁 이후 터키계와 그리스계 키프러스인 등을 분리시켰지만, 키프러스의 그린 라인Green Line안에 있는 레드라 궁전Ledra Palace 평화 음악회를 이끌었다. 불행하게도, 그리스인과 터키계 그리스인 등은 음악회에서 시위를 했다. 루바스는 이러한 시위를 양국이 평화적인 외교에 대한 준비가 되어 있지 않다는 증거로 해석했다Akbaş. 커트의 노력과 비교해서, 루바스와 셀탑의 협력은 이러한 협연이 1997년 시위와는 대조적으로 청중들에게 평화적인 호소를 지닌 것으로 이해될 수 있다.

팝 싱어와 문화부의 협력을 염두에 두었다. 우리는 외교적인 협조에 관한 유사한 길이 존재하는지를 살피기 위하여 회전하는 데르비시로 되돌아 갈수 있다. 논쟁이 유로비전 송 콘테스트 동안 젠더문제에 있을 지라도, 회전하는 데르비시와 관련된 실질적인 쟁점은 유로비전 송 콘테스트가 벌어지는 밤에 이것들의 늘어나는 가시성에 기여했다. 회전하는 데르비시가 몇 세기 전에 터키의 맥락에서 부상되었다. 콘야Konya에서 1273년 12월 17일 루미의 사망에 뒤이어서, 메벨레비 수피즘Mevlevi Sufism이 하나의 비밀조직이 되었을 때이었다. 그 이후, 이 비밀조직의 신도들은 자신들만의 특수한 하얀 가운을 입고 선회무용을 해 왔다. 세마Sema라 불리는 의식의 일환으로서 특수한 음악이 수반되었다. 이 조직은 터키 공화국의 1925년 677번 법률 시행으로 불법이 되었다. 그렇지만, 회전하기는 점차적으로 문화 유산적인 가치를 얻게 되었고 세마 의식은 터키 관광의 일부가 되었다. 루미를 기리기 위하여 콘야에서 12월에 열린 연례 세-비 아루스Şeb-i Arus, 결혼식 밤 축제는, 죽음을 결혼처럼 "사랑하는 사람들"과의 만남으로 이해한 도시의 수천여 명의 사람들의 환호를 받았다.

2004년 이스탄불 유로비전 송 콘테스트뿐만 아니라 콘야 메브라나Mevlana문화센터가 세비-아루스 페스티발 동안 공개된 해였기 때문에 의미가 있었다. 규모, 무대 그리고 스펙터클 등에서 보아도, 공개 이벤트는 유로비전 송 콘테스트와 흡사했다. 메브라나 문화센터 개막식 이전, 세비-아루스 페스티발은 스포츠 경기장에서 열려 왔다. 터키와 메벨레비 엔지오 양자는 스포츠 경기장과 같은 부적절한 장소에서 이와 같이 중요한 의식이 격하되어서 행해진 것에 관하여 비난했다. 결과적으로, 터키 정부는 메브라나 문화센터 건설에 재정을 지원했다. 이것은 데르바시 의식을 위해 특별하게 건설되었으며 다른 행사를 위한 소규모 공연장도 포함되었다. 12월 12일 일요일, 문화센터 공개행사는 12월 17일의 실질적인 세-비 아루스 기념식과 비교될 정도로 수많은 관중과 불꽃과 함께 개최되었다. 그 당시 수상인 레제프 타이이프 에르도안Recep Tayyip Erdoğan이 공개식을 축하하기 위하여 참석했다. 청중들은 회전하기 의식이 진행되는 무대를 걸어 나올 때 환호를 보냈다. 비센테는 터키 현장조사에서 이 행사에 참여했을 때, 그는 "회전하기 지역을 직선으로 걸어 나오는 에르도안의 부적절한 행위"를 설명하면서 충격을 받았다[159]. 회전하는 구역은 회전의식에서 신성한 자리로 여겨진다. 전통적으로 의식에서 루미Rumi로 대표되는 데르비시인 *포스니신*postnişin만이 회전 구역을 똑바로 가로질러 올 수 있다고 허용되어왔다. 비센테는 사회자가 성스러운 의식을 존중하기 위해 청중들에게 경고한 것에도 놀랐다. 그들에게 휴대폰을 끄고 촬영과 박수를 자제하고, 의식의 엄숙함을 위해 자리를 옮기지 말아달라고 요청했다[160]. 에르도안의 정치 지도자로서 오만한 기행과 사회자의 그런 행동 등은 유로비전 송 콘테스트에서 회전 데르비시 무용 공연에 관한 오스마 선언을 다음과 같이 상기시켰다. 회전하기 의식은 수상과 청중 모두를 의식보다는 쇼에 더 비중을 두는 것처럼 보이게 했다.

유로비전 송 콘테스트에서 여성 회전하기 데르비시를 보기 위한 셀탑의 바람은 그들의 의식과는 떨어져서 회전하기 데르비시에 관한 세속화된 이미지에 기반을 두고 있었다. 이러한 행위는 세마 의식의 원초적인 맥락 등에 너무나 막대한 영향을 가져올 수 있어서, 사회자들은 유로비전 송 콘테스트와는 대조적으로, 사회자들은 청중들에게 데르비시는 쇼가 아니라 의식임을 인식시킬 필요성을 느꼈다—신성한 의식임을 말이다. 수피의 종교의식을 위해 지어진 메브라나 문화센터의 데르비시 공연장은 사람들이 가진 무대에 대한 세속적인 태도에서 벗어나도록 요구하는 공연으로 전환되었다. 이것은 비센테의 실망에 가세했다. 다양한 행위자의 경험에서 회전하기 지역에 관한 변화 중인 의미는 이해관계의 이중성을 의미했다.

2004년 이벤트는 회전하기 데르비시를 진작시키고자 메브레비 엔지오와 정부 등의 공유된 이해관계를 밝혀 주었다. 문화유산 관리에서 이들의 협력을 이끌었다. 문화관광부 대표와 국제메브라나재단 등은 메브레비 수피주의의 문화유산 지위를 유네스코에 포괄적으로 적용할 준비를 했다Yilmaz. 2005년, 유네스코는 메브레비 세마 의식을 인류무형문화유산으로 선언했다. 2008년 대표리스트에 의식이 공식적으로 기록되었다. 그 동안에, 문화관광부, 국제 메브라나 재단, 그리고 유네스코 등은 합동으로 소위 메브라나 해인 2007년 800주년 루미 탄생일을 기념했다. 국제적 인정 차원에서 문화적이고 국민적인 대표에게 풍부한 기회를 제공하는 것은 불가피한 일이었다. 유로비전 송 콘테스트에 의하여 부여되는 가시성과 유사한 것이다.

2004년 유로비전 송 콘테스트에서 셀탑 공연에 이어진, 회전하는 데르비시를 무대 위로 가져온 두 번째로 가장 중요한 이름은 사미 사브니 외저Sami Savni Özer인데 종교음악의 대중연주자이자 수피교도인 세라히스Cerrahis로 알려진 인물이다. 터키에서 이슬람 팝의 선구자인 그는 매우 세속적인 팝 사운드를 가진 찬가를 불었던 2000년대 앨범을 내기 시작했다. 그의 주된 성공은 2006년 앨범인 *İnliyoruz Hasretinle*We Are

Yearning for You, 우리는 당신을 동경하는 중이다으로 나타났다. 그는 그림 3에서 보여주는 바와 같이 회전하는 데르비시를 가지고 8 트랙인 "Demedim Mi"Didn't I Say, 나는 말하지 않았어요를 위한 비디오를 녹화했다. 그는 터키에서 그의 비디오로 주류 팝 음악 채널에 등장했다.

그림 3: 사미 사브니 외저의 "Demedim Mi"의 비디오 스크린 샷

출처: *유튜브*

그 작품은 메브레비 수피주의와는 다른 또 다른 수피 교리인 벡카시Bektashi 교리의 찬가이었다. 이 작품이 메브레비 수피주의에 맞춘 수피 메시지를 가진다 해도, 이것은 메브레비 음악 작품이 아니다. 찬가는 2006년 발매되었을 때 매우 대중적인 인기를 끌었다. 외저가 제미 일마즈Cem Tilmaz 영화 사운드트랙으로 전국적으로 인기를 얻었지만, 그는 벡타슈Bektash 찬가인 "Demedim Mi" 공연을 지속했다.

회전하기 데르비시와 연관된 찬가의 성공은 음악 텔레비전 채널뿐만 아니라 영화 등에서 빈번하게 회전하기 데르비시가 출연하도록 해주었다. 예를 들면, 도룩 소무크란 감독의 2009년 텔레비전 프로젝트인 *Sufi Klipler*Sufi Videos, 수피 비디오는 "Demedim Mi"를 다시 한 번 인기 끌

게 해주었다. 보수적인 비평가에 따르면, 종교음악의 텔레비전 방송은 일상 속 재미없는 이미지와 통합될 수는 없지만, 꽃과 태양 등과 같은 "자연적인" 이미지를 동반해야 했다Somunkiran. 이와 같은 보수적인 접근 방법과는 대조적으로, 소무크란은 그럼에도 불구하고 일상생활의 맥락에서 종교음악을 갖다 놓기로 결정했다. 그의 비디오에서 거리와 도시의 성벽 등을 포함하는 것 이외에, 소무크란은 회전하기 데르비시에 집중했다. "Demedim Mi"이 프로젝트의 일부였고, 아르메니아 국적인 록 가수인 하이코 젭킨Hayko Cepkin이 이 노래를 불렀다. 찬가가 2011년 셀주쿠 아이데미르Selçuk Aydemir의 영화 Çalgı ÇengiMusician and Dancer, 음악인과 무용수를 패러디한 것이 대박을 친 것으로 증명된다.

그림 4: 하이코 젭킨의 수피 클리플러 프로젝트 에피소드 스크린 샷

출처: *유튜브*

낸시 스노우Nancy Snow는 공공외교의 상호성과 다방향성의 중요성을 다음과 같이 강조한다. "문화 간의 대화는 훌륭한 목표이지만, 이것은 정부 또는 일반 시민의 대표들인 개인 간의 대화와 함께 시작 된다"17. 미시 문화 차원의 터키 공공외교에서 벡타슈 찬가 적용보다 더 좋은 것은

제시할 수 없었다. 공연의 스타일 범위 이외에, 이러한 정치와 콘야 이후 두 번째로 개최된 선회무용 이벤트는 2013년 이스탄불 세-비 아루스의 폭넓은 공공 간의 대화를 동반했다.

대도시 지자체, 민간 기업과 여러 다른 스폰서 등과의 협력으로, 세-비 아루스 이스탄불 2013은 그해 12월 13일 루미를 기렸다. 목표로 하는 청중은 이스탄불 거주자들이었다. 그들은 연례 세-비 아루스 페스티발로 콘야로 여행을 할 수 없었다. 이벤트는 이미 언급된 콘야 페스티발을 주도했다. 이 종교음악 콘서트는 세마 의식을 먼저 한 바 있었다. 2013년 이스탄불 음악 콘서트는 찬가를 처음으로 인기를 끌게 만들었던 가수이다. 외지르와 그들의 경력에서 종교 음악과 전혀 관련이 없었던 2명의 팝-아라베스크 가수인 세르칸 부락 데카슈Serkan Burak Tektaş (Alişan)와 아흐메트 쿠치 카라도산Ahmet Kutsi Karadoğan (Kutsi) 등을 스타로 만들었다. 입장권 가격이 터키 화폐로 25에서 235그 당시 유로화로 9에서 235까지로, 행사에는 도시의 모든 지역에서 다양한 관객들이 왔다. 참석한 사람들은 다양한 경제 배경과 정치적 지향을 가졌다. 초대받은 정치인들이 콘야에서 그랬던 것처럼 맨 앞줄에 앉았다. 수상 에르도안은 관객들에게 인사하기 위하여 무대 맨 앞으로 초대받았다. 수상의 짤막한 인사에도 불구하고, 이것은 루미와 관련된 사랑과 관용의 단순한 메시지인데, 그의 연설은 관객들에 의하여 항의를 받았다—동일 연도에 발생했던 게지 봉기Gezi uprising에 대한 반응이었다. 이것은 그림 5에서 보여주는 바와 같이 방독면을 쓰고 탁심 광장에서 회전하는 지야 아자지Ziya Azaz를 목도했다. 에르도안의 지지자들은 박수를 치면서 환호하고 휘파람 소리로 대응했는데"Başbakan", 이벤트를 항의와 축제라는 말로 구성된 "항의 축제"protestival로 전환시켰다St John 130, 131. 후에 외지르는 에드로안에게 마이크를 고정해서 그는 벡타쉬 찬가인 "Demedim Mi"를 함께 부를 수 있었다. 콘서트 후에, 회전하기 데르비시는 의식을 거행하기 위하여 무대에 나타났지만, 세마 의식도 벡타쉬 찬가도 관객들의 시위를 무색케 할 수

그림 5: 2013년 6월 유독성 초록색 가운과 가스마스크를 착용하고 게지공원에서 회전 춤을 주는 지야 아자지

사진: 아르다 벵귀(Arda Bengü)

없었다. 관객들은 불가피하게 회전하기 데르비시를 대중적인 인기 연예인과 정치 메시지 간의 경쟁으로 연관시켰다.

유로비전과 회전하는 데르비시 간에 이와 같은 맥락적인 연계는, 대중적이고 정치화된 찬가에 구현된, 음악과 권력 간의 관계를 보여준다. 회전하는 데르비시에 관한 대화와 시위는 함께 할 수 있다는 이미지를 관찰할 수 있다. 유로비전 송 콘테스트 무대에 회전하기 데르비시 공연, 회전하기 데르비시에 관한 수피 의식의 문화유산 가치를 진작시킬 때 다양한 행위자들의 협력, 그리고 팝-아라베스크 가수와 무대 그리고 데르비시 공연자와의 정치인 등과의 공유 등에 대한 논쟁은 음악 영역에서 교차하는 권력의 이해관계의 이중성을 지적한다. 이러한 관계

에서 이론적인 일별과 메브레비 수피주의에 대한 권력을 요구하는 다양한 행위자의 정체성과 요구의 정체성 등은 터키 음악 외교에 연관된 교차하는 문화 아젠다를 이해할 때 새로운 시각을 제공할 수 있다.

대표성 투쟁에서 공연자와 관객

회전하기 데르비시 공연과 관련된 젠더, 민족, 종교 그리고 정치 논쟁은 문화유산과 국가 대표성 등에 관한 쟁점을 중심으로 다룬다. 다양한 종교적 정치적 문화적 행위자들은 그들만의 혜택을 위한 회전하기를 도용한다. 특별하게 그들의 이해관계가 서로 교차하고, 회전하기 장소를 지배하기 위한 투쟁 안에서 다양한 전략들을 활용할 때이다.

위에서 언급한 바와 같이, 유네스코 무형문화유산의 대표 목록에 메브레비 세마 의식 증서는 터키 문화관광부와 메브레비 엔지오 간의 협력의 결과이었다. 다양한 구조와 아젠다와 함께 2명의 행위자들 간의 이러한 협력은 국제 차원에서 외교 성과를 가져다주었다. 그러나 이러한 수피 관행의 "유산 등재"heritagification는 공동체에 대한 제도에 특권을 준다는 것을 명심해야만 한다. 2008년 유네스코 총회에서, 정부는 무형문화유산에 관한 정책을 결정하고 정책을 실행하는 노력을 경주하는데 자극을 주었다. 반면에 잠재 유산을 보호하기 위한 예방 조치를 취할 때, 이것은 문화유산 관리에서 정부의 내셔널리스트적인 이해관계에 관한 광범위한 폭로를 이끌었다Aykan 2. 총회는 유산은 본질적인 가치를 갖지 않지만 이것은 유산에 관한 사회-정치적 건설을 통하여 문화적 가치를 획득함을 의미한다Byrne 229. 장 듀링Jean During에 따르면, 이것은 국가 당국이 "노련하게 문화유산을 도용하고, 이것을 국가 도구로 전환시켰고 이것을 자신들만의 이익으로 활용했다는" 상황으로 이끌었다144.

터키 메브레비 수피주의의 "유산 등재"는 국가 당국 손안에만 있는 것이 아니다. 그러나 이것은 국가와 엔지오 간의 하나의 협력으로 시작된다. 사실상, 그렇지만, 국가 당국과 메브레비 재단 대표 등은 항상 협력한 것만은 아니었다. 문화유산으로 메브레비 세마 의식 승인에서 그들의 공동의 성공에도 불구하고, 그들은 2004년 유로비전 송 콘테스트에서 셀탭의 개막식에서 회전하기 데르비시 공연 논쟁에 대해서 서로 간에 갈등이 있었다. 국제 메브라나 재단이 유로비전 송 콘테스트에서 회전하기 데르비시 공연에 거품을 물고 반대한 반면에, 터키 문화관광부와 함께 터키 라디오텔레비전 방송국은 어느 정도 이러한 움직임에 지지했다. 갈등은 회전하기 데르비시 공연은 종교 의식의 일부가 아니라 세속적인 무대 공연의 한 요인임을 결국 주장했던 정부 당국에 의하여 해결되었다. 그렇지만, 이스탄불 유로비전 송 콘테스트가 열린 후 4년 동안, 문화관광부는 초기 결정과는 모순되는 소식을 전해 왔다. 소식에 따르면, 메브레비 세마의식의 의례 구조는 문화유산으로 전체론적인 시각으로 확정된다. 의식 자체 이외에 회전하기 데르비시를 포함하는 모든 이벤트들은 의식의 타락을 중단시키기 위하여 비난받고 제재부과를 해야 하기 때문이다“Mevlevilik ve Semâ”. 어떤 면에서, 문화관광부는 그 당시 공식적으로 승인했던 유로비전 공연을 비난했다. 회전하기 데르비시에 대해 문화유산 지위를 최근에 취득하고 국제적으로 인정받은 것은, 한편으로는, 터키에게 “관광객의 시선”을 끄는 새로운 기회를 제공했지만, 다른 한편으로는, 국가 당국에게 다른 사람을 바라보는 이러한 시선에 관하여 오래 동안 혜택을 보아 온 기회를 버리게 만들어 버렸다. 데르비시 공연을 어떻게 이해할 것인지에 관한 상호 납득 부족은 회전하기 데르비시의 신성성을 재확인하는 문화관광부에 의한 곧 발표될 통지의 결과를 가져왔다.

2013년 메브레비 수피주의에 관한 나의 현대적인 경험인 현장 작업동안, 나는 12월 루미를 위한 기념식을 관찰했다. 공식 행사가 콘야에서 열렸다. 문화광광부가 매년 개최하는 10일간의 이벤트는 국제적인 관심을 끌어서, 12월 콘야에 관광객들이 엄청나게 몰려들었다. 2013년 기념 개막식은 루미와 그의 영적 지도자인 샴스 타브리지Shams Tabrizi

가 만났다고 추정되는 상징적인 자리가 있는 콘야 중심에서 촛불 의식으로 시작되었다. 촛불 의식은 메브라나 문화 센터로 향하는 사랑과 관용의 3월로 이어진다. 이것은 비슷한 규모의 행사를 거행했던 2004년 유로비전 송 콘테스트 이후 몇 개월 만에 열렸다. 메브라나 문화센터에서의 의식은 12월 17일까지 매일 두 차례에 걸쳐서 진행되었는데, 매번 종교음악회를 포함하고, *마스나비*Masnavi 시집 낭송회와 그림 6에서 보여주는 바와 같은 세마의식 등이다. 회전하기 데르비시는 이벤트의 결말인데, 저녁 11시까지 저녁 행사를 진행한다. 스케줄은 공연자와 관객 모두에게 피곤했다. 촛불의식과 비슷하게, 국가 대표와 메브레비 엔지오 등은 행사의 첫 번째와 마지막 날 저녁 행사에 연설을 했다. 12월 7일 촛불의식에 대한 그들의 연설이 끝난 이후에, 초대 정치인들은 사랑과 관용의 3월을 시작했다. 이것은 주 건물 앞에서 오토만 제국 군악대로

그림 6: 2013년 12월 7일 콘야 메브라나 문화센터에서 에서 열린 세비 아루스 축제 개막식의 세마의식 동안 회전하는 데르비시

사진: 네빈 사힌(Nevin Sahin)

불리는 메흐테르Mehter국가 앙상블에 연주되면서 끝을 맺는다. 앙상블 멤버들은 오토만 군인들처럼 복장을 하고, 그들은 고악기로 전통음악을 연주했다.

공화국 초기에, 건국의 아버지인 무스타파 케말 아타튀르크Mustafa Kemal Ataturk 지지자들인, 케말리스트Kemalists들은 국가 정체성을 창출 할 목적으로 모든 오토만의 가치를 거부함으로써 자신들의 정책에 정통성을 부여했다. 이것은 터키에서 모든 데르비시 장소를 폐쇄하고 회전하는 데르비시를 지하로 밀어 넣었다Ayas 45, 66. 반대로, 21세기 보수정권은 공화국 초기 시절의 케말리스트의 정체성에 반대하는 신-오토만 정체성을 창출하기 위하여 노력하면서 한때 거부되었던 이러한 가치를 포용했다. 오토만 제국과 관련된 상징과 가치 등을 진작시키고자 하는 보수 정권의 정책을 염두에 두면서, 나는 회전하기 데르비시 공연 전에 공식 행사에 군악대의 연주를 두 가지 방식으로 이해한다. 첫째, 이것은 오토만 가치를 포용한다는 정부의 보수적인 주장에 일조했다. 케말리스트와 신-오토만 정책 간에 이분법을 눈에 보이게끔 만들었다. 둘째, 군악대는 브아이피VIP관객과 "관광객 시선" 등에게 호소하기 위하여 오토만 시기에 속한 전통적인 이미지를 "스스로 이국적으로 보게끔" 했다. 어떤 면에서, 이와 같은 스스로 이국적으로 보이게끔 하는 전략은 셀탭이 "오리엔탈" 선율과 2003년 오토만 주제 등을 가지고 유로비전 송 콘테스트에서 우승을 허용했던 접근방법과 비슷했다. 이에 따라서 문화유산 이미지로써 회전하기 데르비시는 콘야 의식에서 국가의 보수적인 이해관계에 일조했다. 회전하기 의식은 데르비시는 현 정부에 대한 인시를 포함하는 *포스트니신*postnişin기도문과 함께 끝난다. 그러므로, 무대에서 회전하기 데르비시는 또한 기도하는 국가와 *포스트니신*의 협력을 통하여 신-오토만 정체성을 수립하기 위한 권력 투쟁과 관련 있다.

콘야에서의 의식과는 대조적으로, 아직도 또 다른 의식이 수도에 본부를 둔 또 다른 메브레비 엔지오인 메브라나문화예술재단에 의하여 앙카라에서 조직되었다. 이 조직은 국제메브라나재단과 비교해서 국가와는 좀 더 느슨한 관계를 유지한다. 이벤트는 케말리스트의 이데올로기에 바치는 음악재단이 건축한 음악회에서 열렸다. 장소는 무스타파 케말 아타튀르크의 말씀과 사진으로써 이와 같은 이데올로기적인 태도와 관련된 메시지를 전달하는 곳이었다. 무대 앙상블이 국가 앙상블에서 고용된 소수의 음악인들만을 포함했다는 점으로 보았을 때, 이 이벤트를 위한 국가의 지원을 얼마 안 되었다. 그들은 문화관광부에 의해 콘야 페스티벌의 임무를 부여받고 2013년 앙카라 이벤트에 참가하기 위한 공식적인 허가를 받았던 사람들이었다. 12월 13일 열렸는데, 의식은 재단 부회장인 굴덴 아르바시Gülden Arbaş에 의하여 짧은 개막연설, 촛불 의식과 그림 7에서 보여주는 바와 같이 세마 의식 등으로 구성되었다.

그림 7: 앙카라 메브라나문화예술재단 기념식. 오른 쪽 앙상블 사이에 국가예술인들이고, 위에 무스타파 케말 아타튀르크 서명 그리고 재단 깃발 옆에 그의 사진, 2013년 12월 13일.

출처: 네빈 사힌(Nevin Sahin)

다른 공식적인 연설, *마스나비* 이야기도, 세마 의식 이외의 아무런 음악도, 그리고 장시간의 기도도 없었다. 그녀의 짧은 연설에서, 아르바시는 의식을 보호한다는 명목으로 의식의 본질적인 존엄과 순수성, 겸손 등을 파괴했던 "보수주의 무리들"을 비판했다Sahin. 그녀는 콘야 이벤트를 조직했던 국가기관과 2008년 문화관광부의 통지로 비난받았던 민간 사업자 등을 언급했다. 그녀의 연설에서, 그녀는 의식의 간결함과 겸손 등을 보호하고자 하는 엔지오의 요구를 긍정적으로 보았다. 그녀의 연설처럼 공연도 간결하고 짧아서, 저녁 9시까지만 진행되었다. 아르바시는 자신들의 민간 조직에 의한 의식은 국가의 것보다도 더욱 세세하게 진짜 의식을 따르기를 주장했다. 이후 공연은 그녀의 주장을 추수했다. 하나의 민간단체와 국가 간의 이러한 경쟁은 의식을 무형문화유산으로 가져온 협력과는 유사하지 않다.

이스탄불 세마 의식과 위에서 언급했던 콘야와 앙카라 등에서의 대조되는 기념식에 앞서서 수상에 반대하는 시위는, 국가와 메브레비 재단 이외에, 공연자, 그리고 관객까지도 회전하기 데르비시 맥락에서 대표성을 얻으려는 행위자들이 될 수 있다. "한 가지 규칙 따르기"이라는 비트겐시타인의 언어 게임이론에 영향을 받으면서*In Other Words* 9, 피에르 부르디외Pierre Bourdieu는 권력투쟁 분야에 초점을 두었고*Practical Reason* 58, 59 카드 게임으로 권력관계를 비교한다. 카드 게임에 참여할 때 규칙을 미리 숙지하는 것이 필요한 것과 마찬가지이다. 이 분야로 진입하는 대리인들은 전술적으로 투쟁을 합법적인 형태로 수행한다. 권력을 문화생활의 중심으로 갖다 놓는다. 부가적으로, 로익 바캉Loïc Wacquant은 이러한 카드 게임을 "전쟁터"라는 유사용어로 비교한다268. 정체성과 계층구조라는 기반이 끊임없이 논쟁하는 곳이다. 계층구조에 도전 중인 분야에서의 권력관계의 유동성은 음악외교에서 권력의 이해관계 이중성에 대한 지노우 헤후트Gienow-Hecht의 개념을 제공한다. 21세기 메브레비 수피주의의 맥락에서 터키는 다양한 행위자들이 회전하기 데르비시 이미지를 둘러싼 권력 투쟁과 지속적으로 역할을 변화시켰다. 오늘은 경쟁했다고 내일은 협조하는 분야에서 이처럼 전형적인 이중성이 나타난다. 정치성 주장을 실현하고 국경선을 넘어서서 인정을 받는 것을 모색하면서 말이다. 그래서 모두에 언급했던 축구의 맥락에서 터키 관중을 전쟁과 유사하게 표현한 것은 우승을 위한 경쟁과 유로비전 송 콘테스트에서 대표성을 위한 협력 등뿐만 아니라 국가와 국제 차원에서 회전하기 의식에 첨부된 가치와 의미를 대표하기 위한 이중적인 투쟁에 적용된다.

결론: 문화 정체성의 "전쟁터"로서 데르비시 의식

한편으로는, 터키의 유로비전 역사와 다른 한편 문화유산으로써 회전하기 의식의 대표성에서의 최근의 추이 등은 문화외교의 맥락에서 유사한 행위자들의 전략의 이중성을 보여주었다. 터키 유로비전 송 컨테스트 역사에서 가장 의미 있는 인물로서, 셀탑은 현대 문화대사였으며 역사적인 유럽 무대에 터키를 연결시켜 주었다. 그녀는 경쟁하는 문화와 국가를 중개해 주었을 뿐만 아니라 현대 대중음악을 회전하기 데르비시 의식에 접목시켜서 전통과 현대를 통합했다. 회전하기 데르비시 대표성에 대한 기관들 간의 제기되는 논쟁 이외에도, 이러한 노력은 회전하는 데르비시 이미지가 종교 영역과 국경 등을 넘어서서 인정을 받는데 도움을 주었다. 문화유산 관리, 대중화, 그리고 정치화 등의 과정의 결과를 가져다주었다.

그 이후부터, 이미지와 관행으로서 회전하기 데르비시는 감독에서 예술가, 관광, 회사, 그리고 정치제도까지 광범위하게 다양한 행위자들에 의하여 사용되어 왔다. 유로비전 송 콘테스트 우승자는 음악회 개막식에서 그녀의 공연에 회전하기 데르비시를 포함하기를 원했는데, 세속적인 무대 쇼에 의례적인 의미에 도전하면서 말이다. 메브레비 엔지오와 문화관광부는 문화유산으로 회전하기 데르비시가 인정되도록 협력했다.

무용수는 정부의 항의하는 방식으로서 게지 공원Gezi Park에서 가스마스크를 쓰고 무용 가운을 입은 채 춤을 추었다. 데르비시는 콘야에서 열린 세마 의식 말미에 정부에 반응한다. 국가가 채용한 음악인들은 콘야에서 국가가 조직한 세마의식을 대신해서 앙카라에서 민간 단체가 조직한 세마의식을 공연하도록 공식 허가를 하는데 투입된다. 관객들은 세마 의식을 항의로 받아들이며 이스탄불에서 환호하고 박수갈채를 보냈다. 이러한 행위자들 모두는 회전하기 데르비시의 이미지와 활용 등에 대한 권력투쟁에 기여한다. 회전하기 의식의 대표성에 대한 논쟁은 국제적인 인정을 이끌어 낼 수 있다. 메브레비 세마 의식의 유네스크 인류 무형문화유산 등재처럼 말이다. 이것은 문화관광부와 국제 메브라나 재단의 공유 운동의 결과로부터 나온 것이다. 동시에, 행위자들 간의 경쟁은 "시위 축제"의 장면을 이끌어냈다. 2013년 세-비 아루스의 사례처럼 말이다. 결론적으로, 21세기 터키는 메브레비 수피주의는 국가적이고 국제적인 영향력에서 팽창하는 영역을 가진다. 현란한 회전의식의 이면에는 대표성을 둘러싼 권력투쟁의 이중적인 이해관계가 놓여있었다.

인용 자료

Akbaş, Arzu. "Barış Kıvılcımını Burak Kut'la Attık." *Hürriyet Kelebek* 7 July 2004. Web. 11 Mar. 2015. 〈www.hurriyet.com.tr〉.

Akın, Altuğ. "'Eurovision Şarkı Yarışması' Üzerine Monografik Bir İnceleme." *İletişim Araştırmaları* 8.2 (2010): 115-132. Print.

Alp, Çetin and The Short Waves. "Opera." Eurovision Song Contest 1983. *YouTube*, Web. 30 Oct. 2015. 〈https://youtu.be/dq64xw9tE2M〉.

Altuntaş, Deniz. "Semazen Krizi Bitti." *Milliyet* 15 May 2004. Web. 16 Feb. 2015. 〈http://www.milliyet.com.tr/2004/05/15/magazin/amag.html〉.

Ayas, Güneş. *Mûsiki İnkılâbı'nın Sosyolojisi: Klasik Türk Müziği Geleneğinde Süreklilik ve Değişim.* İstanbul: Doğu Kitabevi, 2014. Print.

Aykan, Bahar. "Intangible Heritage's Uncertain Political Outcomes: Nationalism and the Remaking of Marginalized Cultural Practices in Turkey." Diss. City U of New York, 2012. Print.

Baker, Catherine. "Wild Dances and Dying Wolves: Simulation, Essentialization and National Identity at the Eurovision Song Contest." *Popular Communication* 6.3 (2008): 173–89. Print.

"Başbakan Erdoğan'a Şeb-i Arus'ta Protesto." *Radikal* 14 Dec. 2013. Web. 1 Feb. 2014. 〈http://www.radikal.com.tr/politika/basbakan-erdogana-seb-i-arusta-protesto-1166189/〉.

Bourdieu, Pierre. *In Other Words.* Cambridge: Polity, 1990. Print.

___. *Practical Reason: On the Theory of Action.* Oxford: Blackwell Publishing, 1998. Print.

Byrne, Denis. "A Critique of Unfeeling Heritage." *Intangible Heritage.* Ed. Laurajane Smith and Natsuko Akawaga. New York: Routledge, 2009. 229–52. Print.

Çalg ı Çengi. Dir. Aydemir, Selçuk, Fida Film, 2011. Film.

Cepkin, Hayko. "Demedim Mi." *Sufi Videoclips,* 2009. Web. 30 Oct. 2015. 〈https://youtu.be/ncjQsM1F1aY〉.

Cici K ı zlar. *Delisin.* Arzu Film, 1975. Web. 8 July 2016. 〈https://youtu.be/3OnqQrQLHp8〉.

Delisin. Dir. Engin Orbey, Perf. Tar ı k Akan. Arzu Film, 1975.

Dilmener, Naim. *Bak Bir Varm ı ş Bir Yokmuş: Hafif Türk Pop Tarihi.* İstanbul: İletişim, 2006. Print.

During, Jean. "Authority and Music in the Cultures of Inner Asia." *Ethnomusicology Forum* 14. 2 (2005): 143–64. Print.

Ebstein, Katja. "Theater." Eurovision Song Contest 1980. *YouTube,* Web. 8 July 2016. 〈https://www.youtube.com/watch?v=9_RDzyncNgU〉.

Erener, Sertab. "Everyway that I Can." Eurovision Song Contest 2003. *YouTube,* Web. 30 Oct. 2015. 〈https://www.youtube.com/watch?v=axJt-Rw2Urg〉.

___. "*Φ*ως/Aşk." Feat. Mando. *YouTube,* 2000. Web. 30 Oct. 2015. 〈https://www. youtube.com/watch?v=T4hJF-W2cdc〉.

___. "Leave." Opening Performance, Eurovision Song Contest 2004. *YouTube,* Web. 30 Oct. 2015 〈https://youtu.be/VwERBeWsBkI〉.

___. "Zor Kad ı n." feat. Voice Male. Sony, 1999. CD.

___. and Rouvas, Sakis. "Imagine." Joint concert. *YouTube,* 7 July 2004. Web. 30 Oct. 2015 〈https://youtu.be/MaKwitFkXHY〉.

Gienow-Hecht, Jessica C. E. "What are We Searching for? Culture, Diplomacy, Agency and the State." S*earching for a Cultural Diplomacy.* Ed. Jessica C. E. Gienow-Hecht and Mark C. Donfried. New York: Berghahn, 2010. 3-12. Print.

"Greece Top 20." 31 Aug. 2003. Web. 10 Oct. 2015. 〈www.top40-charts.com〉.

Gülmez, İlknur. "Kad ı n ve Erkek Sema Yapamaz." *Milliyet.* 15 May 2004. Web. 16 Feb. 2015. 〈http://www.milliyet.com.tr/2004/05/15/magazin/amag.html〉.

HaberTürk. "Y ı lmaz Vural: 'Craig Thompson'u Döverdim.'" 7 Dec. 2016. Web. 28 June 2017. 〈http://www.haberturk.com/spor/futbol/haber/1333755-yilmaz -vural-craig-thomsoni-doverdim〉.

Haber Vitrini. "Mevlana'n ı n 22. Kuşaktan Torunu Eski Bakan Çelebi: Biz Madonna'ya Bile İzin Vermedik." 15 May 2004. Web. 17 Feb. 2015. 〈http://www.habervitrini.com/gundem/mevlananin-22-kusaktan-torunu-eski-bakancelebi-biz-madonnaya-bile-izin-vermedik-130344/〉.

Her Şey Çok Güzel Olacak. Dir. Ömer Varg ı . Perf. Cem Y ı lmaz. Filma-Cass, 1998. DVD.

International Mevlana Foundation. Web. 13 Nov. 2014. 〈http://mevlanafoundation.com/about_en.html〉.

Kural, Ahmet and Murat Cemcir. Demedim Mi. Selçuk Aydemir, dir. Çalg ı Çengi, Fida Film, 2011. Web. 30 Oct. 2015. 〈https://youtu.be/ov_5HuAFIn0〉.

Kuyucu, Mihalis. "Medya Sanat ve Dil Üçgeni: Türkiye'nin Eurovision Şark ı Yar ı şmas ı nda Kulland ı ğ ı Şark ı Dili Üzerine Bir İnceleme." *İdil* 2.8 (2013): 14-38. Print.

Martin, Ricky. *Private Emotion,* feat. Sertab Erener. Columbia, 2000. CD.

Meriç, Murat. Pop Dedik: Türkçe Sözlü Hafif Bat ı Müziği. İstanbul: İletişim, 2006. Print.

"Mevlevi Sema Ceremony." *UNESCO Intangible Heritage Lists.* Web. 2 Oct. 2015. ⟨http://www.unesco.org/culture/ich/en/RL/mevlevi-sema-ceremony-00100⟩.

"Mevlevilik ve Semâ Törenleri Hakk ı nda Genelge." *Notice* 22 Oct. 2008. Web. 19 Apr. 2016. ⟨http://teftis.kulturturizm.gov.tr/TR,14823/mevlevilik-ve-sema-torenleri-hakkinda-genelge.html⟩.

Neco. "Hani." Eurovision Song Contest 1982. *YouTube,* Web. 29 June 2017. ⟨https://youtu.be/sU67JnNuqSA⟩.

Özer, Sami Savni. *İnliyoruz Hasretinle.* Beyza Müzik, 2006. CD.

___. "Demedim Mi." *YouTube,* 2006. Web. 30 Oct. 2015. ⟨https://www.youtube.com/watch?v=h3QRjJs9d40⟩.

___. "Demedim Mi." Şeb-i Arus İstanbul 2013. *YouTube,* Web. 30 Oct. 2015 ⟨https://www.youtube.com/watch?v=5PjYKD8KTiE⟩.

Paker, Şebnem and Grup Etnik. „Dinle." Eurovision Song Contest 1997. *YouTube,* Web. 30 Oct. 2015. ⟨https://youtu.be/LAyNvKpwp1M⟩.

Pekkan, Ajda. "Pet'r Oil." Eurovision Song Contest 1980. *YouTube,* 24 Feb. 2012. Web. 30 Oct. 2015. ⟨https://youtu.be/6Fu7K1hwXDc⟩. 90 | Nevin Şahin

Rouvas, Sakis and Burak Kut. Someday/Bir Gün. Soundtrack of The Hunchback of Notre Dame, 1997. *YouTube,* 22 Apr. 2007. Web. 8 July 2016. ⟨https://youtu.be/hfaDpbl7cF0⟩.

Şahin, Nevin. Fieldnotes. 13 Dec. 2013. Print.

Schacht, Kira and Glenn Swann. "How English is the Eurovision Song Contest?" *The Guardian* 13 May 2017. Web. 20 Sept. 2017. ⟨https://www.theguardian.com/tv-and-radio/datablog/2017/may/13/how-english-is-the-eurovisionsong-contest⟩.

Selcuk. "Bakanl ı ktan Eurovision Finalinde Tan ı t ı m Stratejisi." *Wow urkey* 20 Mar. 2004. Web. 16 Feb. 2015. ⟨http://wowturkey.com/forum/viewtopic.php?t=5034&start=60⟩.

Solomon, Thomas. "Articulating the Historical Moment: Turkey, Europe and Eurovision 2003." *A Song for Europe: Popular Music and Politics in the Eurovision Song Contest.* Ed. Robert Deam Tobin and Ivan Raykoff. Aldershot: Ashgate, 2007. 135-45. Print.

Somunkıran, Doruk. "'Sufi Klipler' Yayına Girdi." 25 Aug. 2009. Web. 1 May 2012. 〈http://doruksomunkiran.com/sufi-klipler-yayina-girdi/〉.

St John, Graham. "Protestival: Global Days of Action and Carnivalized Politics at the Turn of the Millenium." The Pop Festival: History, Music, Media, Culture. Ed. George McKay. New York: Bloomsbury, 2015. 129-47. Print.

Şıvgın, Zeynep Merve. "Rethinking Eurovision Song Contest as a Clash of Cultures." *Journal of Gazi Academic View* 9.17 (2015): 193-213. Print.

The Hunchback of Notre Dame. Dir. Gary Trousdale and Kirk Wise. Walt Disney Pictures, 1996. DVD.

United Nations Educational, Scientific and Cultural Organization(UNESCO). *Convention for the Safeguarding of the Intangible Cultural Heritage: Basic Texts.* Paris: UNESCO, 2008. Print.

Urry, John. *The Tourist Gaze: Leisure and Travel in Contemporary Societies.* 2nd ed. London: Sage, 2002. Print.

Üstünel, Aydın. "Eurovision Organizasyonu Göz Doldurdu." *Deutsche Welle* 17 May 2004. Web. 17 Feb. 2015. 〈http://www.dw.com/tr/eurovision-organizasyonug%C3%B6z-doldurdu/a-2524540〉.

Vatmanidis, Theo. "Sertab and Sakis in Concert in İstanbul." *ESC Today* 6 July 2004. Web 1 Apr. 2015. 〈www.esctoday.com〉.

Vicente, Victor A. "The Aesthetics of Motion in Musics for the Mevlana Celal ed-Din Rumi." Diss. U of Maryland, 2007. Web. 30 June 2018. 〈https://drum.lib.umd.edu/handle/1903/7198〉.

Volčič, Zala. "The Notion of 'The West' in the Serbian National Imaginary." *European Journal of Cultural Studies* 8.2 (2005): 155-75. Print.

Wacquant, Loïc. "Pierre Bourdieu." *Key Sociological Thinkers.* Ed. Rob Stones. Hampshire and New York: Palgrave Macmillan, 2008. 261-76. Print.

Yankı, Semiha. "Seninle Bir Dakika." Eurovision Song Contest 1975. *YouTube,*

Web. 30 Oct. 2015. 〈https://www.youtube.com/watch?v=7Ln18ergNHE〉.

Yı lmaz, Zeki. *Personal Interview.* 20 Aug. 2013.

제❷부

침략과 도용

제4장

선전과 공공외교
냉전시기 재즈

뤼디거 리터 *Rüdiger Ritter*

최근 연구에서 재즈가 미국 외교정책 구상에서뿐만 아니라 동유럽 사회주의 국가들의 그것에서도 중요한 기능을 하고 있음을 보여준다. 일반적으로 미국의 구상을 설명할 때, 공공외교는 중요한 역할을 수행 한다 Cull, *The Cold War*; Critchlow; Bayles. 음악과 재즈 등에 초점을 두면, 우리는 문화외교Fosler-Lussier, "Music Pushed", 사운드 외교Gienow-Hecht, *Sound Diplomacy*, 또는 재즈 외교Davenport, *Jazz Diplomac*) 등과 같은 용어를 발견한다. 음악을 활용하는 사회주의 국가들의 노력은 서구 용어의 부족으로 선전이라고만 표현한다. 서구학자들이 외교정책에서의 음악—특히 재즈—을 활용하는 미국의 노력을 다양한 용어로 설명하는 것과는 대조적이다. 용어는 또한 사회주의 국가의 학자들에서도 활용되었지만Lukin; Mazurek, 서구 학문세계에서는 용어 사용에 숨겨진 중요한 의미가 존재한다. 냉전시기, 서구 국가들에서는 "그들""동구" 의미로부터 "우리""서구" 의미를 분리하는 이분법적인 의미가 활용되었다. 서구의 민주주의 국가들은, 자주 "우리"로 언급되는, 공공외교를 실천한다. 반대로 제2차 세계대전동안 나치 독일 또는 소련과 냉전 동안 소련의 위성국가 등과 같은 비민주주의 국가들은 단순하게 선전으로 퍼뜨린다Colucci. 이러한 언어의 활용은 나치 독일과 사회주의국가 모두는 공식적으로 이 용어를 활용했다는 사실과 관련이 있었다. 예를 들면 공식적인 분파로 말이다. 조셉 괴벨스 Joseph Goebbels의 선전부는 *제3제국대중계몽선전국가부*Reichsministerium für Volksaufklär- ung und Propaganda, Reich Ministry of Public Enlightenment and Propaganda로 공식적으로 불렀고 사회주의국가들도 이 용어를 같이 사용했다. 예를 들면, 소련에서, "선동"과 "선전" 등의 단어 조합인 선동과 선전 Agitprop은 소련의 등장 이래 주요 설득전략의 일반 의미로 활용되었다.

이러한 논리에 따르면, 서구의 "자유" 국가들은 "좋은"good 공공외교를 실행했고 동구의 "자유가 없는" 동구 국가들은 "나쁜"evil 선전을 실행했다. 이것은 서구만이 자국의 가치를 외국에 전파시키기 위해 문화를 활용하는 정돈된 개념이 있지만 동구는 아니라는 개념을 의미한다. 동구는 심층적인 이데올로기적인 고려 없이 선전과 선동 등에만 의존한다. 그렇지만, 미국 공공외교와 소련 선전 모두는 학술 담론에서 이론적으로 설정되었다. 서구에서, 폴 라자스펠드Paul Lazarsfeld와 자크 엘륄 Jacques Ellul 등과 같은 정치학자와 여론학자 등이 이러한 담론을 시작했다. 반면에 사회주의 국가들의 담론은 마르크스-레닌주의 이론의 근본적인 저작물에 뿌리를 둔다. 후자에서, 용어가 서구에서 어떻게 이해되는지와는 급격한 대조로, 선전은 정부가 국민들에게 정치 목표를 의사소통하는 방식과 이에 따라서 국민들에게 기본적인 이데올로기 가치를 전달하는 것을 언급하는데 긍정적이다Bussemer; Kamiński; Kenez. 소련에서 선전이론에 대한 공고한 학술 담론이 존재한다. 1960년대와 1970년대 브레즈네프 통치 기간, *소비에트대백과사전*Bol'shaya Sovetskaya Ėntsiklopediya의 한 논문에서는 소련 정치와 문화에 대한 개념의 개관을 적시 한다95. 동구 "선전"에 관한 설명은 외견상 "객체"인 서구를 통하여 "동구" 안으로 고정관념을 구축하는 프로젝트 이외에는 단순하게 아무것도 아닌가? 이다. 에드워드 사이드Edward Said가 비판하는 오리엔탈리즘Orientalism 과정을 회고하면서 말이다. 냉전 기간은 미국과 서구의 미국 동맹국들이 선전뿐만 아니라 막대한 자금을 소비해 자신들의 기본적인 자유와 민주주의 가치를 전달할 수 있는 막대한 조치를 실행했던 최적의 사례들 중 하나가 아닌가? 영어로 공공외교라는 단어는 외견상 거슬리게 들리지는 않지만, 그렇다고 단순한 완곡 어구인가? 이러한 맥락에서 용어는 1950년대 동안 미국에선 긍정적인 함의를 가졌다는 것은 확실하다. 초창기 재즈 순회를 미국의 미들브러 잡지US middlebrow magazines는 "좋은 선전"이라고 설명한 바 있다Stearns. 그렇기에 공공외교와 선전을 병립하기보다는 오히려 냉전 초강대국의 선전 활동을 언급하는 것이 더 솔직하지 않을까?

(미국 정부에 의하여 실행된) 공공외교 또는 예전 동유럽권의 사회주의 국가들에 의한 선전이라는 용어 대신에, 본 장은 베르너 워스Werner Wirth을 이어, 재즈와 함께하는 설득전략으로 부를 예정이다Wirth and Kühne. 나는 특별하게 소련과 폴란드 등에 초점을 둘 것이다. 이들 국가들은 동유럽권 국가들 중에서 특별한 지위를 가지기 때문이다. 소련은 사회주의 이데올로기의 "조국"이다. 폴란드는 재즈 무대가 일종의 "서구를 향한 창"으로 여기는 동유럽권 국가이다. 재즈와 관련된 사회주의 국가의 문화정치와 미국 등에 대한 일반화된 개념을 거부하면서, 나는 국민 설득을 위한 장치로서의 동유럽의 재즈 활용을 비교할 것이다. 특히, 나는 어떻게 미국 외교정책과 사회주의 국가의 국내 정책 등이 소련과 폴란드에서 실행되는지에 관심을 가진다. 현지인들을 확신시키는 것은 미국과 사회주의 국가 행정 모두에게 공통된 목표이었다. 따라서, 특정한 설득을 위해 재즈를 사용하는 양 정부를 비교하는 조치를 취할 것이다. 우리가 공공외교라고 부르는 미국의 그것과 선전이라고 부르는 사회주의의 그것은 과연 어디까지 유사한 것인가?에 있다.

냉전 초기 미국의 재즈 전략

냉전 초기, 미국 정부는 1940년대 말까지 재즈는 저급한 음악으로 여겨졌기에 설득 장치로서는 재즈가 아니라 고전음악을 활용할 예정이었다. 그리고 미국 정부는 그들은 수준 있는 문화적인 영역의 음악을 수출함으로써 높은 수준의 문화 전통을 지닌 "구 유럽"Old Europe를 설득시킬 수 있다고 생각했다. 미국은 주로 보스턴 심포니 오케스트라 같은 대표적 앙상블의 오케스트라 순회공연에 재정 지원을 했다Gienow-Hecht, "World". 그러나, 곧바로 미국 정부는 유럽에서는 고전음악이 아니라 재즈가 폭발적인 잠재력을 가지고 있음을 깨달았다. 1950년대 모스크바 주재 미국대사인 찰스 E. 볼렌Charles E. Bohlen이 소련 젊은이들은 재즈를 갈망하고 있다고 미국 정부에 정보 보고를 했었다. 그는 이와 같은 음악 장르의 공식적인 진흥을 위한 강력한 논쟁을 제공했다Ritter, "Broadcasting". 전체 동유럽권은 아니더라도, 소련을 정치적으로 불안정하게 만들기 위해 재즈를 이용한다는 결정은 거의 논리적인 귀결이었다.

재즈는 1950년대 초 "필하모니 재즈" 음악회에서의 노만 그랜츠 Norman Grantz 재즈처럼 공식 음악 형식으로 용인되기 시작했고, 이와 비슷한 다른 활동들이 미국 사회에서 재즈를 지속적으로 부흥시켰다. 재즈는 더 이상 소수의 애호가들만 있는 원시적인 음악이 아니었다. 자유, 평등, 그리고 민주주의 등을 포함하는 미국 핵심 가치의 상징으로서 발전되었다. 이것은 미국 정부가 미국 재즈를 통해 외국으로 확대 전파되기를 원했던 이데올로기이었다.

미국 정부는 흩어진 재즈 애호가들을 즐겁게 하는 것이 아니라 재즈 음악 진작을 통해 혁명의 탄탄한 기초를 다지는 것이 목적이었다. 이것은 외교 연설과 정치적 수사보다도 훨씬 청중들에게 다가갔다. 페니 폰 에센Penny von Eschen과 다니엘 포스레-루시에르Dannielle Fosler-Lussier 등과 같은 학자들은 미국 행정부는 이러한 면에 노력을 기울였음을 보여주었다Eschen, 98; Satchmo; Fosler-Lussier, Music. 미국 국무부가 재정 지원하는, 수많은 음악인과 앙상블 등은 재즈 연주를 위하여 동구권으로 보내졌다Davenport, Jazz Diplomacy.

1955년, 미국이 재정 지원하는 방송인 보이스 오프 아메리카VOA는 윌리스 코노버Willis Conover가 진행하는 일일 재즈 프로그램을 시작했다. 모스크바를 포함한 다른 동유럽 수도에서는 단파방송을 통해 이 방송을 들을 수 있었다Ripmaster; Ritter, "Broadcasting". 재즈의 확산을 통해 미국이 더 좋은 음악과 문화를 생산할 뿐만 아니라 최상의 정치경제 시스템을 보유하고 있음을 보여줄 생각이었다. 재즈 음악은 공격적인 수사 전략이 달성하지 못하는 것을 달성해야만 했다. 젊은이들의 마음을 사로잡고, 그들의 공산주의를 분리하고, 소련에 적극적으로 반대하도록 독려하는 것이다.

스탈린주의 말기동안 국가 사회주의 재즈 전략

모스크바는 제2차 세계대전 종식을 소련 재즈로 기념했다. 1945년 5월 9일, 종전기념의 일환으로 에디 로스너의 벨라루스에스에스알재즈오케스트라Eddie Rosner's Belarus SSR Jazz Orchestr)가 붉은 광장Red Sqiare에서 공연되었다Starr. 그들의 미국 동료들처럼, 소련의 문화정책결정자들은 동구권 젊은이들 사이에서의 재즈의 대유행을 익히 알고 있었다. 젊은이들에 대한 사회주의 교육은 정치 인텔리겐차의 핵심 임무들 중에 하나이었기 때문이었다. 재즈 교섭은 그들에게 있어 가장 중요한 임무들 중 하나였다. 그러나 미국이 제2차 세계대전의 동지에서 냉전 초기의 주적으로 변화했을 때, 공개적인 재즈 공연은 꾸준히 제한받았다.

재즈가 미국의 공식 문화로 수용되기 시작하면서, 스탈린의 문화정치와 그의 문화부 장관인 안드레이 알렉산드로비치 주다노프Andre Alexandrovich Zhdanov는 소련 국민의 일상으로부터 새로운 적군의 음악인 재즈를 말살시키려 했다. 재즈는 소수의 층을 가진 것으로 묘사되었고 공산주의 정치적 진흥에 대한 위협으로 보았다Gorodinskij; Šneerson. 음악인들은 자신들의 공식적인 지위를 박탈당했다. 에디 로스너와 같은 몇몇 사람들은 수용소gulag로 보내졌다Pickhan and Preisler. 재즈의 부패적인 영향을 방지하기 위하여 젊은이들 사이에서 역선전 조치를 실행하도록 많은 노력을 기울여 왔다. 동시에 순응주의자와 대중가요 작사 등으로, 소련 작곡가인 아이작 두나예프스키Isaak Dunayevskii가 여기에서 중요한 역할을 수행했다Stadelmann. 정부는 이에 따라 다른 사회주의 국가들에서의 재즈에 대한 정책 전환을 모색했다본서의 Ignácz를 보라.

미국의 실패와 소련의 목표

지금까지 우리가 보아 온 바와 같이, 제2차 세계대전 이후 처음 10 여년간 재즈의 정치적 기능은 철의 장막 양 쪽에서 근본적으로 변화했다. 미국 정부의 경우, 재즈는 동구권 주민들에게 미국적 가치를 설득하기 위한 가장 중요한 음악 장르가 되었고, 소련 통치자들은 재즈를 위험한 것으로 여겼다. 이러한 차이에도 불구하고, 양 정권들은 재즈를 동유럽 주민들에게 자신들의 체제의 우월성을 보여주는 경쟁에서의 기본적인 수단으로 여겼다.

냉전 초기에, 양 카운터파트들에 의하여 실행된 전략가들은 다음과 같이 적대적이었다. 미국 행정부는 재즈를 진흥시키기 시작한 반면에 소련 정권은 재즈에 대한 접근을 제한하기 시작했다. 양측에서는 야심찬 목표를 형성했다. 미국 행정부는 자유, 평등, 민주주의 등에 관한 정치 메시지를 확대하기 위하여 재즈를 활용할 작정이었다. 반면에, 소련 정부는 모든 서구문화로부터 자신의 국민들을 격리시키기를 원했다. 이러한 목적들에 관하여, 양 카운터파트는 실패했다. 모두는 곧바로 동구에서 재즈로 인한 미국의 자유와 민주주의를 요구하는 그 어떤 운동도 일어나지 않았음을 깨달아야 했다. 소련의 위성 국가들은 재즈와 일반 국민의 접근을 완전히 방지했지만 소련 정부는 그러지 못했다.

1950년대 중반 스탈린 사후의 해빙기가 시작되었다. 소련 문화정책결정자들은 자신들의 실패를 인지했고 재즈에 관한 매우 정교한 정책을 실행했다. 얼마 안 있어, 미국정책결정자들도 자신들의 실패를 깨닫고 자연스럽게 정책을 변화했다. 자신들의 처음 목표를 무시하면서, 1960년대 이래로 미국과 소련 등은 재즈와 새롭고 매우 다양한 방식을 개발했다. 이와 같은 매우 정교화 된 전략들이 다음과 같이 설명된다.

록이 1950년대 말 재즈를 밀어 냈다

전략변화 이유들 중에 하나는 1950년대 말에 시작된 재즈에 관한 사회적이고 문화적 기능이었다. 1958년 데이브 브루벡Dave Brubeck의 폴란드 공연Hatschek과 1959년 윌리스 코노버 공연Ritter, "Broadcasting" 등과 같은 재즈에 빌 헤일리Bill Hayley의 "Rock Around the Clock"의 폭발적인 성공으로 동서 간에 최초로 조우하였다. 이 새로운 음악 스타일은 전세계 젊은 음악 청취자들에게 영향을 끼쳤다.

그때부터 쭉, 새로운 로큰롤로 불리우는 팝음악 장르는 젊은이들의 마음을 사로잡았을 뿐만 아니라 재즈를 밀어내게 만들었다. 로큰롤과 이것의 뿌리로부터 발전 중인 음악 스타일 등은 젊은이 음악이 되었다. 반면에 재즈는 젊은이들보다는 중년층이 수용하면서 일종의 예술 음악으로 전환되었다Wicke. 이러한 추이는 동서에서 설득 전략의 수단으로서의 재즈 활용을 위한 중요한 결과를 가졌다. 재즈와 젊은이들의 연계는 어렵다는 것이 지속적으로 드러났다. 이것은 젊은이들이 더 이상 듣고자 하는 음악이 아니었기 때문이었다. 1960년대 이래로 쭉, 동서에서 외교 노력이 재즈에서 록앤롤로 변화했다.

그렇지만, 재즈는 설득의 수단으로서의 의미를 완전히 상실한 것은 아니었다. 1960년대 이래 동구권의 중산층과 중년층 재즈 청취자들은 상당한 사회적 지위와 영향력을 갖도록 교육받은 경향이 있었다. 그들을 확신시키는 것은 새로운 환경 아래에서 중요한 목표이었다. 문화 정책결정자들은 주로 로큰롤을 활용하는 젊은이들과 재즈를 활용하는 장년층 등을 위한 설득 전략을 발전시켰다. 이것은 또한 동서에서 재즈와 같은 문화형식에 의지했던 정치지도자의 포괄적인 목표가 매우 다양한 모델로 대체되었다는 이러한 추이 때문이었다.

동구권과 미국 등에서 새로운 재즈 전략

동구권에서, 스탈린 사망은 매우 자유스런 재즈 정치를 위한 시발점으로 특징 된다. 스탈린 시스템의 붕괴가 매우 일찍부터 시작된 폴란드에서, 작곡가인 헨리크 치주Henryk Czyż는 1954년 폴란드 작곡가연합 회의에서 폴란드의 특색 있는 재즈 전통의 필요성을 이미 요구한 바 있었다Tompkins. 향후 10년 간, 이러한 생각은 다른 사회주의국가들에서도 형성되었다. 소련에서 이러한 생각은 공식적으론 상대적으로 늦게 발생했고 1962년 작곡가연합회의에서 거창하게 논의되었다Gaut; Abeßer. 여기에서, 작곡가 드미트리 쇼스타코비치Dmitri Shostakovich는 젊은 청취자들에게 주적인 자본주의 계급의 음악에 대한 대안을 제시하기 위하여 현지 작곡가들에 의한 재즈 음악 작사를 강력한 어조로 요구했다Ritter, "Negotiated". 모든 사회주의 국가는 이와 같은 새로운 전략을 실천하는데 자신만의 모델을 개발시켰다. 일반적으로, 재즈에 대한 제한이 느슨해졌다. 작곡가들은 자국에서 진짜 형식을 어떻게 만들어 낼 것인가에 대한 현대적인 생각을 개발하도록 요구받았다.

재차 새로운 재즈 전략의 두 번째 요인이 처음으로 실행된 곳은 폴란드였다Friszke. 폴란드 정권은 재즈 무대와 협력하면서 시작되었고 최초로 대규모 재즈 페스티발을 위한 기반을 축적해 두었다. 국가 기관들은 1956년 그다니스크Gdansk 근처에 있는 소포트Sopot에서 첫 번째 공개 재즈 페스티발을 승인했을 뿐만 아니라 재정지원도 했다. 이 페스티발의 가장 중요한 폴란드 재즈 앙상블인 세코스테트 코미디Sekstet Komedy가

공식적인 정부 보조금을 받았다Brodacki. 1960년대 중반까지, 동구권 중에서 가장 중요한 국가들이 자신들만의 재즈 페스티발을 시작했다. 그들 중에서 1958년 이래로 개최되어 온 바르샤바의 재즈 잼버리Jazz Jamboree가 있었다. 1964년 시작된 프라하 재즈의 날, 그리고 1962년 시작된 모스크바 페스티발 등이었다Ritter, "Negotiated". 이러한 페스티발 모두는 재정적으로나 물류적으로 자국 정부의 후원을 받았다. 현지 재즈 음악가들은 사회주의 국가가 미래의 풍성한 재즈 발전이 약속된 땅임을 보여주기 위한 의도로 작품 제출을 독려 받았다. 이것을 강조하기 위하여, 이러한 페스티벌에서 미국 재즈와의 공개경쟁이 만들어졌다. 폴란드에서, 미국과 다른 서구 출신 음악인들은 1950년대 말 이래로 최초의 공개 재즈 이벤트를 공연해 왔다.

1956년은 미국 공공외교의 전환점을 찍은 해였다Stöver. 동년 헝가리혁명 뿐만 아니라 가까운 미래에 공격적으로 봉기를 부추기는 미국의 전략 등의 실패가 있었다. 자유유럽방송RFE, Radio Free Europe에서 미국이 암울한 면을 방송했기 때문이었다. 미국 관리들은 이것은 자유와 민주주의 등을 위한 공개 투쟁을 요구하기 위한 부작용임을 깨달아야만 했다. 그들 스스로가 실질적인 도움을 보장할 수 없기 때문이었다. 결과적으로, 미국 국무부는 반대 환경을 만들기 위하여 재즈를 공개적으로 진흥하고자 하는 전략을 중지했다. 대신에 관리들은 재즈를 자신들만의 국가를 위한 일종의 선전으로 활용을 계속했다. 이러한 포인트에서부터 쭉 동구권으로의 재즈 음악인 파견은 미국에게 호의적인 분위기를 만드는데 일차적인 목적을 가지고 있었다. 이것은 평화공존의 새로운 정치 노선과 일치한다Mania. 동구권에서의 재즈 발전을 의미하는 이러한 양측에 의한 새로운 설득 전략 실천이 의미하는 것은 무엇인가? 여러 가지 양상에 대하여 다음과 같은 일별은 사실상 이러한 새로운 전략들은 의도하지 않고 우연적인 사건 때문에 재즈를 위한 매우 호의적인 환경을 창출했음을 보여준다.

제도와 재즈 설득 전략

국가가 기획하는 설득 전략의 구성요인으로서 재즈의 활용은 설득 전략의 구체적인 조치 실천이 계획되는 장소로써 현존하는 제도의 재활용 또는 새로운 제도의 창설 등을 포함한다. 1956년, 미국은 국무부 교육문화부서에 속해있는 문화대표부 하부 조직으로 예술자문위원회를 창설했다. 이처럼, 재즈와 포크Folk세부위원회가 1964년에 만들어졌다. 여기에서, 문화정책결정자들은 재즈 앙상블 외국 파견의 유·무용성 등에 관하여 영향력 있는 라디오 저널리스트와 재즈 전문가 등이 자문을 하게 되었다Campbell; Ansari. 동구권에서, 공공외교 전략은 국가운영작곡가연합에 의하여 개념을 정립하게 되었다Tomoff. 문화를 교육을 위한 중요한 수단으로 여기는 마르크스-레닌주의 때문이것은 당과 정치권력구조 하에서 감독된다에 재즈 공연자와 작곡가 등을 포함하는 모든 문화 활동가들은 특별예술동맹에 등록해야만 했다. 모든 문화 활동 종사자들이 이러한 단체의 회원이 아닌 경우에는 불법인 반면에, 정회원은 자신의 문화 활동과 재정적인 지원 등에 관한 공식적인 인정을 의미했다.

미국 자문 패널과 사회주의 국가 작곡가 동맹 모두에서 논의구조는 다음과 같이 매우 유사했다. 정부의 구성원들은 작곡가, 음악인, 그리고 재즈에 어떻게 대응하고 어떤 조치를 취해야 하는 지 등에 대하여 미디어 전문가와 대화했다. 여기에서, 논쟁이 될 만한 논의가 최종 결론을 내리기 전에 발생했다. 두 가지 사례에서, 회의록은 기밀이 되어서, 미공개로 남았고, 그리고 내부용으로만 위원회 위원들에게 배포되었다.

라디오 방송은 국가운영 설득전략 실천이 어떻게 국가통제 제도 강화 또는 창설 등으로 이끄는지에 대한 부가적인 사례이다Badenoch, Fickers, and Heinrich-Franke. 동구와 다른 서구 등의 라디오 방송국은 준 독점기구이다. 대조적으로, 미국에선, 라디오는 정부에 의하여 통제받지 않는 상업 분야이다Hilmes. 정부 지원 방송국으로 보이스 오브 아메리카

VOA, Voice of America 설립은 이러한 전통 파기를 의미했다Heil. 미국 정부가 단파 라디오로 미국 정부 정책에 관한 강력한 표현을 창출하기 위하여 엄청난 자금을 쏟아 부었기 때문이다Johnson. 다른 한편, 사회주의 국가 정부는 공중에 있는 정부에 관한 독점권을 상실하지 않기 위하여 자신들의 방송국의 질을 강화했다Mikkonen. 부상 중인 “라디오 전쟁”에서, 재즈 음악 방송은 자신들의 위상을 가졌다Ritter, “Kontrollwahn”. 사회주의 국가 기획자들은 서구 단파방송국의 영향력에 직면하게 되는 문제에 맞닥뜨렸다Roth-Ey. 사회주의 국가 입장에서, 국가통제 방송국은 문화정치의 대리인과 정보 흐름을 위한 기관 등에 초점을 준다. 재즈에 기반하는 설득전략에서 보면, 음악과 재즈 프로그램의 호스트는 효과적인 전략을 만드는 것을 포함했다. 미국 윌리스 코노버의 카운터파트는 소련의 라디오 방송 진행자인 아르카디 페트로프Arkadij Petrov이고, 폴란드 사회자인 아담 야로세프스크Adam Jaroszewsk이며, 헝가리 사회자인 야노스 콘다Janos Gonda 그리고 기타 등이었다.

그러나 소련의 경우, 탈린Tallin페스티벌은 일단락 짓는 전환점을 찍었다. 한편으로, 소련 재즈의 출현은 소련 문화 정책결정자에 의하여 성공으로 여겨지고 있다. 다른 한편으로, 공산당 관료들은 이 페스티벌로 그들은 문화 분야에 대한 통제를 상실하기 시작했음을 인식했다. 그들은 모든 환경 하에서 용인될 수 없었다. 에스토니아 기획자들은 모스크바 공산당 조직의 허가 없이 로이드와 코노버 등을 초대했다. 결과적으로, 에스토니아 페스티벌 기획자들은 모스크바의 허락 없이 독자적으로 행동함으로써 모스크바 동료들의 공격을 받았다. 공산당 통제 기관의 내부 서류가 말하는바 대로이었다*구체적으로.* 결과적으로, 페스티발 기획자들은 그들의 직책으로부터 쫓겨났다. 이듬해 이미 기획된 공연계획이 취소되고 말았다. 모스크바의 정치문화 행위자들은 페스티발을 부상 중인 소련 재즈 무대를 위한 성공으로 여기고 있다 할지라도, 그들은 이것의 심층적인 발전을 중지했다. 대신에 자국에서 모든 재즈 이벤트에 관한 무조건적인 통제를 목적으로 했다.

동유럽에서 재즈 페스티발 구조: 공동체를 위한 윈-윈 상황

새로운 재즈 페스티발이 1958년 이래로 다른 동구권에서 형성된 이후, 이것들은 곧바로 양 측으로부터 문화정책 결정자들을 위한 작동하는 여지가 되었다Applegate. 동유럽 정치인들은 이러한 페스티발을 물류적, 재정적으로 지원했다. 그들은 새로운 소련 재즈 전략과 상응하면서 통용되고 현대적인 형식과 관련하여 자신들만의 문화영역의 근대성과 공개성 등을 보여주기를 원했기 때문이었다. 그들은 또한 두 번째 목적을 다음과 같이 갖고 있다. 자신들만의 국가 재즈 무대에 관한 희망을 실현하고자, 그들은 반국가 지향적인 정치 행동으로 발전시키는 것으로부터 그들을 방해하고자 했다. 재즈가 록의 부흥 이래로 상대적으로 유해하게 보이면서, 동구권의 정치 문화 대리인들은 눈에 보이는 위험부담에 맞서기로 결정했다. 서구 출신의 그들의 동료들도 역시 기꺼이 이러한 페스티발들을 지원하기로 했다. 이러한 이벤트에 재즈 음악인들 또한 앙상블을 보내면서, 그들은 미국 우호적인 분위기를 조성하거나 통합할 작정이었다. 이에 따라서 양국의 정치기구들은 이러한 페스티발 구조를 지속시키면서 이해관계를 공유했다.

결과적으로, 페스티발 조직기구는 양측으로부터 나온 활동가들에 의하여 지원받으면서 진화되었다. 해당 동구권의 재즈 공동체는 이벤트를 위하여 구체적인 준비를 수행했던 페스티발 이사회를 창출했다. 물류적이고 재정적인 지원의 경우, 사회주의 국가 정권들은 원조를 제공했다. 페스티발 이사회는 서구로부터의 손님들을 초청하기를 원한다면, 그들은 자국 안에서 있는 미국 대사들 또는 개인을 통하여 미국 정부와 접촉했다. 브이 오 에이의 사회자인 코노버는 이러한 일에 중요한 역할을 수행했다. 그는 동구의 상당한 네트워크를 활용할 수 있기 때문이었다. 페스티발 이후, 양측은 자신들만의 전략의 성공으로 이벤트를 기념했다. 결과적으로, 1-2년 이후 계속되는 페스티발 조직은 거의 당연한 진행과정이다.

이러한 장치를 위한 최적의 사례로는 1958년 이래 냉전 기간 내내 연례적으로 개최되어 왔던 바르샤바 재즈 잼버리이다. 1980년 초 폴란드 계엄령 시기에 짧은 중단 밖에 없었다. 이처럼, 예를 들면 헝가리 데브레센Debrecen재즈의 날 페스티발은 1968년 프라하의 봄 종식에도 생존하지 못했다. 그러나 이러한 사례에서 조차도 페스티발 조직은 자신들만의 목적으로 동구권 공공외교와 미국 공공외교의 기반시설을 활용했던 음악인, 정부 관리, 그리고 미디어특별하게 라디오 종사자 등 네트워크를 창출했다.

동유럽에서 부상 중인 초국가 재즈 무대: 냉전 경쟁의 결과?

새로운 재즈 정책의 결과로, 소련은 토착화된 무대의 등장을 다음과 같이 독려했다. 재즈 앙상블이 공식적으로 등록되었고, 음악인들은 라디오 방송국에 자신들의 작품을 기획하고 공연하고 제출할 수 있었다. 부가적으로, 정부는 새로운 재즈 무대에 적합하도록 바 또는 카페 등과 같은 특별 공개장소를 열었다Ritter, “Negotiated”. 자신들만의 재즈 문화를 창출하기 위한 이들의 노력에서, 정부와 재즈 공동체 모두는 소련의 음악 전통과 접목시켰다. 사실상, 1950년대와 1960년대의 작곡가들은 초기 소련 재즈 음악인들의 작품에 귀를 기울였다. 예를 들면, 소련에서 유명했지만 거의 소련 이외에서는 알려지지 않았던 레오니드 우토소프Leonid Utyosov (Akimov), 알렉산드로 트파스만Aleksandr Tsfasman, 또는 독일계 러시아인 에디 로스너Eddie Rosner 등이었다Pickhan and Preisler. 재즈와 재즈 교육 등은 소련 고등교육기관에 포함되었다. 곧바로 소련 재즈 무대는 올레그 룬드스트렘Oleg Lundstrem, 바딤 류브비코프스키Vadim Lyudvikovskiy, 독일계인 루크야노프Luk’yanov, 그리고 다른 많은 이들을 포함했다.

미국 국무부의 순회공연과 유사하게, 소련 재즈 앙상블은 1960년대 중반 이래로 외국 순회공연을 헸다. 첫째, 그들은 체코 공화국프라하 재즈의 날 또는 폴란드바르샤바 재즈 잼보리 등과 같은 다른 사회주의 국가들을 순회 공연했다. 1970년대가 시작되면서, 그들은 또한 서구로도 갔는데, 1988년 미국에서 공연했던 유명한 가넬린 트리오Ganelin-Trio처럼 말이다Ritter, "Radio". 동구권에서 현지 재즈 무대의 발전도 역시 미국 정부의 지원에 의해서이었다. 미국 정치인들에게 이러한 무대의 회원들은 친 미국적인 중요한 원조들이었다. 이들은 자신들의 설득력과 관련해서 중요한 가치를 지녔기 때문이었다.

그 당시 동구권 재즈 무대의 가장 중요한 미국-아메리카 후원자들 중에 하나는 브이 오 에이 라디오 사회자인 코노보였다. 그의 라디오 방송은 페스티발 조직자들이 그를 1960년대 초 자신들의 최초 페스티발에 초청했던 동구권에서 상당한 명성을 얻었다. 코노버는 레코드 발송을 통하여 물류적인 도움을 제공했다. 미국에서 미국 재즈 음악인과 재즈 기관 등과의 지속적인 접촉에 의한 도움이고 미국에 허가를 받은 개별 음악인들을 초청하는 개인 도움이었다. 보스턴 소재 버클리음악대학Berklee College of Music이 그들을 후원해주는 것이었다. 코노버가 순수하게 사적으로 그의 관심을 선언하기로 지속했더라도, 그는 그의 목적과 미국의 정치-문화 에이전트의 목적 등은 동일한 것임을 부정하지 않았다본서의 Feustle을 보라.

아마도 동유럽의 한 국가에서 국가 재즈 무대의 가장 강력한 통합은 폴란드에서 발생했다Brodacki. 몇 명만을 추스르면, 크르지슈토프 코메다Krzysztof Komeda, Baturaau, 후에 지비뉴 나미세우스키Zbigniew Namysłowski, 아담 마코비츠Adam Makowicz 또는 토마즈 스타슈코Tomasz Stańko 등과 같은 음악인들을 필두로, 폴란드 재즈는 자국만의 브랜드가 되었다Ciesielski. 곧바로 폴란드 재즈는 동구권뿐만 아니라 서구, 특히 미국 등에서 높은 명성을 얻었다. 높은 수준의 오리지널은 차치하더라도, 폴란드 재즈무대는 정치적으로 독립된 것으로 스스로의 이미지를 나타내었다. 정권에 반대하는 것이 아니라 동시에 폴란드 정권과의 협력으로부터 혜택을 받더라도 말이다. 폴란드 음악인뿐만 아니라 소련 동료 등은 자신들의 정부에 의하여 메달을 받은 영광을 누렸다. 아담 마코비츠는 미국으로부터 영예의 메달을 수여받기까지 했다. 이것은 양측은 자신들의 개별 설득 전략의 성공을 사회주의 국가에서의 현지 재즈 무대 통합으로 이해했음을 보여준다.

서로 배우기: 이노베이션 촉진자로써 문화경쟁

철의 장막의 양측에서 문화 증진 관리들의 내부 문서를 비교하면서, 우리는 지속적인 상호 관찰과 학습의 과정을 발견 한다Aust and Schönpflug. 적절한 사례로는 미국과 동구 라디오 방송국에서 재즈 활용에 관한 상호 관찰이 있다. 미국의 가장 유명한 재즈 프로그램은 윌리스 코노버의 *뮤직 유에스에이-재즈 아우어*Music USA-Jazz Hour이다. 이것은 전체 동구권에서 매일 밤 단파를 통한 방송이었다. 이 프로그램이 광범위한 관객을 가지면서, 소련의 문화정책결정자들은 이에 대한 특정의 정치적 의미를 부여했다. 코노버 프로그램뿐만 아니라 브이 오 에이VOA는 일반 시민 뿐만 아니라 소련 정부 등에 의하여 경청되고 비판받았다. 그들은 자신들만의 설득 전략과 그들의 라디오 프로그램 등에 적응하기 위하여 이러한 프로그램들을 분석했다.

국영 출판사들은 미국의 "해로운" 활동으로부터 나오는 표면상 자신들만의 고질의 방송프로그램을 구분하기 위하여 학술 저널지에 논문과 책 등을 발간했다Kurčatov. 그렇지만, 사실상, 그들은 미국방송 관행에 대한 세세한 분석을 제공했는데, 이들의 방식을 자신들만의 방송에 적용시키는데 목적을 두고 있다. 1960년대부터 계속해서, *라디오클럽 메트로놈*Radioklub Metronom이라고 불리우던 라디오 방송인 주노스트Junost는 재즈 프로그램을 개시했다. 이것은 코노버 방송을 청사진으로 삼았다Kiseleva. 여기에서, 소련 재즈, 동구권 재즈 그리고 미국 재즈조차도 청취자들에게 코노버 프로그램에 대한 *대용품*ersatz을 제공하기 위하여 방송되었다. 코노버 방송 관찰에 관한 구체적인 사례에서, 이러한 상호 관찰의 과정은 철의 장막의 다른 쪽에서도 지속되었다. 브이 오 에이 연구부서로부터, 코노버는 그의 방송에 관한 구체적인 언급을 다루고 있어서 그가 그의 방송에서 만들어 낸 모든 공세에 반응할 수 있었던 동유럽 출판물의 복사본을 습득했다.[1)]

소련 설득전략의 도전: 서구에 대한 양면 접촉

모든 동구권에서 문화 정책결정자들을 위한 기본 생각은 모든 경우에 모든 문화생활 현상에 대한 통제를 유지하기 위한 강력한 시도였다. 이것은 마르크스-레닌주의 이데올로기에서 문화의 역할에서 기본적인 위상의 결과뿐만 아니라 정치권력을 구체적으로 유지하기 위한 문제 등이었다. 그렇지만, 재즈와 설득전략을 실천하기 위한 그들의 시도에서, 이러한 사상은 사회주의 국가의 옵션을 제한했다.

결과적으로, 외국으로부터 나오는 문화형식에 대하여 사회주의 국가 문화생활과 소련 등을 개방하려는 모든 시도는 이데올로기적인 위협을 포함했다Gould-Davies. 긴장은 한편으로 문화개방 기획자들 간에 다른 한편 국가통제 수호자 간에 발생했다. 이에 따라서 동구권에서 재즈의 역사는 판이한 의견 차이를 갖는 위치에 관한 가파르고 급작스런 변화를 갖는 이러한 음악의 수용 혹은 제한 간의 급격한 변화의 역사이다. 종종 단기간에 명백하게 장기적인 시각의 옵션 없이 말이다. 수많은

---

1) 북 텍사스 대학에 있는 윌리스 코노버 전집WCC에서 주리지 A. 루킨Jurij A. Lukin의 논문 사본을 보라. 코노버의 조교인 에핌 드러커Efim Druker는 브이 오 에이와 코노버 방송 등과 관련된 각본문장을 만들었다.

사례에서, 개별 국가 정치인에 대한 개인적인 동정 또는 반감은 어떤 해당 도시와 심지어 국가 전체에 대한 정책을 결정했다. 재즈에도 공개적으로 인종주의적인 접근방법을 지닌 독일 나치정권과는 대조적으로, 사회주의 국가들은 절대 공식적으로 재즈를 금지하지 않았다. 스탈린 치하에서조차도, 재즈가 대중영역에서 배제되고 엄중하게 제한되었을 때, 공식적인 금지법은 만들어지지 않았다.

모든 동구권에서 문화 정책결정자들이 이데올로기를 따르고 엄중한 통제를 위한 필요성을 믿으면 믿을수록, 재즈와 설득 전략에 관한 그들의 해석이 그들에게 문제를 더 많이 야기시켰다. 동구권 국가들 사이에서, 실질적인 현실에서 엄청난 차이점이 발생했다. 폴란드 또는 헝가리 등과 같은 국가들은 자신들만의 재즈 음악인들에게 서구에서 제한적인 방식으로 몇몇 순회공연을 허락한 반면에, 소련의 정치-문화 행위자들의 경우에 소련 재즈 앙상블을 다른 사회주의 국가 안으로의 순회공연은 하나의 문제임이 증명되었다. 예를 들면, 어떤 소련 재즈 밴드가 1965년 프라하 재즈의 날에 공연할 때, 그들은 작곡가 동맹 회장과 같은 고위 문화정책결정자 뿐만 아니라 비밀 정보 기관원 등이 동반되었다Ritter, "Broadcasting". 외국에 관한 영향력에 대한 강력한 두려움은 어째서 사회주의 국가의 정치-문화적 행위자들이 서구 재즈 앙상블의 순회공연을 받아들였는지를 설명한다. 자국민의 해외여행을 허용하느니 동구권에 미국 재즈 음악가들이 순회 공연을 하러 오는 것이 더 낫다는 것이다. 순회공연에서는 대중 통제가 가능하지만 해외여행에서는 그럴 수 없다. 소련과 동구권이 존재하는 동안, 이와 같이 통제하려는 사상은 재즈와 소련과 사회주의 국가의 설득전략에 관한 일반적인 옵션을 제한했다.

미국 설득전략의 도전: 재즈와 인종

재즈에 대한 설득 전략을 지닌 미국 행정부의 지속적인 문제는 민권운동으로 직면하게 된 아프리카계 미국 시민들에 대한 차별 처리 문제였다. 미국 관리뿐만 아니라 동구의 상대방 등은 미국의 인종 불평등 문제는 미국 가치와 민주주의 모델로서의 재즈 확산에 대한 주요 문제들 중 하나임을 잘 알고 있었다Davenport, "Jazz and the Cold War"; Dudziak; Eschen. 이에 따라서, 한 가지 중요한 문제는 이러한 불가피한 문제를 어떻게 처리할 것인가에 있었다. 자동적으로 재즈에 대해서 말하는 것은 인종 불평등이 형성되어야만 했던 것을 의미했다. 이것은 개인의 자유와 평등권 국가로서 미국의 좋은 이미지를 훼손할 수 있었다. 미국 정부 문서는 한편으로 국가기구에서 인종 불평등에 관한 제한적인 인식과 다른 한편 세계를 위한 압도적으로 긍정적인 이미지의 조작 간에 뚜렷한 모순을 제시 한다Racial Issues. 제2차 세계대전 이후 워싱턴에서 인종차별 금지를 위하여 적극적으로 투쟁해 온(그리고 그는 *흑인내셔널리스트*로 스스로를 부르는 민권운동 지부에 의하여 공격당했다)Kofsky 필자 강조, 코노보 스스로는 그의 방송에서 이러한 문제를 언급하지 않았다. 어떤 경우라도, 공식 미디어에서 인종차별이 언급된다면 민권운동에 불을 지필 것이며 모든 민주주의 체제의 현안 문제가 될 것이었다.

이러한 쟁점의 동구의 재즈 팬들은 상대방 미국과도 전적으로 다르게 접근하였다. 동유럽의 팬 문화 사이에서, 미국 재즈 음악인들은 통상적으로 잘 대접을 받았다. 이러한 가치는 음악인들이 흑인이라는 점에 더 높은 대접을 받은 경향이 있다. 1977년 소련 사미즈다트samizdat, 구소련의 지하출판물에서 비공식적으로 처음 출판 된 *Black Music, White Freedom*에서, 러시아 작가 에핌 바르반Efim Barban은 이러한 생각을 흑인 자각 운동Négritude Movement에 연결시켜서, 이것에 이론적인 개념을 부여했다Barban. 재즈가 아프리카 디아스포라afrodiasporic음악 전통으로 여겨지면서, 동구권의 팬 문화는 흑인 음악인들을 고도의 오리지널과 정통성 등으로 투사했다. 사회주의 국가 정부들은 흑인 음악인들을 위하여 이러한 선호로부터 이득을 보려고 노력했다. 흑인들은 서구 자본주의 국가에서 억압받고 구속당하는 반면, 사회주의 국가에서는 평화롭게 살 수 있는 대우를 받았다. 이런 사례에서 보는 바와 같이 그들은 인간 가치의 수호자로서의 자신들만의 이념적인 이야기를 구축했다. 소련 관리들은 두보이스와 폴 로브슨W.E.B. Du Bois and Paul Robeson 등과 같이 사회주의를 포용했던 아프리카계 미국 지식인과 음악인들을 목표로 하면서 이러한 논쟁을 지원했다Baldwin.

그렇지만, 인종 간의 우정과 동지의식에 관한 이와 같이 공식적인 측면은 다양한 인종주의 고정관념과 편견 등을 어렵게 했다. 폴란드는 특별하게 다음과 같이 적합한 사례이다. 흑인을 향한 긍정적인 의견은 거의 대부분의 소규모 재즈 공동체에서 발견되는 반면에 그들에 대한 분노도 다른 사회에선 광범위하게 퍼져있었다Moskalewicz; Fereira. 소련에서 인종차별은 전체 사회주의 기간 동안 한 번도 언급되지 않았다. 이것은 사회주의 국가 안에 반대 운동에서도 논의되지 않았다. 이에 따라서, 미국 관리들은 미국 사회 안에서 현존하는 불평등 때문에 인종에 대해선 언급하지 않았다. 반면에 소련 관리들은 반미감정을 활성화하기 위하여 이러한 점을 강조했다.

결론

미국과 사회주의 국가 모두는 재즈를 자신들의 이데올로기적인 목적을 위하여 설득전략으로 활용했다. 아직도, 미국 행위자들에 의한 실천의 기본 조건은 동구권과 관련해선 달랐다. 이것은 양측의 논쟁의 결과를 낳았다. 특히 냉전 초기에, 재즈는 미국뿐만 아니라 유럽 대부분에서도 미국 음악으로 인식했다. 동구에서의 국민 재즈 무대 통합 직후에도, 이러한 인식은 그대로였다. 이것은 미국의 정치-문화 대리인들이 자신들만의 음악을 펼칠 수 있음을 의미한다. 종종 약간 유치하더라도 사회주의국가 카운터파트들은 이것을 받아들여야만 했다. 포슬러-루시에의 연구에서, 재즈는 미국의 입장에서 보면 "미는 음악"인 반면에 동구 입장에서 보면 "당기는 음악"이었다"Music Pushed". 사회주의 국가의 문화-정치 행위자들의 근본적인 문제는 그들은 국민들에게 자신들만의 문화적 이데올로기적인 모델의 우월성을 설득하기 위한 하나의 수단으로 "외국의" 음악을 활용하도록 강제했다는 것이다. 마르크스-레닌주의 이데올로기에 따르면, 이것은 정의대로 그대로 되는 사례는 될 수 없다. 이것은 이데올로기와 현실을 함께 가져오는 당면과제이었다. 이것은 스탈린 사회주의를 위한 지속적인 문제임이 증명되었다.

미국 행정부는 자신들의 자유와 민주주의 이데올로기와의 유사한 비연관성을 가지고 있었다. 미국이 인종 간 평등 문제가 미해결의 상태로 유지된 때 아프리카 디아스포라의 대중음악을 증진하기 때문이었다. 이러한 이데올로기적인 비연속성이 국민들로부터 완전히 숨겨지지 않는다 해도, 동유럽에서 기본적인 설득전략으로서 미국 정부의 재즈 활용은 성과가 있었다. 동유럽 주민들은 인종차별정책에 잘 몰랐던 반면에 흑인 예술가들에 의하여 진흥된 재즈의 매력은 예상할 수 없을 정도로 높았다.

재즈 자체에 관한 설득 전략의 실천을 보면, 우리는 유사한 점을 확실하게 본다. 1950년대 동안 이들의 최초 행동 실패이후, 양 카운터파트들은 다양한 모델을 시험했지만, 우리는 설득 전략에 관한 제도적인 실천에서 유사성을 발견한다. 양측은 구체적인 조치를 발전시키기 위하여 싱크탱크를 조직하거나 재활용했다. 라디오는 양측에 의하여 재즈 전파를 위한 강력한 수단으로서 활용되었다. 핵심 음악인들의 순회공연은 국가에 의하여 조직되어 재정지원되어야만 하는 중요한 정치적 노력으로 간주되었다. 이에 따라서, 정부후원 계획들은 재즈 공동체에게 다양한 옵션들을 제공했다. 이것은 냉전 없이 존재하지 않았었다. 수십여 년 동안 상당하게 강력했던 대부분의 동구권 재즈 페스티발은 냉전 이후 심각한 재정문제에 직면하게 된 것은 자명한 일이다. 이에 따라서, 재즈 환경은 이러한 문화경쟁으로부터 혜택받았다. 이러한 방식으로, 냉전은 재즈의 발전을 지나치게 방해한 것이 아니라 오히려 중요한 자극제가 되었음이 입증되었다. 이러한 면에서, 냉전은 자신만의 문화모델을 창출했는데, 특정한 방식으로 생산적인 음악 발전에 지속적으로 위협적인 상황을 만들었다Gienow-Hecht, "Cold War Culture"; Langenkamp.

인용 자료

Abeßer, Michel. "Between Cultural Opening, Nostalgia and Isolation. Soviet Debates on Jazz between 1953 and 1964." *Jazz Behind the Iron Curtain.* Ed. Gertrud Pickhan and Rüdiger Ritter. Frankfurt am Main: Peter Lang, 2010. 99-116. Print.

Akimov, Vladimir Vladimirovich. *Leonid Utësov.* Moscow: Olimp, 1999. Print.

Aksenov, Vasilij. "Prostak v mire dzhaza, ili ballada o tridcati begemotach." *Junost'* May 1967. Web. 5 July 2011. http://readr.ru/vasiliy-aksenov prostak-v-mire-dghaza-ili-ballada-o-tridcati-begemotah-html⟩.

Ansari, Emily Abrams. "Shaping the Policies of Cold War Musical Diplomacy: An Epistemic Community of America Composers." *Diplomatic History* 36.1 (2012): 41-52. Print.

Antoszek, Andrzej. "Cultural (Mis)-Representations: African American Culture and its Local, (East-Central) European Appropriations." *International Conference on Migration, Citizenship and Intercultural Relations.* 19-20 November 2012. Deakin University, Australia. Web. 14 August 2016. ⟨http://www.conferencealerts.com/show-event?id=ca1mhsmm⟩.

Applegate, Celia. "Music at the Fairs: A Paradigm of Cultural Internationalism?" *Crosscurrents. American and European Music in Interaction, 1900-2000.* Ed. Felix Meyer, Carol Oja, Wolfgang Rathert, and Anne Shreffler. Basel: Boydell Press, 2014. 59-71. Print.

Aust, Martin, and Daniel Schönpflug. "Vom Gegner lernen: Einführende Überlegungen zu einer Interpretationsfigur der Geschichte Europas im

19. und 20. Jahrhundert." *Vom Gegner lernen: Feindschaften und Kulturtransfers im Europa des 19. und 20.* Jahrhunderts. Ed. Martin Aust and Daniel Schönpflug. Frankfurt am Main: Campus, 2007. 9-35. Print.

Badenoch, Alexander, Andreas Fickers, and Christian Henrich-Franke, eds. *Airy Curtains in the European Ether: Broadcasting and the Cold War.* BadenBaden: Nomos, 2013. Print.

Baldwin, Kate A. *Beyond the Color Line and the Iron Curtain: Reading Encounters between Black and Red, 1922-1963.* Durham: Duke UP, 2002. Print.

Barban, Efim. *Chernaya Muzyka, Belaya Svoboda: Muzyka i Vospriyatie Avangardnogo Dzhaza.* Saint Petersburg: Kompozitor, 2007. Print.

Batura, Emilia. *Komeda. Księżycowy chłopiec: O Krzysztofie Komedzie Trzcińskim.* Poznań: Dom Wydawniczy Rebis, 2010. Print.

Bayles, Martha. *Through a Screen Darkly: Popular Culture, Public Diplomacy, and America's Image Abroad.* New Haven, Connecticut: Yale UP, 2014. Print.

Brodacki, Krystian. *Historia Jazzu w Polsce.* Kraków: PWM, 2010. Print.

Bussemer, Thymian. *Propaganda: Konzepte und Theorien.* 2nd ed. Wiesbaden: Verlag für Sozialwissenschaften, 2008. Print.

Campbell, Jennifer L. "Creating Something Out of Nothing: The Office of Inter-American Affairs Music Committee (1940-1941) and the Inception of a Policy for Musical Diplomacy." *Diplomatic History* 36.1 (January 2012): 29-39. Print.

Ciesielski, Rafał. "'Jazz in Poland' or 'Polish Jazz'?" *Jazz w Kulturze polskiej.* Vol 1. Ed. Rafał Ciesielski. Zielona Góra: Oficyna Wydawnicza Uniwersytetu Zielonogórskiego, 2014. 39-45. Print.

Colucci, Giuseppe. "The Subtle Distinction between Cultural Diplomacy and Propaganda." 28 March 2011. Web. 29 July 2018.〈http://giuseppecolucci.wordpress.com/2011/03/28/the-subtle-distinction-between-cultural-diplomac y-and-propaganda/〉.

Critchlow, James. "Public Diplomacy During the Cold War: The Record and its Implications." *Journal of Cold War Studies* 6.1 (2004): 75-89. Print.

Cull, Nicholas J. "'Public Diplomacy' Before Gullion: The Evolution of a Phrase." 18 April 2006. Web. 8 July 2018. <http://uscpublicdiplomacy.org/ blog/public-diplomacy-gullion-evolution-phrase>.

___. *The Cold War and the United States Information Agency: American Propaganda and Public Diplomacy,* 1945-1989. Cambridge: Cambridge UP, 2008. Print.

Davenport, Lisa E. "Jazz and the Cold War: Black Culture as an Instrument of American Foreign Policy." *Crossing Boundaries: Comparative History of Black People in Diaspora.* Ed. Darlene Clark Hine and Jacqueline McLeod. Bloomington: Indiana UP, 2001. 281-315. Print.

___. *Jazz Diplomacy: Promoting America in the Cold War Era.* Jackson: UP of Mississippi, 2009. Print.

Dudziak, Mary. *Cold War Civil Rights: Race and the Image of American Democracy.* Princeton: Princeton UP, 2000. Print.

Ellul, Jacques. *Propagandes.* Paris: A. Colin, 1962. Print.

Eschen, Penny M. von. *Race Against Empire: Black Americans and Anticolonialism, 1937-1957.* Ithaca: Cornell UP, 1997. Print.

___. *Satchmo Blows Up the World: Jazz Ambassadors Play the Cold War.* Cambridge: Harvard UP, 2004. Print.

Fereira, Rui C. "Historia i ewolucja słowa 'Murzyn' w świecie na tle Polskiego Społeczeństwa." *Afryka, Azja, Ameryka Łacińska: Wyzwania Społecznogospodarcze w XXI Wieku: Praca Zbiorowa.* Ed. Mamadou Wague. Warsaw: Wydawn. i Druk, 2002. Print.

Fosler-Lussier, Danielle. *Music in America's Cold War Diplomacy.* Oakland: U of California P, 2015. Print.

___. "Music Pushed, Music Pulled. Cultural Diplomacy, Globalization, and Imperialism." *Diplomatic History* 36.1 (January 2012): 53-64. Print.

Friszke, Andrzej. "Kultura czy ideologia? Polityka Kulturalna Kierownictwa PZPR w Latach 1957-1963." *Władza a Społeczeństwo w PRL: Studia Historyczne.* Ed. Andrzej Friszke. Warsaw: Instytut Studiów

Polityczny, 2003. Print.

Gaut, Greg. "Soviet Jazz: Transforming American Music." *Jazz in Mind.* Ed. Reginald T. Buckner and Steven Weiland. Detroit: Wayne State UP, 1991. 60-82. Print.

Gienow-Hecht, Jessica. "Cold War Culture." *The Cambridge Companion to Jazz.* Ed. Mervyn Cooke and David Horn. Cambridge: Cambridge UP, 2010. 332-46. Print.

___. *Sound Diplomacy: Music and Emotions in Transatlantic Relations. 1850-1920.* Chicago: U of Chicago P, 2009. Print.

___. "The World Is Ready to Listen: Symphony Orchestras and the Global Performance of America." *Diplomatic History* 36.1 (January 2012): 17-28. Print.

Gitler, Ira. "Charles Lloyd in Russia: Ovations and Frustrations." *Down Beat* 13 July 1967: 15. July 1967. Web. 8 July 2018. 〈http://www.geocities.ws/rstubenrauch/Lloyd/downbeat/rojac_lloyd_db_jul1367.html〉.

Gorodinskij, *Vladimir. Muzyka duchovoi nishchety.* Moscow: Muzgiz, 1950. Print.

Gould-Davies, Nigel. "The Logic of Soviet Cultural Diplomacy." *Diplomatic History* 27.2 (2003): 193-214. Print.

Hatschek, Keith. "The Impact of American Jazz Diplomacy in Poland During the Cold War Era." *Jazz Perspectives* 4.3 (2010): 253-300. Print.

Heil, Alan J. *Voice of America: A History.* New York: Columbia UP, 2003. Print.

Hilmes, Michele. "The Origins of Commercial Broadcasting in the United States." *Die Idee des Radios: Von den Anfängen in Europa und den USA bis 1933.* Ed. Edgar Lersch and Helmut Schanze. Konstanz: UVK, 2004. 73-81. Print.

Johnson, A. Ross, and R. Eugene Parta, eds. *Cold War Broadcasting: Impact on the Soviet Union and Eastern Europe: A Collection of Studies and Documents.* Budapest: CEU Press, 2010. Print.

Kamiński, Łukasz. "Struktury Propagandy PRL." *Propaganda PRL: Wybrane*

Problemy. Ed. Piotr Semków. Gdańsk: IPN, 2003. 10-13. Print.

Kenez, Peter. *The Birth of the Propaganda State: Soviet Methods of Mass Mobilization, 1917-1929.* Cambridge: Cambridge UP, 1985. Print.

Kiseleva, Natal'ja, and Maksim Kusurgašev. *Dvaždy dvadcat', ili 40 Sčastlivych Let: Radiostancija Junost.* Moscow: Radiostancija Junost, 2002. Print.

Kofsky, Frank. *Black Nationalism and the Revolution in Music.* New York: Pathfinder, 1970. Print.

Kurčatov, A. "Amerikanskoe Radioveshchanie: Propaganda i Shpionazh." *Mezhdunarodnaya Zhizn'* (September 1971): 103-10. Print.

Langenkamp, Harm. "(Dis)Connecting Cultures, Creating Dreamworlds: Musical 'East-West' Diplomacy in the Cold War and the War on Terror." *Divided Dreamworlds? The Cultural Cold War in East and West.* Ed. Peter Romijn, Giles Scott-Smith, and Joes Segal. Amsterdam: Amsterdam UP, 2012. 217- 34. Print.

Lazarsfeld, Paul, Bernard Berelson, and Hazel Gaudet. T*he People's Choice: How the Voter Makes Up his Mind in a Presidential Campaign.* New York: Columbia UP, 1948. Print.

Lukin, Jurij A. et al. *Iskusstvo i Ideologicheskaya Zhizn' Partii.* Moscow: Mysl', 1976. Print.

Mania, Andrzej. *Bridge Building: Polityka USA wobec Europy Wschodniej w Latach 1961-1968.* Kraków: Uniwersytet Jagielloński, 1996. Print.

Materialy dzhaz-festivalja "Tallin-67" i polozhenie o Vsesojuznom festivale molodezhnych dzhazovych ansamblei, May 1967. Rossiiskii Gosudarstvennyi Archiv Sotsialno-Politicheskoi Istorii-Molodezh (RGASPI-M), Fond M-134.146. [Archive of Social and Political History, Moscow]

Mazurek, Józef. *Zteorii Propagandy Socjalistycznej.* Warsaw: Ksiažka i Wiedza, 1974. Print.

Mikkonen, Simo. "Stealing the Monopoly of Knowledge? Soviet Reactions to US Cold War Broadcasting." Kritika 11.4 (Autumn 2010): 771-805. Print.

Moskalewicz, Marcin. "'Murzynek Bambo-czarny, wesoły…': Próba

Postkolonialnej Interpretacji Tekstu." *Teksty Drugie* 1-2 (2005): 259-270. Print.

Pickhan, Gertrud, and Maximilian Preisler. *Von Hitler vertrieben, von Stalinverfolgt: Der Jazzmusiker Eddie Rosner,* Berlin: be.bra, 2010. Print.

"Propaganda." *Bol'šaja Sovetskaja Ėnciklopedia.* Vol. 21. 3rd ed. Moscow: 1975. 95-6. Print.

Racial Issues in the US: Some Policy and Program Indications of Research. NARA Washington DC, RG 306, Entry 1009, Box 22, Folder S-3-66. 3 April 1964: 1. Print.

Ripmaster, Terence. *Willis Conover: Broadcasting Jazz to the World.* New York: iUniverse, 2007. Print.

Ritter, Rüdiger. "Der Kontrollwahn und die Kunst: Die Macht, das Ganelin-Trio und der Jazz." *Osteuropa* 11 (2010): 223-34. Print.

___. "Broadcasting Jazz into the Eastern Bloc: Cold War Weapon or ultural Exchange? The Example of Willis Conover". *Jazz Perspectives* 7.2 (2013): 111-131. Web. 8 July 2018. 〈http://dx.doi.org/10.1080/17494060.2014.885641〉.

___. "Negotiated Spaces: Jazz in Moscow after the Thaw." *Meanings of Jazz in State Socialism.* Ed. Gertrud Pickhan and Rüdiger Ritter. Frankfurt am Main: Peter Lang, 2016. 171-192. Print.

___. "The Radio: A Jazz Instrument of its Own." *Jazz Behind the Iron Curtain.* Ed. Gertrud Pickhan and Rüdiger Ritter. Berlin: Peter Lang, 2010. 35-56. Print.

Roth-Ey, Kristin. *Moscow Prime Time: How the Soviet Union Built the Media Empire that Lost the Cold War.* Ithaca: Cornell UP, 2011. Print.

Stadelmann, Matthias. *Isaak Dunaevskij—Sänger des Volkes: Eine Karriere unter Stalin.* Köln: Böhlau, 2003. Print.

Starr, S. Frederick. *Red and Hot: The Fate of Jazz in the Soviet Union 1917-1980.* New York: Oxford UP, 1983. Print.

Stearns, Marshall W. "Is Jazz Good Propaganda." *The Saturday Review* 14 July 1956. Web. 8 July 2018. 〈http://www.unz.com/print/Saturday

Rev-1956jul14-00028/>.

Stöver, Bernd. "Das Veto der Bombe: Amerikanische Liberation Policy im Jahr 1956: Das Beispiel Radio Freies Europa." *Kommunismus in der Krise: Die Entstalinisierung 1956 und die Folgen.* Ed. Roger Engelmann, Thomas Groß bölting and Hermann Wentker. Göttingen: Vandenhoeck & Ruprecht, 2008. 201-218. Print.

Thompson, William E. *Review of 1967 Tallin [sic] Festival by Vassiliy Aksyonov.* Department of State Airgram: NARA Washington DC, American Embassy Moscow. 26 May 1967. Print.

Tomoff, Kiril. *Creative Union: The Professional Organisation of Soviet Composers, 1939-1945,* Ithaca: Cornell UP, 2006. Print.

Tompkins, David G. *Composing the Party Line: Music and Politics in Early Cold War Poland and East Germany.* West Lafayette: Purdue UP, 2013. Print.

Wicke, Peter. "Music, Dissidence, Revolution, and Commerce: Youth Culture between Mainstream and Subculture." *Between Marx and Coca-Cola: Youth Cultures in Changing European Societies, 1960-1980.* Ed. Axel Schildt and Detlef Siegfried. New York: Berghahn, 2006. Print.

Wirth, Werner, and Rinaldo Kühne. "Grundlagen der Persuasionsforschung: Konzepte, Theorien und zentrale Einflussfaktoren." *Handbuch Medienwirkungsforschung.* Ed. Wolfgang Schweiger and Andreas Fahr. Wiesbaden: Springer, 2013. 313-23. Print.

Ząbek, Maciej. *Biali i Czarni: Postawy Polaków wobec Afryki i Afrykanów.* Warsaw: Wydawnictwo DiG, 2007. Print.

Zaddach, Wolf-Georg. "Jazz is not just Music: It is the Love of Youth: Zur tschechoslowakischen Jazz-Szene der 1950er und 1960er Jahre." *Jugend in der Tschechoslowakei. Konzepte und Lebenswelten (1918-1989).* Ed. Christiane Brenner, Karl Braun, and Tomáš Kasper. Munich: Collegium Carolinum, 2016. 437-458. Print.

제5장

"농노신분으로부터 해방"
윌리스 코노버와 1967년 탈린 재즈 페스티발

마리스텔라 푸슬레 *Maristella Feustle*

1967년 탈린 재즈 페스티발은 재즈를 통한 미국 공공외교의 전성기였다. 윌리스 코노버Willis Conover의 라디오 프로그램인 브이 오 에이의 *뮤직 유에스에이*Music USA on the Voice of America, VOA는 최장수이자 가장 오랫동안 지속된 프로였다. *뮤직 유에스에이*는 1954년 말 한 시간은 재즈, 다른 한 시간은 가벼운 대중음악을 틀었다. 후에 2시간은 뉴스 속보를 띄우면서 45분 음악 방송으로 줄어들었다. 그러나 두 번째 순서인 코노버의 "재즈 시간입니다"라는 한 시간짜리 정규 방송은 전 세계에 있는 팬들과 음악인들이 손꼽아 기다리는 시간이 되었다. 바르샤바 조약기구 국가들에게, 이 프로그램은 서구의 상업적 녹화물에 대한 제한적인 접근이자 최근 재즈의 추이에 관해 신뢰할 수 있는 원천이었다. 이 프로그램은 불확실한 기획으로 임시방편적으로 시작했지만, 프로그램의 질에 대한 코노버의 헌신, 거물 재즈 음악가들과 그의 개인적인 인맥, 그리고 워싱턴의 유명 재즈 방송인으로서의 그의 사전 경험 등은 재즈를 활용하는 공공외교에서 성공의 가능성을 제고시켰다. 재즈와 정치는 종종 기름과 물처럼 섞이기 때문이었다.

코노버는 재즈를 사랑하고 이를 공유하기를 원했던 한 인간으로 조망할 수 있다. 그는 1940년대 말 동안 워싱턴 디씨 클럽 무대의 인종 통합에 일찍부터 조력하면서Conover, CD 1, Track 2, 그는 인간의 피부색 또는 지정학적인 상황이던지 간에 음악을 위한 일반적인 열정을 가진 사람들을 분리했던 독단적인 환경에 평생 동안 경멸하는 태도를 보여주었다. 이러한 결정은 그의 초창기 경력부터 브이 오 에이 시절 내내 그리고 [국가예술기부와 존 에프 케네디 예술공연센터]National Endowment for the Arts and the John F. Kennedy Center for the Performing Arts참여에 대한 고충 등에 즉각적인 원칙이 되기도 했고 유연하기도 했다Breckenridge 124. 코노버는 자신은 평생 곤경 속에 존재했음을 인식했다. 그의 행동에 관한 인식은 국회, 모스크바 또는 브이 오 에이의 사무실 정치이던지 간에 구경꾼의 눈 이면에 있는 정치에 의존했기 때문이었다. 그가 정치에 관하여 이야기하면, 문제가 있었다. 그가 정치에 대해서 언급하지 않아도, 문제가 있었다. 정치 렌즈를 통하여, 그의 모든 말과 행동은 나쁜 믿음의 가정을 가지고 취할 수 있다. 그래서 그의 첫 번째 목표인 음악에 지속적으로 열정을 쏟아 부은 것이 납득이 갔다.

코노버의 *중용*, 그의 지속적인 고용과 브이 오 에이 음악외교에서 재즈의 성공, 은 효과적임이 증명되었다. 본 장에서는 1967년 탈린재즈페스티발에서 찰스 로이드Charles Lloyd의 현악 4중주 연주회를 살펴본다. 그의 브이 오 에이 프로그램이 1955년 시작된 이래로 12년 이상 코노버 접근방법의 효과성의 사례연구로서 이것은 소련과의 사전 재즈 외교의 "연출기법"을 깨버렸고 이것을 이탈시키려는 수많은 공식적인 시도에도 불구하고 진행되었다.

코노버의 배경과 공공외교로서 재즈 음악

*뮤직 유에스에이*가 시작되기 전, 여러 선례들은 외교 도구로서 재즈에 유리하게 작동되었다. 첫째, 재즈는 냉전이 시작되기 이전 그리고 심지

어 제2차 세계대전 동안 중부와 동부 유럽에 벌써 미약했지만 헌신적인 청취자들을 확보하고 있었다. 소련 자체에서 조차도, 비평가 에스 프레드릭 스타S. Frederick Starr는 재즈가 특히 성행했던 1932년과 1936년 사이를 "Red Zazz Age"로 설명한다107-10. *뉴욕타임스*는 "모스크바의 대형 호텔에는 자신만의 재즈 밴드와 무도실을 갖추고 있다고 언급했다. . . [수많은] 러시아 사람들이 거기로 가는데, 그들이 특별하게 하지 전날 밤인 '불토'Red Saturday에 말이다. 이러한 밤에 외국인들은 결정적으로 소수일 수밖에 없었다. . . 재즈는 실질적인 금지가 된 몇 년이 지나서 소련에서 상당할 정도로 재유행이 되고 있는 중이다"qtd. in Starr 110-11. 거기에서 재즈의 인기를 목도했던 어떤 미국 외교관은 찰스 볼렌Charles Bohlen이었다. 그는 나중에 결국 윌리스 코노버의 뮤직 유에스에이를 제안한 사람이다Starr 109-10.

공식적으로 금지되지 않았지만, 재즈는 조건부로 소련에서 통용되었다. 이것이 이데올로기적으로 활용될 수 있는 한 말이다. 인류학자인 알렉세이 유르차크Alexei Yurchak는 다음과 같이 설명한다.

> [문]화 양식은 종종 프롤레타리안으로 그리고 다른 때에는 부르조아지도 간주될 수 있고 [그리고] 그것들은 계급으로만 정의되지 않는다 ... 그래서, 재주가 몇몇 맥락에서 명백하게 브르조아지 문화의 한 가지 사례라면, 이것은 모든 맥락에서 그렇게 될 필요는 없다. 이것이 재즈가 왜 비판도 수용해야 하는지이다166-67.

그렇지만, 스타가 언급한 대로, 수용의 시기는 소련에서 다른 정치발전 와중에 1932년 시작되어 1936년 끝난다163. 그럼에도 불구하고, 미국정부가 공공외교에서 재즈를 활용하기로 결정했을 때, 이것은 문화 접촉의 현존하는 지점을 지속적으로 구축하려는 바람으로부터 그렇게 했다.

둘째로, 코노버의 *뮤직 유에스에이*가 미국 외교에서 가장 유명한 재즈의 사례인 반면에, 브이오에이는 코노버의 첫 번째 시도는 아니다. *워싱턴 포스트*의 코노버에 관한 관심은 1951년 라디오 사회자가 *뮤직*

유에스에이 시작 이전에 여러 해 동안 브이오에이를 위한 재즈 프로그램을 제작했다Stein "Jockey" B11. 1949년부터 이와 같은 한 가지 사례로는 북 텍사스 대학의 윌리스 코노버 전집WCC, Willis Conover Collection에 있는 방송녹취록에 남아있다. *아메리카 재즈*라고 명명된 프로그램은 영어로 듀크 엘링턴Duke Ellington의 음악설명과 연주 등을 다루고 있다. 코노버의 언급 부분은 스웨덴 말로 동시에 번역되어 있다Conover, "American Jazz #1".

미국 내셔널 아카이브스는 1950년대 부침이 있었던 다른 재즈 프로그램을 연대순으로 기록한다. 초기 성공작으로는 1950년부터 1952년까지 지속되었던 레오나드 피더Leonard Feather의 재즈 클럽 유에스에이이다. 피더 프로그램의 내용은 전통과 스윙 재즈에 주로 초점을 맞추고 있다. 소수의 프로그램도 스탄 켄톤Stan Kenton과 우디 허만Woody Herman 등으로부터 매우 혁신적인 사운드에 초점을 두었다. 찰리 파커Charlie Parker와 버드 파웰Bud Powell 등이 선곡표에 등장했다. 여전히, 프로그램 요약본은 비밥bebop, 재즈의 일종에 대해선 관심 부족임을 확실하게 보여준다. 이것은 그 당시 현대 재즈에서 가장 변형된 분야이었다. 부가적으로, 피더의 프로그램과 사실상 코노버의 *아메리카 재즈* 등은 은밀하게 정치 내용을 다루었다. 이것은 *뮤직 유에스에이*의 전례이었다. 이에 따라서, 볼렌은 공공외교 도구로서 재즈를 활용하기 위한 미국 공공외교에서 현존하는 선구자로 구축되는 재즈 프로그램을 제안했다. 볼렌은 재즈가 스탈린 사후 르네상스를 맞이하고 있다고 이해했다. 소련에도 이전부터 존재했던 청취자들이 존재했음을 알고 있었다.

따라서, 보이스 오브 아메리카는 방송 진행자를 발굴하기로 했다. 그들의 첫 번째 선택이 윌리스 코노보가 아니라, 레이 마이클Ray Michae로 불리우는 마음에 맞는 스포츠 캐스터이었다. 그는 지역에서 성공적인 경력을 가진 경쟁력 있는 방송인이었지만, 그의 전문분야는 재즈가 아니었다. 마이클의 오랜 방송 제작은 괜찮았지만 평범했다. 즉, 코노버와 언급한 바와 같이, "내가 느끼기에는 나는 스포츠 분야 전문가가 아니지만 스포츠 프로그램을 하는 것처럼, 그도 재즈 프로그램을 하는데, 나의 관심은 스포츠가 아니고 그의 관심도 재즈가 아니라는 것이다"qtd. by Groce 3.

그렇지만, 코노버는 브이오에이는 변화를 환영하는 그의 경력에 초점을 두고 재즈 방송인을 찾고 있음을 우연하게 알게 되었다. 그는 실패한 음악회 공연으로 12,000달러현재 가격으로 10만 달러를 그 당시 손해 보았다. 더 심각했던 것은, WWDC 라디오와 그의 계약은 그가 스폰서인 발레스타인 에일Ballantine Ale 사를 상실한 이후 갱신되지 않았다. 1954년 코노버의 편지는 WEAM 라디오의 상업주의에 대한 자신의 실망과 그가 방송시장 가치로 믿고 있던 음악을 연주하려는 그의 투쟁 등을 넌지시 비친다. 그러나 WEAM은 다음과 같은 한 가지 발전에는 훌륭했다. 이것은 그가 브이 오 에이가 사회자가 필요한 프로그램을 찾고 있음을 들었던 거기에 있었다Conover, CD 1, Track 3.

지난 16년 동안 코노버의 경력은 자신을 브이 오 에이에서 잘 대비하도록 해 주었다. 1939년, 코노버는 아나운서 경쟁에서 우승한 이후 서부 메릴랜드에 있는 WTBO 방송국 아나운서로 근무하기 위하여 메릴랜드 솔즈베리 주립 사범대학에서 1년을 마친 이후 대학을 떠났다. 이것은 그가 빌리 메이Billy May "Cherokee" 찰스 바넷Charles Barnet의 편곡 녹음을 발견했고 빌리 메이의 편곡 스타일이 그로 하여금 듀크 엘링톤을 발굴하게끔 인도한 WTBO에서 근무하는 동안 이었다Conover, CD 1, Track 1. 코노버는 1942년 9월 징집되었고 1946년 2월까지 복무했다. 라디오에서 사람들을 인터뷰하는 그의 경험은 그를 메릴랜드 소재 포트미드Fort Meade 기지에서 분류전문가로 직책을 얻는데 도움을 주었는데, 그를 워싱턴 디씨로 가깝게 해 주었다.

수도에서의 코노버의 경력은 그가 워싱턴 소재 스테이지 도어 캔틴Stage Door Canteen영화사에서 기회를 잡았을 때 시작되었다. 파티 동안에는 선곡 음악이 대중들의 관심을 받지 않았다. 코노버는 WWDC의 현지 방송인 부인의 관심을 받았다Conover, CD 1, Track3. 거기부터, 코노버는 군 기지로부터 휴가 받았을 때 WWDC에서 주말 근무를 했고 그가 군복무를 마쳤을 때 WWDC에서 정사원으로 근무하면서 잘 나갔다 Stein, "That Fatal" S8. 재빨리, 코노버는 듀크 엘링턴, 페기 리Peggy Lee, 스탄 켄톤Stan Kenton 등과 같은 유명 아티스트와 그가 후에 자신의 브이 오 에이 방송을 위한 인터뷰 편집을 할 때 네트워크접촉을 구축한 사람들을 인터뷰했다. 그가 브이 오 에이를 위하여 인터뷰한 대부분의 게스트들은 그가 이미 인터뷰했거나 그렇지 않으면 방송인이거나 음악기획자 등과 같은 길을 걸어가는 음악인들이었다. 엘링턴, 리, 켄톤, 빌리 할리데이Billy Holiday, 루이 암스트롱Louis Armstrong, 빌리 테일러Billy Tay;o 그리고 디지 길레스피Dizzy Gillespie 등이었다Feustle.

재즈에 관한 코노버의 개인 연출과 백과사전적인 지식 등은 그가 브이 오 에이에 제공할 수 있는 그만의 자산이었다. 이것은 결과적으로 방송과는 별개로 작동했다. 그의 것은 단순하게 브이 오 에이를 위한 단순히 형식적인 재즈 프로그램이 아니라 우리가 미국 라디오에서 들을 수 있는 모든 것 중에 훌륭한 한 가지이다. 음악인들이 올바르게 코노버의 영향력이 증명된 것만큼 많은 관심을 받는 반면에, 방송 청취는 청취자들을 변하지 않게 남겨두는 소극적인 행동이 아니다. "뮤지킹"musicking이라는 용어를 제안할 때, 음악학자인 크리스토퍼 스몰Christopher Small은 청취자들은 음악을 만들 때 의도된 참여자들임을 간파했다. 사실상, 그들은 생생한 앙상블 또는 녹화 방송 등을 들으면서 "뮤지킹"에 참여하는 사람들이다Small. 패디 스카넬Paddy Scannell이 적시 한 바와 같이, 프로그램의 성패는 이것이 어떻게 청취자들에게 소극적인 목표가 아닌 참여자로 연관시킬 수 있을 것인가에 주로 달려있다. 모든 인간이 갖고 있는 목소리와 이것의 독특한 음색의 직접성immediacy 때문에, 라디오는 의도적으로 신중하게 사용된다면 상당하게 개인 도구가 될 수 있다. 스카넬은 라디오 전쟁 채권War Bonds에서 수백만 달러를 모금할 때 케이트 스미스Kate Smith의 성공을 그의 주요 사례로 활용했다. 스미스의 성실성은 메시지를 인간적으로 만들었다. 청취자들이 기부하게끔 마음을 움직였다Scannell.

스몰과 스캔넬 등이 특정한 특징은 수년 전 코노버의 접근방법과 잘 조화를 이룬다. 그가 말투를 보면, 음악 프로그램에 대한 그의 접근방법에서, 코노버는 참여자로 청취자들에게 접근했다. 공명을 불러일으키고 바리톤 음색인 그의 목소리 이외에, 코노버는 언어적으로 기술적인 장벽으로 쉽게 이해할 수 있도록 주의를 기울였다. 그는 제2 또는 제3의 언어로 영어를 구사하는 사람들을 위하여 천천히 단순하게 말했다. 이와 같이 코노버의 접근방법은 단파라디오 밴드에 대한 정적이고 기타 전파방해 사이에서 청취자의 주의를 견지했다.

음악적으로, 코노버도 그가 재즈 아우어Jazz Hour를 기획할 때 "전통적이고 중간적이고 현대적인" 재즈라고 부르는 것에 대한 균형을 포함하는데 특별한 주의를 두었다. 그래서 프로그램 자체는 재즈 스타일에 대한 균형적인 표현을 가졌다. 코노버의 초기 연주자 목록을 살펴볼 때, 우리는 이에 따라서 그가 모든 것을 표현하도록 보장하면서 주변에 "T. M, 그리고 C"를 발견하게 된다WCC, Series 1, Sub-Series 1, Box 1. 자세한 설명을 위한 이러한 주의는 전통주의와 현대주의 기간인 1940년대 재즈 청중의 양극화에 대한 반응이다. 뉴올리언스 초기 재즈 스타일 부활과 비팝의 도래 등과 일치한다. 듀크 엘링턴의 충직한 제자Stein, "The Jockey's" B11는, 그의 음악은 1920년대 이래 죽 이어졌다. 코노버는 불화보다는 연속성의 시각에서 재즈를 보는데 상당한 관심을 가졌다. 그는 일생을 재즈 방송에 바쳤으며, 모든 하위 장르의 지지로서 심의가 보류되지 않는다는 데에 관심을 가졌다. 코노보도 정점에 전체적인 진보의 감정을 지닌 프로그램을 제작하는데 신경 썼다. 프로그램에 관한 방송자의 큐레이션curation, 자료를 수집, 분류, 구조화하는 것은 질 높은 프로그램의 필수적인 양상임을 보여주었다CD 1, Track 3.

다른 환경에도 불구하고, 최대 기회인 *뮤직 유에스에이*는 성공을 위하여 가졌던 최대의 기회는 이것이 잘 진행되었고 코노버가 이것을 보장할 수 있음을 보여준 것이었다. *뮤직 유에스에이* 초기에, 아무도 이것이 소련보다 오래 남은 41년 동안 지속될 줄은 상상하지 못했다. 아무도 "성공"이 어떤 것임을 확신도 할 수 없었다. 코노버의 초기 계약은 80 프로그램이었다—누군가가 결정한 숫자는 브이오에이가 방송이 어떻게 수신되어서 브이오에이가 방송이 실패하면 손실을 삭감할 수 있음을 보는데 충분했다WCC, Series 3, SubSeries 1, Box 7. 처음부터, 레이 찰스가 평일에 한 반면에 코노버 프로그램은 주말 방송이었다. 그러나 1955년 중반까지, 역할은 반대이었고 코노버가 주요 사회자이었다. 다른 주말 사회자는 1961년 내내 지속되었다.

음악에 대한 그의 관리와 프로그램에서 그의 언급하는 비율이외에, 코노버는 계약자로서 그의 독자성에서 더 심대한 자산을 가졌다. 계약당 프로그램 숫자와 보상액이 달랐지만, 코노버는 나머지의 그의 일생에서 브이오에이와는 독자적인 계약자로 남았다. 이러한 관계 형성은 프로그램에 대한 초창기 기다려보자wait-and-see 접근방법으로부터 나온 것이었다. 브이오에이의 입장은 코노버의 부업으로 시작되었다. 그는 1955년 대부분을 WEAM에서 계속해서 힘들게 일하고 있었다. 처음에, *뮤직 유에스에이*는 이것이 궁극적으로 되어버린 평생직장이 되었다는 아무런 조짐을 가지고 있지 않았다. 코노버가 *뮤직 유에스에이*를 시작했을 때는 30대이었다. 그렇지만, 그는 계약자가 된다는 의미는 미국 정부의 평생 피고용인이 될 가능성과 의무 등보다 더 대단한 혜택이 향후 수년 동안 올 것이라고 결심했다. 그는 이중계약 문제의 우려 없이 그의 시간과 목적 등을 완전히 통제했다. 그의 경력 내내 다른 브이오에이가 아닌 프로젝트에 지속적으로 관심을 두지 않았다. 북 텍사스 대학에 있는 코노버의 개인기록 문서에 남아 있는 이러한 프로젝트들에는 음악회 홍보, 신문사와 잡지 기고, 음악 연주자에 대한 해설준비, 음악회 주최, 그리고 텔레비전 쇼, 영화 내레이션 그리고 다른 방송인들과 작업 등을 포함했다. 그가 1960년대 뉴욕 소재 컬럼비아방송국의 간이역flag station 격인 WCBS에 한 것처럼 말이다. 남아 있는 기록에는 코노버는 일반적으로 브이오에이에서 하루 이틀 여유를 두고서 여러 프로그램들을 사전 녹화했음을 보여준다. 나머지 시간은 워싱턴 디씨와 뉴욕에 있는 그의 집 사이를 편안하게 통근하는데 사용했다WCC.

더 중요한 문제로, 계약자로 남는다는 것은 코노버에게 브이오에이를 위한 그의 프로그램의 내용과 성격을 통제한다는 것이었다. 연방공무원 연금과 정부가 제공하는 건강보험 등을 포기하면서, 코노버는 그의 프로그램의 존엄성을 보호했다. 바로 이것이 그의 프로그램이었다. 그는 이것과 함께 갈 수 있었다. 그의 독자성은 정부 개입으로부터 어느 정도의 자율성을 제공해 주었다. 본장의 결론에 있는 대화 내용이 보여주는 바와 같이, 그는 *뮤직 유에스에이*는 사람들에게 음악을 듣고 이것을 생각하게끔 말해주는 엉클 샘Uncle Sam이 아니라는 것을 일관되게 주장한다. 레너드 페더Leonard Feather의 *재즈 클럽 유에스에이*와 함께, 이것은 그가 적용하고자 했던 음악 방송을 특별하게 운영하도록 해준 것은 현역 재즈 전문가이었다.

코노버의 자질, 독자성과 성실성 등으로, 뮤직 유에스에이는 있을 것 같지 않은 탄력을 얻었다. 프로그램은 처음부터 소련과 그 위성국가 등을 목적으로 두었지만, 무선전파는 국경에서 멈추지 않았다. 오히려, 이것들은 날이 어두워지면 강력하고 놀랄만한 거리까지 전파되었다. 기상조건에 따라 달랐지만 말이다. 이에 따라서, 청취자 메일을 통한 초기 적극적인 반응은 유고슬라비아와 폴란드, 덴마크, 노르웨이, 트리니다드, 과테말라, 인도 그리고 호주 등으로부터 나왔다WCC, Series 3, Sub-Series 1, Box 7.

1956년 초 브이오에이의 존 위긴John Wiggin에서 코노버와 레이 마이클Ray Michael까지 하나의 메모는 다음과 같이 시사하는 바가 있다.

2주 동안 다음과 같이 모든 프로그램에 접속해 주세요. *뮤직 유에스에이*는 수많은 메일을 받고 있는 중입니다. 우리는 이러한 편자에 매우 기쁘고 우리는 보낸 사람을 특정하지 않고 프로그램에 대한 모든 질문에 대답하려고 노력할 것이다WCC, Series 3, Sub-Series 1, Box 7.

결과적으로, 1956년 봄까지, *뮤직 유에스에이*는 전 세계적인 방송범위로 확대되었다"Voice's Jazz Program" 1. 성공의 조짐은 또한 바르샤바 조약국가들에서도 계속되었다. 1956년. 헝가리 부다페스트 주재 미국대사관 총영사인 어니스트 나기Ernest Nagy는 재즈 음악인들이 헝가리에서 직면했던 어려움을 인식했다. 헝가리 재즈 음악인 집단의 세션 녹화를 위하여 헝가리 레코드회사 스튜디오를 빌렸다. 대사관에 따르면 다음과 같이 언급한다.

그 당시 공산정권은 재즈를 금해 왔다. 이것은 윌리스 코노버 씨가 진행했던 미국 *재즈 하우어*의 방송을 비밀리에 청취하면서 들을 수만 있었다. 대사관의 2명의 직원들이 코노버 씨로부터 레코드를 밀수해다 주었다. . . 이러한 재즈 녹화인 '재즈 프롬 헝가리'Jazz from Hungary 프로그램은 1950년대 헝가리 언더그라운드 재즈무대를 연결해주는 잔재들 중에 하나이다*Revolutionary Jazz.*

이러한 반응은 단순한 방송인이 아닌 재즈에 관한 권위 있는 원천으로 코노버 가치의 특별함을 지적한다. 이것은 코노버가 그의 청취자들과 함께 만들어 온 개인관계에 대해서 말하는 것이다.

북 텍사스 대학 음악도서관은 최근에야 알려진 완성된 녹음을 소장하고 있다Conover, "Hungarian Jazz Guests". 프로그램의 소개 자료와 선곡목록 등은 이것이 1956년 헝가리 혁명에 관한 폭력적인 억압이후 급하게 제작되었음을 보여준다. 정치 환경에 관한 흔하지 않은 인식에서, 코노버는 이것을 헝가리의 반소 "자유 투사"와의 연대의 상징으로 표현했다. 그 당시, 이것은 음악인들이 어떻게 봉기 이후 잘못되었는지에 대해선 알려지지 않았다. 즉, 그들이 살았는지, 투옥되었는지 또는 숨어 버렸는지 등 말이다. 이것은 그들이 브이오에이에 의견개진을 할 수 있을 때인 2016년 말이 되어서야 알 수 있었고 이것은 커다란 성과로 여겨졌다Gorondi.

여전히, 꼭 2년이 지난 뒤, 미국과 소련 간의 관계가 양국이 1958년 문화교환협정에 서명한 시점에서 개선되었다. 1962년 베니 굿맨Benny Goodman의 소련 후원 순회공연과 많은 다른 이벤트 등을 위한 길을 열어주었다. 이러한 기회의 창이 열렸을 때, 코노버와 브이오에이 등은 이벤트를 다루었을 뿐만 아니라 그들은 방송이 접근 가능한 모든 지역에서 재즈 청취자를 지속적으로 늘려가면서 토대를 마련하는데 도움 주었다. 어떤 사람들은 일시적인 팬인 반면에, 다른 사람들은 평생 열정으로 발전되었다. 포슬러-루시Danielle Fosler-Lussie는 "이러한 전문 팬들의 존재는 또 다른 미국 선전의 노력 때문일 가능성이 다음과 같이 높다. 브이오에이 라디오에 대한 미국 음악의 방송은, 특별하게 윌리스 코노버의 *뮤직 유에스에이*"이라고 조망 한다"87-88.

결정적으로, 그렇지만, 뮤직 유에스에이는 일방적인 대화가 아닌 오히려 양방향 교환을 촉진했다. 1959년 그의 폴란드방문을 시작으로, 코노버는 많은 부분을 해외밴드들과의 생방송 재즈 공연 방송을 시작했다"Recording Schedule", 1962-1973. 이러한 결정은 음악인들을 독려하고, 자신들의 활동을 브이오에이 신호가 잡히는 전 지구적인 청취자들에게 보여주고 성공적인 문화교류가 발생하는 증거임을 나타내는 것으로 작용했다. 1959년 폴란드 뮤직 유에스에이 방송시리즈로부터, 상당한 경험을 가진 음악인들이 그들이 코노버 프로그램에서 들은 것을 연주하고, 이에 맞춘 새로운 음악을 만들고 코노버 프로그램에 있는 국제 재즈 예술가에 대한 코노버의 확산으로 지속적으로 전 지구적으로 만든 재즈교환에 참여한다.

폴란드 재즈 잼버리와 프라하 재즈 페스티발 등과 같은 재즈 페스티발이 동유럽에서 확산되면서, 코노버는 자신의 프로그램에서 발췌를 방송하고 *다운 비트*Down Beat와 같은 잡지에서 페스티발에 관하여 미국 독자들에게 재차 보도했다. 그는 1965년과 1966년 바르샤바 재즈 페스티발, 1965-1967년 프라하 재즈 페스티발, 1966년의 브레드, 유고슬라비아, 바르셀로나 그리고 모스크바 재즈 페스티발 등을 포함하는 이벤트에 다양한 프로그램 지원을 지속했다"Recording Schedule", 1962-1973.

탈린 재즈 페스티발에서 공공외교

1967년, 코노버는 소련 공연에 찰스 로이드 사중주단Charles Lloyd Quartet [1])을 동행했다Yurchak 181. *다운 비트*에 따르면, 탈린 재즈 페스티발은 또한 최초로 "살아 있는 현대 미국재즈"—즉, 포스트-밥 재즈—로 사중주단을 통하여 소련에 들어오게 되었다. 처음부터, 사중주단의 소련 초청은 의문투성이였다. 1967년 2월 25일 날짜가 찍힌 알렉세이 바타셰프Alexei Batashev가 코노버에게 보낸 편지에는 사중주단이 여러 달 먼저 공연자로서 고려중임을 보여주었다. 소련 당국은 그와 관련된 것을 이미 *임시* 문제로 잘못 전달 되었다WCC, Series 3, Sub-Series 1, Box 9b. 오히려, 사중주단 공연에 관한 공식적으로-비공식적인 본질은 모든 결정이 조건부이고 변화에 따라야 한다는 것을 유지하면서 교섭에서 소련 당국의 지렛대를 유지하는 실질적인 영향을 가졌다.

사중주단은 관광객으로서 참여하는 것도 기술적으로 환영되었다. 이것은 성공적으로 첫걸음을 내딘 셈이었고, 연주가 가능하게끔 한 첫 번째 단계이었다. 사중주단의 매니저인 조지 아바키안George Avakian이 외국인은 공연이 허용되지 않을 것이라고 출발 10일전에 들었을 때, 그는 여행 연기를 대비하고 있었다. 그런 다음, 그들은 아마도 자신들은 공연자로 환영받을 것이라는 공식적인 인증을 받았다. 이름 밝히기를 꺼려

---

1) Charles Lloyd (색스폰), Keith Jarrett (피아노), Ron McClure (베이스), and Jack DeJohnette (드럼) (Gitler 15).

하는 뉴욕 주재 소련 외교관은 아바키안에게 그룹은 환영하지 않고 소련인들은 "정말 미국 재즈를 좋아하지 않는다"고 강변했지만, 사중주단은 비자를 받았고 어쨌든 간에 여행을 하게 되었다Gitler 15.

에스토니아에 도착하자마자, 그룹은 아이라 지틀러Ira Gitler가 종잡을 수 없을 정도의 요구를 지속적으로 경험했다15. 사중주단은 병원이나 작업장에서 공연하도록 요구받았지만, 그는 사람들을 위하여 공연할 것을 주장했다. 그룹은 공허한 스튜디오가 마련된 텔레비전 쇼에도 출연할 것을 요구받았다. 5월 12일, 그룹은 공연하기 5분 전 프로그램을 성사시켰다. 공식 기관지인 *이즈베스티아*Izbestia가 공연을 발표했을 때, 기획자들에게 사중주단 그룹은 관객처럼 거기에서 엄중할 것임을 재확인하도록 강요하면서Starr 287, 그룹이 공연하는데 "아무런 공식적인 제재"를 갖지 않을 것임을 갑작스럽게 주장하면서 케이지비KGB는 의기양양했다. 아비칸은 11명의 위원회는 연주회 연기 요구를 했다고 들었다Gitler 15. 이어지는 전언에서, 아비칸은 코노버 그 자신은 공연이 이루어지도록 하기 위한 도움을 주려는 탄원을 했다Avakian, Side F, Track 2.

마지막으로, 5월 14일, 그룹은 공연했고 8분 22초간의 열렬한 박수를 받았다—진짜로 미국 재즈를 싫어하는 것으로 알려진 사람들로부터—"우리는 어린아이가 아니다. 제발 앉으세요!" 라고 책망한 페스티발 관련자들의 공포가 있었음에도 말이다Gitler 15. 이러한 통제 상실은 이에 따르는 결과를 낳았다. 페스티발의 행사 책임자인 하인리히 슐츠 Heinrich Schultz, *Charles Lloyd in the Soviet Union* 앨범에 있는 표지노트에는 "Henry Shults"로 잘못 표기는 급작스런 공연중단으로 직책에서 물러나면서 그의 경력에 오점을 남겼다Vermenich. 재즈 작가 윌리엄 마이너William Minor는 "페스티발이 공식 승인 없이 이러한 행사가 열릴 수 있다는 에스토니아 독립의 상징이지만 결과적으로 수많은 도시 지도자들이 목이 달아나고, [1995년 경] 이러한 페스티발은 거기에선 절대 재차 열리지 않았다"(109).

지역 리더십을 위한 후속 결과에도 불구하고, 1967년 탈린 재즈 페스티발은 다양한 방식으로 찰스 로이드 사중주단의 공연을 중단시키려는 당국의 노력에도 불구하고 그 당시 최첨단 재즈를 현지 관객들에게 공연함으로써 오랫동안 지속적인 영향을 달성했다. 다운 비트는 아바키안의 이야기를 다음과 같이 인용한다. "나는 역사에 강력한 의식을 가진다. 나의 느낌은 관객들 중에 젊은이들에게 관심이 있다. 이것은 젊은이들이 원하는 음악이지 공연을 짠 관리들이 절대 아니라는 것이다. 나의 최대 희망은 우리는 열리려고 한 문을 열었다는 것이다"Gilter 15.

이러한 평가는 아바키안만이 아니었다. 우리는 탈린 페스티발을 음악인들을 위한 전환점으로 평가한다. 그들도 스스로를 그렇게 다음과 같이 이야기하기 때문이다. 동료 소련 색소폰 연주자인 보르스 루드메르Boris Ludmer는 "탈린 페스티발은 우리 [음악인]를 농노신분에서 해방시켜 주었다"라고 수위가 높은 발언까지 했었다. 우리는 탈린 이후 100퍼센트 다르게 연주했다Starr 286. 이것은 음악인들이 너무 중요하게 된 것으로 이벤트를 보게 되었음을 무의미한 것이 아니었다. 그들은 음악에서 가장 명확한 공공 참여자들이었고, 자신들의 음악에 관한 부정적인 수용에 상당한 영향을 느꼈다. 또한, 농노신분으로부터의 해방은 미학적인 이상이지만 동시에 사회적이고 심리적인 변화를 의미한다.

동서에서 탈린의 영향

S. 프레드릭 스타S. Frederick Starr는 소련과의 재즈 문화의 완전 교류가 지금까지 부족했음을 적시하면서 탈린은 이와 같이 표출하는 전환점을 다듬었다. 베니 굿맨과 얼 하인즈Earl Hines 등의 공식공연은 상당히 띄엄띄엄 4년 간격으로 일어난 일이었다1962년과 1966년. 동유럽과 중부유럽 재즈 페스티발에 자유롭게 가는 유럽 사람과 미국 사람 등과 소련과 다른 바르샤바 조약기구 국가 간에도 단절이 존재했지만, 소수의 유럽 아티스트들만이 소련으로 갔다. 이에 따라서, 찰스 로이드 사중주단과 함

께, "공식 문화교류를 통하여 달성되지 않았던 것을 탈린에서 열릴 가능성은 거의 납득되었다"286. 이러한 교류가 정부가 아니라 재즈 음악인과 팬 등에 의하여 추진되기 때문에, 문화 교류에서 중요한 단계는 음악인과 청취자 간의 연계가 자신만의 모멘텀으로 나타나면서 발생된다. 이러한 지속성을 통하여, 찰스 로이드 사중주단은 스타가 설명했던 사전 재즈 외교의 연출기법을 깼다. 재즈는 사회 수용성을 위하여 면밀하게 관리되었고 베니 굿맨과 같은 낡은 재즈 형식이 선호되었다.

코노버 음악의 최초 접근방법 시기에는 이러한 혁신을 가능하게 만들었다. 그는 재즈를 미국 사회의 축소판으로 여겼고, 이것을 이러한 이유때문에 이상적인 문화 중개자로 생각한다고 여러 차례 말한 바가 있다. 그에게, 이것은 말보다 더 중요하다. 그는 수년 동안 한가지 주제에 대한 변화에 대해 유사한 언명을 했다. 1958년 그는 *하이-피델리티* High-Fidelity 잡지에 다음과 같이 말했다.

> 재즈는. . . 우리 국민생활의 모습이다. 미국인들에게는 이러한 사실을 다음과 같이 볼 수 없다. 우리는 너무 밀접해서 이것을 보지 못한다는 것이다. 나에게, 그리고 나는 대부분의 사람들에게 민주주의는 우리가 자발적으로 지키기로 한 관습과 법의 관행이라고 생각한다. 이와 같이 정해지고 명백하게 정의된 틀 안에서 우리는 자유를 갖는 것이다. . . 다른 국가, 다른 정치 상황에 있는 사람들은 재즈에서 이러한 자유의 요소를 발견한다Randal 88.

비슷하게, 그는 1966년 말 *타임*에 다음과 같이 말했다. "재즈는 다른 미국인이 알고 있는 것보다도 미국에 대하여 더 많은 것을 말해준다. 이것은 생동, 활력, 사회적 유동성 등을 말해준다. 이것은 자신만의 규율을 지닌 자유로운 음악이지만 강요하거나 간섭하는 규율은 아니다"Nation: Swinging Voice". 여전히, 코노버는 그의 작품을 항상 정치와는 선을 그으려고 무진 노력했다. 그의 프로그램에 정치 내용을 확실하게 배제하는 것 이외에, 그는 그의 정치적 편향성을 드러내지 않았다. 존스, 닉

슨, 포드 그리고 카터 행정부와도 원만하게 지냈다. 1994년 인터뷰 진행자인 빌리 테일러Billy Taylor와의 구술사는, 코노버의 불안한 건강과 방송에 자주 등장되지 않는 것을 지적하면서, 코노버를 빌 클린턴 1기 행정부에서 논의되었던 건강보험에 대한 정치 논쟁으로 끌어 들이려고 못살게 굴려고 노력했다. 코노버는 테일러에게 노골적으로 "테일러 박사님, 정치 또는 종교는 절대 논쟁해서는 안 됩니다"CD 2, Track 8.

물론, 코노버의 바이어 미디어via media도 저항에 직면했다. 저자인 알렌 파스트Allen Furst, 자신을 트로츠키로 달리 표현하는를 다른 말로 바꾸어 표현하면, "당신은 정치에 관심을 갖지 않을 수 있지만, 정치는 당신에게 관심갖는다"Leon Trotsky. 어떤 소련 신사와의 대화에서 그는 "브이"V에 대해서 언급하는데, 정치를 피하고자 하는 코노버의 바람은 이에 따라서 그의 탈린 여행으로 도전받게 되었다. 이것은 적절하게 냉전정치와 재즈의 상호교차의 개요를 말해준다WCC, Series 3, Sub-Series 1, Box 15. 동일한 인터뷰에서, 코노버는 그가 왜 탈린에 다음과 같이 있었는지를 설명했다. "소련 사람들을 만나기 위하여 나는 프라하에 재차 만났다. 당신의 음악을 듣고, 내가 정직하게 그렇게 할 때마다 당신의 음악인들에 대하여 우호적으로 쓰기 위해서이다." 브이는 미국과 소련 관계 사이에서 방해물로서 베트남에서 키워졌다. 이와 같은 그와의 개인적인 의견교환에서, 코노버는 다음과 같이 솔직했다. "음, 당신의 정부가 베트남의 종식을 해결하기 위한 조치를 취한다면, 우리 정부의 목적은 자동적으로 사라질 것이다." 그는 후에 다음과 같이 덧붙였다. "어떻든, 나는 베트남에 대해서 말하고 싶지 않다. 이것은 내가 이에 대해서 말할 수 없는 것이 아니라 그런 이유 때문에 여기에 오지 않은 것이다." 인터뷰로부터 나온 연장 부분은 특별하게 다음과 같이 보여준다.

브이: "당신은 왜 여기에 왔는가?"

코노버: "나는 당신에게 말했다. 안녕하세요 그리고 당신의 음악을 들으세요. 당신은 내가 정치적인 이유 때문에 여기에 있다고 생각합니까?"

브이: "모든 것이 정치적이죠."

코노버: "당신은 내가 여기에 정치적 이유 때문에 여기에 있다고 생각합니까?"

브이: "모든 것이 정치적이라고요."

코노버: "무슨 뜻입니까? 소련 댄스그룹과 음악회 피아니스트 등이 미국에 올 때, 그들은 정치적 이유 때문에 러시아에서 보내졌다고 말하는 중입니까?"

브이: "모든 것이 정치적입니다."

코노버: "그렇다면 당신은 내가 여기에 정치 때문에 온 것으로 믿고 있군요."

브이: "나는 당신이 말한 그런 이유 때문에 여기에 왔다고 믿지만, 나는 여전히 당신의 존재가 사실상 정치적임을 말하고자 한다." 그는 후에 다음과 같이 덧붙였다. "당신 음악이 브이 오에이에서 방송된다는 사실이 정치 프로그램이란 것을 말해 준다."

코노버: "당신은 내가 뮤직 유에스에이 방송을 중단한다면 좋겠습니까?"

브이: "아니지만, 당신이 이것을 브이 오 에이에서 방송하지 않는 경우에만 입니다."

코노버(비꼬는 투로): "당신은 이것을 어디에서 듣고 싶습니까, 라디오 프리 유럽Radio Free Europe에서?"

코노버: "정말이지, 당신은 제가 무엇을 하길 바랍니까? 나는 순수한 음악 쇼를 하고 있습니다. 거기에는 정치적인 의미가 없습니다. 내가 당신을 위하여 무슨 '덜 정치적'인 것을 할 수 있겠습니까? 브이 오 에이는 13년 전에 재즈 프로그램을 하기로 결정했습니다. 그들은 재즈를 듣기를 원하는 다른 나라 사람들 이 존재하고 우리 국민들이 하고자 하는 것을 보여주려는 부분적인 이유로 재즈를 시작했습니다. 나는 국내 라디오에서 일을하는 중이기 때문에 또 재즈는 내 취미이기 때문에, 나는 브이 오 에이를 위하여 재즈 라디오 프로그램 진행을 하고 있습니다." ... "내가 그들에게 말하고자 하는 것은 다음과 같습니다. 아닙니다. 나는 음악 프로그램을 하지 않을 것입니다. 러시아에 있는 누군가는 이것이 정치적일지 생각하기 때문입니다"WCC, Series 3, Sub-series 1, Box 15.

브이가 한 가지 반응으로 신경을 건드리려는지는 명확하지 않다. 브이가 코노버는 확실하게 13년 전 먼저 한 달만이라도 라디오 모스크바에서 재즈를 방송할 수 있었다고 계속 주장하기 때문이다.

그럼에도 불구하고, 코노버는 유용한 지적을 다음과 같이 했다. 그는 코노버가 "브이"와의 그가 행한 일이 무엇이든지 간에 비판과 조사에 응해야 한다. 그러나 이것은 라디오 프로그램 중지에 관한 것이 아니었다. 코노버가 "브이"와 대화를 구술한 것과 같은 동일한 문서 상자에서, 또 다른 문서 스크랩이 존재하는데—그가 문서에 무작위적인 생각과 관찰 등을 적은 많은 것들 중에 하나에서 그는 이것들을 표현하기 위한 단어를 발견했던 것이다. 이것은 그가 올바른 행동과정이라고 믿었던 것의 개인적이고 전문적인 인내비용에 대한 그의 반응에 관한 일반화 된 요약이다. 그가 다른 사람들의 승인을 얻고 이어지는 모든 존경이거나 물질적인 혜택 등을 "얻는다" 하지 않더라도, 그는 그 자신에게 솔직한 것으로 되어 있다. 이것은 "브이"와의 앞서 말한 대화에 비추어서 다음과 같이 맞추어진 것이다.

> 당신은 그들의 방식을 얻을 수 없다.
> 당신은 부정적으로 승리할 수도 없다. 그들에게 제공할 수 없는 것을 할 수 있다.
> 그러한 방식으로, 당신은 승리하지 못한다.
> 그래서, 이것의 당신이 할 수 있는 최적이다.
> 당신은 당신의 방식을 밀고 나갈 수 없다.
> 그러나 당신은 그렇게 할 수도 ... 어떻든 당신이 할 수 있는 반반의 기회를 가지는 당신의 방식. 그들의 방식, 당신은 밀고 나갈 수 없는 것. 당신의 방식대로 진심으로 해라
> WCC, Series 3, sub-series 1, Box 15.

코노버는 사실상 이것을 진정으로 그의 방식대로 해 왔다. 이것의 그의 접근방법이다. 재즈 방송인으로서 그의 권위와 1967년 탈린 재즈 페스티발Avakian, Side F, Track 2에서 찰스 로이드 사중주단의 획기적인 공연 무대를 마련한 탈린에서 그 자신의 중재까지도 말이다. 이에 따라서 페스티발은 재즈 대사로서 결실을 맺은 코노버의 활동 기간을 의미했다.

인용 자료

Avakian, George. Interview by Olivia Mattis. *Oral History of American Music: Yale University Library.* Tape Recording.

Breckenridge, Mark A. "'Sounds for Adventurous Listeners': Willis Conover, the Voice of America, and the International Reception of Avant-Garde Jazz in the 1960s." Diss. University of North Texas, 2012. Print.

Conover, Willis. "American Jazz #1." *Voice of America.* 23 Aug. 1949. UNT Digital Library. Web. 1 Aug. 2017. 〈https://digital.library.unt.edu/ark:/67531/metadc861664/〉.

___. CD 1 and 2. *Series 3: CD Reference Copies 2000-2012.* Box 10. Smithsonian Jazz Oral History Program Collection. CD.

___. "Hungarian Jazz Guests." *Music USA #856-B, Voice of America.* 23 Nov.1956. Web. 1 Aug. 2017. 〈https://digital.library.unt.edu/ark:/67531/metadc790677/〉.

___. Interview by Clifford Groce. *The Association for Diplomatic Studies and Training: Foreign Affairs Oral History Project Information Series.* 8 Aug.1989. Web. 31 July 2017. 〈https://www.adst.org/OH%20TOCs/Conover,%20Willis.TOC.pdf〉.

___. The Willis Conover Collection (WCC), UNT Music Library.

Feustle, Maristella. "Willis Conover's Washington." *Current Research in Jazz 8.* Web. 31 July 2017. 〈http://www.crj-online.org/v8/CRJ-Conover.php〉.

Fosler-Lussier, Danielle. *Music in America's Cold War Diplomacy.* Berkeley: U of California P, 2015. Print.

Gitler, Ira. "Charles Lloyd in Russia: Ovations and Frustrations." *Down Beat.* 13 July 1967: 15. Print.

Gorondi, Pablo. "Hungarian Musicians Recall Secret Jazz Recordings from 1956." *Associated Press.* 28 Oct. 2016. Web. 31 July 2017. http://www.businessinsider.com/ap-hungarian-musicians-recall-secret-jazz-recordings-from1956-2016-10〉.

"Jazz Club USA – Tracklist.pdf." *Old Time Radio Researchers Library.* Web. 31 July 2017. 〈http://otrrlibrary.org/OTRRLib/Library%20Files/J%20Series/Jazz%20Club%20USA/Jazz%20Club%20USA%20-%20Tracklist.pdf〉.

"Jazz Gains in Popularity as Soviet Lifts Ban." *New York Times.* 17 May

1933: 15. Web. 31 July 2017. 〈https://timesmachine.nytimes.com/timesmachine/1933/05/17/119091492.html?pageNumber=15〉.

"Leon Trotsky. 2. Misattributed." Wikiquote. 〈https://en.wikiquote.org/wiki/Leon_Trotsky#Misattributed〉. Web. 19 June 2018.

Minor, William. *Unzipped Souls: A Jazz Journey Through the Soviet Union.* Philadelphia: Temple UP, 1995. Print.

"Nation: Swinging Voice." *Time Magazine.* 9 Dec. 1966. Print.

Randal, Edward L. "The Voice of American Jazz." *High Fidelity.* Aug. 1958: 88. Print.

"Recording Schedule, 1962-1973." Willis Conover Collection. *UNT Digital Library.* Web. 31 July 2017 〈https://digital.library.unt.edu/ark:/67531/metadc95/m1/112/〉.

Revolutionary Jazz / Forradalmi Jazz. United States Embassy in Budapest, 2016. Liner notes accompanying compact disc containing Willis Conover's 1956 "Hungarian Jazz Guests" program for guests at an embassy reception. Print. Available at 〈https://iii.library.unt.edu/record=b6026336~S12〉.

Scannell, Paddy. "Preservation of Archival Audio." Keynote address at Radio Preservation Task Force conference. *Library of Congress, Washington DC.* 26 Febr. 2016. Web. 31 July 2017. 〈https://www.c-span.org/video/?405381-2/preservation-archival-audio〉.

Small, Christopher. *Musicking: The Meanings of Performing and Listening.* Middletown: Wesleyan UP, 1998. Print.

Starr, S. Frederick. *Red and Hot: The Fate of Jazz in the Soviet Union 1917-1991.* New York: Limelight, 1994. Print.

Stein, Sonia. "That Fatal 'Slip of a Lip' Can Sink an Announcer, Too." Washington Post. 10 Mar. 1946: S8. Print.

___. "The Jockey's Got to Know His Steed." *Washington Post.* 27 Jan. 1951: B11. Print.

Vermenich, Yuri. "Moi Druzya: Dzhazfeny." Web. 31 July 2017 〈http://www.jazz.ru/books/vermenich/5.htm〉.

"'Voice's' Jazz Program Soon to Be World Wide." *The Hartford Courant.*

2 Apr. 1956: 1. Print.

Yurchak, Alexei. *Everything Was Forever, Until It Was No More: The Last Soviet Generation.* Princeton: Princeton UP, 2006. Print.

제6장

음악 재판?
1950년대 초 동안 소련의 헝가리 음악공연 '논쟁'

아담 이그냐츠 *Ádám Ignácz*

1948년 초, 소련 정부는 소련에서 음악 생활에 관한 내부 문제에 개입하기 시작했다. 공산당 신봉자인 안드레이 주다노프Andrei Zhdanov는 그가 형식주의와 코스모폴리터니즘 등에 반대하는 투쟁을 하기 위하여 그의 추종자들을 선동했던 소련공산당중앙위원회CPSU의 소련 음악전문가 회의 동안 두 개의 연설에서 새로운 미학적인 원칙의 윤곽을 보여주었다. 1948년 2월 10일 그의 말이 당령이 되었을 때Zhdanov, 음악에 관한 사회주의 현실주의 미학을 창출하는 과정은, 음악적 미학은 공산당 중앙위원회에 의하여 규정된 공산당 가치에 상응해야만 한다는 사상에 기반해서, 달성되는 것처럼 보였다. 그 이후부터 쭉, 소련의 주다노프의 연설그리고 이에 따른 당령은 모든 종류의 음악은 동유럽에서 급속하게 소비에트화된 위성국가를 위한 의문의 여지없는 조치로 바라보았다. 특별하게 1949년 이래 지속적으로, 사회주의 현실주의 미학을 채택하는 소련 정책은 헝가리에서도 모방되었다. 현지 공산정권은 이러한 정책을 헝가리 음악 정치와 이데올로기 등을 위한 유일한 모델로 특정했다. 그렇지만, 이것은 그 누구도 이러한 모델을 어떤 방식으로 적절하게 따라야만 하는지를 정확한 지시나 분석하지 않았다는 것이 이미 문서화되어 나타나 있다. 본 장에서 나는 소위 주다노프적인 사회주의 현실주의 원칙에 따르는 소위 음악 혁명과 음악 생활의 변화 등은 오히려 독단적인 이니셔티브였음을 주장한다. 헝가리 정책결정자와 음악전문가 등은 소련의 이념과 규정을 그들만의 개인적인 계획을 위해 소비에트화된 음악 무대를 옹호하는 변명으로 활용했다.

사실상, 현지 전문가와 음악인 등은 음악 사회주의 현실주의와 언어상 어려움 때문에 소련 음악 등에 대한 피상적인 지식만을 갖고 있는 경향이었는데, 특별하게 소위 *비토바야 무지카*bitovaya muzyka, 일상 또는 대중음악 장르이었다.[1)] 헝가리를 방문했던 소련 음악 자문방문단의 의도는 예술 음악과 대중음악 간의 차이를 없애거나 모든 종류의 음악적 구성요인에서 포크 음악의 기원을 발견한 것에 대해 주다노프의 요구를 헝가리 사람들의 머릿속에 쑤셔 넣으려는 것이었다. 그렇지만, 헝가리에서 행한 그들의 연설과 강연에서, 소련사람들은 이러한 변환 과정을 어떻게 관리할 것인가에 대한 매우 자세한 설명 또는 사회주의 현실주의의 이론적 배경 등을 매우 드물게 언급했다. 이러한 환경들에도 불구하고, 음악외교는 헝가리에서 예술과 오락 음악 등에서의 소비에트 화에서 중요한 역할을 했다. 스탈린 집권이 최고조 있는 동안1949-1953 소련-헝가리 문화 간 그리고 음악적 관계를 검토하면서, 나는 소비에트 화 된 헝가리 대중음악 분야에서 소련 영향력의 범위를 살펴볼 것이다.

---

1) 논문에서, 나는 폭넓지만 규범적인 용어인 '경음악'(헝가리 말로 대중음악)을 일관되게 사용하는 것을 피하는 반면에 팝 뮤직과 대중음악 간의 구별을 짓는다. 전자는 1950년대 중반의 록 앤 롤에 기원을 두는 음악적인 계보와 일반적으로 연관되면서 사용되는데, 비트와 락록 뮤직 등의 다양한 트렌드를 포함한다. 그렇지만, 러시아 용어인 *비토바야 무지카*와 유사한, 대중음악은 오페레타에서 재즈, 댄스, 그리고 포크 뮤직까지를 망라한 수많은 숫자의 전통과 장르 등을 포함하는 매우 광범위하고 역동적이며, 사교적이고, 역사적이고 그리고 정치적으로 투자된 범주로서 이해되어져야만 한다.

소련 외교정책과 헝가리

소련 외교정책 역사가와 소련-헝가리 양자관계 모두는 헝가리가 지정학적으로 1953/54년 이전 소련 영향권 안에서 주변부에 있었다는데 의견이 일치한다Borhi; Borsody; Hajdú; Baráth, Kreml Árnyékában. 그렇지만, 소련은 이미 제2차 세계대전 종전 바로 그 시점부터 헝가리 국내외정책에 영향을 미쳤다. 여전히, 소련은 1948년 냉전 확대 이전에 소련형 사회 시스템과 삶의 방식 또는 공산주의 세계관 등을 대중화하는 데 거의 관심이 없었다.

국제관계에서 전환점이 소위 정치적 속국 시스템이 발전된 형태로 도달했을 때인 1949년 발생했다. 정치적 속국은 헝가리를 포함하는 동유럽 정권들이 크렘린에 복속되기 시작한 과정을 설명한다. 스탈린의 호의를 얻으려는 속셈으로, 당수인 마티아시 라코시Mátyás Rákosi, 1892-1971는 소련의 기대를 초과해서 달성하려고 계속해서 노력했다Rainer 91-100. 소련은 경제적이고 군사적 조건으로 자신들의 위성국 원조에 의지했다. 그렇지만, 헝가리 사회와 문화의 소비에트화는 일반적으로 소련 외교정책의 가장 반복되는 주제들 사이에서 일반적으로 계산되지 않았다. 문화적 소비에트화는 모스크바보다도 헝가리 공산당의 이해관계에서 더욱 높았다.

역사학자인 막돌나 바라스Magdolna Baráth가 수집한 증거에 따르면 “Testvéri”; “T. et.-nak átadva”, 속국에 관한 주요 결과물들 중에 하나는 헝가리 일상생활의 다양한 분야에서 소련 자문관통상 당 간부, 외교관, 군인, 비밀정보요원 또는 전문가의 개입이었다. 경제, 군사와 정보활동에 관한 통제가 최우선 사항으로 향유되었던 것은 1948년부터 최초 자문관들은 이러한 분야에서 주로 활약했다는 사실로 뒷받침해준다. 그렇지만, 헝가리 문화와 민간 분야에서에서 그들의 늘어나는 존재감은 1950년 이후에만 관찰될 수 있다Baráth, Kreml Árnyékában.

우리는 이러한 자문관들은, 헝가리 관리들보다도 더 막강한 권력을 휘둘렀던, 소련의 지령에 따라 행동했다. 그들은 주재국에 의하여 공식적으로 항상 초대되었지만 말이다. 헝가리 정부부처와 기관 안에 있는 관리들은 처음부터 모스크바 또는 헝가리 정부에 의하여 필요로 하는 임무에 원조를 제공 해주는 소련 동료들의 도움을 자주 바랬다. 그러나 후에 그들은 역시 소련과 헝가리 정보기관을 위하여 일했다. 이론적으로, 자문관들은 현지 기관에 직접 명령을 부여할 수 있는 권한을 가지고 있지 않다. 그럼에도 불구하고, 그들의 말은 자주 명령으로 받아들여졌다. 그들의 커뮤니케이션은 소련 자문관들이 공개를 회피하기 위하여 공식적인 언급에 대한 사적 대화를 선호했기 때문에 증거의 본질(또는 부재) 때문에 면밀한 역사적인 검증에 노출되지 않아 왔다.

1940년대와 1950년대 소련-헝가리 문화 관계

소련과 헝가리 간의 문화 관계는 1945년 6월 제2차 세계대전 직후 부다페스트에서 설립되고 국가가 재정 지원되는 [헝가리-소련(우호) 소사이어티]MagyarSzovjet [Baráti] Társaság에 의하여 공식적으로 조정되었다. 처음 몇 년 동안, 소사이어티는 소련 문화에 관심을 가진 사람들을 충원하려고 노력했고 알베르트 가르기스Albert Szent-Györgyi, 1893-1986, 1937년 노벨의학상 수상, 졸단 코다이Zoltán Kodály, 1882-1967, 헝가리의 작곡가 겸 음악학자, 또는 줄러 이예시Gyula Illyés, 1902-1983, 헝가리의 시인, 소설가 등과 같은 저명 지식인들의 지지를 얻었다. 처음부터 "수백만 명의 사람들" 대량 조직의 창설과 헝가리의 문화 소비에트화는 1948/49년까지 아젠다에는 없었다.[2] 헝가리 문화생활의 재편성에 대한 급진적인 변화는 1949년부터만 시작되었다. 학자들은 스탈린주의 원칙에 따라서 헝가리 문화의 변

2) MNL OL P2148, 1. d. 헝가리 문서 인용시스템에 따라서 인용됨. (D.)는 도보즈 doboz를 언급한다 (box).

용인 소위 문화혁명을 주도하기 위하여 헝가리 공산당을 독려하는 다양한 이벤트를 지적한다. 몇몇 사람들은 1949년 2월 소련 작곡가인 미하일 출락Mihail Chulak 방문의 의미를 강조한다Standeisky 164-66. 반면에 다른 사람들은 미국의 영향력에 반대하는 헝가리의 이데올로기적인 투쟁의 효과에 만족하지 않는 장관의 역할Vladimir Baikov에 초점을 둔다Baráth, "A Szovjetunióról" 66.

1949년 5월, 헝가리 공산당 사무총장이자 스탈린 신봉자인 마차시 라코시Mátyás Rákosi, 1892-1971는 일당 선거 승리 이후 문화혁명 추진을 발표했다. 소위 [헝가리노동당선동선전대학]HWPP은 1949년 6월 이미 소련의 지원하에 즉각적인 조치로 결정되었다. 이러한 목표를 위하여, 대학은 단 몇 주 만에 소련의 생활방식 확산에 책임지는 한 집단을 설정하는 완전히 비현실적인 방식을 발표했다. 대학은 "소련 문화의 기본원칙에 관하여 문화전선의 극적인 점검"을 실현하기 위하여 문학, 영화와 음악 위원회 설립을 원했다.[3)]

공산당의 스탈린주의 이데올로기 주요 인물이자 공교육부 장관인 요세프 라바이József Révai 최근 발매된 저널인 *Szovjet Kultúra*Soviet Culture에서 "Let Us Learn from Soviet Culture""Tanuljunk a szovjet kultúrából"이라는 제목의 실용적인 논문에서 이러한 목적들을 다음과 같이 보완했다.

우리는 소련문화와 친숙해지는 데 필요한 조건들을 아직 충족하지 되지 않아 왔다. 이러한 문화와의 간헐적인 인식은. . . 중요하지만 충분하지 않다. 우리는 우리의 새롭고 개선된 문화에 대한 통합적이고 지속적인 영향을 촉진하기 위하여 지속적으로 이것과 친숙해져야 할 필요가 있다Révai "Szovjet Kultúra" 1, 원본의 강조, emphasis in orignal, 모든 번역은 나 자신의 것이다[4)]

---

3) MNL OL M-KS 276 f. 54/32. ő.e. (에프f. 기록물을 의미한다. 외.에ö.e.는 기록물 안에 서류철과 같은 조그마한 단위이다.

4) "a szovjet kultúra komoly megismerése érdekében eddig nem tettünk eleget. Az alkalmi ismerkedés ezzel a kultúrával . . . fontos, de nem elegendő. Arra van

그 때부터, 공산당은 *유토피아* 국가로서 소련을 선전했는데, 소련-헝가리 문화 관계를 새롭게 구성했고 이것들을 국가 간 우호관계의 근거 없는 믿음으로 종속시켰다.[5] 양국 간에 우호관계의 강점에 주목을 하면서, 레바이는 다음과 같이 적고 있다. "소련은 우리가 줄 수 있는 것 이상을 우리에게 줄 수 있다... 사회주의 국가, 사회 경제를 건설하면서, 소련은 우리 국가보다 훨씬 더 많은 경험을 가진다""Szovjet Kultúra" 3.[6] 1953년 2월 레바이는 그가 헝가리-소련소사이어티 두 번째 회의 연설에서 소련에 충성하는 것의 중요성을 강조했다"Révai József" 3-4. 소사이어티의 사무총장인 페렌스 에르데이Ferenc Erdei는 "우리에게 아낌없이 도와주고" "자신들의 예술과 교육 등을 헝가리 노동자 문화에 날개를 달아주는" 소련 예술가와 과학자 등을 위한 감사를 표시하면서 레바이를 앞서가려고 노력했다MNL OLP2148 1. d..[7]

대표적인 공공영역

헝가리 정부부처와 기관 등은 소련의 문화 생산과 방식을 여러 가지 방식으로 도입하려고 노력했다. 우리는 문서소련 소설, 철학, 미디어 보도, 학술서적과 논문 등의 번역과 같은, 시각문화그림과 사진 등과 같은 그리고 음악레코드와 같은 또는 위에서 언급했던 자문관들의 관여 등의 중요성을 강조하게 된다. 그렇지만, 소련의 공식 *대표와 손님* 등의 역할은 나의 이해관계 입장에

---

szükség, hogy folyamatosan ismerkedjünk ezzel a kultúrával, hogy lehetővé tegyük szerves és állandó hatását, a mi születő, új kultúránkra."

5) 위대한 우호관계 용어의 이데올로기적인 배경에 대해선, 폴란드와 동유럽의 비교는 베흐렌드스를 보라.

6) "A Szovjetunió többet ad nekünk, mint amennyit mi adunk és adhatunk neki . . . A Szovjetunió tapasztalatai mérhetetlenül nagyobbak a mi tapasztalatainknál, . . . a szocialista állam és társadalom, gazdaság és kultúra felépítésében."

7) "önzetlenül segítve . . . művészetükkel és tanításaikkal szárnyat adtak a magyar kultúra dolgozóinak."

서 보면 매우 중요하기까지 한 것처럼 보인다. 이러한 손님보통은 예술가, 작가와 학자들은 일상적으로 의식 또는 축제 행사에 위성 국가들을 방문했다. 그들은 이목을 끌면서 소련 정부의 현재 입장을 대표하는 반면, 자문관들은 대부분 익명으로 남았다.

양국 간 문화 관계의 주요 상징들 중에 하나가 된 소위 우호의 달에는 소련 손님들이 참여하는 가장 중요한 이벤트들 중의 하나였다. 수만여 명의 사람들이 이러한 이벤트에 강제적으로 참여하도록 동원되었다. 거대한 부처들이 조직에 책임을 지는데, 공공교육부직원, 문화관계연구소, 전 헝가리노동조합연합회, 헝가리-소련소사이어티, 국가정보기관과 물론 공산당중앙위원회 등을 포함한다MNL OL P2148 5. d.. 지방 정부들은 손님을 선택하는 데 아무런 권한을 갖고 있지 않았다. 이것이 건의될 수 있지만 말이다. 오로지 공식 접촉만이 1950년대 초 스탈린주의가 한창 일 무렵 동안 헝가리와 소련 간에 허용되었기 때문에, 소련 대표들은 동시에 자발적으로 부다페스트로 절대 오지 않았고 소련 정권의 대표로서만 방문했다.

속국 관계가 정치적 관계를 정의하는 적절한 용어라면, 우리는 손님과 사절 등과의 연계 속, 혹은 다음과 같은 봉건적인 용어를 활용할 수 있다. 대표 공개. 이러한 하머마스적인 개념은 공적과 사적 영역 간 경계의 모호성을 설명 한다Habermas 58-68. 1949년 이후 동유럽에 적용하면, 대표 공개는 소련 참가자들이 소련의 영광을 대표하는 데 목적을 주는 반면에 헝가리는 모든 소련의 발표와 훈령 등에 대한 위대한 존경을 보여주도록 기대된다는 왜곡된 커뮤니케이션 틀의 설립을 언급한다. 이에 따라서, 이것은 소련은 헝가리 국내정치에서 모든 국내 결정과 행정 조치 등을 수동으로 통제하는 것처럼 보이게 된다. 위에서 언급한 바와 같이, 그렇지만, 몇몇 증거가 이러한 조망에 관한 의혹을 제기한다.

헝가리의 소련 손님과 음악연주의 소비에트 화에서 그들의 역할

문화 사절들이 음악인들에 의하여 자주 주도된다고 고려하면, 음악은 공공외교에서 중요한 역할을 확실하게 수행했다. 소련 음악인(작곡가, 연주자)과 음악학자 등은 1949년 이래로 쭉 음악회를 공연하고 발표하거나 현지 논의, 심포지엄과 공개토론 등에 참여하기 위하여 헝가리를 자주 방문했다. 미하일 훌라키Michail Chulaki, 키릴 몰차노프Kirill Molchanov, 블라드미르 사하로프Vladimir Zacharov 또는 쥬리 밀류탄Jury Milyutin 등과 같은 소련 작곡가들의 공개연설에 따르면, 고전음악 생활의 소비에트 화즉, 주다노브적인 것으로의 변환는 항상 음악 연주와 대중음악 장르 등에 대하여 최우선권을 가졌다. 그렇지만, 사회주의 현실주의 음악 미학은 '무거운' 그리고 '가벼운' 음악 간의 '부르주아적'인 구분을 포기하는 것을 주장하기 때문이다. 스탈린 문화정책은 예술 분야에서 '고차원적인 것'과 '부차적인 것'이기보다는 오히려 정치적으로 '유용한 것'과 '무용한 것'또는 적대적인 것 이분법에만 신경 썼다. 작품들이 일상적으로 두 가지 음악분야의 연관성의 전형적인 사례를 보여주는 소련 작곡가들은 그들의 구두 표현에서 최소한 이러한 분야들을 동시 발생적으로 다루어져야만 했었다.[8] 그렇지만, 우리가 아래에서 보겠지만, 대중음악과 고전음악의 주제는 스탈린 기간에 소련-헝가리 공공외교에서 불평등한 대우를 수용했다. 대중음악은 사회주의고위문화 기준으로 일반적으로 판단되었다. 극소수의 헝가리 문서들이 대중음악에서의 소련 이해관계를 실질적이고 정상적으로 증언한다.

스탈린 기간 동안 헝가리를 방문한 소련 음악 사절들 중, 소련 작곡가 협회 사무총장인 미하일 훌라키가 헝가리 음악 연주를 조망한 첫 번째 사람일 것이다. 헝가리 음악잡지인 *지네이 젬레*Zenei Szemle, Musical

8) 예를 들면, 밀유틴 또는 알렉산더 노비코프 (Alexander Novikov)를 보라. 후자는 또한 1951년 그의 대중음악 작품을 소개하기 위하여 부다페스트로 초대되었다.

Review에서는 1949년 초 전후 헝가리에 관한 가장 중요한 음악 이벤트들 중에 하나로 훌라키의 방문을 다루었다. 1948년 이후 헌신적인 공산당 음악학자에 의하여 편집된, 잡지는 "소련의 음악 생활과 이것의 인간적인 고결함을 대표했던" 소련 사절단원들을 위한 상당한 감사의 말을 표명했다"“Szovjet Kultúra Hónapja” 1.[9)]

그렇지만, 논문에서 덧붙인 바와 같이, "우리는 우리의 음악생활의 문제를 논의하기 위하여 우리와의 그의 시간 대부분을 소비하기 위하여 [훌라키]에게 상당한 신세를 졌다. 결과적으로, 우리에게 남겨진 명백하고 유일한 임무는 행동하는 것이다"“Szovjet Kultúra Hónapja”1.[10)]

1949년 2월 24일, 훌라키는 전후 소련 음악에 관해 헝가리 음악 아카데미에서 연설을 했다. 저널 *Új Világ*New World에서 발표된 공개 보고서에 따르면, 참석자들은 그에게 질문하도록 권장되었다. 참석자 질문들 중에 하나는 소련에서 고전음악과 대중음악 간의 관계에 대한 질문이었는데, 훌라키에게 공식적인 소련입장을 정리해줄 수 있는 기회를 다음과 같이 부여했다.

서구에서, '헤비'heavy와 '라이트'light [음악] 간의 차이를 극복하기에는 불가능하다. 라이트 음악은 퇴폐해서 가장 열등한 유형의 오락의 도구가 되었다. 이로 인해 스스로가 선술집, 나이트클럽과 댄스 클럽 같은 불건전하고 외설적인 분위기에 적응해 버렸다. 게다가, 고전음악은 사회 상류층이나 사회적 지위가 있는 사람들에 의해 대중에게 우월권을 가지는 소수의 사람들에게만 속한다.

(기자는 훌라키의 언급에 대해서 다음과 같이 논평한다). 이것과는 대조적으로, 소련에서 라이트음악과 고전음악 간에는 전혀 차이가 존재하지 않는다. 두 가지는 사람들의

9) "a Szovjetunió zenekultúráját, ennek a zenekultúrának a mindenkihez szóló humanista nagyszerűségét reprezentálták."

10) "[Csulakinak azonban] főleg sokat köszönhetünk, aki csaknem minden idejét velünk töltötte, átbeszélve, átvitázva zeneéletünk minden problémáját. Ezután oly világossá és tudatossá váltak feladataink, hogy most már csak meg kell oldanunk őket."

정서적인 경험을 구현하고, 두 가지는 대부분의 대중들에 대한 지적인 내용을 상호 교환한다. 두 가지는 풍부한 민속음악 전통에 뿌리를 두고, 이것들 모두는 이러한 전통들을 위한 영양즙이 된다Chulaki qtd. in Új Világ 7.[11)]

이것이 객관적인 것처럼 보일지라도, 이러한 방향은 사회주의 음악연주의 실용적인 실현을 위해선 거의 도움을 주지 않았다. 헝가리 노동당은 그들은 매우 포괄적인 주다노비안 프로그램이 실천되기 이전 일반조치를 취해야만 함을 이해했다. 훌라키의 논평을 극찬했던 *지네이 젤레*가 소련 대표가 "혹독하고 단도직입적인"[12)] 비판과 자아비판Chulaki 1 그리고 헝가리 음악 지형을 소련 버전으로의 중대한 변환을 보장하는 완전히 집중화된 제도적인 틀 등에 관한 언급에 초점을 둔 것은 우연이 아니었다.

훌라키의 방문 이외에 1949년 또 다른 중요한 이벤트가 있었다. 즉 오시포프 포크 앙상블Osipov Folk Ensemble의 부다페스트 공연이었다. 스탈린주의 소련 문화의 중요한 수출생산품 중에 하나로 여겨졌던 포크 오케스트라였다. 현대의 시각에 따르면, 헝가리 청중들은 모든 음악회에서 이와 같은 소련 그룹들을 열정적으로 환영했다Kadosa 39. 순회공연에 이어서, 헝가리 음악인협회의 음악부서는 오시포프의 방문에 관한 완벽할 정도의 전체 검토 회의에 매진했다. 참가자들은 댄스음악과 재즈 음악인들의 "엉성한" 공연 스타일과는 대조적으로, 소련 그룹의 진

11) "Nyugaton a könnyű és komoly közötti különbség áthidalhatatlan. A könnyűzene lesüllyedt a legalacsonyabb fokú szórakozás eszközévé. Lokálok, bárok, dancingok beteg erótikus [(sic!]) világához idomult, a komolyzene pedig azoknak a kevésszámúaknak a privilégiuma lett, akiket anyagi és társadalmi helyzetük a tömeg felé emelt. (A riporter válasza): Ezzel szemben a Szovjetunióban a könnyű és komoly zene közötti szakadék ma már ismeretlen, mindkettő a nép érzésvilágát szólaltatja meg, mindkettő magas eszmei tartalmak közvetítője a széles néptömegek felé és mindkettő a gazdag népzenei hagyományok talajában gyökeredzik, és onnan szívja tápláló nedveit."

12) "őszinte, nyílt kritika."

짜 예술인들은 대중음악을 교향곡 수준으로 끌어올리는 능력을 가지고 있었다. 따라서 그들의 공연은 노동자들의 "고상한" 오락으로 작용했다 MNL OL P2146.

1년 후인 1950년, 파이트니츠키 합창단Pyatnitsky Choir 순회공연은 심지어 몇몇 헝가리 음악 비평가들에 의하여 따뜻한 환영을 받기도 했다. 앙상블은 러시아 민속도구의 오케스트라와 댄스 그룹을 동반하고 다녔다. 파이트니츠키 합창단원들은 소련 각지에서 모집되었는데, 소비에트 연방의 '평등'과 '우의'를 대표했다. *외즈 빌라그*Új Világ, 신세계 저널 기자인 빅토르 라니Viktor Lányi가 언급했던 바와 같이, 부다페스트 음악회들 중에 하나의 관중들은 유명한 "Steppe Only Steppe"을 노래하는 동안 "숨을 멈추었다." 반면에 "이것은 새로운 형식의 음악의 정수를 완전히 느꼈다"Lányi 20.[13]

파이트니츠키의 국제 순회공연은 헝가리에서의 대중음악에 관한 수정된 정의를 이미 보여주었다. 헝가리-소비에트 소사이어티를 위하여 쓰여진 주제가 "The Effects of Soviet Music,"이라는 논문에서는 과거 시제로 상업적으로 성공한 서구즉 미국 음악에 관하여 발표했고 소련의 음악과 민속음악의 확산을 치하했다MNL OL P2148 5. d. 동시에, 헝가리 음악인협회는 파이트니츠키 합창단의 수석 작곡가인 블라드미르 자카로프Vladimir Zacharov를 그의 합창단의 영감과 공연의 예술적인 접근 방법에 대한 연설을 듣기 위해 초청했다. 그의 연설에 이어진 질의응답에서, 자카로프는 소련의 젊은이들은 듣고 춤추는 것에서 재즈와 성공적인 민족과 특정의 무도회 춤의 성공적인 확산의 결과로 서구 댄스 음악 등으로부터 성공적으로 벗어났다MNL OL P2146 62. d.

---

13) 1949년에 시작된, 공식선상으로부터 이탈한 출판물은 더 이상 허가되지 않기 때문에, 우리는 이데올로기적으로 그 당시 헌신적인 저널리스트들이 어떻게 했는지를 추론하는 시도를 해서는 안 된다. 이러한 헌신은 누군가의 저작물의 양과 위원회와 부서 등에서 비공개적인 토론동안 그들의 구두 의견교환 등에 의하여 명백하게 증명되어질 수 있는 것이다.

파이트니츠키 합창단은 또한 음악학자인 이반 비타니Iván Vitányi의 중요한 롤 모델role mode)들 중에 하나이었다. 그의 논문인 "새로운 헝가리 사회무용 문화에 대하여"On the New Hungarian Social Dance Culture에서, 비타니는 "새로운 사회주의 인간"을 형성하고 국민들의 사회주의 의식을 제고시키기 위하여 도움 줄 수 있는 새롭게 구상된 민속춤의 교화를 주장했다16. 그가 지적한 바와 같이, 미국 사교춤은 이미 소련에서 성공적으로 탄압되었지만, 헝가리에선 아직도 아니라는 것이었다16-17.

비타니는 소련영화 쿠반스키 카작Kubanskie Kazak, 쿠반의 코작, 1950의 무도회 장면에서 그의 긍정적인 사례들 중에 한 가지를 발견했다. 반면에 그는 헝가리의 새로운 사교춤을 위한 모델을 발견하는 중이었다. 비타니의 마음속에, 무도회는 인민의 합쳐진 정신을 보여주고, 이것은 미래 새로운 사교춤을 특정하는 환희와 행복감을 표현한다고 여겼다. 비타니는 소련의 사례를 모방하려는 이미 존재하는 헝가리 댄스 뮤지컬 운동의 중요성을 강조했다. 이것은 그가 왜 우리Us 운동에 새로운 국가지원 춤을 언급한 이유이다. 이것은 소위 카리카조karikázó, 원무와 파르카스탄크farkastánc, 늑대 춤이라는 두 가지의 유형의 차르다czardas 헝가리 춤을 도입했다. 비타니는 이러한 노력을 한 사람들 중에 유일한 사람은 아니었다. 헝가리 음악인협회와 무용가협회 담당 대중음악 부서는 헝가리에서 탱고tango와 스윙swing 등을 대신할 목적으로 이런 춤들의 반주곡과 안무 등을 창출하기 위한 역사적인 합동시도를 착수했다MNL OL P2146 62. d.

재즈와 서구 댄스 음악 이탈자들은 처음엔 성공한 것처럼 보였다. 1950년부터 1952년 까지 일련의 선전 논문들에서는 브루조아지 재즈 음악과 사교춤 등은 사회주의 인민들 간에 시위와 분노 등을 야기할 것으로 보고했다. 새로운 청중들은 "영국과 미국 재즈 타이틀의 비상식적인 곡조와 포르노적인 노래와 악취미" 등을 다음과 같이 명백하게 이미 부인했다. "우리의 젊은이는 ... 춤을 사랑하기는 하지만, 미쳐 날뛰고 걱정스런 춤에 진저리가 난다""Szünjék" 9.[14] 공식적인 미디어에 따르면,

스윙과 삼바samba 등은 체계적으로 미국에 의하여 대중화 되었다. 사회주의 국가들은 "코스모폴리터니즘이라는 독약"의 침투를 막기 위하여 주의를 기울여야만 했다"Szünjék" 9.

1951년, 헝가리 노동당은 "음악혁명"에 합류하기 위하여 모든 재즈와 폴란드가 댄스 음악인 등을 소환했다MNL OL XIX-I3-n 1. d. 같은 해, 범헝가리무역연합회는 코스모폴리터니즘 투쟁에 목적을 두었던 음악 경쟁을 기획했다"Tánczenekaraink" 1. 연합회는 몇 개월 앞서서 동베를린에서 세계젊은이학생페스티발WFY에 참여했던 지역밴드들을 우선 초대했다. 목적은 "기묘한 사운드," "불협화음 재즈-하모니" 또는 "왜곡된 리듬"을 없애버리고Tamássy 37-38, 음악적인 메시지와 지적 내용 등에 헌신적으로 남아있는 엄중한 공연 스타일을 획득하려는 것이었다. 경쟁에 참가한 12개 밴들은, 그들 중 미할리 타바니Mihály Tabányi, 라조스 마르토니Lajos Martony, 페테르 하지도Péter Hajdú 등이 이끌었던 그룹들은 제3회 세계젊은이학생페스티발에 관한 "낙관적인 분위기"를 반영하는 화려한 프로그램을 합치도록 강제했다. "젊은이 특유의 자극과 젊은이의 평화 특성을 위한 바람 등을 표현하는 것"이다"Tánczenekaraink" 1.[15] 프로그램은 사실상 다양한 것처럼 보였다. 타바니와 마르토니 등과 같은 현대 헝가리 스타 등은 소련의 히트 작품들을 엄호했고, 세계민주주의젊은이연합에서의 공식행진에 대한 커버, 알렉산더 알렉산드로프Aleander Alexandrov의 유명한 "스탈린에 관한 칸타타"의 버전 등을 표현했다"Tánczenekaraink" 1.

그렇지만, 가장 중요한 요인이 빠져버렸는데, 사회주의 현실주의를 고양하는 것 말이다. 헝가리 대중가요가 헝가리 음악인들에 의하여 제작되고 연주되었다. 사회주의 현실주의 음악 담론은 이른바 잘못되고

14) "Ez az új közönség . . . visszautasítja az ízléstelen, pornográf kuplékat, az angol, amerikai értelmetlen jazz-számokat." "Ifjúságunk . . . szeret táncolni, de felháborodnak az ízléstelen, testet-lelket elgyötrő . . . táncokon."

15) "fejezzék ki az ifjúság békevágyát, fiatalos lendületét, a III. VIT . . . optimista hangulatát."

적대적이며 그리고 부적절한 요인과 예술작품의 속성 등만을 밝히고 명명했고, 이상적인 구성 기준에 대한 애매하고 모순적인 언급만을 만들었다. 가장 광범위한 대중에 대한 접근성 또는 형식의 단순성과 명확성 등이 이러한 기준들의 리스트에 확실하게 포함되었다. 이데올로기적인 확신과 국민/대중 정서 등에 관한 필요조건들이 또한 가장 흔한 것들 중에 속하게 되었다Heller. 게다가, 작곡가와 음악학자 등은 멜로디의 우월성을 위한 필요성을 지속적으로 선언했다. 이들은 음악은 지적이고 표현하고 싶은 인간의 언어를 모방해야만 함을 믿고 있었기 때문이었다. 결과적으로, 그들은 노래와 기억하기 쉬운 선율을 요구했다. 동시에, 그들은 재즈 음악의 "형식주의 불협화음"을 회피하고 즐겁고 낙관적인 음악 분위기를 창조하기 위하여 명확하고 쉽고 조화로운 구조를 생각을 제고하기 위한 캠페인을 시작했다. 새로운 헝가리 사교춤의 실행에 관하여 다음과 같이 의견이 분분했다. 몇몇 작곡가와 음악학자 등은 전통춤-리듬슬로 팍스트롯, 왈츠, 폴카 등과 같은을 유지하고 이것들을 새로운 음악자료에 통합하기를 원한 반면에, 다른 사람들은 헝가리 민속노래의 특수성에 기반한 완전히 새로운 리듬의 착안을 지지 했다MNL OL P2146 61. d.; 62. d.; 66. d.; Ignácz, "Hungarian in Form".

고전 작사의 운율과 유사하게, 대중음악의 흔적들 중에 하나는 헝가리에서의 새로운 사회주의 삶의 방식을 묘사해야만 했었다. 헝가리 라디오 방송국장으로서 이스탄 스제르마이István Szirmai는 1950년 논쟁시기를 다음과 같이 언급했다. "우리의 젊은이는 성장 중인데, 공장은 생산 중이고, 새로운 유형의 사회주의 인간이 춤추고 사랑하거나 즐거워하는 공장에서 자라나고 있는 중이다. 이에 따라서, 댄스곡은 이러한 신 인간의 유머와 농담 등을 묘사해야만 한다"MNL OL P2146, d. 62.[16] 초

16) "nő az ifjúság, termel a gyár, a gyárban egy új típusú szocialista ember nő fel, aki táncol, szeret, szórakozik, a táncdalok az ő életétének humorát, játékát adják vissza."

기에, 애국적이고 민속적이고 전원적인 주제들이 역시 환영받았다. 그렇지만, 사랑의 주제는 위험하고 음란한 것으로 여겨졌다. 이것은 섹스, 멜랑콜리 또는 절망 등과 연결되기 때문이었다. 1954년 언론 논쟁에 따르면, 이러한 운율들은 "삶과 노동을 위한 희망과 열정 등에 대하여 아무런 희망도 허용하지 않았다." 대신에, "이것들에는 냉소주의, 도덕적 해이와 방종 등을 위한 훈련이다. 모든 사람이 현 시점에서만 존재하는 것처럼 말이다G. Horváth 8."17)

"사회주의 내용"이 대중음악 분야에서 의미를 반드시 가져야만 한다는 것에 관한 암묵적인 협정이 있는 것처럼 보여도, 음악연합회 회원들은 운율 또는 사운드 등의 우선성에 관한 매우 다른 견해를 가지고 있었다. 많은 사람들은 좋은 음악이란 좋은 선율이 먼저 있어야 한다고 주장했다. 정치적으로 가장 영향력 있는 작곡가인 페린츠 사보Ferenc Szabó에 따르면, 이데올로기적으로 충실한 댄스음악은 운율에 리드미컬하고, 지적이고 감성적인 메시지에 기반해야만 한다. 그의 동료들 중에 몇몇은 음악의 메시지와 구조는 자유주의에 관한 환상을 풍부하게 할 수 있다고 주장했다. 그렇지만, 아무도 이러한 대중가요들이 소리와 운율이 서로 분리될 수 없기에 성공이 가능하다는 견해를 의심하지 않는다. 공산 통치의 첫해에 기악 댄스음악의 사상이 좀처럼 논의되지 않은 것은 전혀 우연이 아니다.

헝가리 댄스음악이 재판에 회부되다: 키릴 몰차노프의 비평

1950년대 말이 시작되면서, 공산당 음악 이념에 대한 소수의 노력이 시

17) "akire hatnak, abból kiölik a jövőbe vetett hitet, az életkedvet, munkakedvet, a nemes emberi érzelmek megbecsülését és tiszteletben tartását. Cinizmusra, erkölcsi lazaságra nevelnek, szertelenségre, azon az alapon, hogy ki tudja, mi lesz holnap."

작되었다. 헝가리가 제작한 사회주의 현실주의 댄스곡에 관한 첫 번째 심각한 시험은 일로나 홀로스Ilona Hollós, 라슬로 카잘László Kazal과 그 당시 유명한 다른 가수 등이 국영라디오댄스오케스트라와 함께한 25개의 노래들을 공연했던 1951년 11월 20일 첫 번째 헝가리음악주간이었다. 몇 주가 지난 후인, 11월 24일, 지방고위관리와 외국 손님 등은 부다페스트아카데미협회에 의하여 주재된 검토회의에서 이벤트를 평가하기 위하여 초대되었다MNL OL P2146 61.d. 소련 사절들은 소련작곡가협회 회장인 티콘 크렌니코프Tikhon Khrennikov가 이끌고 있었다. 그는 사회주의 현실주의의 열렬한 지지자Tomoff; Heikinheimo로서 뿐만 아니라 재즈와 미국 댄스음악의 주요 감시자Starr 180로서 자국에선 알려지지 않은 인물이었다. 그렇지만, 부다페스트에서의 크렌니코프 연설은 헝가리 음악 주간의 대중음악 구성 분석을 자제하면서, 형식주의와 코스폴리터니즘 등의 위험으로써 이와 같은 일반적인 양상에만 집중했다. 크렌니코프는 헝가리에서 사회주의 현실주의 음악 환경을 비판적으로 평가하기 위하여 자기 대신에 키릴 몰차노프Kirill Molchanov를 지명했다.

소련협의회사무총장인 몰차노프는 기획음악과 오페라에 유리한 대중음악의 중요성을 대단치 않게 생각했다. 그렇지만, 사회주의 현실주의 지지자들 모두는 미국의 글로벌 패권적인 야망과 코스모폴리터니즘의 파괴적인 영향 등은 최근 "부르주아" 대중음악에 구현되기 때문에 대중음악에 관심을 두어야 한다고 말했다MNL OL P2146 61.d. 소련 사절은 그가 며칠 전에 들었던 일들에 관하여 날카로운 비판을 표명했는데, 이것들은 정신적으로 공허하고 사상 부족이라고 상기시켰다. 그에 따르면, 재즈 계획안으로 새로운 현대 생황과 관련된 "합리적인" 노랫말을 강제하려는 시도를 했던 노래들은 그들의 음악 모델들보다도 더욱 약화되었다MNL OL P2146 61.d. 즉, 오리지널 재즈 구성요인들 말이다. 몰차노프는 헝가리 대중음악작곡가들에게 헝가리 민속음악의 풍요함에 관한 더 많은 활용을 만들지 않은 이유를 물어보았다. 그는 헝가리 국민들은 이미 자신들의 노래와 춤 등을 창조했던 청중들의 존재를 재확인시켜 주었다. 대중음악에서 국민정신을 반영하기 위하여, 우리는 마음속에 있는 헝가리 민속노래와 춤 등을 요구할 필요가 있을 뿐이었다MNL OLP2146 61.d.

이것으로 몰차노프의 연설의 영향을 다시 한번 평가하기란 어렵다. 그는 잘 알려진 주다노프의 근본 요구만을 그대로 따라했기 때문인데, 이론적으로나 실질적인 자세한 모든 내용으로 깊숙이 들어가지 않고 말이다. 그렇지만, 1952년 초가 시작되면서 그의 권고에 따르면서, 헝가리는 자국 안에서 댄스음악의 보급과 구성 등을 통제했다. 헝가리의 통제는 국가가 재정 지원하는 댄스 음악작곡 과정 설립과 대중음악 등에 대한 정규 협의과정에 분명하게 나타난다. 이 과정헝가리 말로 *댄스음악교육과정* tánczeneszerzői tanfolyam 라고 부르는에, 열정적인 초보자들이 사회주의 현실주의 이론, 포크 음악역사와 작곡에 관한 기술적인 면 등을 공부했다. 과정이 끝날 때, 그들은 그 당시 가장 훌륭한 작품 녹음과 발매 등을 지원해주던 헝가리음악인협회의 파견 작업그룹과의 자신들의 작품들을 논의할 기회를 가졌다.

정치적으로 영향력을 가졌던 작곡가인 엔드레 세켈리Endre Székely가 헝가리에서 이러한 협의의 필요성에 대해서 처음으로 관심을 가졌다. 세켈리는 자신의 소련 동료들의 접대를 정기적으로 즐기면서 댄스음악 작곡과정이 소련에서는 어떻게 구성되는지에 대한 직접적인 경험을 갖게 되었다. 그는 1952년 1월 25일에 평가회에서 자신의 견해를 발표했다. 공교롭게도 "헝가리음악 주간의 도덕성"에 헌정하는 이벤트에서 였다. 회의에 참가한 여러 사람들은 몰차노프의 통찰력은 좋지 않은 음향확대장치와 악보 번역의 부주의 등으로 지장을 초래했다는데 동의했다. 헝가리음악인협회 대중음악담당 책임자였던 즈덴코 타마시Zdenkó Tamássy도 역시 소련 원조의 완벽한 부족에 관하여 자신의 심심한 놀라움을 표명했다MNL OL P2146 62.d.

이에 따라서, 소련의 훈령은 결국 무용지물로 판명되었다. 거의 예외 없이, 검열감독 하에서 작곡된 헝가리 대중가요들은 인기를 얻지 못하게 되었다. 포크음악에 기반 한 국민무용음악의 개념은 1953년 봄의 위기를 확실하게 경험했다. 라디오 프로그램, 라이브 쇼 그리고 음악축제 등의 곡 목록을 검열하는 것은 상상에만 의존하는 "재즈가 없는" 새로운 대중음악 무대가 방송해야 할 음악자료의 심각한 부족으로부터 고통받았다. 공산주의자들이 새로운 스타일을 구상하는데 지속적으로 뒤쳐져있기 때문이었다. "이행단계"공산주의자들은 "최고지도자의 부재기간"이라고 언급하는에 무엇을 연주하고 들어야 하는 지에 관한 주제는 영원한 아젠다였다MNL OL P2146 62.d. 많은 이들을, 인기 있는 소련 가요의 채택은, 예를 들면 아이작 두나에프스키Isaak Dunayevski, 또는 쥬리 밀류탄Jury Milyutin 그리고 이들의 "마가리화"Magyarization, 비헝가리 사람들을 자발적이거나 사회적 압력으로 헝가리 문화와 언어에 동화되도록 하는 과정으로 "헝가리화"라고도 함 등은 이러한 부족을 보충하는 최적의 해결책이 된 것처럼 보였다. 그렇지만, 재즈, 폭스트롯foxtrot, 사교댄스의 일종 또는 춤곡 또는 소련 히트곡의 탱고 커버 등이 사회주의 공연의 목적에 부합될 수 있는 지의 범위에 관한 논쟁이 자주 있었다. 라디오 댄스 오케스트라 단원은 피아니스트 라슬로 투란László Turán은 그의 밴드가 원래 템포를 강화하고 부점 리듬dotted rhythms)과 당김음 등을 활용하면서 변환된 소련식 구성을 더욱 더 춤을 추도록 노력 하면서 약간의 수정 때문에 소수 참가자들에 의하여 비판받은 것은 1950년 9월 30일 열린 회의에서 이미 불평했다MNL OL P2146 62.d.

1953년 이후 헝가리에서 소련 음악

밀류탄이 헝가리 수도 부다페스트를 방문한 것은 이러한 분위기가 있었던 때였다. 오페레타, 댄스음악과 사운드트랙 등에 관한 스탈린상 수상 작곡가는 1953년 2월과 3월에 뮤직아카데미에서 개최된 그의 연설에서 댄스음악 작사에 관한 이데올로기적인 메시지와 인토네이션의 중요성 등에 대한 주의를 끌었다“Miljutyin” 7. 밀류탄은 사회주의 지성적인 맥락이 완벽하게 남아 있는 이러한 고품질의 작품을 지향하는 전집을 보여주었지만, 억양이 덜 민족주의적이었다는 것은 적시할 만했다. 여전히, 그는 마지막으로 그의 헝가리 동료들에게 형식과 내용에서 대중가요를 국민적으로 작사하는 “가장 고상하고 가장 복잡한 임무”에 대하여 관심을 가지도록 독려했다“Miljutyin” 7.

후에 대중음악에 관한 현지의 정치적이고 미학적인 논의에 관한 주창자이자 주요 인물이 된 음악학자인 야노스 마로시János Maróthy는 밀류탄의 연설은 중요한 영감으로 평가했다. 소련 사절 방문 직후에 발표된 그의 논문인 “긴급한 일”Urgent Tasks에서, 마로시는 국민 댄스음악의 마지막 대규모 개념인 것으로 논의되었지만Ignácz, “Music”, 그의 기고는 사회주의 현실주의에 관한 음악적인 새로운 담론에서 추가된 것이 거의 없었다. 논의 중인 요점이 한 번 더 있었는데, 초기 스탈린 시기에서처럼, 소위 “헝가리 스타일 학교”의 중요성이다. 마로시는 이것을 헝가리에서 가장 진보적인 사회주의 현실주의 댄스음악 노력으로 설명 한다Ignácz, “Music”.

1953년 초까지도, 문화적 침투 방지를 모색했던 엄격한 검열시스템이거나 스탈린주의 예술 접근방법 등에서 어떤 변형이 존재할 수 있다는 것은 상상도 할 수 없는 것처럼 보였다. 그렇지만, 1953년 스탈린의 사망은 동유럽 위성국가들 각국에서 급격한 정치 사회변동을 야기했다. 결과적으로, 헝가리-소비에트소사이어티는 이러한 예전의 과오를 인정할 수밖에 없었다. 그들이 소련을 이상향으로 여겨서 소련문화를 광범위한 대중들에게 실질적으로 접근할 수 없게 만들어버린 방식을 포함 한다MNL OL P2148 4.d.

소련-헝가리 관계는 또한 데탕트 때문에 변화를 겪게 되었다. 커뮤니케이션은 격식을 덜하게 만들고 공공외교에서 대중 장르의 문제는 적절성을 상실하는 결과에 더욱 기능적이 되고 말았다. 동일한 트렌드가 1954년 5월 교육부 발행한 국*가간 관계 강화를 위한 제안Proposal for the Reinforcement of Interstate Relations,* Javaslat a Nemzetközi Kapcsolatok Erősítésére으로 명명된 리포트에 적시되었다. 논문에는 대중음악 분야에서 소련-헝가리 관계에 관하여 중요하고 눈여겨 볼만한 언급이 포함되어 있다. 대중음악은 동유럽 국가들 간의 "경험의 교환"이 여전히 부재한 유일한 분야가 음악임을 고찰했다. 교육부는 문화정책결정자들에게 체코, 불가리아 동독, 프랑스, 이탈리아, 폴란드 그리고 소련 밴드 등과의 협력에서 범-유럽무대 페스티발을 조직하도록 독려했다. 그렇지만, 페스티발은 실현되지 않았다. 이 문서에는 헝가리 대중음악을 검토에 관한 실패의 책임을 소련에 있다는데 의문을 제기한 유일한 논문인 것처럼 보인다. 위에서 언급된 소련 사절들의 발표와 공연 중에 그 어느 것도 문화교류에 적절한 양상이 될 만한 가치가 있지 않은 것처럼 보였다MNL OL XIX-i-3-o.

결론

본 논문에서는 헝가리 정치 지도자와 문화 엘리트 등은 달성하기 힘든 소련 모델과 사례 등을 활용하면서 대중문화를 변화시키려고 노력했음을 주장했다. 다른 공공 생활 분야와는 대조적으로, 소련 대중음악 사절들은 헝가리 문화생활과 음악 제작 등에 관한 "매뉴얼 통제"의 모든 사례들의 도구 속에 있지 않은 것처럼 보인다. 그들은 헝가리에서 대중음악 무대에 직접적으로 영행을 미치는 관리를 항상 하지 않았다. 이에 따라서, 그들의 연설들은 1950년대 초 헝가리 대중음악 역사를 재건할 때 최대한 주의하여 다룰 필요가 있었다.

훌라키, 자카로프, 몰차노프 또는 밀류탄 등의 주요 의도가 헝가리의 핵심에 대한 주다노프적인 예술적 접근방법을 방해했더라도, 정책결정자와 음악인 등은 자신들만의 의도와 자신들만의 방식과 계획 등으로 대중음악을 소비에트 화를 위한 구실로써 자신들의 생각을 활용했다. 이러한 분야에서 헝가리 문화정책에 관한 상대적인 독자성을 위한 명분은 모르면 몰라도 소련 공공외교에서 대중음악의 상대적인 저평가에 있었다. 스탈린과 그의 동료 등이 헝가리 대중음악의 변용을 최우선으로 선언했다면, 헝가리 공산주의자들은 소련의 지시를 전적으로 그들 마음대로 그냥 따를 수밖에 없는 선택을 할 수밖에 없었다.

1940년대 말과 1950년대 초 스탈린 집권동안, 헝가리에서 대중음악의 소비에트화, 일상 문화, 그리고 레저 시간 등은 경제와 국가기구 등의 그것보다도 덜 중요했다. 헝가리 문화정책에서 소련 개입의 의미는 많은 일상생활 분야에서 소련의 기대를 능가하려는 헝가리 정부의 노력에 의하여 확대되었다. 헝가리 문화생활에서의 개혁과 소련-헝가리 관계 등은 소련 압력이 헝가리 정부에게 1953년 6월 예전 과오들 중에 몇 가지를 인정하도록 강요한 직후에만 발생되었다. 그 당시, 다양한 경쟁 개념에 관한 새로운 시대가 시작되었다. '도그마적인'인 접근방법과 주다노프의 원칙 등은 완전히 후퇴하지 않았지만, 강조점은 기술적이고 구성적인 문제에서 음악인과 청중 등뿐만 아니라 제작과 배포에 관한 제도적인 분포와 환경 등으로 서서히 이동했다.

1953년 2월 27일에 개최된 회의에서, 작사가인 요세프 롬하니József Romhányi와 작곡가 벨라 타도스Béla Tardos 등이 작곡과정에 대한 국가통제의 쓸모없는 효과에 대해서 조용히 공개적으로 언급했다. 그들은 모든 행정조치 또는 직접 개입 등을 이미 고려했다. 소련 것이라도 위험하고 사회주의 현실주의 음악 공연은 예술 자유의 구속으로부터는 더 이상 아무 것도 얻을 수 없음을 인정해야 했다. 그 때부터, 음악인협회와 교육부 등은 일반적인 이데올로기 프레임만을 조망하려고 노력했다. 이것은 자신들만의 개인적인 방식으로 사회주의 현실주의 지침에 응하기 위한 예술가와 이론가의 개인적인 책임 이었다MNL OL P2146 62.d.

동시에, 정권은 청중의 요구와 기대 등에 관한 더 많은 정보를 얻기 시작했다. 이러한 새로운 방향—이것은 공공조달계약을 가져왔다—은 1956년 헝가리 혁명이후 수립된 문화정책과 크게 다르지 않았다. 이러한 정책의 신조는 시작부터 젊은이의 적절하고 세련되며 미학적인 교육이었다. 헝가리에서 이러한 변화는 *미적 전체주의*aesthetic totalitarianism 사상의 붕괴를 가져다 준 것처럼 보인다.[18]

인용 자료

"A Szovjet Kultúra Hónapja Után." *Zenei Szemle* 1 (1949): 1. Print.

"A Zeneszerzők és Zenekritikusok prágai Kongresszusának Határozatai." *Zenei Szemle* 6 (1948): 293-96. Print.

Baráth, Magdolna. *A Kreml Árnyékában: Tanulmányok Magyarország és a Szovjetunió Kapcsolatainak Történetéhez, 1944-1990.* Budapest: Gondolat, 2014. Print.

___. "A Szovjetunióról Kialakult és Kialakított kép Változásai." *A Kreml Árnyékában. Tanulmányok Magyarország és a Szovjetunió kapcsolatainak történetéhez, 1944-1990.* Ed. Baráth, Magdolna. Budapest: Gondolat, 2014. Print.

___. "Testvéri Segítségnyújtás.' Szovjet Tanácsadók és Szakértők Magyarországon." *Történelmi Szemle* 3 (2010): 357-86. Print.

___. "'T. et.-nak Átadva': Szőnyei Tamás Interjúja Baráth Magdolnával." *Magyar Narancs* 3 (2012). Web. 3 Aug. 2018. <http://magyarnarancs.hu/belpol/t-etnak-atadva-78331/>.

Behrends, Jan C. *Die erfundene Freundschaft. Propaganda für die Sowjetunion in Polen und in der DDR (1944-1957).* Köln: Böhlau, 2005. Print.

"Beszélgetés Miljutyin Elvtárssal." *Új Zenei Szemle* 3 (1953): 8-10. Print.

---

18) 본 장의 연구를 위하여 헝가리연구재단의, 개발이노베이션사무실의 지원을 받았다 NKFIH, PD 115373.

Borhi, László. *A Vasfüggöny Mögött: Magyarország Nagyhatalmi Erőtérben, 1945-1968.* Budapest: Ister, 2010. Print.

Borsody, István. "A Szovjetunió Közép- és Kelet-Európa-politikája és Magyarország, 1941-1947." *Magyarország és a Nagyhatalmak a 20. Században.* Ed. Romsics Ignác. Budapest: Teleki László Alapítvány, 1995. 163-69. Print.

Chulaki, Mihail. "A Szovjet zene Időszerű Kérdései: Mihail Csulaki Előadása a Zeneakadémián 1949. február 24-én." *Zenei Szemle* 1 (1949): 28-36. Print.

"Csulaki, Oborin és Vlaszov a Zeneakadémia növendékei között." *Új Világ.* 26 Feb. 1949: 7. Print.

Horváth, Zoltán G. „Néhány Megjegyzés Tánczenénkről." *Új Zenei Szemle* 5 (1954): 8. Print.

Habermas, Jürgen. *Strukturwandel der Öffentlichkeit.* Berlin: Suhrkamp, 1999. Print.

Hajdú, Tibor. "Szovjet Diplomácia Magyarországon Sztálin Halála Előtt és Után." *Magyarország és a Nagyhatalmak a 20. Században.* Ed. Romsics Ignác. Budapest: Teleki László Alapítvány, 1995. 195-201. Print.

Heikinheimo, Seppo. "Tikhon Khrennikov in Interview." *Tempo* 173 (1990): 18-20. Print.

Ignácz, Ádám. "'Hungarian in Form, Socialist in Content': The Concept of National Dance Music in Stalinist Hungary (1949-1956)." *Made in Hungary. Studies in Popular Music.* Ed. Emilia Emilia and Tamás Tófalvy. New York: Routledge, 2017. 69-76. Print.

Ignácz, Ádám. "'Music for Millions': János Maróthy and Academic Research on Popular Music in Socialist Hungary." *Muzikologija* 23 (2017): 117-25. Print.

Kadosa, Pál. "Az Oszipov népi Zenekar Magyarországi Vendégszereplése és Annak Tanulságai." *Szovjet Kultúra* 1 (1950): 39. Print.

Lányi, Viktor. "A Magyar-Szovjet Barátság Hónapjának zenei Eseményei." *Szovjet Kultúra* 3 (1950): 20. Print.

Maróthy, János. "Tánczenénk Fejlesztésének Néhány Sürgető Feladata." *Új*

Zenei Szemle 5 (1953): 1-6. Print.
"Miljutyin Elvtárs a Szórakoztató Zenéről." *Művészeti Dolgozók Lapja* 19. Mar. (1953): 3. Print.
MNL OL P2148. Documents of the Hungarian-Soviet Society. National Archives of Hungary, Budapest. Print.
MNL OL P2146. Documents of the Association of Hungarian Musicians. National Archives of Hungary, Budapest. Print.
MNL OL MNL OL M-KS 276. Documents of the Hungarian Working People's Party. National Archives of Hungary, Budapest. Print.
MNL OL MNL OL XIX-i-3-n. Documents of the Ministry of Public Education. National Archives of Hungary, Budapest. Print.
MNL OL XIX-i-3-o. Documents of the Ministry of Public Education. National Archives of Hungary, Budapest. Print.
Rainer, János M. "Sztálin és Rákosi, *Sztálin és Magyarország, 1949-1953.*" *Sztálin és Európa, 1944-1953. Magyarország és a Kreml, 1949-1965: Dokumentumok.* Ed. Litván György. Budapest, 1998: 91-100. Print.
Révai, József. "A 'Szovjet Kultúra' Megjelenéséhez." *Szovjet Kultúra* 1 (1949): 1. Print.
___. "Révai József Elvtárs Beszéde: Mindvégig ki Fogunk Tartani a MagyarSzovjet Barátság nagy ügye Mellett." *Új Világ* 19 Feb. 1953: 3-4. Print.
Standeisky, Éva. "A Kígyó Bore: Ideológia és Politika." *A Fordulat Évei, 1947- 1949: Politika, Képzőművészet, Építészet.* Ed. Éva Standeisky. Budapest, 1998. 164-66. Print.
Starr, S. Frederick. *Red and Hot: Jazz in Russland 1917-1990.* Vienna: Hannibal, 1990. Print.
"Szűnjék meg az Imperializmus Propagandája a Könnyűzenében." *Művészeti Dolgozók Lapja* 15 Aug. 1950: 9. Print.
"Tánczenekaraink VIT versenye a Kozmopolitizmus Elleni harc Jegyében." *Művészeti Dolgozók Lapja* 31 Aug. 1951: 1. Print.
Tamássy, Zdenkó. "A Magyar Tánczene Kérdései." *Új Zenei Szemle* 6-7 (1950): 37-8. Print.

Tomoff, Kirill. "'Most Respected Comrade...': Patrons, Clients, Brokers and Unofficial Networks in the Stalinist Music World." *Contemporary European History* 1 (2002): 33-65. Print.

Vitányi, Iván. "Az új Magyar Társasági Tánckultúráról." *Művelt Nép* 8 (1950): 16-17. Print.

Zhdanov, Andrei A. [A.A. Zsdanov]. *A művészet és filozófia kérdései.* Budapest: Szikra, 1949. Print.

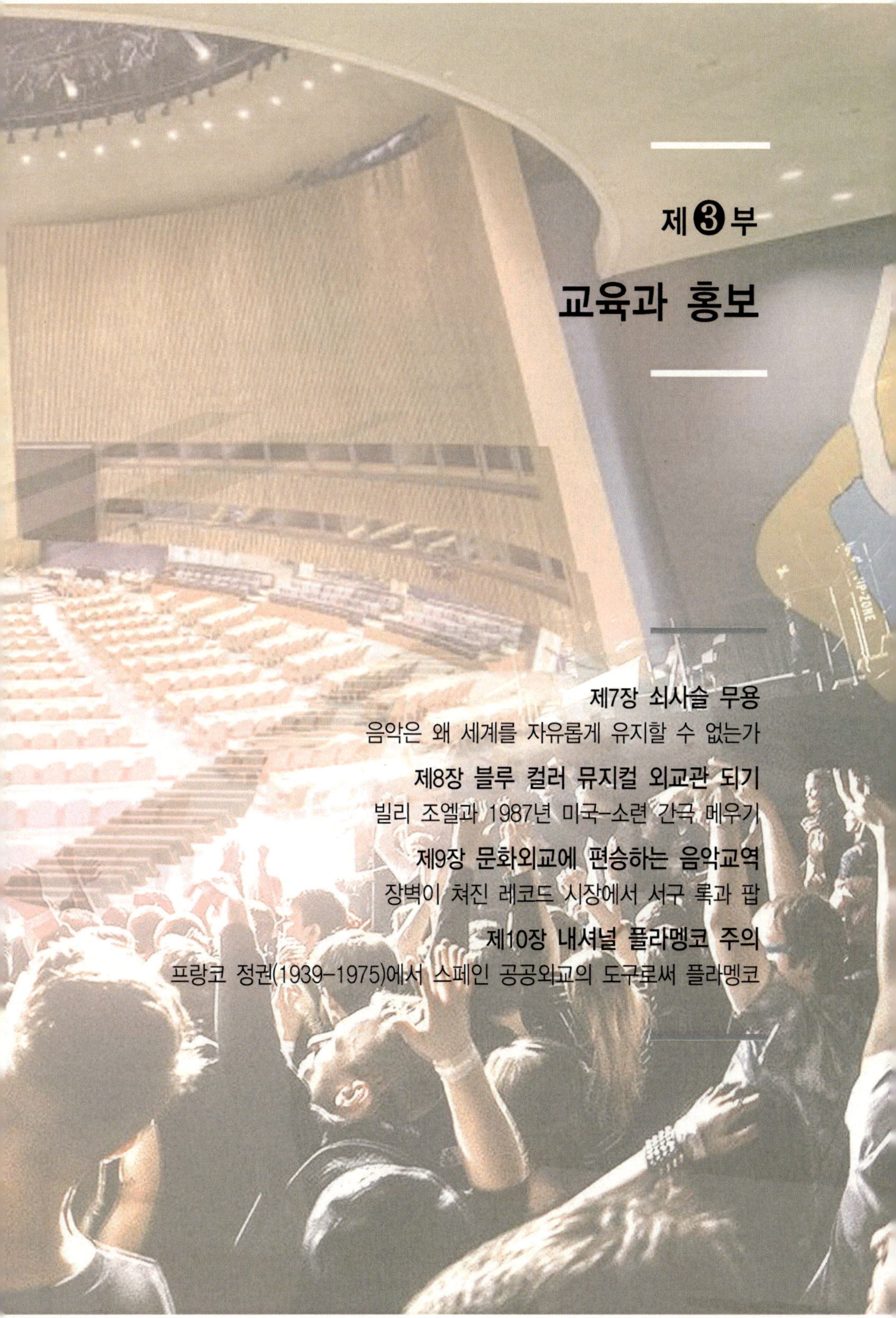

제❸부

교육과 홍보

제7장

쇠사슬 무용
음악은 왜 세계를 자유롭게 유지할 수 없는가

마사 베일스 *Martha Bayles*

나의 논문 제목은 프리드리히 니체Friederich Nietzsche로부터 나왔다247. 그러나 현재 이것은 시진핑 주석의 압력 하에서 활동하는 중국 작가, 학자와 저널리스트들의 경험을 설명하는 방식으로 인용되는 중이다. 물론, "자체 검열"에 대한 다양한 공식·비공식 압력에 관한 유사한 불평을 만든 수많은 서구 학자와 저널리스트 등이 존재한다.[1] 그래서 이와 같은 광의적 의미로, 우리 모두는 쇠사슬을 차고 춤을 추고 있는 중이다.

그러나 쇠사슬이 존재하고 또 존재한다. 정치 자유와 표현의 자유 등은 서구에서 살고 활동하는 우리들에 의하여 향유되는 정치 자유와 표현의 자유 등은 완전하진 않다. 그러나 이러한 것들은 권위주의적인 대안보다는 상당히 나은 것이다.

미국 대중음악이 정치 자유와 표현과 언론의 자유 등의 신호등으로 보게 되었을 때는 50년 전 시기이었다. 그와 같이, 이것은 파시스트

---

1) 이러한 견해에 관한 셀 수 없는 사례들이 있지만, 한 가지 눈에 띄는 선언은 2015년 1월 15일 버먼트 대학 청중 앞에서 언급했던 살만 루시디Salman Rushdie로부터 나왔다. "누군가가 다음과 같이 말하는 순간, '나는 언론의 자유를 신뢰하지만,' 나는 듣기를 중단 한다"Associated Press.

또는 공산당 지배 하에서 살고 있는 수백여만 명의 주민들에게 자유민주주의를 매력적인 것으로 만드는데 중요한 역할을 수행했다. 제2차 세계대전과 냉전 등을 걸쳐 이어진 시기이었다. 이야기가 단순한 도덕적인 이야기도, 사실도 아니었다.

본 논문의 주제는 미국 대중음악과 미국 공공외교 간의 관계는 극적으로 변화했다는 것이다. 대중음악이 자유민주주의의 상징이 되는 것이 중단되어 왔을 뿐만 아니라 이것은 일반인들을 물리치고 독재자를 강화하는 서구 자유에 관한 부정적인 이미지를 확대했다.

본 논문은 네 가지 부분으로 구성된다. 1)은 대중 음악첫 번째는 재즈이고 그 다음엔 록이 어떻게 제2차 세계대전과 냉전의 중요한 시기동안 미국의 권위를 제고하는지에 관한 개관이다. 2)는 1989년 베를린 장벽 붕괴 이래로 발생했던 극적인 변화에 관한 간략한 요약이다. 3)에서는 오늘날 대중음악이 어떻게 세계 자유에 관한 지지여부에 관한 몇 가지 사례들이다. 4)는 미국인—그리고 유럽인—등이 21세기 동안 새롭게 변화된 공공외교를 발전시킨다면, 우리는 우리가 지금까지 노력해 왔던 것보다도 이러한 역사로부터 매우 설득력 있는 교훈을 얻어야만 할 것인지에 관한 경고이다.

삼 잎 국화에서 플라스틱 인간으로

유럽인과 러시아인 등은 재즈를 1917년경에 알게 되었다. 시드니 베체트Sidney Bechet, 1897-1959가 작곡가 겸 지휘자인 윌 마리온 쿡Will Marion Cook, 1869-1944을 대동하고 유럽 순회공연을 했을 때이었다. 그런 다음, 제2차 세계대전 동안, 미군 방송방의 재즈 프로그램은 미군뿐만 아니라 일반 유럽인 등에게도 위안을 제공했다. 이러한 인기에 힘입어서, 1955년 브이오에이VOA는, 진행자 윌리스 코노버Willis Conove가 이것을 부른 바와 같이, 철의 장막에 있는 3,000만 명을 포함하는 전 세계적으로 1억 명의 고정 청취자들에게 "음악의 자유"를 전송하기 시작했다Thomas. 그런 다음 1960년대 초, 국무부는 시드니 베체트, 루이 암스트롱Louis Armstrong, 1901-1971, 듀크 엘링턴Duke Ellington, 1899-1974, 데이브 브루벡Dave Brubeck, 1920-2012, 베니 굿맨Benny Goodman, 디지 길레스피Dizzy Gillespie, 1917-1993 등과 같은 재즈 거장들의 순회공연을 후원했다.

브이오에이 방송의 파급력은 기록으로 잘 남겨져 있다. 러시아 소설가인 바실리 악시오노프Vassily Aksyonov, 1932-2009의 경우에, 그들은 "미국 비밀 병기의 넘버원이었는데. . . 지평선 위에 있는 일종의 삼 잎 국화이었다"Richmond 207. 어떤 젊은 러시아 팬에게는, 코노버의 프로그램은 "내가 절망에 빠져있을 때 한 줄기 빛이었다"Lester. 체코슬로바키아의 어떤 언더그라운드 재즈 음악인으로 그의 과거를 되돌아보면서, 소설가인 요제프 외크보레키Josef Škvorecky, 1924-2012는 "우리의 달콤하고 거친 음악은 나의 조국을 성공적으로 통치했던 히틀러에서 브레즈네프까지 권력에 굶주린 인간의 측면을 향한 날카로운 가시였다83.

순회공연은 매우 쉽지 않은 일이었다. 부분적인 국무부의 핵심 정책결정자들은 소련의 미국 인종주의에 관한 비판을 피하기 위해 아프리카계 미국인을 활용하는 것에 관심이 별로 없었기 때문이었다. 역사학자 페니 본 에센Penny von Eschen은 "자선 대사로서의 흑인 예술인 활용에는 "완전한 모순"이 존재한다고 지적한다. . . 미국은 여전히 짐 크로우Jim Crow, 미국남부에서 허용되는 인종차별법 나라인데 말이다"9. 이것은 사실이다. 그러나 본 에센이 지적한 바와 같이, 순회공연은 대부분의 지역에서 성공했다. 음악인들은 인종차별에 관하여 자유롭게 언급하도록 허용되기 때문이다. 주제에 대한 가혹한 비판이 국무부의 후원을 뒤집어 놓은 길레스피 조차도 "우리의 인종 간 그룹은 적화 선전red propaganda에 강력하게 반대"함을 인정했다Gillespie qtd. in Eschen 17.

그러나 록의 가장 위대했던 순간은 늘어나는 커뮤니케이션과 여행 등이 미국과 영국 대중음악의 꾸준히 동쪽으로 향하는 흐름을 촉진했을 때인 1970년대와 1980년대 동안으로 더디게 찾아왔다. 상업적으로 성공한 록, 소울, 그리고 포크 행위에서 프랑크 자파Frank Zappa의 더 마더스 오브 인벤션the Mothers of Invention과 벨벳 언더그라운드Velvet Underground 등과 같은 많은 언더그라운드 그룹까지였다. 이들은 어두운 가사와 부조화스러운 선율 때문에, 후자의 두 그룹은 브이오에이의 검열에 통과하지 못했다. 그러나 동유럽과 소련 등에 있는 이들 밴드의 저항적인 분위기가 부여되면서, 이들의 비공식적인 위상이 이들에 영향력을 더해주었다Bayles, "Struggle".

이러한 영향에 관한 최적의 사례로는 벨벳 언더그라운드 모델을 따른 체코 밴드인 플라스틱 피플 오브 더 유니버스Plastic People of the Universe이다. 러시아 탱크들이 프라하의 봄을 깔아뭉갠 직후인 1968년 결성된 플라스틱 피플의 음악은 세련되지도 특별하게 항상 관객을 즐겁게 하지도 않았다—사실상, 이들의 1970년대 공연들은 록 공연이라기보다는 아방가르avant-garde "사건"과도 같은 것이었다. 그러나 시간이 흐르면서, 공산 정권에 관한 밴드의 고집스런 도전은 다음과 같은 것을 불러 일으켰다. 1976년은 밴드 구성원들이 카프카에스크kafakaesque, 억압적이거나 악몽 같은 프란츠 카프카의 픽션 세계를 떠오르게 하는 특징재판에 연루되었을 때인데, 바츨라프 하벨Václav Havel, 1936-2011이 그들의 변호를 담당했다. 재판은 소련 지배에 대한 체코 저항운동의 사람들을 결집시키는 계기가 되었다Vaughan.

이에 따라서 국내에서 권위를 전복시키고 심지어 해외에서 매우 도전적으로 되게 할 작정으로 미국의 대항문화를 만들었다. 과정은 1980년 내내 지속되었다. 미국과 영국의 대중음악이 러시아와 동유럽 사람들의 세대에서는 제2의 본성이 되면서 말이다. 그런 다음 베를린 장벽이 무너졌고 1990년대가 다가왔다—이에 대한 역사의 정의가 아직 쓰여 지지 않았던 전환기의 10년이었다. 우리의 현재 세상이 이것이 가져온 변환으로부터 여전히 가시질 않고 있기 때문이다.

탈냉전의 변환

우리는 지금부터 이러한 변환들 중에 세 가지를 지금부터 살펴보자. 미국 공공외교의 가파른 내리막, 미국 대중문화 수출의 급증과 새로운 종류의 권위주의—러시아, 중국과 수많은 다른 국가들—의 등장이다. 사회경제적 자유가 팽창하는 반면에, 최소한의 정치적 자유는 전례 없이 제한적인 국가들이다.

첫 번째 변환은 1993년과 2001년 사이에 발생했다. 미국 문화교육교환프로그램의 재정지원은 3분의 1로 삭감되었는데, 3억4천9백만 달러에서 2억3천2백만 달러로 말이다Curb Center 18. 해외에서 이것은 만남의 장소와 자유로운 대화의 장소 등으로 오랫동안 수행해 오던 수많은 미국 도서관과 문화센터 등의 폐쇄를 의미했다. 1999년 마지막으로, 1953년 이래로 공공외교를 수행해 왔던 미국 공보국USIA, 해외에선 미국공보원 USIS으로 알려진이 해체되었다. 이것의 활동은 국무부로 분산되었다. 이것은 재정문제뿐만 아니라 이 분야에서 활동하기 위한 공공외교관의 역량 등에서 독자성에 관한 급격한 상실을 의미한다.[2]

두 번째 변화는 전 세계적인 뉴 미디어 시장 개방이었다. 국가가 통제했던 지상파 방송들이 민간이 소유하는 새로운 위성 방송을 탄생시켰다. 내용에 목말랐던 이러한 방송들은 어마어마한 숫자의 미국의 장편 극영화, 텔레비전 프로그램과 대중음악 등을 얻었다. 할리우드에서 가장 성공한 수많은 개인들이 폭력과 저속함의 표피를 누르는데 바쁘던 시기이었다. 결과는 미국에서의 삶에 대한 지식이나 경험이 없었던 비서구 세계로 미국 연예물들이 급격하게 유입되었다.

미국 정부의 누구도 이것이 어디로 진행될 것인지를 걱정하지 않았는가? 그러나 몇 가지 뚜렷한 예외가 존재했다. 예를 들면, 미국 공보

---

2) 본 논문에서 만들어진 수많은 것들처럼 이러한 선언은 예전 공공외교관과 외교관리 등과 수행한 필자의 많은 인터뷰에 기반을 둔다*Through a Screen Darkly*를 보라

원인 막 폐쇄될 무렵인 1998년, 원장이던 조셉 더피 Joseph Duffey)는 "미국 문화 전시. . . 주류 미디어에게만 단독으로" 남기는 것에 경고했다. 탁월한 예지력을 지닌 더피는 다음과 같이 계속했다.

> 미국이 공연물의 수출과 제작 등에서 주도적인 입장을 향유하는 동안, 이러한 제작물들이 미국의 광범위한 이익과 궁극적으로 민주주의 자체에 최적으로 작동하는지는 논쟁으로 남는다. . . . 도덕적으로 문제가 될 만 한 프로그램이 미국 시민들의 도덕심에 파괴적이라고 여긴다면, 이것이 국제무대에서 광범위하게 방영될 때 이러한 프로그램에 대해서 무엇이라고 이야기 하겠는가? 한 편으로, 이것은 미국 공연을 포용하는 국가들에서 동일한 타락시키는 영향을 가질 수 있다. . . . 다른 한 편으로, 미국과 서구 가치에 의하여 접근하자 못하게 된 국가들에서, 새로운 "신-유교"Neo-Confucianism를 주창하는 환 태평양국가들이거나 서구 세속주의 특히 미국을 거부하는 이슬람 국가들과 같은, 도덕적으로 부패하고 지성적으로 공허하다13.

세 번째 변화는 심지어 걱정스럽기까지 했다. 국민 생활의 모든 면을 통제하기보다는 오히려 정치사상과 행동 등을 통제하는 데만 몰두하는 새로운 유형의 권위주의 통치의 부상이다. 이러한 새로운 접근방법의 중심에는 미디어가 있다. 북한을 예외로 하더라도, 세계는 국가 선전을 무의미하게 하는 시대를 넘어서서 움직여 왔다. 대신에, 러시아, 중국과 다른 권위주의 국가 미디어는 지난 20여 년 동안 서구 공연과 "교양 오락 프로그램"infotainment 등을 복사하는데 소비했다. 반면에 동시에 서구의 정치 보도를 베끼는 것을 엄격하게 금지했다—매우 일반적으로 이야기 하면 언론의 자유Diamond et al.

더피가 제시한 바와 같이. 이와 같이 동일한 정권들은 어떻게 몇몇 서구의 대중문화를 이것에 반대하는 지를 배우게 되었다. 조잡하고 선정적인 영화, 텔레비전 쇼 그리고 대중음악 등을 유럽과 (특별하게) 미국 등은 "비도덕적이고" "퇴폐적이며" "동성애적"이라는 증거로 인용하면서 말이다13. 이것은 이러한 정권들에게 서구 문화 수입 봉쇄에 대한 구실을 제공 한다—서구화된 엘리트를 화나게 하지만 대부분의 국민에 의하여 지지받는 검열의 형태로 말이다. 지금 푸틴의 러시아 시진핑의 중국 등에서 처음 보여 진 첫 번째 조치는 정부에 대항하는 목소리를 높이려는 반체제인사, 예술가, 작가, 학자, 활동가, 블로거, 그리고 모든 이 등을 포함하는 엄중 단속을 확대 한다Diamond et al.를 보라; Ostrovsky를 보라; Arutunyan for Russia; 중국의 경우엔 Brady; Stockmann를 보라.

다르지만 일반적으로 걱정되는 역동성은 아이에스ISIS, 알카에다Al Qaeda와 보코하람Boko Haram 등과 같은 폭력적인 이슬람 극단주의 단체의 온라인 충원 노력에도 활용된다. 이들 단체들은 또한 서구 미디어의 비도덕성과 퇴폐성 등을 비난하지만, 잔인함과 살인 등의 자신들만의 행동을 개최하고 영화로 만들 때, 그들은 또한 이러한 미디어들을 활용한다. 특별하게, 그들은 미국 액션 영화, 비디오게임, 리얼리티 쇼, 심지어 포르노의 스타일과 이미지 등을 차용 한다Cottee, "Pornography"; "Challenge"; "Jihad". 결과는 호기심과 모험심 등을 탐닉에 호소하면서 중동과 서구의 젊은이그리고 몇몇은 여성들을 이끄는 공연-선전의 끔찍한 형태이다—전통적인 이슬람가족과 공동체의 삶의 구속으로부터의 자유는 언급할 필요도 없이 말이다Fernandez.

이러한 새로운 위협들은 냉전 초기 동안 서구가 직면했던 것들만큼이나 복잡하다. 그러나 불안하게도, 우리는 신속하게 이것들을 파악하지 못하고 있는 것 같다.

대중음악은 어떻게 자유를 지지—그리고 그렇게 하지 않는가—하는가

1917년으로 되돌아가면, 윌슨 미국대통령은 새로운 영화매체를 "미국의 기획과 목표의 실현에 스스로를 의미 있게 차용되는 [바로 그] 보편적인 언어"로 설명 한다in de Grazia 299에서 인용. 그 이후부터, 워싱턴은 할리우드 제작물의 수출을 진작시키고자 지속적으로 노력해 왔다. 가끔,

이러한 노력들은 다른 정부들에게 소외감을 느끼게 했다. 워싱턴은 내성이 강한 외국시장을 개척하기 위한 강압조치를 활용했을 때이었다. 그러나 대중음악 수출 장려는 미국인들에겐 소외감을 느끼지 않았다. 부분적으로 이것은 납세자에 대한 부담을 부과하지 않기 때문이다. 대조적으로, 이것은 두둑한 수익을 만들고 무역균형을 바로잡는 데 도움을 주었다.

냉전 종식 이후 예전 소련 영향권으로부터 부상된 재즈와 록 음악 등에 대한 공물을 바친다. 당신은 일반적으로 대중음악 수출, 특별한 대중음악이 왜 오래 동안 적절한 비즈니스와 훌륭한 공공외교로 여겨온 이유에 대한 충분한 설명을 가진다. 그러나 이것은 여전히 사실인가?

대중음악 수출은 매우 괜찮은 비즈니스이다. 미국 음악 산업(음악회와 순회공연 등을 포함)의 전 지구적인 수입은 2012년 이래로 150억 달러를 지속적으로 유지해 왔다Media and Entertainment Spotlight. 이러한 지표는 줄어들고 있는 중이다. 유럽과 아시아 시장과의 경쟁 그리고 물론 디지털 혁명 때문이다. 그러나 미국인 여전히 "빅 쓰리" 음반회사-유니버셜 뮤직 그룹, 소니 뮤직 엔터테인먼트, 워너 뮤직그룹—뿐만 아니라 강력한 인디 부문 등의 본거지이다. 그리고 미국은 글로벌 공연권리 시장뿐만 아니라 모든 "수입 일치"의 절반 또는 영화와 비디오게임 등과 같은 다른 미디어에서 음악사용 지불비용 등의 수입을 여전히 주도 한다Media and Entertainment Spotlight.

그러나 증거는 정치자유와 표현의 자유 등에 관한 미국에서 가장 존중받는 이상과의 의견교환과 관련하여 좋은 뉴스와 나쁜 뉴스가 존재함을 제시한다. 오늘날 수출의 몇 가지는 이러한 이상들을 의견 교환할 때 효율적인데, 다른 것들은 그렇지 않다.

첫째, 좋은 뉴스이다. 거의 모든 국가에서, 영국에서 *팝 아이돌*Pop Idol, 미국에서 *아메리카 아이돌*American Idol 등과 같이 선구가 된 텔레비전 형식의 현지화 버전이 존재한다. 이러한 쇼들은 "리얼리티 쇼"로 언급된다. 여기에는 일반인들을 출연시킨다. 전문 출연진과는 반대로 말이다. 그러나 두 가지 종류의 리얼리티 쇼가 다음과 같이 존재한다. *전시주의적인 것*인데, 순진하고 현혹된 국민들이 바보스러움과 몰염치 등에 기반 하여 경쟁을 한다는 것이다. 재능에 기반 것인데, 가수, 무용수와 요리사 그리고 다른 야심찬 아마추어 등은 노력과 기술 등에 기초해서 경쟁하는 것이다. 팝-아이돌 쇼는 *재능에 기반*한다. 이것이 공연하는 가치—노력하고, 규칙에 따라 공연하고 공정 경쟁의 결과를 수긍하고—는 민주주의와 관련된 전 분야이다.

아마도 가장 두드러진 사례가 중국에서 일어났다. 대중문화의 옵서버의 입장에서, "Youth Culture with Chinese Characteristics"라고 불렸던 것을 창출하기 위한 북경의 노력 그 이상으로 뛰어난 것은 최근에는 보이지 않았다. 1990년대와 2000년대 동안, 이러한 노력들은 잘 짜여지게 눈금을 매긴 검열 시스템의 일부이었다. 대량판매 시장용의 신문과 영화 등이 거의 재량을 누리지 못한다. 그러나 소규모 신문, 순수예술과 영어 장학금 등은 상당한 것을 누렸다. 이것 모두는 독자의 규모와 잠재적인 영향 등에 의지한다. 그러나 텔레비전에서 패턴은 달랐다. 통제의 정도는 내용보다도 청중 규모에 덜 의존한다. 텔레비전 뉴스는, 특히 정치 뉴스, 엄격하게 통제되었지만, 텔레비전 엔터테인먼트는 상대적으로 행동의 자유를 부여받았다.

이에 따라서, 2004년 지역 텔레비전 채널인 후난 위성 티브이Hunan Satellite TV는 *The Mongolian Cow Sour Yogurt Super Girl Contest* (나중에 주요 스폰서)라고 불리우는 팝-아이돌 쇼를 가지고 나타났다. 슈퍼 걸로 더 잘 알려진, 이 쇼는 현지에서 히트를 쳤고, 채널이 위성을 통하여 방송 허락을 받았을 때, 이것은 국민적인 열풍을 불러왔다. 후난, 광동, 허난, 저장 그리고 쓰촨 지역에서의 오디션에는 120,000명 이상의 경쟁자들이 몰려들었다. 팬들은 거리와 쇼핑몰 등에서 대중 공연을 열었다. 국가 공식 신문인 *차이나 데일리* 지에 수백만 명의 중국인들이 "개방화된 사회의 증거라고 투표하는 행복감으로. . . 몰아넣는 것"에 논평을 재촉했다Zhou Dake qtd. in Zhou. 그리고 시즌 마지막 회에서는 4억 명의 시청자를 끌어들였고 800만 명이 문자 투표에 참여했다문자투표가 돈으로 지불되지 않아도 거의 틀림없이 높은 숫자.

우승자인 쓰촨 출신의 21세의 음악학도인 리우춘Li Yuchun은 청바지와 헐렁한 셔츠 등을 입고 아무런 화장도 하지 않고 남성들이 일반적으로 부르는 노래를 부르면서 카리스마를 겸비한 파격적인 인물이었다. 키가 훤칠하고 뾰족한 머리를 지닌, 리의 출현은 서구에선 놀라지 않았을 것이다. 그러나 중국에서, 이처럼 괴짜의 우승은 폭발적인 공론의 장을 만들었다—특별하게 홍콩판 *타임*지에서 "*슈퍼 걸*—민주주의를 시험하는가?"라고 물어본 이후에 말이다.

이 쇼의 인기는 중앙선전국이 이것을 노골적으로 금지하려는 것을 곤란하게 만들었다. 그러나 내가 북경에서 인터뷰를 했던 중앙글로벌커뮤니케이션위원회의 한 관리에 따르면, 슈퍼 걸은 "정부 고위 차원에서 긴급 논쟁"을 불러 일으켰다"Bayles, *Through a Screen Darkly* 104. 결국, 선전부는 이것이 최적으로 할 수 있는 것을 하기로 결정했다. 올바른 방향으로 여론을 다시 "안내하기" 위한 운동을 착수했다. 이것은 단계적으로 이루어졌다. 첫째, *차이나 데일리*는 다음과 같이 물었다. "모방 민주적 시스템이 정확하게 노래할 수 있는 최소한의 능력을 가진 가수 선발을 종식시키는가?"Zhou 52. 둘째, 루머는 리의 성적 지향에 관한 쑥덕공론이 있었다. 셋째, 공식여론 조사 (예측가능하게)는 *슈퍼 걸*에 관한 높은 수준의 공개적인 반대를 발견했다Bayles, *Through a Screen Darkly* 101-6.

이러한 정당성을 가지고, *슈퍼 걸*은 2008년 북경올림픽에 맞추어 제때 취소되었다. 이듬해 이것은 부활했지만, 이것은 더 이상 동일하지 않았다. 사실상, 이것은 충실한 팝 아이돌 쇼가 아니었다. 시청자 투표 과정을 통한 선발 대신에, 우승자는 그 당시 "전문가" 패널로 결정되었기 때문이었다. 정상적으로 준수했던 차이나 데일리조차도 실망한 것처럼 보였다. 한 사설을 인용하면, “공개투표시스템은 전문 음악인과 판사로 행동하는 공연회사 출신의 스타제조기 등에 유리하게 떨어졌다. 이것은 3년간에 걸친 최소한의 흥미 있는 경쟁이었다. 우리 모두는 대답을 알고 있기 때문이다”Tian.

그러나 여기에서 우리는 과거와 현재 간의 근본적인 차이를 발견한다. 리우춘은 교화소 또는 교도소 등으로 보내지지는 않았다. 모택동 시대에 확실하게 보내졌던 것과는 다르게 말이다. 대조적으로, 그녀는 공산당이 인정한 슈퍼스타로 만들어졌다. 2008년 그녀는 *Youth of China*라는 앨범을 발표했는데, 북경 올림픽이 “내린 선물”로 홍보되었다. 현재, 그녀의 음악은 크리스 리Chris Lee라는 영문 이름으로 수출된다. 그녀는 장 폴 고티Jean Paul Gaultie, 도나텔라 베르사체Donatella Versace, 칼 라게펠드Karl Lagerfeld 등과 같은 디자이너들을 위한 유명인 모델로 수요가 있다. 그리고 그녀는 코카콜라와 로레알파리L'Oréal Paris 등의 광고에 나타난다“Li Yuchun”.

내가 리의 성공을 절대 질투하려는 것은 아니다. 그러나 나는 그 당시 그녀를 둘러싼 국제적인 유명인사의 허황된 먹구름에서 왜 투표에서 승리하기 위한 그녀의 독자적인 정신과 파괴적인 힘은 정부의 엄중단속에 도발하기에 충분할 정도로 그녀를 위협하게 만드는 쓰촨 출신의 말괄량이에 관한 어떤 언급도 존재하지 않은 이유를 궁금해 한다.

이제 나쁜 뉴스이다. 권위주의 공연 선전에 관한 이러한 배경에 반대로, 확실한 자제에도 불구하고 역사상 거의 모든 예술가들보다 더 많은 표현자유를 향유하는 그룹인 미국과 유럽의 팝 스타를 보는 것은 괴로웠다. 도둑정치인과 독재자 등에 대한 화려함을 빌려주면서 스스로를 풍요롭게 했다. 2014년 5월 미국 랄 앤 비R & B 가수인 에라카 바두Erykah Badu, 1971-는 아프리카 스와질란드 왕인 음스와티 3세King Mswati III 생일을 축하하는 공연을 했다. 인권단체들이 분노를 표명했을 때, 바두의 대답은 다음과 같았다. “나는 책임지지 않는다. . . 나는 예술인으로 등록되었지 정치 활동가는 아니다"Brown. 27년 동안 스와질란드에선 자유선거를 치루지 않았음을 지적하는 또 다른 비평가에게, 바두의 응답은 다음과 같다. "나는 이것이 어떻게 왕국을 트웍twerk, 왕국이 몸을 낮추고 엉덩이를 흔들며 춤을 추는할 지를 생각 한다"Brown.

트웍에 대한 언급은 우연의 일치가 아니었다. 옥스퍼드 영어사전에 정의한 바와 같이, 트웍은 "성적인 자극적인 방식으로 몸을 낮추고 엉덩이를 흔들며 춤을 추는" 것으로 정의한다. 바두와 같은 공연자들은 성적 내용과 관련하여 자유로운 표현을 하는 자신의 권리를 방어하는 것에 잘 익숙해져 있다. 그들은 다른 종류의 비판에 무관심할 수 있다—그들은 굶주리고 핍박받지 않기 위해 일반인들의 권리 같은 것을 위한 비판을 포함시킨다.

이러한 빈약한 정치적 판단은 바두만이 가지는 것이 아니다. 음악회와 세레나데 폭군 등을 위한 아낌없는 지불을 받아들인 다른 음악계 명사 명단은 다음과 같다.

- 카니예 웨스트Kanye West, 1977- 는 2013년 스탈린주의 러시아에 걸맞은 치명적인 숙책을 주재한 카자흐스탄 대통령 나루 술탄 나자르바예프Nursultan Nazarbayevsms, 1940- 에 의하여 270만 유로화를 받았다.
- 제니퍼 로페즈Jennifer Lopez는 2013년 투르크메니스탄 대통령 구르반굴리 베르디무함메도프1957- 에 의하여 130만 유로화를 받았다. 그는 말을 타고 있는 금색 도금을 한 21미터 높이의 동상을 세운 그의 전임자의 "개인숭배"를 잔인하게 파괴해버린 것으로 알려진 "보호자"로 불리 우기를 주장했다. 투르크메니스탄은 프리덤 하우스의 최악의 목록에 지속적으로 올랐다.
- 스팅Sting은 2010년 우즈베키스탄 대통령 이슬람 카리모브Islam Karimov에 의하여 210만 유로화를 수령했다. 그는 수많은 소년들을 강제 노예 노동을 시킨 것으로 알려진다.

- 머라이어 캐리Mariah Carey는 2011년 리비아 대통령 무아마르 알 가다피Muammar al Gaddafi에 의하여 90만 유로화를 받았다. 그녀가 이것에 대하여 "끔찍하고 창피스럽다고" 느꼈다고 후에 주장했음에도 불구하고, 캐리는 매우 부패한 앙골라의 독재자인 조제 에두아르두 도스 산토스José Eduardo dos Santos, 1942- 의 딸인 이사벨 도스 산토스 Isabel dos Santos, 1973- 를 위한 공연으로 140만 유로화를 받고 갔다.

이 명단에 있는 공연자들 중에서, 설득력 있는 사과를 제공한 유일한 인물은 제니퍼 로페즈이었다. 나머지는 바두로부터 나온 이러한 부적절한 논평에 대한 변형을 결정했다. "결국, 나는 모든 이를 사랑한다. 그리고 나는 노예*와* 노예 주인들보다 먼저 자유를 보았다"Brown, 원문에 있어서의 강조.

골치 아픈 일이지만, 이와 같은 독재자를 위한 공연 관습은 21세기 모든 미국 음악의 홍보가 따랐던 것은 아니다. 가장 중요한 것은 미국 음악은 재즈는 윌리스 코노버의 유명한 어구인 "음악의 자유"를 구성한 날 이후에 겪어 왔던 것이었다. 미국 음악은 여전히 세계무대를 주도하고, 항상 나쁜 영향을 가지는 것은 아니다. 그러나 전 세계의 수백여 만 명의 사람들의 경우, 미국 음악 수출은 더 이상 코노버가 의미했던 긍정적인 맥락의 자유가 아님을 부정하지 않는다. 대신에, 이러한 수출의 대부분은 집요하게 섹스에 관한 것이었다.

대중음악은 항상 로망스, 에로티시즘과 쾌락 등에 관한 것이어 왔다. 그러나 최근에는 성적인 면이 덜해졌다. 이는 팝-아이돌 텔레비전 쇼에만 적용되지 않는다. 아마도 팝-아이돌 쇼들은 가족들이 시청(투표)하기 때문일 것이다. 그렇지 않으면 경쟁자들은 카메라에 대고 성행위 같은 동작으로 춤을 추고 노래의 비중은 줄어들 것이다. 이유가 무엇이든지 간에, 팝-아이돌 쇼는 음악 공연이 끊임없는 저속함에 대한 의무감 없이 많은 청중들을 끌어 모을 수 있다는 생생한 증거를 제공한다.

모든 대륙에서 상업방송 채널을 시청하고 당신은 비 미국인 연주와 보컬 스타일 등을 종종 활용하기 때문에 미국인의 소리가 들리지 않는 대중음악을 들을 것이다. 하지만, 그럼에도 불구하고 그것은 미국식이 바탕인 것이다. 즉, 귀에 들어오는 선율과 전염적인 리듬이 있는 3분짜리 노래이다. 이러한 음악을 미국 팝의 파생물로 설명하는 것은 미국 문화 패권에 반발로 "세계 음악"을 이끄는 사람들을 거슬리게 한다. 그러나 변치 않는 포크 스타일이 주류 안으로 길을 만드는 등의 드문 사례를 예외로 해도, "세계 음악"으로 언급되는 음악은 하이브리드hybrid이고, 이러한 하이브리드가 진짜 미국이다.

즉 정확하게 말하면, *아프리카계-미국인*이다. 나는 이 용어를 저명한 비평가인 헨리 플레젠트Henry Pleasants, 1910-2000로부터 차용한다. 그는 이것을 미국의 주도적인 음악 용어로 설명하기 위하여 활용했다. 아프리카계-미국인은 더 이상 관련 음악인들의 인종성을 언급하지 않는다. 오늘날 이것들은 전 세계의 모든 지역으로부터 왔기 때문이다. 대신에, 이것은 아프리카 노예와 그들의 자손 등에 의하여 미국으로 소개된 음악적 관행의 범위를 언급한다. 여기에서 활용된 것으로, 이 용어는 뚜렷하게 구별되는 특성을 공유하는 래그타임ragtime, 1900년대 초 미국 흑인들에 의해 처음 연주되기 시작한, 특히 초기 피아노 재즈에서 랩rap, 1970년대 후반부터 디스크자키와 흑인들에 의하여 발전된 팝 뮤직의 한 스타일까지 광범위한 범위의 음악 스타일을 포함하는데, 이것들 중에 매우 다양한 분야로부터 나온 음악적 영향을 흡수하는 능력과 리듬적 복합성이 있다Pleasants, *Serious Music*; Pleasants, *Great American Popular Singers*.

20세기 말과 21세기 초 전 지구적으로 흡인력이 있는 것으로 증명된 아프리카계-미국 음악의 두 가지 장르들은 마이클 잭슨Michael Jackson과 관련된 팝 스타일과 랩으로 알려진 힙-합이다.[3]

---

3) 힙합은 매우 포괄적인 문화 용어인데, 음악적이고 비음악적인 양면을 설명하는데 활용된다. 음악, 패션, 춤, 낙서와 교육 등과 같은 것이다. 랩은 원래 엠씨나 디제이 등

1980년대 엠티브이MTV의 도래와 마이클 잭슨이 "놀랄만한 콘서트"의 선구적 역할을 하면서, 미국의 팝 음악은 귀를 즐겁게 하는 것에서부터 눈을 즐겁게 하는 것을 더욱 중시하게 되었다. 이것은 하나의 문제를 창출했다. 음악적인 재능이 항상 신체적인 호소와 관련있는 것은 아니다. 음악에 주로 의지하는 인도 영화산업은 아름다운 얼굴을 가진 배우를 위한 음향을 제공하는 미성을 지닌 "플레이백 싱어"playback singer, 영화배우가 립싱크 하는 노래를 부르는 가수를 보유하면서 몇 년 전에 이 문제를 해결했다. 이 해결은 립싱크lip-syncing을 속임수로 생각하는 미국에서 통용되지 않았다. 대신에, 엠티브이 초창기에 채택되었던 미국식 해결 방법은 성적 매력이었다.

한 연구에 따르면, 성적 내용을 남은 미국 음악 비디오 비율이 1985년과 2005년 사이에 47퍼센트에서 73퍼센트로 상승했다Turner 160. 대부분의 콘서트가 노골적인 건 아니었지만, 다음과 같은 가차 없는 내용이 있었다. 점점 더 타이트한 옷을 입고 온몸을 비틀고 빙빙 돌고 있는 끝없이 늘어선 여성의 신체들 (관점은 일관되게 남성이었다). 이러한 이미지들은 래퍼와 팝 가수 등을 포함하는 흑인 공연자들의 비디오에 집중되었다—아프리카계 미국 공동체나 해외에서 언급되지 않아 왔던 사실이다.

유사한 패턴은 힙합에서 명백하다. 2000년대 중반까지 힙합과 멀티미디어 예술 형식 등을 하나의 뿌리로서 포용하며 성장하던 수많은 아프리카계 미국인들은 상업적인 랩 비디오들이 흑인 여성을 "남자 돈 빼먹기"와 "매춘부" 등으로 묘사하는 것에 반대하기 시작했다. 이 비디오들은 또한 흑인 남성을 상스러운 포주와 깡패 등으로 묘사했다. 2005

과 함께 활동하는 래퍼에 의하여 말해지는 운율이 있는 시에만 언급된다. 그러나 후에 이것은 힙합과 상호교환적으로 사용되기 시작했다. 이것들은 공식적인 정의는 아니지만 이것은 현대 미국식 영어에서 랩은 매우 저속하고 상술화 된 음악으로 설명되는 반면에 힙합은 뿌리 있고 종종 정치적인 표현으로 설명되는 것처럼 보인다.

년 흑인여성 잡지인 *에센스*Essence는 이 주제에 관한 온라인 논쟁을 시도했다"Take Back the Music". 그리고 편집장인 다이엔 웨더스Diane Weathers는 "아프리카계 미국인 형제자매들이 공연활동을 하는 것에 역겨움"을 표명하는 아프리카 독자들의 상당한 코멘트들이 있다고 나에게 이야기했다. 그들은 우리가 실성했는지 의심한다Weathers.

이것은 아프리카 사람들이 힙합을 싫어한다는 것을 의미하지 않는다. 공격성이 덜한 힙합은 미국 전역에서 인기이다. 그리 놀라운 사실은 아닌데, 원조 래퍼들은 서부 아프리카 *그리오*griot이다. 민족의 역사를 낭송하고 찬가를 부르며, 장식으로서 의례적인 모욕을 섞는 구술역사가들이다. 아프리카인들을 노예화한 카리브 해에서는 그들의 부족의 역사를 차단했기에, 찬양할 만한 게 거의 없었다. 그리오 전통은 모욕에 집중되었다. 시간이 지나면서, 이것은 두 가지의 광범위한 경향을 불러 일으켰다. 스스로를 찬양하는 한편 라이벌을 험담한다. 궁핍한 정치 상황에서 발언권이 낮은 사람들의 입장을 대변한다.

주로 1970년대 뉴욕으로 건너온 아프리카계 미국인과 아프리카계 카리브 이민자들에 의하여 만들어진 첫 번째 유행인 북미의 힙합에서는 래퍼와 엠씨MC 등이 공연을 위해 경쟁했다. 러나 1980년대와 1990년대 동안, 랩의 규모가 더 커지고 부유한 백인 청중을 사로잡기 시작하자, 예전 아프리카-미국인 음악 장르처럼 백인 공연자들의 전유물이 될 위험성이 높아졌다. "흑인으로 유지하는" 한 가지 방식은 "keep it ghetto."이다. 첫째 이것은 갱스터gangsta, 보통 공격적이거나 여성비하적인 노랫말로 된 랩의 일종랩을 의미한다. 이것은 정치적 메시지를 가지고 시작했지만 곧바로 갱 폭력의 섬뜩한 이야기 안으로 옮긴다. 다음은 폭음, 스트립쇼와 랩 댄싱lap dancing, 술집에서 스트리퍼 등이 손님에게 몸을 밀착시키어나 그의 무릎에 앉아 추는 관능적인 춤 등과 많이 관련된 파티 랩이 등장한다.

갱스터와 파티 랩 등은 미국과 해외 등에서 많은 돈을 벌어 왔다. 그러나 이것들은 또한 힙합의 명성에 먹칠을 했다. 전 세계적으로, 래퍼들은 불공정과 폭정 등에 대한 반대를 지속했다. 그러나 이들의 범위는 제한적이다. 저널리스트 로빈 라이트Robin Wright가 언급한 바와 같이, 중동과 같은 장소에서 심각한 정치 래퍼들은 물질주의, 여성혐오, 탐욕과 '서구 힙합'의 '갱스터' 폭력 등으로부터 스스로가 거리를 두어야만 한다121.

대중음악은 갱신된 미국 공공외교에서 위상을 갖고 있는가?

2001년 9월 11일 공격 이후, 워싱턴은 아랍 중동에서 공공외교를 부활시키기 위하여 재빨리 움직였다. 한 가지 매우 눈에 보이는 노력으로는 라디오 사와Radio Sawa인데, 상업적으로 혼합한 미국과 아랍의 팝 음악을 방송하는 정부가 후원하는 라디오 채널이다. 라디오 사와에 대한 많은 비판이 존재하는데, 시작은 브이오에이 아랍방송을 대체했다는 사실이다. 그 당시 프로그램 확대 기금을 위한 로비를 하고 있었다. 브이오에이의 아랍어 방송은 절대 이러한 기금을 받지 않았다—사실상, 이러한 방송은 종료되었다. 일반적으로 9/11 공격이후 며칠이 안 지나서 이것의 뉴스편집장은 탈레반 지도자인 뮬라 오마르Mullah Omar, 1960-2013를 인터뷰하려고 시도했다Bayles, Through a Screen Darkly 165-66.

중동을 잘 아는 수많은 미국인들의 비판 중 가장 중요한 것은 팝 음악을 방송 중인 라디오는 아랍 무슬림 젊은이의 폭력적인 급진화에 대해 호의적이지 않은 반응을 보였다는 것이다. 이러한 비판에서 강조하려는 것은 대부분의 아랍인들은 미국을 정치변동을 위한 희망의 등불로 여기지 않는다는 명백하지만 거의 적시되지 않는 사실이다. 자유를 호흡하고자 하는 동유럽과는 다르다. 반면에, 그들은 워싱턴의 중동의 수많은 억압적인 정권들을 오랫동안 지원해 왔다는 것을 너무나 잘 알고 있었다.

여전히 다른 비평가본인을 포함한들은 지성인, 활동가와 쉐이커 등의 목표를 잘 둔 청중들에게 다가가는 공공외교 전략을 따랐던 브이오에이와는 다르게, 라디오 사와는 거대하고 차별 없는 젊은 청중들을 모으려고 노력하는 상업적인 전략을 추구했다. 대중을 즐겁게 하는 것이 공공외교의 일부로 여기지 않았기 때문에, 이러한 비평가들은 라디오 사와는 최적의 자원 활용이 아니라고 결론 내렸다.

이것은 대중음악은 더 이상 미국 공공외교에서 활용될 수 없음을 의미하는가? 그렇기도 하고 아니기도 하다.

힙합부터 시작하자. 힙합외교의 첫 번째 물결은 2000년대 중반 시작되었다. 국무무가 북아프리카와 중동뿐만 아니라 파키스탄, 몽골 그리고 인도네시아 등에 "힙합 사절"을 파견하기 시작했을 때이었다. 이 아이디어는 미국의 인종적, 종교적 다양성뿐만 아니라 전형적인 표현의 자유를 보여주는 젊은 미국인들을 통해 폭력적인 극단주의로부터 이에 불만을 품은 무슬림 청년들을 분리하려는 것이다. 2006년 유사한 프로그램에 대한 몇몇 영국, 네덜란드, 그리고 프랑스 관리들의 실패는 영국, 네덜란드, 그리고 프랑스 등에 있는 무슬림 이민자 이웃에서 시작되었다Aidi.

한 가지 면에서, 이러한 노력은 현저하게 목표에 이르렀다. 초대이자 가장 저명한 힙합사절인 토니 블랙맨Toni Blackman에 따르면, 프로그램의 핵심 메시지는 힙합의 모든 이는 "엠티브이에 나오는 비행청소년처럼 행동해서는" 안 된다는 것이었다. 사실상, 블랙맨은 "주류 라디오와 텔레비전 등이 표현하는 저속하고 공격적인 랩을 반복해서 강조했는데. . . 릴 웨인Lil Wayne 또는 제이-젯Jay Z 또는 50센트,. . 우리가 이야기하고자 하는 것이 아니라는 것이다 "Hip-Hop Diplomacy".

블랙맨은 "영성, 종교, 감정과 느낌, 사랑의 노래, 부모의 생일. . . 마음으로부터 나오는 진정한 이야기 등에 관한 표현을 가지고 "세대를 넘어서서 도달하기" 위한 하나의 시도로서 그녀만의 공연을 설명한다 "Hip-Hop Diplomacy". 어떤 모로코 참가자의 반응으로 판단해보면, 메시지는 전달되었다—그리고 메시지는 힙합에 대한 것만이 아니었다. 이것은 또한 다음과 같이 미국에 대한 것이었다. "나는 수많은 래퍼들, 남성과 여성 등에게 이야기하면서 걸어갔다. 이것은 당신이 텔레비전과 영화 등에서 보는 것이 아니"라고 이 참가자는 말했다. "미국에 있는 사람들, 그들은 저속하지도 않고, 그들은 진짜 주제에 대해서 우리처럼 이야기할 뿐이다"Hip-Hop Diplomacy".

그렇지만, "진짜 주제"는 도전을 노정시킨다. 힙합은 멜로디와 하모니 등에 대한 언어와 리듬을 강조하는 음악 형식이다. 모든 언어처럼, 힙합에 관한 더 효과적인 노랫말은 모든 목적으로 전환될 수 있다. 예를 들면, 아랍의 봄Arab Spring 동안, 힙합은 다음과 같은 다양한 견해를 표명하는데 익숙했다. 반정부, 친정부, 반 민주주의, 친 민주주의, 그리고 종파주의—심지어 급진적 이슬람주의. 이와 같은 맥락에서, 미국 힙합 사절이 무심코 현지 분쟁을 편들지 않고 특정 청중과 연계하는 것은 힘들다Aidi.

이러한 도전은 힙합 외교의 두 번째 물결에 반영된다. 국무부 프로그램은 넥스트 레벨Next Level로 부른다. 최근에 이것은 방글라데시, 보스니아, 헤르체코비나, 엘살바도르, 온두라스, 인도, 몬테니그로, 세네갈, 세르비아, 탄자니아, 태국, 우간다와 짐바브웨 등에 있는 힙합 연주자에게까지 다가가는 것이었다. 페이스북 페이지에서 언급된 바와 같이, 이 프로그램의 목적은 "문화교류, 기업가정신, 분쟁예방 등을 제고하는 것"이다"About Next Level". 이 프로그램으로 우간다를 순회했던 미국 참가자인 수지 아나로그Suz Analogue는 아주 고상한 견해를 가진다. 프로그램의 웹사이트에 대해서 증언을 하면서, 그녀는 "이것의 목표는 전 세계적인 평화와 이해를 증진시키는 것"임을 주장했다. 그런 다음, 아마도 보다 더 현실적으로 말해야 할 필요를 느끼는 것은 "전 지구적으로 힙합 음악에서 비트 자체는 사람들을 함께 하고 생각과 자기표현을 공유하는 주춧돌로 작동하는 것"이라고 덧붙인다"Uganda".

이러한 주장들은 재즈는 "자유의 음악이라고 한 코노버의 냉전 시기 발언을 생각나게 한다. 이러한 주장을 뒷받침하기 위해서, 코노버는 미국 민주사회에서의 개인과 공동체의 상호작용과 재즈 연주에서의 솔로와 앙상블의 그것을 자주 비교하곤 했다. 다른 말로 하면, 코노버의 주장은 재즈를 미국의 중요한 것과 연계시키려고 노력했다—즉, 정치 자유 시스템과 개인의 권리 보호이다. 대조적으로, 프로그램이 정치와 관련된 것을 *회피하려* 하기 때문에 힙합외교를 대표하는 이런 주장은 너무나도 애매하게 보이는가?

다음과 같은 음악 공공외교에 관한 덜 가시적인 활용으로 끝맺으려고 한다. 텍사스 오스틴 출신 전직 외교관인 데이비드 파이어스타인David Firestein의 테네시주 내시빌에게 높은 수준의 상업적인 컨트리 음악 장르라는 정체성을 준 일련의 발표이다. 파이어스타인은 컨트리 음악을 들으면서 자라지 않았다오스틴은 내시빌과는 지리적으로 문화적으로 먼 지역이다. 그러나 러시아와 중국 등에서 수년 동안 봉직한 이후, 파이어스타인은 국무부는 해외에 있는 사회적으로 보수적인 청중들에게는 지나치게 "재즈와 힙합 지향적"이라고 믿게 되었다Firestein, Event. 그래서 그는 외국 청중들에게 미국 대중음악을 상당히 보수적인 형태로 소개하기 위해 그의 유창한 만다린과 러시아어를 사용했다.

파이어스타인의 컨트리 음악외교는 공감을 불러일으켰다. 그가 나에게 설명했던 바와 같이, "중국인과 러시아인 등은 정말로 강력한 보컬과 멜로디 등을 좋아한다. 그들은 또한 운율을 좋아한다. 그들은 미국의 다른 면에 집중한다. 근면, 가족과 옳고 그름 간의 차이 인정 등을 연관시키는 하나의 측면 말이다"Firestein, 개인 인터뷰. 중국어 발표가 라디오 프리 아시아RFA, Radio Free Asia의 만달린어 방송에 나왔을 때, 방송을 더 요구하는 수많은 전화가 있었다. 한 청취자는 다음과 같이 요구했다. "파이어스타인을 대사로 만들자!"Southerland.

워싱턴에서 나는 무슬림이 다수인 국가 출신의 55명의 중등학교 교사들이 모인 자리에서 파이어스타인의 발표들 중에 하나를 관찰한

바가 있다Event. 그는 여러 히트송들의 운율을 배포하고 노래를 부르는 small-town life"Boondocks," by Little Big Town), pride in humble origins ("Redneck Woman," by Gretchen Wilson, the work ethnic"Hardworking Man," by Brooks & Dunn, family"Watching You," by Rodney Atkins, faith"Jesus, Take the Wheel," by Carrie Underwood 등과 같은 주제를 논의하는 간단한 장치를 통하여 그들의 주목을 이끌어냈다. 마지막 노래에 관하여, 파이어스타인은 "이 노래를 감상하기 위하여 기독교인이 될 필요 없다. 나는 기독교인이 아니다. 나는 유대인이지만, 이 노래를 들을 때마다 전율을 느낀다. 반응은 큰 박수갈채였다."고 발언했다Firestein, Event.

오늘날 브이오에이는 컨트리 음악을 틀고 있다. 장르를 위한 국내 청중은 실질적으로 젊어지고 매우 다양해지고 있다Rau. 그러나 이러한 지혜에서, 국무부는 파이어스타인의 아이디어를 전혀 따르지 않았다. 컨트리 음악외교는 그가 조기 퇴직을 했을 때 종식되었다. 국무부가 그의 아이디어를 확대하고 지역에 "국가 음악사절"을 파견하면 더 큰 위상을 차지했을까?[4] 그렇게 생각하는 것이 좋을 수도 있다. 그러나 수많은 지역에 이미 미국에 대한 적대감을 부여해 놓았으면, 매우 사려깊은 음악외교조차도 큰 도움을 줄 수는 없다.

그러나 침묵은 선택이 아니다. 자유민주주의에 반대하는 방향으로 공격하는 것에 반대하면서, 미국과 유럽은 아브라함 링컨Abraham Lincoln이 "우리의 본성이 더 나은 천사"Lincoln에 대해서 언급한 유일한 정부형태

4) 한 가지 컨트리 음악에 관한 한 가지 하부 장르가 존재한다. 광범위하게 정의한다면, 미국 정부는 해외 있는 블루그라스bluegrassm 기타와 반조로 연주하는 미국의 전통적인 컨츄리컨트리 음악 음악을 지원해 왔다. 켄터키 음악인 빌 몬로Bill Monroe가 1940년대 만들어낸, 블루그라스는 국무부의 해외 미국 음악 프로그램과 순회 공연했던 그룹인 스테이시 와이슬로우치 스트링 밴드Stash Wyslouch String Band와 같은 그룹들에 의하여 창의적인 변형으로 공연했던 "뿌리" 스타일로 오늘날에도 살아 남는다. 그렇지만, 듣는 순간만은 블루그라스와 핼행크 윌리암스Hank Williams, 조지 존스George Jones, 로레타 린Loretta Lynn, 저니 캐시Johnny Cash, 돌리 파튼Dolly Parton, 멀 해거드Merle Haggard, 윌리 넬슨Willie Nelson 등을 사례인 내시빌과 명백한 차이를 밝힐 것이다. 설사하더라도 드물게, 이러한 내시빌 연주자들은 "음악대사"로 봉사하도록 초대받았다.

로서 자유민주주의를 옹호할 수 있는 갱신된 공공외교를 필요로 한다. 이것은 선전PR, "대항담론" 이거나 현실 문제에 대하여 긍정적으로 돌려 말하려고 노력 하는 조작적인 "메시지화" 유형 등을 의미하지 않는다. 오히려 이것은 이러한 문제에 관한 솔직하고 공개적인 논의를 의미하는데, 민주주의는 힘없는 사람들을 억압하지 않는 해결을 고안하고 곤란한 사실에 직면하면서 독재보다는 낫다는 것을 보여주기 위해서이다. 이와 같이 갱신된 공공외교는 정확하게 말하자면 효율적이다. 전 세계의 너무 많은 사람이 공공적인 주제에 대해 솔직하게 말하는 것이 금지되기 때문이다. 그리고 이것은 좋은 음악을 동반한다면 더욱 더 효율적이다.

인용 자료

"About Next Level." Facebook. Next Level USA, 1 Aug. 2016. Web. Aug.2016.〈https://www.facebook.com/NextLevelUSA/info/?entry_point=page_nav_about_item&tab=page_info〉.

Analogue, Suzi. "Uganda On The Beat: Suzi Analogue's Beatmaking Notes From Kampala." *USC Center on Public Diplomacy* 24 June 2015. Web. 1 Nov. 2015.〈https://uscpublicdiplomacy.org/tags/next-level-0〉.

Arutunyan, Anna. *The Putin Mystique.* Newbold on Stour: Skyscraper Publications, 2014. Print.

Associated Press. "Rushdie Defends Charlie Hebdo, Free Speech." *YouTube*, 15 Jan. 2015. Web. 24 July 2017. 〈https://youtu.be/q9cYuQonbXs〉.

Atkins, Rodney. "Watching You." *If You're Going Through Hell.* Curb, 2006. CD.

Bayles, Martha. "The Struggle for Hearts and Minds: America's Culture War and the Decline of US Public Diplomacy." *The Hedgehog Review* 16.1 (2014): Web. 16 Aug. 2016. https://iasc-culture.org/THR/THR_article_2014_Spring_Bayles.php〉.

___. *Through a Screen Darkly: Popular Culture, Public Diplomacy, and*

America's Image Abroad. New Haven: Yale UP, 2014. Print.

Brady, Anne-Marie. *Marketing Dictatorship: Propaganda and Thought Work in Contemporary China.* Lanham: Rowman & Littlefield, 2009. Print.

Brooks & Dunn. "Hardworkin' Man." Hardworkin' Man. Arista, 1993. CD.

Brown, August. "Erykah Badu on Performing for a Dictator." *Los Angeles Times,* 1 May 2014. Web.16 Aug. 2016. http://www. latimes.com/ entertainment/music/posts/la-et-ms-erykah-badu-on-performing-for -dictator-thats-how-kingdoms-twerk-20140501-story.html〉.

Cottee, Simon. "The Challenge of Jihadi Cool." *The Atlantic,* 24 Dec. 2015. Web. 16 Aug. 2016. 〈https://www.theatlantic.com/international/ archive/2015/12/isis-jihadi-cool/421776/〉.

___. "The Jihad Will Be Televised." *The Atlantic,* 28 June 2016. Web. 16 Aug. 2016. 〈https://www.theatlantic.com/international/archive/2016/06 /terrorismexecution-film/489152/〉.

___. "The Pornography of Jihadism." The Atlantic, 12 Sept. 2014. Web. 16 Aug. 2016. 〈https://www.theatlantic.com/international/archive/2014/09/ isis-jihadist-propaganda-videos-porn/380117/〉.

"Cultural Diplomacy and the National Interest: In Search of a 21st-Century Perspective." *Report for Curb Center for the Arts, Enterprise, and Public Policy.* Vanderbilt University, 2005. PDF file.

de Grazia, Victoria. *Irresistible Empire: America's Advance Through Twentieth Century Europe.* Cambridge: Harvard UP, 2005. Print.

Diamond, Larry, et al. *Authoritarianism Goes Global: The Challenge to Democracy.* Baltimore: Johns Hopkins UP, 2016. Print.

Duffey, Joseph. "Hollywood Disinformation." Interview in *New Perspectives Quarterly* 15.5 (1998): 13-17. Print.

Eschen, Penny M. von. *Satchmo Blows Up the World: Jazz Ambassadors Play the Cold War.* Cambridge: Harvard UP, 2006. Print.

Fernandez, Alberto M. "Countering the Islamic State's Message." *Journal of International Security Affairs* 30 (2016). Web. 16 Aug. 2016.

Firestein, David. Event hosted by the International Educators Program

(IEP). Gallaudet University, Washington DC, 19 June 2007.

___. Personal interview. 5 May 2007.

"Hip-Hop Diplomacy." *YouTube,* 24 Apr. 2012. Web. 16 Aug. 2016. 〈https://www.youtube.com/watch?v=ud7VsICdqQw〉.

Hisham, Aidi. "The Grand (Hip-Hop) Chessboard." *Middle East Report* (2011):25-39. 5 May 2016. Web. 24 Aug. 2018. 〈http://www.tennessean.com/story/money/industries/music/2016/05/05/country-music-sees-growth-millennialshispanic-fans/83963618/〉.

Lester, James. "Willis of Oz: A Profile of Famed Voice of America Broadcaster Willis Conover." *Central European Review* 1.5 (1999): Web. 16 Aug. 2016.

Lincoln, Abraham. "First Inaugural Address of Abraham Lincoln." The Avalon Project. *Yale Law School,* 2008. Web. 16 Aug. 2016. 〈http://avalon.law.yale.edu/19th_century/lincoln1.asp〉.

Little Big Town. "Boondocks." *The Road to Here.* Equity, 2005. CD.

"Li Yuchun." Business of Fashion. Web. 16 Aug. 2016. https://www.businessoffashion.com/community/people/li-yuchun〉.

"Media and Entertainment Spotlight: The Media and Entertainment Industry in the United States." *Select USA.* International Trade Administration, US Department of Commerce, Web. 16 Aug. 2016. 〈https://www.selectusa.gov/media-entertainment-industry-united-states〉.

"Next Level." US Department of State. Web. 1 Nov. 2015. 〈https://www.nextlevel-usa.org/about/〉.

Nietzsche, Friedrich. "Human, All-Too-Human, Part II, section 140." *Project Gutenberg.* 24 Oct. 2011 Web. 16 Aug. 2016. E-Book. 〈http://www.gutenberg.org/files/37841/37841-h/37841-h.html〉.

Ostrovsky, Arkady. *The Invention of Russia.* New York: Penguin, 2017. Print.

Pleasants, Henry. Serious Music—and All That Jazz: An Adventure in Music Criticism. New York: Simon & Schuster, 1969. Print.

Pleasants, Henry. *The Great American Popular Singers.* New York: Simon & Schuster, 1974. Print.

Rau, Nate. "Country Music Sees Growth with Millennials, Hispanic Fans." *The Tennessean.* 5. May 2016. Web. 16 Aug. 2016.

Richmond, Yale. *Cultural Exchange and the Cold War: Raising the Iron Curtain.* University Park: Pennsylvania State UP, 2003. Print.

Ryback, Timothy. *Rock Around the Bloc: A History of Rock Music in Eastern Europe and the Soviet Union.* New York: Oxford UP, 1990. Print.

Škvorecký, Josef. *Talkin' Moscow Blues.* New York: Ecco Press, 1990. Print.

Southerland, Dan. Personal interview. 6 May 2007.

Stockmann, Daniela. *Media Commercialization and Authoritarian Rule in China.* Cambridge: Cambridge UP, 2012. Print.

"Take Back the Music Campaign: Mission Statement." *Essence.* 8 Nov. 2005. Web. 3 Aug. 2018. 〈http://www.essence.com/essence〉.

Tian, Gan. "Not Everybody Happy with TV Singing Sensation." *China Daily,* 8 Sept. 2009. Web. 2014.

Turner, Jacob S. "An Examination of Sexual Content in Music Videos." Master's thesis. University of Delaware, 2005. Print.

"twerk." *Oxford English Dictionary Online.* 2016. Web. 16 Aug. 2016. 〈https://en.oxforddictionaries.com/definition/twerk〉.

Underwood, Carrie. "Jesus, Take the Wheel." Some Hearts. Arista, 2005. CD.

Vaughan, David. "Vaclav Havel." *Český Rozhlas 7, Radio Praha.* 2008. Web. 16Aug. 2016. 〈http://old.radio.cz/en/article/36022〉.

Weathers, Diane. Telephone interview. Apr. 2005.

Wilson, Gretchen. "Redneck Woman." *Redneck Woman.* Epic, 2004. CD.

Wright, Robin. *Rock the Casbah: Rage and Rebellion Across the Islamic World.* New York: Simon and Schuster, 2011. Print.

Zhou, Raymond. "Setting Record Straight." China Daily, 15 Oct. 2005. Web. 7 Sept. 2018. 〈http://www.chinadaily.com.cn/opinion/2005-10/15/content_536982.htm〉.

제8장

블루 컬러 뮤지컬 외교관 되기
빌리 조엘과 1987년 미국-소련 간극 메우기

니콜라스 알렉산더 브라운 *Nicholas Alexander Brown*

작곡가이자 가수인 빌리 조엘Billy Joel은 미국 대중예술인들 중 상층부 중에서도 가장 높은 위상을 차지하고 있다. 그의 성과는 미국에서 1억5천만장의 레코드 발매, "톱 포티"Top 40 싱글 33곡, 그리고 스물 세 번의 그래미GRAMMY 노미네이션 중에서 여섯 번의 수상 등을 포함한다. 조엘은 작곡가 명예의 전당에 갓 들어왔고 케네디센터예술훈장과 의회도서관 대중가요 거슈인 상 등을 수상했다Joel, "Billy Joel Biography". 이러한 주요 금전적이고 음악적인 성공이외에, 조엘의 최대 업적은 그의 노래와 운율 등에 대한 대중적인 호소에 있어 왔다. 이것은 미국 번영의 황금 시기의 노동자의 자녀라는 그의 배경에 기인한다. "내 경험으로부터 나온 노래를 부르고 싶다"라는 그의 바람Schruers 242은 사랑과 젊은이 반항부터 우울, 마약, 그리고 자살까지 등 인간의 조건 중에 필수적인 양상들을 정확히 짚어주는 모든 작품을 만들어냈다. 조엘은 그의 정치적이고 문화적인 쟁점에 대한 영향력으로부터 그의 음악을 통한 플랫폼을 창출해냈다.

조지아를 여행하면서 모스크바와 레닌그라드 등에서 개최한 세 번의 음악회를 포함한 1987년 7월과 8월의 소련 순회공연은 그가 자화자찬하는 블루컬러 외교 브랜드와 함께 그의 세계적 무대로의 진출 사례이다. 지금, 순회 공연이후 30년이 지나서, 조엘은 그와 그의 밴드 등이 "우리 문화에 대한 음악적인 가교를 문자 그대로 제공하고 우리는 이것이 중요한지를 알고 있음"을 인정 한다Gamboa. 블루칼라 또는 노동자 음악인으로서의 이미지를 구축할 때였다. 조엘은 미국과 소련에서 일반 대중과 그 자신을 공개적으로 지지함으로써 정치와 외교 영역의 엘리

사진 8: 메트로폴리탄 오페라에서 빌리 조엘

사진: 데이비드 생크본(David Shankbone/Creative Commons), 2009.

트주의를 초월할 수 있는 문화대사로서 성공적으로 자신을 광고했다. 이것은 시민 간 차원에서 냉전 긴장을 완화시키는데 일조했고 여러 동기부여들에 의하여 추동되었다. 풀뿌리 정치적 연계에서의 조엘의 진정한 관심, 개인적 유산 구축, 스스로 임명한 유명인사 외교관으로서 그의 역할, 그리고 희망적이고 상업적인 혜택 등이다. 조엘은 사회적 정치적 문화적 명분을 주창하기 위하여 공공인물로서 그의 지위를 활용하는 기록을 가진다. 그는 2009년 메트로폴리탄 오페라에 참여한 공연을 찍은 사진이 있는데, 그의 경력을 통하여 고전음악을 지지하는 그의 모습을 나타 낸다사진 8을 보라.

조엘의 정치 참여

빌리 조엘의 인생사는 그의 정치 참여를 알리는 환경으로 차지하고 있다. 조엘의 아버지 하워드는 독일계 유대인 혈통이며 그의 가족은 나치 탄압을 피하기 위하여 1942년 쿠바를 거쳐서 미국으로 이주했다. 하워드는 직후 미군으로 징집되어 가장 악명 높았던 독일 다하우Dachau 강제수용소 해방에 참여했다. 조엘의 어머니 조잘린드는 브루클린 태생이었고 러시아계 유대인이며 영국계 후손이었다. 조엘은 1949년 뉴욕의 브롱크스Bronx에서 태어났고 그의 부모는 롱 아일랜드의 힉스빌Hicksville 외곽의 노동자 거주 지역으로 신속하게 이사했다. 그 곳은 "미국인들의 노동윤리가 충만한 지역"이었다McKenzie4-5. 조엘의 부모 모두는 아마추어 음악인이었고 그들은 조엘에게 고전음악을 배우도록 독려 했는데, 네 살에 피아노 레슨을 시작했다.

1956년 하워드와 조잘린드는 이혼했고, 조잘린드는 어린 조엘과 그의 여동생 주디 등을 데리고 힉스빌을 떠나게 되었다. 하워드는 오스트리아 비엔나로 돌아가서 새로운 가정을 일구었다. 조엘은 부모의 이혼에 영향을 받았고 자신을 동등하게 바라보지 않는 이웃과 급우 등으로부터 받았던 적대적인 대우를 경험했다. 조엘의 가족은 한 부모이었고 가톨릭이 대부분인 이웃 안에서 문화적으로 유대인 가정이었다. 조엘은 개신교로 세례를 받았고 어린 시절 친구들과 다양한 기독교회 봉사에 가는 것을 즐거워했다Bielen 5. 이러한 사회활동들 중에서 최고로, 조엘의 어머니는 수입과 지출의 균형을 맞추려고 노력했고 많은 일을 수행했다. 이러한 가족 환경에서 성장기의 경험은 조엘의 인격과 무신경 등을 형성하는데 시사하는 바가 있다. 그는 이 시기를 다음과 같이 언급하면서 회고한다. "우리는 블루칼라 빈곤층이었다. . . 찢어지게 가난하지는 않지만 말이다. 당신은 당신이 블루칼라 가난한 사람일 때도 복지선상에 서지 않고, 당신은 왜 그런지 일자리를 찾으려고 한다. 당신은 절대로 지원금을 요구하지 않는다—당신은 첫 번째로 죽으려고 한다!"Bielen 5-6. 조엘은 젊은 시절 음악인으로 활동을 시작했고 자신의 노동 계층 환경에 뿌리를 두는 강력한 노동 윤리를 발전시켜 나갔다. 이것은 전문적이거나 개인적인 고난에도 불구하고 그의 경력 내내 일관되게 그에게 영향을 주었다. 그는 음악 산업의 동네 나이트클럽 뮤지션의 맨 밑바닥에서 매디슨 스퀘어 가든 역사상 최장기 상주 연주자로서 최고 정상까지 올라갔다Buehrer.

1970년대 초 조엘은 미국 상업 음악 산업에서 자신의 틈새를 찾으려고 노력했다. 전환점은 그가 "록 스타로 인식되려는 노력"을 포기했다. 자신의 작곡에서 자전적인 이야기를 추구했을 때 나타났다. 조엘은 이러한 변화를 "내가 항상 하고자 하는 일—나만의 경험을 작사하고 상업적 영향을 포기—을 하 기 위한" 하나의 시도로 설명 한다McKenzie 27. 조엘은 자신의 "[노]래들은 어떤 의미를 가지고 있다고 설명한다. 그들은 내 인생에서 내가 슬퍼했거나 기뻤던 다양한 시기를 의미한다. 이것은 모든 사람에게도 마찬가지이다"DeCurtis 143. 그는 그의 노래가사에서 노동계층의 목소리를 담았다. 많은 미국인들이 일상생활에서 마주치는 인생사와 도전 등을 살짝 엿보게 된다. 미국인들의 경험에 관한 조엘의 표현은 1950년대 텔레비전 쇼인 *Leave it to Beaver*에서 클리버 가족을 모델로 가공된 유토피아적인 일상생활에 관한 비전과는 모순된다.

노동계층의 이야기는 조엘의 가사에 나타난다. 이것은 고전음악, 엘비스 프레슬리, 비틀스, 알앤비R&B, 제임스 브라운James Brown과 레이 찰스Ray Charles 등을 포함하는 폭넓은 대중예술가들과 스타일 등에 영향받은 뚜렷한 음악적인 표현방식과 통합된다. 그의 가사에는 미국 안에 있는 여러 세대들을 넘어서 다양한 계층의 사람들에게 공감된다. 그 이유로는 이들은 사회에 만연된 이슈들을 노래로 알려주기 때문이다. 청취자들은 그의 노래에 담아 있는 주제와 정서 등에 개인적으로 연관시킨다. 그의 음악에 관한 대중적인 호소를 이해하는데 핵심적인 요소로 공감대를 만든다. 조엘 자신은 우울증, 알코올, 자살, 실패한 인간관계, 그리고 끔찍한 금융거래 등과 고통받아 왔다. 예를 들면, "Captain Jack"과 같은 노래에서, 조엘은 그가 한때 거주했던 아파트 바로 맞은편 빈민지역 공공주택 프로젝트에서 마약구매 중인 교외 거주자들을 묘사한 것이다. 빌 드메인Bill Demain은 "창밖을 내다보는"노래로 이러한 유형의 내러티브를 언급하는데, 자신들을 둘러싼 세상에서 발생되는 것을 즉각 바라보는 누군가를 나타낸다117.

그의 음악을 넘어서서, 조엘은 정치 주장에 관련되는 최장 기록을 보유한다. 그의 이데올로기는 리버럴 내셔널리즘liberal nationalism으로 설명되고, 자신의 말 속에서 다음과 같이 알 수 있다. "나는 매우 쇼비니스트적chauvenistic이다. 정치적인 의미가 아닌 내셔널적인 의미로, 나는 나의 조국을 사랑한다. 나는 모든 정부가 국민을 정말로 대표한다고 생각하지 않는다. 그러나 나는 우리나라엔 많은 훌륭한 사람들이 있고 나만큼 쇼비니스트 임을 알고 있다qtd. in Myers 88. 1970년대 조엘은 글로벌 문제에 대해서 목소리를 냈었다. 그의 음악과는 별개로 해서 말이다. 그는 외교정책에 거의 또는 아무런 견해도 갖지 않는 일반 시민과 미국 정치 제도 간에 차이점에 무감각했던 이란 인질 사건에 관한 독설적이고 반미 국제반응에 특별하게 문제를 제기했다. 그 후에, 조엘은 카터 대통령의 요구로 미국 올림픽위원회가 소련의 아프가니스탄 침공에 항의해서 1980년 모스크바 올림픽 참가 보이콧 요구에 반대 입장을 취했다. 그는 미국 선수들이 경쟁 기회를 가져야만 한다고 느꼈다. 냉전의 정치적 상황에도 불구하고 말이다Myers 86-88. 카터 대통령에 대한 이러한 반대는 조엘의 원칙은 민주당 가치와 지속적으로 같이 할 수 없음을 의미 한다. 조엘의 공개적인 정치적 입장은 미국의 독자적인 중도적인 정치 이데올로기를 잘 반영한다는 것이다. 이것은 개인들이 양 거대정당의 입장 또는 정치인 등을 지지하는 것으로 알려지고 충성스런 왕당파들이 아니다.

미국 외교정책에 대한 조엘의 관심도는 현재까지 계속되고 있다. 그의 2007년 노래 "Christmas in Fallujah"는 이라크와 아프가니스탄 전쟁을 비판하는 동시에, 명령을 따를 뿐인 미국 병사들의 고충을 조명하면서 "피곤하며" "무덤덤하고" 그리고 "아무도 신경 쓰지 않는 것"을 담고 있다. 부대원들은 전쟁으로 파괴되고 "피바다"가 되어 버린 이라크에서 빠져나갈 수 없다Schruers 293-94. 조엘의 가사 안에 있는 이러한 유형의 생생한 이미지는 다양한 문화적 배경을 지닌 사람들과의 공감을 목적으로 하는 하나의 예술적인 형식을 통한 인간 경험에 관한 그의 해석을 전달한다. 조엘은 정치지도자들의 속셈에 맞게 이용당하는 시민들에 대한 동정과 그 자신만의 보잘 것 없는 양육 등을 표현하는 모든 여성 또는 모든 남성의 측면에서 항상 발견될 수 있다.

2000년대 초 이래로, 조엘은 민주당 대통령 선거 운동에 자주 참여했다. 그 당시 상원의원인 오바마Barack Obama 선거운동을 지원하기 위하여 2008년 "Change Rocks"과 같은 모금행사가 신문표제로 등장했다. 이러한 모금행사는 선거운동 자금으로 800만 달러에 가까운 금액을 만들어냈다Schruers 291. 치열했던 2016년 미국 대통령선거 동안 조엘은 자신의 5월 27일 메디슨 스퀘어 가든 공연동안 행해진 덕담에 대한 대중언론 보도와 트위터 등의 관심을 받았다. 조엘은 트럼프를 조롱하고 대통령 후보로서 그의 위상에 관한 정통성을 축소하는 자신의 노래인 "Entertainer"을 도널드 트럼프Donald Trump에게 익살맞게 헌정했다. 2017년 1월 트럼프 취임식에서 공연을 할 의향이 있느냐는 보스턴 공영라디오 방송인 WGBH와의 인터뷰에서, 조엘은 다음과 같이 언급했다. "안 간다. 나는 근처에도 가지 않을 것이다"Boston Public Radio Staff. 조엘이 트럼프의 2005년 멜라니아Melania Knauss와의 결혼식에 참석했던 반면에, 그의 최근 언급은 45대 대통령의 정치행위에 대한 경멸을 의미한다.[1)]

음악 대사로서 빌리 조엘이 상징하는 것

조엘의 소련 순회공연은 정치 문제에 관한 자신에 찬 집념을 보여주는 가장 적절한 사례였다. 그러나 이것은 그가 공산국가에서 연주했던 첫 번째 공연은 아니었다. 소련 순회공연 이전에, 조엘은 1979년 3월 피델 카스트로의 쿠바의 칼 마르크스 극장모든 장소에서에서 공연한 바 있다. 미국과 쿠바 예술가들이 출연했던 3일 간의 음악 페스티발 중에서 그의 공연을 보고자 수도 아바나가 교통체증을 불러 왔다. 미국 밴드는 지난 20년 넘게 쿠바에서 미국 음악 공연에 처음으로 제재를 당해 왔다Bego 147-50. 조엘이 항상 그러했듯이, 이러한 공연은 미국-쿠바 관계에 대한 정치적 언명을 하려는 바람을 넘어서는 개인적인 동기를 의미한다. "나의 아버지는 쿠바에서 살아 본 경험이 있다. 그래서 나는 이러한 이유 때문에 관심이 있다"고 행크 보르도위츠Hank Bordowitz가 저술한 자서전에서 조엘이 언급했다107. 아버지 하워드 조엘Howard Joel은 독일에서 온

---

1) 트럼프의 집권 2년 동안 조엘은 행정부의 난민과 이민에 대한 매우 경멸적인 견해를 가져 왔다. 2007년 8월 11-12일 동안 버지니아 샬러츠빌 백인 우월주의 폭동이 일어난 지 며칠이 지나서, 조엘은 신나치주의의 부상과 행정부의 취약한 대응에 항의하면서 매월 공연하는 자신의 메디슨 스퀘어 가든 동연동안 자신의 옷에 "다윗의 별"Star of David 패치를 달았다Respers France.

피난민으로 미국으로 경유하는 동안 쿠바에서 시간을 보냈다Bego 148. 쿠바 공연은 조엘에게 아바나와 쿠바 사람들과의 경험에 의하여 그의 가족과 멀어졌던 기간을 상징적으로 연결되는 기회를 제공해 주었다.

*뉴욕 타임스*의 존 록웰John Rockwell은 조엘의 역할에 충격 받은 페스티발에 대해서 다른 시각을 다음과 같이 피력했다. "올바른 맥락에서 로큰롤은 여전히 폭발적인 힘을 가지고 있다Rockwell." 조엘의 노래와 가사 등이 저평가된 노동계층을 인정하고 강화하는 위상으로부터 나온다면, 그는 음악을 통하여 이데올로기적으로 국가정치를 흔들어서 세계무대에 우뚝 서려고 자신의 음악을 활용하는 것이다. 이스라엘에서의 또 다른 조엘의 공연은 미국 정치제도 부처의 비난을 초래했다. 특별하게 캠프 데이비드 협정Camp David Accords동안에 말이다. 이스라엘과 이집트 간의 1979년 이 협정 (미국 대통령인 지미 카터, 이집트 대통령인 안와르 사다트, 이스라엘 수상 멘하힘 베긴 등이 중재)은 시나이Sinai반도에서 이스라엘 군의 철수와 팔레스타인 독립정부의 수립 등을 요구했다. 조엘의 경우에, 투쟁으로 충만한 국가들에 그의 음악적인 복음전파를 회피하기 위한 추측할 수 없는 이유가 존재하지 않았다. 그는 자신의 접근방법을 다음과 같이 자신만만하게 요약한다. "나는 내가 쿠바에서 연주했던 동일한 이유로 이스라엘에서 연주했다—사람들을 위하여 연주했던 것 말이다. 우리는 우리가 [미국에서] 경험하는 선전을 듣는 대신에 이스라엘 사람들과 같은 것을 보기 원했다Bego 151-152. 그러나 쿠바와 이스라엘 등에서 그의 역사적인 공연에서조차도 논쟁이 많은 외교 상황의 한복판에 진입하려는 조엘의 열정을 만족시키기에는 충분하지 않았다. 문화적 차이를 메우려고 언급했던 조엘의 동기부여에도 불구하고, 쿠바 공연에 관한 그의 집념은 공산 국가 청중들 사이에서 그의 흥행적인 상업적 성공가능성과 어필 등을 확대하기 위한 전략적인 움직임이 될 수도 있다는 것을 확실하게 심어주었다. 그는 아바나에서 음악회 청중들로부터 열광적인 환호에서 보여주는 바와 같이 미국 외

교정책 또는 정치인 등에 대한 부정적인 태도를 초월할 수 있는 자수성가형 음악 대사로 스스로를 자리 매김 시켰다. 회고해보면, 아바나 교통혼잡을 가져온 아바나 잼Havana Jam공연은 그의 음악—라이브 공연을 통하여—을 국제 시장으로 전달하려는 조엘의 일련의 노력에 대한 초창기 단계가 되었음이 증명되었다. 조엘 자신의 상업적인 야망에 대한 우울한 분위기는 그의 공연능력이었다—소프트 외교의 형태로서—냉전의 긴장을 완화시키기 위해서 말이다.

1985년 미국과 소련은 냉랭한 관계 기간에 이어진 직후 문화교류를 위한 새로운 협정을 진전시켰다. 소련의 문화관계에 관한 입장은 과거보다 광범위해 진 개방과 홍보 등을 상징했던 *글라스노스트*glasnost정책의 진흥으로부터 거슬러 올라간다Cameron and Lebor. 이것은 융통성 있는 소련 시민들이 얼마만큼 상대적인 표현의 자유가 될 수 있는 지에서 괄목할만한 전환을 야기 시켰다. 결과적으로, 이것은 빌리 조엘과 같은 미국 록 음악인 예술인이 처음으로 본격적인 순회공연을 현실적으로 인지했는지를 가능하게 했다. 작가인 마크 베로Mark Bego에 따르면, "소련에서 본격적인 록 콘서트 시리즈를 공연한 최초의 서구 록 스타가 되기 위한 그러한 생각은 빌리 조엘의 신념이 되었다"231-232.

미국은 1950년대와 1970년대 사이에 소련과의 중요한 문화 교류의 역사를 가졌다. 수많은 초기 교류는 교향악, 재즈, 발레 그리고 아프리카계 미국인인 조지와 아이라 거슈윈George and Ira Gershwin부부가 공연했던 획기적인 1955-56년 *포기와 베스*Poggy and Bess 레닌그라드와 모스크바 오페라 공연을 포함하는 뮤지컬 극장 등과 같은 고급예술 형식으로 제한했다Bego 231. 1955년 미국 문화정보국해외공보처, USIA 책임자인 시어도어 퀴러 스트리버트Theodore Cuyler Streibert가 개관했고 리사 데이븐포트Lisa Davenport가 요약한 바와 같이, 미국인의 입장에서 바라보는 이러한 교류의 일반적인 의도는 미국의 "문화적 성과"에 관한 국제적인 인정을 홍보하고, "공산주의 선전을 부인하고," 정치적이고 외교적인 긴장을 완화하기 위하여 문화를 활용하는 것이다39. 데이븐포트는 미국의 베트남개입의 결과로부터 1970년대 미국과 소련 간의 문화 교류에서 차즘차즘 퇴조를 가져왔다고 설명 한다145. 소련과 중국 등은 미국에 대항하는 북베트남 공산당 정권을 지원하는데 관련되었기 때문이었다Suri. 부가적으로, 미국의 소련재즈 순회공연은 소련의 아프가니스탄 침공으로 중단되었다Davenport 148.

조엘의 1987년 순회공연은 대중문화에 대한 문화교류 강화로 전환을 반영한다. 1987년 7월 말 조엘의 순회공연 개시 직전에 소련에서 7월 4일 군축 페스티발이라고 불리는 중요한 연속 공연이 있었다. 소련과 미국의 예술인들이 공연했다. 특히 제임스 테일러James Taylor, 보니 레이트Bonnie Raitt, 두비 브라더스Doobie Brothers, 그리고 카를로스 산타나 Carlos Santana 등이 눈에 뜨인다Bego 232. 언론이 한 미국 예술인의 소련으로의 범상치 않은 진출로서 그의 출현을 조엘의 순회공연을 보도했지만, 사실은 다른 사람들이 그보다 먼저 와 있었다. 조엘의 순회공연은 7월 4일 군축 페스티벌과는 별개인 장소로 그와 그의 밴드 등이 공연하는 것이지 몇 곡 안 부르는 여러 저명인사의 출연이 아니라는 것이다. 1987년 미국 예술인의 초기 출연에도 불구하고, 조엘이 순회공연에 관하여 제공하는 이야기는 그가 유산을 상속하기 위한 경험을 지렛대로 사용하려는 것을 제시한다. 그는 거의 30여 년 동안 문화 사업에 대한 그의 광범위한 순회공연의 홍보를 잘 관리해 왔다.

1980년대 중반 조엘은 프랭크 웨버Frank Weber, 그이 오랜 매니저이자 전 사위와의 심각한 법적 재정적인 불화에 휘말렸다. 이것은 조엘의 재정 상태에 심각한 흠집을 냈다. 결과적으로 섣부른 투자와 다른 사기 사업관행 때문에 수백만 달러에 달하는 막대한 손실을 입혔다Schruers 206. 1989년 조엘은 웨버에 대한 소송을 제기했다. 그를 3,000만 달러를 허가받지 않고 지출했다고 고소했다Dougherty. 이처럼 끊임없는 혼돈은 조엘을 1987년 순회공연을 감행하도록 하는 바람에 기여했다. 그는 이것을 부분적으로 그의 재정상태의 안정을 이끌 수 있는 상업적인 기회로 여겼다. 순회공연은 조엘의 입장에선 막대한 재정 투자를 필요로 했다. 기본 순회공연 비용만 200만 달러였다Bego 233. 이것은 순회공연 관련 음반, 상품과 방송 등의 판매를 통해서만 효과적으로 만회할 수 있었다. 그의 개인적인 재정적 동기부여를 넘어서, 순회공연은 소련 문화부로부터의 공식 초청이 이루어질 때 공식적으로 가능했다*Billy Joel – A Matter of Trust Deluxe Edition*. 이러한 목표에 도달하기 위하여, 미국과 소련 외교관들이 비공개 교섭에 들어갈 가능성이 있는 것이다.[2)]

서민 음악인

조엘이 소련 국민들과의 연대를 수립할 수 있는 기본적인 플랫폼은 공연무대이었다. 여섯 번의 콘서트표 2를 보라 공연을 담은 순회공연 스케줄은 조엘이 입장권 판매에 높은 기대를 가지고 있음을 다음과 같이 보여준다. 10만 명의 관객들이 순회공연 동안 공연에 입장할 것으로 기획되었다Peasley G3. 공산당 당직자들은 22,000개의 입장권이 처음 레닌그라드 공연에서 구매되었음을 보고했고Barrings C15 *뉴욕 타임스*도 모스크바 공연은 매진되었음을 보도했다Associated Press. 이러한 보도들이 사실이라면, 조엘의 사전 관객 추정치가 목표치에 다다르고 심지어 초과하기까지 했다. 조엘 역시 모스크바 공식 공연 이전 주에 트빌리시Tbilisi, 구 소련 그루지야 공화국의 수도방문 동안에 "예상에 없는 콘서트"를 공연하기도 했

---

2) 조엘의 순회공연에 관한 모든 자료 때문에 필자가 정보자유법에 근거해서 국무부에 요구한 것에는 기밀 해제된 관련 정보가 없는 것을 제공해 주었다. 문서에는 소련주재 미국대사관은 순회공연에 대해서 거의 알고 있지 못했음을 보여준다. 어떤 문서가 순회공연을 기획할 때 미국 정부의 공식적인 역할을 조망하는 것이 존재한다면 이것은 기밀문서로 남았을 것이다. 미국 국가문서 및 기록보관소와 캘리포니아 시미 로널드 레이건 대통령도서관 보고서에는 이러한 전집들에는 순회공연에 관한 접근 가능한 어떤 기록도 남아있지 않다Langbarty; Ross.

다. 이러한 모습 바로 그 날은 순회공연에 관한 현존하는 설명에는 기록되지 않았지만 말이다Bego 232.

표 2: 빌리 조엘의 1987년 소련 순회공연 일자

장소	일자
모스크바 올림픽 경기장	1987년 7월 26일 1987년 7월 27일 1987년 7월 29일
레닌그라드 레닌 스포츠·음악 단지	1987년 8월 2일 1987년 8월 3일 1987년 8월 5일

출처: Jumpy in Moscow."

조엘이 심사숙고해서 선별한 공연목록은 조엘에 의하여 대표되는 미국 노동계층의 경험과 공감하려는 소련 관객들에게 기회를 극대화했다. 콘서트는 1976년 조엘의 앨범인 *Turnstiles* 안에 있는 "Prelude/Angry Young Man"로 시작했다. 그의 확신에 찬 가사는 그에게 반대하는 것처럼 보이는 세상에서 살아남기 위하여 지속적인 투쟁을 하는 젊은 남성 노동자의 보편적인 공감을 다음과 같이 담아낸다.

분노에 찬 젊은이를 위한 세상에 조그마한 장소가 있다
그의 노동자 계급의 유대와 금진적인 계획을 가지고
그는 굽히지 않으려 하고 그는 굴복하지 않으려 한다
그리고 그는 항상 벽에 등을 지고 집에 있다
그리고 그는 자신의 상처와 그가 패배한 장소 등을 자랑 한다
그리고 그가 십자가에 매달려 있는 것처럼 투쟁하고 땀을 흘린다.
그리고 분노에 찬 젊은 사람처럼 알려진 것처럼 말이다
"Prelude/Angry Young Man"

이러한 가사들 안에 노동계층을 대표하는 것은 소련의 일반 민중들 사이에서 많은 것들과 관련이 있다. 공산당 중앙위원회는 "시민과 고용관련

문제" 등에 대한 그들의 좌절을 표현하기 위하여 공개적으로 시민들의 필요한 점을 파악하기 시작했기 때문이었다Buchanan 9. "Prelude/Angry Young Man"에 담긴 조엘의 가사는 자격을 박탈당한 젊은이들의 목소리를 강조한 것으로 이해될 수 있다. 특히나 "전장"에서 싸우는 것으로부터 "상처'를 받고 상징적인 희생을 만들어 왔던 사람들이다. 조엘은 이러한 가사들 속에서 소련 시민들 간에서 저항 또는 반대 등에 관한 특별한 추이를 전달하지 않았다. 반면에, 그는 개인의 사회-경제적이거나 개인적인 지위를 향상하기 위하여 희생과 투쟁 가치 등을 위한 하나의 사례를 만든다. 그 조차도 노래에 기독교 신학을 참조했다. 내레이터가 어떻게 예수가 십자가에 매달린 채 피를 흘리는지를 언급하면서, 관객들에게 자신들만의 행복을 만들도록 희생하는 것은 더 커진 선good에 기여할 것이다.

조엘이 레닌그라드 순회공연의 첫 번째 공식 공연에서 "Prelude/Angry Young Man"을 연주하면서 그는 관객들 사이에서 귀뚜라미 소리에 조우했다. 무대 앞줄에는 소련 공산당 간부들로 채워졌다. 이것은국가에 관계없이 정부 관리들은 그들이 후원하고, 주최하거나 감시하는 문화외교 이벤트에 자주 참석한다는 점에서 당연한 것이었다. 조엘의 행동에 대한 그들의 냉담한 반응은 가수로 하여금 자신이 "실패 한 것"으로 생각하도록 이끌었다Bielen 109. 그의 실질적인 팬—리차드 스콧Richard Scott의 조엘 자서전에서 "젊은 피"로 언급된—은 관료 뒤에 배치된 것을 알아차린, 조엘은 공산정권의 고위 대표들이 공연 도중에 나가면서 관중들의 분위기를 살리고자 자신의 밴드 단원들을 뒤에서 앞으로 젊은이에게 이동시켰다. 팬들은 조엘에 대하여 적극적으로 반응하는데 소심할 정도로 소극적이었다. 불길한 소련 정권의 존재를 감안하더라도 말이다. 그러나 그의 격려와 그들을 앞으로 나오게끔 한 것은 관객들을 역동적으로 변화하는데 심오한 영향을 가졌다Bielen 110. 조엘의 소련 라이브 공연 이전에, 몇몇 음악 펜들은 암거래 시장을 통하여 그의 레코드들에 친숙해져 있었다. 미국의 록 앨범들이 대부분의 공산주의 시기 동안 판매금지 되었기 때문이었다. 국영 텔레비전 방송국은 그의 연주회에 앞서서 조엘의 여러 개 음악 비디오를 방송했다Scott 58. 현실은 많은 관객들은 레닌그라드와 모스크바 등에 그가 나타나기 이전에 조엘의 음악을 들어보지 않았다는 점이었다. 그러나 그들은 소련 관객 중에 한 사람이 그의 노래와 공연에 대하여 "금지된" 곡으로 인지한 것에 호의적으로 반응했는데, 록 음악이 공산당에 의하여 과거에 공식적으로 금지된 것을 고려하면 말이다*Billy Joel – A Matter of Trust Deluxe Edition*.

"Prelude/Angry Young Man," 그리고 사실상의 전체 순회공연목록 등은 정치 계급과 국가 기구 간의 자주 벌어지는 단절로 특징되어지는 양국 간의 젊은 노동계층들이 직면하는 일상적인 투쟁에 대한 목소리를 내는데 도움을 주었다. 소련 공연에는 "The Ballad of Billy the Kid," "Allentown," "Goodnight Saigon," "The Longest Time," "Only the Good Die Young," "Sometimes a Fantasy," and "Uptown Girl" 등의 노래가 포함되었다. 이들 노래들 중에 두 가지는 노동계층의 지원활동을 위하여 다음과 같이 특별하게 가슴 아픈 것이었다. "Allentown" and "Goodnight Saigon" 등 두 개의 노래는 1980년대 동안 미국 노동자계층 사이에서 가장 논쟁이 된 쟁점들 중에 두 가지를 건드렸다. 경제 침체와 질질 끄는 베트남전쟁의 영향을 다루었다. 두 개의 노래들은 1982년 콜롬비아 레코드사의 앨범 *The Nylon Curtain*에 실려 있다. 월터 에버럿Walter Everett이 이것을 "플라스틱즉, 억지로 만들어진 미국인의 안정감, 주로 전원생활. . . 소련의 철의 장막에 대한 미국인의 카운터파트로 말이다Everett 116. "Allentown"은 베이비부머baby-boomers 자녀들이 직면한 실업과 경제적 곤경의 어려움을 노래한다. 베슬림햄스틸사Bethlehem Steel Corporation의 도산은 미국 노동계층에서 기회가 사라지는 것에 관한 조엘의 창의적인 묘사를 위한 소재를 특별하게 제공해 주었다. "그들이 모든 공장들의 문을 닫아버렸기 때문이었다"Schruers 153. 조엘은 "알렌타운 안에 있는 여기에서 기다려라 / 펜실베이니아에서 우리는 절대 찾지 못한다 / 우리 선생님들이 약속을 위하여 / 우리가 열심히 일하면 / 우리가 행동한다면" 등을 노래한다. 노동계층의 꿈은 평균 육체노동자의 손이 닿지 않는 것처럼 보였다. 고된 노동을 통한 수직 계층 이동에 대한 전형적인 미국인 기대와의 충돌에 대한 침울한 현실 말이다. 레닌그라드와 모스크바 등에서 조엘의 관객들은 "Allentown" 노래 가사에서 동질감과 자신들의 지도자들 아래에서의 경제상황 등을 느꼈다. 그들의 정책들이 공산주의 이데올로기가 약속한 공동번영을 이룩하는데 실패한 것 말이다Ball and Dagger. 대신에, 1985년까지 소련 공산당 정권은 경제 불황, 생산 실패와 "재화 부족" 등을 해결하기 위한 현실적인 대안을 모색하고 있었다Buchanan 9. 미국인들은 유사한 재정위기에 반응했고 조엘은 그의 가사 안에 이러한 감성들을 담아내려고 했다. 순회공연 동안, 조엘은 "Allentown"을 통역사의 도움을 받아서 소개했는데, 미국인들의 도시 생활에서의 고충을 노래하고 "이 노래 익숙한 가요?" 라고 관객들에게 물어 보았다*Billy Joel – A Matter of Trust Deluxe Edition*.

조엘의 베트남전을 언급한 "Goodnight Saigon"에서는 노동계급의 경제적인 고통이 가미된 1963년 존 F. 케네디 대통령 암살 이후 미국 사회에 드리워진 어두운 염세주의에 대한 급진적인 변화를 조망한다. 이 노래에서는 해병대 훈련소 출신의 병사들의 변화를 설명하는데, "우리 모두가 함께 내려가려고 할" 때 전투에 대한 두려움에 "소궁호 / 우리의 삶을 내려놓기 위해"서. 최근 슈루어스의 조엘 자서전에서, 작사가는 그의 베트남 참전 친구의 경험으로 "Goodnight Saigon"를 작곡하는데 영감을 얻었다고 언급한다. 조엘은 외국 내부문제에 중요한 영향을 미치려는 미국의 개입정책에 오래 동안 의문을 가져왔다. 그가 오래 동안 품어온 한 가지 쓰라린 언급은 "베트남은 흑인들을 인디언으로 부터 토지를 훔친 백인을 위하여 황인종을 죽이기 위하여 보내는 것"이다qtd. in Schruers 154. 이러한 언급은 미국 외교정책과 인종 관계 등에 대한 혹독한 요약이고 비난이다. 유사한 논쟁들이 1979-1992년 소련의 아프간 전쟁 참전의 부담 때문에 소련에서도 분노가 폭발했다. 이것은 높은 재정적이고 인명손실 때문에 소련 국민들 사이에서 높은 수준의 불만족에 마주치게 되었다Office of Soviet Analysis iii.

조엘은 자신의 원곡들이 소련 전역에서 수용되는 긍정적인 반응은 이러한 테마들이 모스크바에서 롱 아일랜드까지 반향을 일으킨다는 증거로 받아들여졌다. 조엘은 궁극적으로 "환호하는 열정"과 조우했다. 그렇지만, 자신의 순회공연단이 관객의 분위기를 띄우기 위하여 비판받거나 심지어 처벌받는 것 등에 대한 걱정거리를 만들지 않는다는 것이 아니다Bego 232. 순회공연 매니저는 서문에 의하면 공연에 참석해서 화가 난 소련 중앙위원회 위원으로부터의 비난이 두려워서 모스크바 공연들 중 한 사람은 끝난 이후에 목욕탕에 숨어버렸다Bordowitz 161. 컬럼비아 레코드 사장인 월터 예트니코프Walter Yetnikoff는, 순회공연 단원이었던, 조엘은 소련 사람들이 "그에게 록 음악에 맞춰 춤을 추기를 원했던 것보다도 더 격렬하게 그렇게 했고," "미국의 로큰롤이 철의 장막을 흔들어 놓았다고" 논평했다Bego 233. 펠리시티 배링거Felicity Barringer는 *뉴욕 타임스*에 빌리 조엘이 "그들을 환호하게 만들고 의자에 춤추게 하고 규칙이 아닌 음악에 따라서 즐거워하면서 주변을 둘러보면서 무뚝뚝한 소련 관객들의 영혼을 흔들었다고" 보도했다C 15. 콘서트에서 이러한 시너지 순간 동안, 음악은 조엘과 그의 밴드, 그리고 과거에 조엘을 도와주웠던 현지 관객이 미국과 소련 간의 정치적 차이점을 알게 해 주었다. 그는 "냉전은 이것이 모든 사람에게 있는 것보다도 나에게 훨씬 빠른 시일 내에 종식된다고" 언급하는 *롤링 스톤*Rolling Ston의 인터뷰에서 소련에 관한 자신의 인식에 대하여 변화를 이렇게 설명했다Wild. 1987년 순회공연 동안 자신의 음악을 따뜻하게 받아준 것은 조엘의 개인적 신념에 대한 커다란 변화를 주었다고 암시하는 것이다.

공연은 또한 비틀스의 "Back in the USSR"의 표지를 담았다. 이것은 영국 밴드에 대한 조엘의 존경을 반영했지만, 매우 중요한 것은 소련 주민을 위한 정직한 표현을 보여주는데 일조했다. 순회공연 비디오 다큐멘터리에서, 미국 깃발이 관객 속에 있는 소련 남녀들이 열정적으로 몸을 흔드는 것을 볼 수 있다. 그의 통역사의 도움을 받으면서 조엘은 "누구에게서도 아무 것도 빼앗지 마라"라는 말을 하면서 야간 공연을 끝마쳤다*Billy Joel – A Matter of Trust Deluxe Edition*, 항상 억압적인 소련 사람들에 대한 상당한 호소력을 얻은 선동이었다. 조엘이 공연에 포함시켰던 두 번째 표지에는 밥 딜런Bob Dylan의 "The Times Are A-Changing' 인데," "전화에 주의하라 / 문간에 서 있지 마라 / 복도를 막기" 위한 필요성으로 미국 정부 관리들에게 직접적으로 경고하는 강력한 시위 노래인데, 사회적 정치적 혁명이 역사과정에서 변화가 부상 중이기 때문이었다. 글로벌 불안, 전쟁과 경제적 환멸 등에 관한 주제를 넘어서서, 조엘의 순회공연 노래들은 사랑, 실업, 가족, 전쟁과 죽음 등과 같은 평범한 주제를 다루면서 문화 경계의 차이를 메우려고 모색했다.

그의 시위 노래에 대한 대중선동가 정신을 공유하는 것 이외에, 몇몇 조엘의 무대 행위는 기득권층의 기대와 사고 등에 관한 그의 반항을 최소한 상징적으로라도 보여주고 있다. 조엘은 진정한 록 쇼를 보여주면서 관객들을 열광시켰다. 그는 자신의 피아노로 올라가서 무대에서 뛰어 내린 뒤 청중의 머리 위로 엎드린 자세로 지나가며 마이크 스탠드를 들고 춤을 추었다. 밴드단원들 중에 한 사람인 마크 리베라Mark Rivera는 콘서트 일반 관객들이 어떻게 소련 관리들이 공연 도중에 자리를 떠난 후에 모스크바 공연장 앞에 있는 브이아이피VIP 좌석을 완전히 채웠는지를 최근에 회고했다. 그는 "이것은 시위가 아니었다고" 언급했다. "이것은 단지 사람들이 의자에서 펄쩍펄쩍 뛰는 것일 뿐이다. 그 이유는 그들은 너무 재미있기 때문이었다"Gamboa. 조엘의 음악과 연주 등이 그들 내면의 흥과 감성을 자극하도록 움직였다.

제2차 모스크바 공연 동안, 조엘은 미래 케이블 텔레비전과 비디오 특집 등을 위한 공연을 기획하는 비디오 제작진에 대한 그 유명한 감정 폭발사건을 당했다. 그런 종류의 폭발은 소련 사회에서 일반적으로 수용되지 않았다. 비디오 제작진이 그들에게 희망을 부여함으로써 현장 관객들에게 공연의 즐거움에 개입그리고 소련 당국에 의하여 미국 록을 즐기려는 것을 보는 것에 대한 이들의 방해를 가하는하고 있다고 믿은 조엘은 전자 피아노를 뒤집고 그의 머리 위로 악보를 휘두르는 것을 포함하는 폭력적인 감정 폭발을 감행했다Bego 233. 세계 언론은 이 순간을 신속하게 선택해서 "빌리 조엘 짜증내다"라고 게재했다. 연합통신은 "관객들은 화내는 것도 공연의 일부인지" 어리둥절했던 것처럼 보였다고 보도했지만 말이다 Associated Press. 사건의 영상에서, 무대 주변에 있던 관객들은 곧바로 음악에 맞춰 한 박자도 놓치지 않고 공연에 몰입했다. 조엘은 젊은 관객들은 콘서트 이후에 그에게 다가와서 "자신들은 이것을 정말 좋아한다고" 말했다고 회상 한다*Billy Joel – A Matter of Trust Deluxe Edition*. 좋든 싫든, 이러한 위험한 행동들은 순회공연에 대한 서구 언론의 관심을 끌었다. 조엘은 관객들의 최고의 관심을 열정적으로 보호해주는 보통사람들을 잘 이해하는 사람을 의미했다. 설명 자신의 기록물 제작에는 별로 도움이 되지 않을지라도 말이다.

조엘의 순회공연에 관한 여러 가지 강력한 문화교류 사례들에는 공연무대와는 멀리 떨어져서 발생했다. 그는 소련 음악 텔레비전 프로그램인 *무지칼니즈 링*Muzykalnyj Ring, 영어로 The Music Ring에 최초로 출연한 미국인으로 떠들썩한 선전으로 대중의 주목을 끌었다. 부가적으로, 마지막 순회공연은 미국과 소련에서 동시에 중계된 최초의 라이브 록 콘서트이었다. 정말 특별한 순간은 조엘이 마음에 맞는 사람으로 느끼는 평범한 소련 주민들의 일상과의 상호교류에 항상 기반 하는 것이었다. 그는 그의 가죽 재킷을 조엘의 통역사인 히피 가이 올레그 스미르노프 Oleg Smirnoff에게 건네준 것을 애틋하게 회상한다. 스미르노프는 한 번도 재킷을 입지 않았고 이것을 그의 벽에 걸어 놓았다. 조엘은 "우리가 사람들과 가지는 관계의 의미는 사람들의 벽에 여전히 걸려 있다" 과거를 회상하면서 수긍했다Scott 61-62. 조엘은 명백하게 개별 시민들에게 심오한 영향을 주었다. 그의 순회공연이 일반적인 미소 문화관계를 진전시켜는 지 여부에 관계없이 말이다. 조엘과 현지 소련 주민들 간의 수많은 개인적인 상호관계는 A Matter of Trust에 녹아들어있다. 그가 개인적으로 성 크리스토퍼 메달을 음악가 지망생에게 수여하는 것을 보여주었다O'Connor, "Review/Television" C30. 그는 또한 전통시장을 탐방하고 현지인들을 신체적으로 껴안는 것으로 묘사 된다*Billy Joel – A Matter of Trust Deluxe Edition*.

그루지야의 수도 트빌리시에서 현지 음악인들 공연에 참석한 이후, 조엘은 그의 라이브 순회공연 리코딩인 콘서트Kohuept에서 그루지야 포크 송인 "Odoya"를 포함시키는데 영감을 받았다. 20세기 동안 미국 음악외교의 맥락에서, 조엘의 포크 작업을 연주하는 데 현지 예술인들의 포함은 "음악적인 아부"의 형태로 기능했는데, 토속음악을 연주하고 녹음함으로써 국제 교류 동안 현지 문화에 대한 미국 음악인들의 존중 표시를 엿볼 수 있다고 다니엘 포스레-루시에르Danielle Fosler-Lussier가 조망한 하나의 원칙이다. 마리오 던켈Mario Dunke은 1950년대 미국 재즈 음악인들에 의하여 동구권 순회공연 동안 이러한 관행이 지배적인 것을 강조한다.

조엘은 음악인의 무덤에서 감동적인 경험을 가졌다. 시인 블라드미르 비소츠키Vladimir Vysotsky는 그의 시집과 노래 공개가 공산정권에 의하여 제한되었을 때인 1980년 사망했다. 비소츠키의 작품은 소련 사람들의 영혼, 정치엘리트의 원통함에 많은 것 등을 전달했고, 조엘의 노래가 미국 노동계층의 경험을 대표하는 동일한 방식으로 공산치하에서 삶의 애환을 노래했다고 논평했다. 조엘과 그 당시 부인이던 크리스티 브린클리Christie Brinkley 그리고 딸인 알렉사 등은 비소츠키 어머니를 방문하기 위하여 찾아갔다. 비소츠키에 대한 이러한 모든 기억은 정부에 의하여 그들을 강제적으로 탄압하는 그들의 대변자로서 그들을 바라보았던 예술가와 주민 등에 대한 존경의 표시로 작용했다Bielen 110.

선전의 이중적인 역할

보상으로 주는 시나리오는 음악 외교에서 포함하는 대부분의 외교 교섭 또는 교환의 뿌리이다. 조엘의 소련 순회공연을 살펴보는 것은 순회공연 허락을 위하여 미국과 소련정부 등을 움직이는 것에 대한 배려를 본질적으로 필요로 한다. 조엘의 개인 지성, 음악과 상업적인 동기를 따로 떼어 놓더라도, 양 정부들에게 이러한 순회공연에 대해 가시적으로 외교적인 혜택이 존재했다. 조엘이 젊은 시민들과의 울부짖는 것에 대한 소련 사람들의 인내력으로 소련 사람들은 콘서트에서 거칠어질 수 있는 자유와 *글라스노스트*glasnost, 개방정책에 관하여 자신들의 진지성의 증거로서 조엘이 대중들과 상호작용해야만 했던 재량 등을 지적할 수 있었다. 공산정권의 가시적이고 공개적인 알력의 수용은, 포용적인 콘서트 환경에도 불구하고, 수많은 소련 사람들에게 의심할 것도 없이 의미 있고 놀랄만한 변화이었다.

*워싱턴 포스트*에 기고한, 알렉스 허드Alex Heard는 조엘의 순회공연을 승인한 공산당정권의 동기 중에 한 가지는 미국 로큰롤에 대해서 자세히 알아보려는 것이었다. 미국의 팝과 록 음악의 전 세계적인 지배와 보조를 맞추려는 수단으로 이것을 수용하려는 것이라고 설명한다. 조엘의 순회공연 동안 소련문화 사업코스콘체르트Goskonzert, госконцерт 책임자인 올레그 스몰리엔스키Oleg Smoliensky는 다음과 같이 말한다. "소련 관리들은 만족했고... 우리는 [조엘] 선택을 실수하지 않았다고. 당신은 이 분야에서 많은 것을 이루어 냈다"고 말이다Heard W7. 우리의 문화교류를 우리가 당신을 따라잡는데 도움을 줄 것이다. 이와 같이 게임을 자기에게 유리하게 이끄는 능력은 역시 올림픽 경기에 메달 숫자 세기

경쟁처럼으로 본다는 것이다. 조엘의 순회공연에 대한 이러한 승인이록 음악에 관한 공산당의 홍보 인식을 촉구할 작정이던지 간에, 이것은 관리들이 조엘의 순회공연을 막지 않은 이유에 관한 핵심을 이루는 복잡한 정치 목적을 시사하는 것이다. 그들은 이것을 자신들만의 목적을 위하여 조작했다. 반면에 그들이 어떻게 소련 사회의 공개성의 확대로 향하는 걸음을 불편하게 만드는지를 보여주는 것이다.

미국 측면에서 보는 교류는 똑같이 뉘앙스를 풍겼다. 표면적으로, 순회공연은 미국 대중음악과 문화의 세계적인 우월성의 사례로 작용했다. 여기에 미국 육체노동자 사나이 조엘이 있었다. 미국 노동계층의 경험에 결정적으로 연계되는 귀에 거슬리는 대중가요로 소련에 있는 체육관을 가득 채웠다. 이것이 바로 문화교류의 유사성이라는 점이었다. 조엘에게 승인되지 않은 음악 대사의 역할을 부여하도록 허락한 것은 냉전 기간 동안 미국의 선전 노력에 여러 가지 혜택을 부여한 것으로 이해될 수 있다. 가사 속에서 자신의 마음을 담았던 조엘—베트남전쟁과 같은 미국 정부에 반대되는 정책을 포함하는—은 미국 표현의 자유의 상징이었다. 이것을 인정함으로써, 레이건 행정부는 동일한 유형의 자유를 위한 요구를 집약하려고 소련 시민들에 대한 긍정적인 영향력을 가지는 민주적이고 공개된 사회의 모델을 기획했다. 특별하게 아프가니스탄과 베트남 전쟁 등에 현대의 소련 개입 간의 유사점을 고려하면 말이다.

조엘의 순회공연에 관한 서구의 영어권 언론은 권위에 도전하는 미국의 방식으로 젊은이의 마음을 움직였다고 했다. 언론에서는 젊은이에게 미친 압도적인 영향에 대해 깜짝 놀랄 만한 이야기를 전했다. 레닌그라드 콘서트 중에 하나에서 부서진 200석에 관한 보도는, 무대로 돌진하려는 팬들 때문에, 소련 사람들이 기대했던 강요된 점잖은 예의바름으로 인식되는 몰락에 관한 가시적인 상징을 부여한다. "Pop Weekend: From Moscow to LA: Soviets Warm Up to Billy Joel" (*Los Angeles*

Times), "In Moscow, a New Era? Protest and Rock Fete are 190 | Nicholas Alexander Brown Tests of Glasnost" (*New York Times*), and "Billy Joel parts the Iron Curtain" (*Globe and Mail*) 등과 같은 헤드라인들이 있었다. 북미 언론들은 조엘의 순회공연을 소련 정권의 자신감을 꺾는 효과가 있다고 보도했다. "좌석에 관한 그의 영향력을 고려해 볼 때, 당신은 크렘린이 신경 쓴다고 생각하는가?""Jumpy in Moscow". 실질적으로, 현지 관객들은 이러한 방식으로 콘서트에 간 사람들과 조엘과의 공감으로부터 혜택을 받았다. 순회공연을 통하여 글라스노스트를 진작시키려는 공산당의 목표는 소련 사회에 미국의 가치와 표현의 자유를 침투시킴으로써 순회공연에 관한 미국의 인식과 동시 발생적으로 마주친다. 이와 같이, 조엘과 그의 순회공연 등은 미국과 소련 양국을 위한 선전으로 기능했는데, 관련 모든 당사자들을 위한 목적을 충족시키는 음악외교의 기대를 완성하는 면밀한 균형 잡힌 행동으로 말이다.

조엘의 소련 순회공연 성공은 그에게 1985년부터 1991년까지 소련 공산당 서기장을 역임한 미하일 고르쵸프Mikhail Gorbachev와 글라스노스트, "Together for Our Children—Musicians Unite with Stars to Immunize Children"라는 타이틀로 자선음악회에 최종 책임을 진 관리 등과 파트너가 될 수 있게 했다. 이벤트는 1993년 소련 붕괴이후 로스앤젤레스에서 이루어졌고 전 세계로 중계되었다Harring 19. 이러한 상징적인 파트너십은 조엘의 사전 소련 순회공연이 소련의 정치 지도자들과의 공동 작업을 할 수 있는 능력을 보여주지 않았더라면 불가능한 것이었다.

결론: 이윤을 남기는 전통 구축

1987년 이래로, 조엘의 소련 순회공연 추억에 관한 연관은 레닌그라드, 모스크바와 트빌리시 순회과정에 대한 국제관계 또는 개인적으로 성취한 것 등을 능가하는 것이었다. 순회공연과 직접 연관된 여러 이니셔티브들이 상업적으로 순회공연의 유산을 발전시키기 위한 조엘의 장기적인 비전을 시사한다. 실질적인 순회공연 지난 30여년 이후에, 조엘은 소련 순회공연 성공을 역사책에 판매할 작정으로 여러 오디오와 비디오 기록용 카세트 출시와 관련되어 왔는데, 미국출신 공적으로 고용된 대중 록 음악인들의 신god으로 조엘의 위상을 강화시켜 주었다.

순회공연에 관한 즉각적이고 가시적인 성과는 *HBO World Stage series* 일환으로 *Billy Joel from Leningrad, USSR* 이라고 불렸던 1987년 다큐멘터리 출시이었다. 이것은 순회공연 전체를 통하여 그의 관객들과의 조엘의 정열적인 소통에 관한 가시적이고 음악적인 스냅사진의 혼합을 부여한다. 1시간짜리 영화는 로버트 달림플Robert Dalrymple과 릭 런던Rick London 등에 의하여 구상되었고 순회공연을 축하 한다 ". . . 끊임없는 축하—단란함, 록 음악, 그리고 물론 빌리 조엘 등으로 말이다 O'Connor, "TV Reviews" C22. 컬럼비아 레코드사는 1987년 말 *컨체르트* 앨범을 발매했다. 이것은 소련 순회공연으로부터 라이브와 스튜디오 레코드사를 포함했다. 이상하게도, 10년 안에 50만 장 판매에 도달하지 못한 최초의 레코드였다. 그리고 이와 같이 이것은 명백한 상업적인 성공을 거두지 못한 것으로 인식되었다. 1987년 달림플이 기획한 두 번째 영화인 *Billy Joel – A Matter of Trust: The Bridge to Russia*이 *A Matter of Trust: Billy Joel in the USSR* 이란 타이틀로 1988년 미국 방송 에이비씨ABC에서 방영되었다. 2014년, 조엘은 *Billy Joel – A Matter of Trust: The Bridge to Russia* "호화판"deluxe edition으로 발매하는데 관련되었다. 이것에는 첫 번째 1987년 발매된 소련 콘서트에 관한 디브이디/블루레이DVD/Blu-ray 버전이 포함된다. 2장의 씨디 소련 순회공연 레코드와 쇼타임Showtime이 제작하고 짐 브라운Jim Brown이 감독한 새로운 다큐멘터리 필름이었다.3)

이와 같이 다양한 레코드, 텔레비전 다큐멘터리들, 그리고 비디오 발매 등은 다음과 같은 세 가지 목적을 가지는데 도움 주었다. 순회공연으로부터 부가적인 수입을 창출하고, 냉전이 사그라지는 시기 동안 미소관계 역사에서 조엘의 순회공연에 관한 기존의 파급력을 더 진작시키며, 음반시장을 염두에 둔 예술인으로서 조엘의 시각을 제고해 주었다. 영화와 녹음음반을 통한 이야기와 음악을 마케팅 함으로써, 1987년 순회공연은 오랜 기간 동안 조엘의 팬들에 의하여 재조명되고 그렇지 않으면 가수의 음악 브랜드로 떨어지지 않는 새로운 관객들에게로 다가가는데 활용된다. 소련공연에 관한 지속적인 상업적인 잠재력은 21세기 20년 동안 조엘로부터 나오는 관심을 수용하는 것이 지속되는 반면, 그럼에도 불구하고 음악교류는 철의 장막 뒤에서 공공관계를 크게 다루는 어떤 미국 예술인의 역량에 대한 주목을 끌면서 개인적으로 조엘을 위하여 의미 있는 경험이 된 것을 보여주었다.

미국과 소련이 재차 냉랭한 관계가 되면서, 다양한 환경 아래임에도 불구하고, 양국은 그들이 빌리 조엘의 순회공연에서 했던 것처럼 문화외교에 신경 쓰는 것이 현명했다. 음악외교는 비공식적으로 연관 맺고 유사한 사교계를 통하여 연결되고, 문화적이고 정치적인 차이점에 대한 개선된 이해를 향하여 움직이는 사회들에게는 기회를 제공한다. 조엘은 냉전 음악외교에 관여함으로써 자신의 정치 행동을 발전시키기 위한 기회로 여겼다. 그는 자신을 1997년 쿠바 공연과 1987년 소련 공연과 그 이후 수십 여 년 동안 "록의 대사"ambassador of Rock로 광고했다. 공산 국가 음악무대 안으로 조엘의 진입은 풀뿌리 차원의 미소관계에 부분적으로 긍정적으로 영향을 주었고 자신의 개인배경에 기반인 노동계층과 연계시킬 수 있는 미국 스타로서 조엘의 유산을 공고히 했다. 모든 차원에서 소련과의 교류방향을 지도하는데 있어서 조엘의 상향식 주도와 용기 등은 차이를 메꾸는데 잠재력을 활성화 해주었다. 균열이

3) 1987년 순회공연에 관하여 다양하게 판매된 발매 다큐멘터리들의 판매 지표는 발매 시에는 잡히지 않는다.

얼마나 집중되었던 지간에, 미국 노동계층과 소련 국민과 공유함으로써 말이다.

인용 자료

A Matter of Trust: Billy Joel in the USSR. Perf. Billy Joel. Dir. Martin Bell and Wayne Isham. Prod. Robert Dalrymple and Rick London. ABC, 18 Jun. 1988. Television.

Associated Press. "Billy Joel Has a Tantrum." *New York Times* 28 Jul. 1987: C11. *ProQuest.* Web. 26 May 2015.〈https://www.nytimes.com/1987/07/28/arts/billy-joel-has-a-tantrum.html〉.

Ball, Terrence, and Richard Dagger. "Communism." Encyclopædia Britannica 08 Jun. 2008. *Encyclopædia Britannica,* Inc. Web. 17 Jan. 2017. 〈https://www.britannica.com/topic/communism〉.

Barringer, Felicity. "A Rocking Billy Joel Breaks Through Soviet Reserve." *New York Times* 27 Jul. 1987: C15. *ProQuest.* Web. 6 Oct. 2015. 〈https://www.nytimes.com/1987/07/27/arts/a-rocking-billy-joel-breaks-through-sovietreserve.html〉.

Bego, Mark. *Billy Joel: The Biography.* New York: Thunder's Mouth Press, 2007. Print.

Bielen, Ken. *The Words and Music of Billy Joel.* Santa Barbara, California: Praeger, 2011. Print.

Billy Joel – A Matter of Trust: The Bridge to Russia. Dir. Wayne Isham. Perf. Billy Joel. Legacy, 1987. VHS.

Billy Joel – A Matter of Trust: The Bridge to Russia Deluxe Edition. Dir. Jim Brown. Perf. Billy Joel. Legacy, 2014. DVD.

"Billy Joel from Leningrad, USSR." *HBO World Stage.* HBO, 27 Oct. 1987. Television.

Bordowitz, Hank. *Billy Joel: The Life & Times of an Angry Young Man.* New York: Billboard Books, 2006. Print.

Boston Public Radio Staff. "Piano Man Billy Joel On: Dropping Out of

School, the 'Physicality' of Performance, and Playing Fenway." *WGBH News* 15 Aug. 2016. Web. 14 Jan. 2017. 〈https://www.wgbh.org/news/2016/08/15/boston-public-radio-podcast/piano-man-billy-joel-dropping-Sout-schoolphysicality〉.

"Briefly: Billy Joel Parts the Iron Curtain." *Globe and Mail* 4 May 1987. LexisㅎNexis. Web. 26 May 2015. 〈https://advance-lexis-com.libproxy.mit.edu/api/document?collection=news&id=urn:contentItem:4M9N-1PS0-TXJ2-N0VN-00000-00&context=1516831〉.

Buchanan, Donna *A. Performing Democracy: Bulgarian Music and Musicians in Transition.* Chicago: U of Chicago P, 2006. Print.

Buehrer, Jack. "Billy Joel's Record-Breaking Madison Square Garden Run Conquers the Haters." *Village Voice* 2 July 2015. Web. 24 Jan. 2016. 〈https://www.villagevoice.com/2015/07/02/billy-joels-record-breaking-madison-square-garden-run-conquers-the-haters/〉.

Cameron, Jane, and Adam Lebor. "Young Guardian: Glasnost Generation—Inside the Soviet Union." *The Guardian* 26 Aug. 1987. LexisNexis. Web. 26 May 2015.

Davenport, Lisa E. *Jazz Diplomacy: Promoting America in the Cold War Era.* Jackson, Mississippi: UP of Mississippi, 2009. Print.

DeCurtis, *Anthony. In Other Words: Artists Talk About Life and Work.* Milwauㅎkee, Wisconsin: Hal Leonard, 2005. Print.

DeMain, Bill. *In Their Own Words: Songwriters Talk About the Creative Proㅎcess.* Westport, CN: Praeger, 2004. Print.

Dougherty, Steve. "A $90 Million Matter of Distrust Pits Billy Joel Against his Ex-Manager." *People* 9 Oct. 1989. Web. 14 Jul. 2016. 〈https://people.com/archive/a-90-million-matter-of-distrust-pits-billy-joel-against-his-ex-manager-vol-32-no-15/〉.

Dunkel, Mario. "'Jazz—Made in Germany' and the Transatlantic Beginnings of Jazz Diplomacy." *Music and Diplomacy from the Early Modern Era to the Present.* Ed. Damien Mahiet, Mark Ferraguto, and Rebekah Ahrendt. New York: Palgrave Macmillan, 2014. 147-168. Print.

Dylan, Bob. "The Times They Are a-Changin'." 1964. *The Times They*

Are a-Changin'. Perf. Bob Dylan. Columbia Records, 1964. Vinyl.

Eaton, William. "Pop Weekend: From Moscow to L.A: Soviets Warm up to Billy Joel." Los Angeles Times 27 Jun. 1987. Web. 26 May 2015. 〈http://articles.latimes.com/1987-07-27/entertainment/ca-4094_1_billy-joel〉.

Everett, Walter. "The Learned vs. the Vernacular in the Songs of Billy Joel." *Contemporary Music Review* 18.4 (1999): 105-129. EBSCOhost. Web. 21 Aug. 2015. 〈https://www. tandfonline.com/doi/abs/10.1080/07494460000640051?journalCode=gcmr20〉.

Firozi, Paulina. "Billy Joel on a Trump Inauguration: 'I won't be anywhere near that place.'" *The Hill* 16 Aug. 2016. Web. 14 Jan 2017. 〈https://thehill.com/logs/ballot-box/presidential-races/291673-billy-joel-on-a-trump-inauguration-i-wont-be-anywhere〉.

Fosler-Lussier, Danielle. "Cultural Diplomacy as Cultural Globalization: The University of Michigan Jazz Band in Latin America." *Journal of the Society for American Music* 4.1 (2010): 59-93. Web. 15 Jan. 2017. 〈https://doi.org/10.1017/S1752196309990848〉.

Gamboa, Glenn. "Recalling Billy Joel's '87 Tour of Russia." *Newsday* 16 May 2014. Web. 26 May 2015. 〈https://www.newsday.com/entertainment/ music/recalling-billy-joel-s-87-tour-of-russia-1.8045125〉.

Harring, Bruce. "Gorbachev, Joel Team up for Charity." *Daily Variety* 21 Apr. 1993: News; 19. LexisNexis. Web. 26 May 2015. 〈https://advance-lexis-com.libproxy.mit.edu/api/document?collection=news&id=urn:contentItem:3S3MFPB0-0006-00WK-00000-00&context=1516831〉.

Heard, Alex. "Rock Diplomacy." *The Washington Post Magazine* 6 Sept. 1987: W7. Web. 26 May 2015. 〈https://advance-lexis-com.libproxy.mit.edu/api/document?collection=news&id=urn:contentItem:3S8G-NS70-000B-1405-00000-00&context=1516831〉.

Joel, Billy. "Allentown" lyrics. *BillyJoel.com.* BillyJoel.com Web. 6 Oct. 2015. 〈https://www.billyjoel.com/song/allentown-12/〉.

___. "Billy Joel *'A Matter of Trust—The Bridge to Russia' to be released* on 2CD live album, DVD/Blu-Ray concert film & deluxe edition."

BillyJoel.com. BillyJoel.com 25 Feb. 2014. Web. 10 Jul. 2016. 〈https://www.billyjoel.com/news/billy-joel-matter-trust-bridge-russia-be-released-2cd-live-albumdvdblu-ray-concert-film-deluxe/〉.

___. "Billy Joel Biography." BillyJoel.com. BillyJoel.com Web. 14 Jul. 2016. 〈https://www.billyjoel.com/biography/〉.

___. *Kohuept.* Perf. Billy Joel. Columbia Records, 1987. CD.

___. "Prelude/Angry Young Man" lyrics. *BillyJoel.com.* BillyJoel.com Web. 6 Oct. 2015. 〈https://www.billyjoel.com/song/preludeangry-young-man/〉.

___. *The Nylon Curtain.* Perf. Billy Joel. Columbia Records, 1982. CD.

___. *Turnstiles.* Perf. Billy Joel. Columbia Records, 1976. CD.

"Jumpy in Moscow." *Globe and Mail* 8 Aug 1987. *LexisNexis.* Web. 26 May 2015. 〈https://advance-lexis-com.libproxy.mit.edu/api/document?collection=news&id=urn:contentItem:4M9R-R9X0-TXJ2-N194-00000-00&context=1516831〉.

Kent, George. "Letter to the Editor: Ambassador of Rock Visits Leningrad." *New York Times* 13 Nov. 1987 late city final ed.: A38. *LexisNexis.* Web. 26 May 2015. 〈https://advance-lexis-com.libproxy.mit.edu/api/document?collection=news&id=urn:contentItem:3SJD-NDT0-0017-52NV-00000-00&context=1516831〉.

Langbart, David. Inquiry to the National Archives. Message to Nicholas A. Brown. 15 Sep. 2015. E-mail.

Lennon, John, and Paul McCartney. "Back in the USSR." 1968. *The White Album.* Apple, 1968. Vinyl.

McKenzie, Michael. *Everything You Want to Know About Billy Joel.* New York: Ballantine, 1984. Print.

Myers, Donald M. *Headliners: Billy Joel.* New York: Tempo, 1981. Print.

O'Connor, John J. "Review/Television: Documentary Chronicles Billy Joel's Soviet Tour." *New York Times* 15 Jun 1988: C30. ProQuest. Web. 26 May 2015. 〈https://www.nytimes.com/1988/06/15/movies.review-television-documentary-chronicles-billy-joel-s-soviet-tour.html〉.

___. "TV Reviews: Billy Joel in Soviet on HBO." *New York Times* 27 Oct.

1987: C22 late city final ed. LexisNexis. Web. 26 May 2015. 〈https://www.nytimes.com/1987/10/27/arts/tv-reviews-billy-joel-in-soviet-on-hbo.html〉.

Office of Soviet Analysis, Central Intelligence Agency. "USSR Domestic Fallout from the Afghan War." Feb. 1988. Web. 17 Jan. 2017. 〈https://www.cia.gov/library/readingroom/docs/DOC_0000500659.pdf〉.

Peasley, Sarah. "Billy Joel's Soviet Concerts." *The Washington Post* 2 May 1987. Web. 26 May 2015. 〈https://advance-lexis-com.libproxy.mit.edu/api/document?collection=news&id=urn:contentItem:3SJD-NDT0-0017-52NV00000-00&context=1516831〉.

Polus, Sarah. "Reliable Source: Did Billy Joel Just Diss Donald Trump? Probably." *The Washington Post* 31 May 2016. Web. 10 Jul. 2016. 〈https://www.washingtonpost.com/news/reliable-source/wp/2016/05/31/did-billy-joel-justdiss-donald-trump-probably/?noredirect=on&utm_term=.1a73f6ac2652〉.

Potter, Lee Ann. "Teachable Moments Inspired by the Gershwin Prize." *Celebrating the Music of Billy Joel* [Program Booklet]. Washington DC: Library of Congress, 2014. Print.

Respers France, Leah. "Billy Joel Dons Jewish Star Against Neo-Nazis." *CNN.com* 22 Aug. 2017. Web. 21 Sep. 2018. 〈https://edition.cnn.com/2017/08/22/entertainment/billy-joel-yellow-star/index.html〉.

Rockwell, John. "Pop: Billy Joel Brings Cuban Crowd to its Feet." *New York Times* 6 Mar. 1979: C11. Web. 9 Jul. 2016. 〈https://www.nytimes.com/1979/03/06/archives/pop-billy-joel-brings-cuban-crowd-to-its-feet.html〉.

Ross, Whitney. Re: Research Inquiry [Billy Joel USSR Tour]. Message to Nicholas A. Brown. 3 Mar. 2016. E-mail.

Schruers, Fred. *Billy Joel: The Definitive Biography.* New York: Random House, 2014. Print.

Scott, Richard. *Billy Joel: All About Soul.* New York: Vintage Press, 2000. Print.

Suri, Jeremi. "China, the Soviet Union, and the Vietnam War." *Encyclopedia of the Vietnam War.* Ed. Stanley I. Kutler. New York: Charles Scribner's Sons, 2006. US History in Context. Web. 15 Jan. 2017.

Taubman, Philip. "In Moscow, a New Era? Protest and Rock Fete are Tests of Glasnost." New York Times 29 Jun. 1987 late city final ed.: A1. Web. 26 May 2015. 〈https://www.nytimes.com/1987/07/29/world/in-moscow-a-newera-protest-and-rock-fete-are-tests-of-glasnost.html〉.

Wild, David. "On Fire Again: Billy Joel." Rolling Stone 25 Jan. 1990. Web. 26 May 2015. 〈https://www.rollingstone.com/music/music-news/billy-joel-on-fire-again-the-rolling-stone-interview-7926

제9장

문화외교에 편승하는 음악교역

장벽이 쳐진 레코드 시장에서 서구 록과 팝

스벤 쿠베 *Sven Kube*

서구 문화외교는 음악 선호도와 동구권 국가들안에 있는 음악 팬들의 청취 습관 등에 의미 있는 영향을 미쳤다. 냉전기간 내내, 서구 자본주의 국가들의 정책결정자들은 재즈와 블루스에서 록, 팝, 그리고 블록 사회에서 서구의 가치와 이상 등을 전파시킬 목적을 위한 디스코 등까지 진정한 서구 장르들에 대한 대중성을 활용했다. 동서 권력투쟁이 있었던 초기 십여 년간, 국무부와 미국공보원USIS 등을 포함하는 미국 당국들은 적대 국가들에게 라이브 콘서트 투어에 저명한 재즈와 가스펠 공연자들을 파견하기 위하여 민간 스폰서들과 협력했다Davenport; Eschen; Fosler-Lussier. 특별하게 젊은 음악 청취자들의 환호에 대해서, 미국, 영국과 서독 등을 포함하는 국가들의 방송국은 현대적인 인기곡 중에서 최신 곡을 블록 영역 안으로 깊숙하게 전달했다Nelson; Cummings; Schlosser. 본장에서는 서구 정책결정자들의 직접적인 대리인의 이면을 살펴본다. 무대에서 서구 사운드의 연주와 동구권에서 레코드 생산과 음악 소비 등에 영향을 미치는 그들의 어디에나 있음 등을 보여준다.[1)]

1) 본장에서는 연구 기간 동안 진전된 박사학위논문을 요약했던 발표에 기반 하는 것이다. 박사학위논문 연구에 구술 역사자료에 기고된 현대적인 증인은 본 논문에선 무

공산국가들의 국영음악 산업이 국내 예술인들에 의하여 공연되는 이념적으로 문제 될 것 없는 대중음악을 진흥하기 위한 권한을 갖고 있을지라도, 서구 팝에 친숙한 많은 관객들은 이러한 음반회사들의 레퍼토리를 형성했다. 지리학적으로 언어적인 맥락에서 서구적 문화 생산물에 대한 동유럽국가의 긴밀한 인접성 때문에, 동독의 음악 팬들은 대부분의 다른 소련 위성국들의 동료 팬들보다도 이러한 환경으로부터 더 많은 혜택을 받았다. 동독 음악 산업이 서구로부터 나온 대중음악을 위한 매우 높은 요구로부터 이익을 모색했다. 동독 사람들은 냉전이 진행되면서 음반 내용에 접근하기 위하여 서구 문화외교에 점점 덜 의존했다. 동독의 정치 당국은 서구 장르를 체제 전복적인 문화제국주의의 선전으로 비판을 지속했다. 동독의 음반 산업은 국제적인 스타연주자의 작품을 국내적으로 생산하고 대량 배포하기 위하여 자본주의 체제에 있는 음반기업들로부터 라이선스 획득 등의 관례를 만들었다. 동베를린에서 통제받은 디스크에 대해서 상업적으로 유통하면서, 미국과 영국 록과 팝 등은 사람들 간의 대중문화 상품과 동시에 국영산업을 위한 엄청나게 수익성이 있는 카탈로그 요소 등을 나타냈었다. 본 논문에서는 동구권에서 서구 음악의 확산은 서구 문화 외교관의 임무에만 의존하는 것만이 아니었다. 본 논문은 동서 간에 있는 음반회사들 간의 협조는 자본주의 연예 산업의 인기 음반에 대한 공산주의 소비자들의 친숙의 결과로 나타났음을 밝힌다. 서구 팝음악의 동독의 폐쇄된 시장 안으로 유입을 살피면서, 본장은 모든 블록 국가들이 유사한 방식으로 직면했던 냉전 대립의 측면을 다음과 같이 강조한다. 고립주의 정책은 서구의 대중적인 문화 저작물에 관한 호소로부터 국내 관객들을 보호하는데 성공하지 못했다.

명인채로 남겨 놓는다.

동독의 문화산업 건설

제2차 세계대전은 독일의 연예산업을 허물어 버렸다. 연합국이 주둔했던 지역과는 대조적으로, 1945년 5월 제3제국이 항복 직후에 도이체 그라모폰Deutsche Grammophon과 일레트로라 등과 같은 전쟁 전 음반회사들이 생산을 재개했던 지역, 동독은 자신만의 음악생산 기반시설 없이 전후 시기로 들어갔다. 또한, 미국 점령군들이 서구에서 알려진 대중문화 브랜드를 확산시키기 위한 음반회사들을 등록한 반면에, 소련 주둔군은 동독 지역에 어떠한 형태의 문화적 러시아 화 또는 소비에트 화도 시도하지 않았다본서의 Ignácz의 장을 보라. 소련 관리들은 독일의 고급문화가 가치를 발하는 지역을 점령했고 신속하게 드레스텐, 라이프치히와 베를린 등에 유명한 고전적인 음악연주회장을 재개했다. 그들은 또한 제3제국 동안 라디오 모스크바에서 작업했던 열성적인 공산당 포크 싱어이자 무대 공연자인 에른스트 부슈Ernst Busch에게 음반 생산을 위한 라이선스를 발급했다. 포괄적인 소련의 지원을 향유하면서, 부슈는 동독 음악 산업의 설립자가 되었다. 그의 라이더 자이트Lied der Zeit, Song of the Times 사의 목록에는 정치 논쟁을 가벼운 오락물로 조화시켰다. 아직도 모든 산업 활동을 통합하고 국유화하기 위한 신생국가의 노력 과정에, 라이더 자이트 사와 통일사회당Sozialistische Einheitspartei Deutschlands, SED 간의 긴장이 고조되었다. 동독의 음반 산업에 대한 완전 통제를 얻기 위하여, 정치엘리트들은 부슈와의 절연을 선택했다. 1953년 4월, 라이더 자이트 사는 국영기업이 되었다"Lied der Zeit".

국영독점으로서 음반회사는 동독 문화회로에서 주요 행위자로 진화되었다. 1955년, 동독의 문화부Ministerium für Kultur, MfK가 감독부처로 경공업부Ministerium für Leichtindustrie를 대신했을 때, 라이더 자이트 사가 독일음반회사Deutsche Schallplatten, DS가 되었다. 동시에, 문화부에서 경제학과 출신인 27년 경력을 가진 중간정도의 감독관인 하리 쾰츠슈Harri Költzsch

는 독일 음반회사의 총지배인 자리Register der Volkseigenen Wirtschaft에 올랐다. 회사를 음악 생산이 사람들의 문화적 요구를 충족시키면서 이윤을 남기는 회사로 전환하는 권한을 위임받은 쾰츠슈는 향후 33년 동안 책임자로 남았고 서구 거물의 형식으로 독일음반회사 발전을 감독했다. 그의 수완 아래에서, 독일음반회사는 주력산업으로 발전했다. 이것은 다섯 개의 음반 스튜디오를 유지했고, 두 개의 제조 공장을 운영했고 약 750명의 노동자를 고용했다. 이것의 연 매출액은 1960년 대강 400만 녹음매체에서 1970년 700만까지 급증했고, 1980년대 중반까지 2,000만에 도달했다Schindler 73. 쾰츠슈가 결국 1988년 총지배인에서 물러났을 때, 그는 일반적으로 동구권에서 많은 나라에서처럼 "그의" 회사는 경제성장을 위하여 회사의 잠재력을 소진해 왔음을 그렇게 알아차리게 되었다. 그렇지만, 1955년과 1988년 사이 독일음반회사의 발전은 결핍의 경제에 성공적인 지배인으로서 자신의 자질을 보여주는 증거를 보여준다.

국영 독점회사로서 그의 지위에도 불구하고, 독일음반회사는 다양한 이유 때문에 동독의 정책결정자들과 독자적으로 남았다. 첫째, 문화부는 정치적 감독에 대하여 비교적 자유로운 접근방법을 적용했다. 전통적으로 국회의원과 지식인 등을 위한 연결점인, 문화부는 최소한 순응주의 부처들 중에 하나로 항상 행동했다. 대조적으로, 다른 두 가지 녹음 음악인 라디오와 텔레비전 등의 제작자들은 부처협의회에 있는 위원회에 보고했다. 이 협의회는 통일사회당 강경파로 구성되었다. 또한 독일음반회사의 총지배인은 당의 영향을 포용하는데 성공했다. 예술생산 책임자와 같은 최고 감독 직책을 예외로 하더라도, 회사 직원들은 아무런 정치적 압력을 느끼지 않았다. 당원에게 직책을 올려주는 직원 채용에 관한 쾰츠슈의 접근방법은 그에게 음악 감독, 음향기술자, 그리고 전문적인 책임을 지닌 다른 인력 등을 고용할 때 능력과 전문적 식견 등을 강조하는 충분한 재량권을 부여했다. 가장 중요한 것으로, 아마도, 독일음반회사는 경제적으로 번창했다. 음반 산업은 영구적으로 정부 보조금에 의존하지 않았던 동독에선 매우 소수의 문화 제작자들 중에 하나이었다. 사실상, 수년 동안 동독음반회사는 국가 재정에 상당한 기여를 한 것으로 나타났다. 이것이 국가에로 보낸 수입금은 1955년 1,000만 동독 마르크화로 1,000만에 약간 못 미칠 정도에서 1975년까지 8,000만으로 성장했고 1989년 2억 마르크까지 접근했다Schindler 74. 부가적으로, 독일음반회사는 동독이 절실히 필요로 하는 경화hard currencies, 달러 같이 국제적으로 널리 통용되는 통화로 상당한 돈을 벌어 들였다. 불충분하지만 남아있는 증거는 1980년대까지 독일음반 회사는 회사 마음대로 자유롭게 교환 가능한 외화주로 미국 달러, 영국 파운드, 서독 마르크로 약 200만을 가지고 있었다. 반면에 이것은 매년 국가에 300만에 가까이 벌어다 주었다Ministerium für Kultur, "Staatliche Auflagen". 그의 정치적 상관들을 만족시켜주는 퀼즈슈의 능력, 고용에서의 능력과 요령에 대한 그의 집중력, 그리고 그의 관리 하에 회사의 놀랄만한 경제적 성과 등은 독일음반회사를 동독 문화 분야에서, 독특한 것은 아니지만, 드문 재량권을 보장해 주었다.

음반회사의 성공적인 발전 과정은 사전 결정된 것은 아니었다. 퀼즈슈가 취임한 이후, 그는 낙후된 제조 시설을 현대화하기 위한 투자를 늘리는데 많은 시간을 들였다. 1957년, 퀼즈슈는 엘피판 생산을 설정하기 위하여 여섯 자리수의 화폐 투자를 요구했다. 경화로 구매할 필요가 있었던 레코드 프레스를 위한 지배인의 요구를 회피하기 위하여, 국가기관 대표자들은 모든 현대화 노력을 중지하고 체코 공화국에 앨범 생산을 단순하게 외주화 하는 것을 제안하기까지도 했다Ministerium für Kultur, "Fragen". 정부는 1960년대 동안 엘피판 생산과 스테레오 음향과 같은 음악 산업에서 일반적인 기술발전을 따라잡기 위하여 독일음반회사에게 수단을 제공했다. 그러나 새로운 발전을 따라가는데 간극을 닫아버리는 것은 총지배인의 최우선 고려사항으로 남았다. 1970년대 초반까지, 동독은 포괄적으로 자국의 음악 독점을 현대화하기 위하여 전례 없는 재정지원을 동원했다. 1973년 부처협의회는 "레코드판과 음악 카세트 등에 대한 시민들의 늘어난 문화 요구 충족"을 보장하기 위한 계획을 승인했다Ministerrat der DDR. 부처협의회는 독일음반회사를 위하여 3년만 800만에서 1600만으로 연례 음반생산을 두 배로 하기 위하여 국내통화와 경화로 수백만 마르크를 배당했고 동일한 기간에 20배에 달하는 카세트 생산으로 늘린다. 국내통화로 물자와 양적인 노동 등을 구매하면서, 독일음반회사는 음악녹음과 녹음매체 생산 등을 위한 기술 장비에 돈을 소비했다. 자본주의 국가에서 만들어진 마이크, 믹싱 책상, 비닐 압착기와 다른 시설 등에 대한 독점적인 의존하면서, 독일음반회사는 수입 산업을 모방했다. 이윤은 그러한 구조의 존재를 위한 핵심 조건이었다. 이것을 보장하기 위하여 독일음반회사는 내수에 대한 완전한 통제와 자본주의 세계에서 파트너들과의 협력하기 위한 재량 등을 필요로 했다.

모든 사람들이 매우 좋아하는 화폐교환가치를 창출하기 위한 독일음반회사의 능력은 공산당 기업으로서 이 회사의 이중적인 본성을 개념화하는데 중요하다. 한편으로, 이것은 동독의 엄격하게 분리된 음반시장을 통제했던 독점기업을 대표했다. 공산주의 형제 국가들에서 동일한 독점기업과의 간헐적인 합작회사와는 별개로, 쾰즈슈는 독자적으로 음반을 배포하기 위하여 제휴하지 않은 음악 제작사의 아무리 작은 희망조차도 무자비하게 밟아버리려고 동독 문화부와의 접촉하는데 온 힘을 쏟았다. 이러한 노력들은 음반 카세트가 음악인과 다른 행위자 등에게 그들의 창작물을 소판으로 상업적으로 판매할 수 있도록 해 주었을 때 실현되었다Meyer. 다른 한편, 독일음반회사는 자본주의 국가에 광범위한 파트너 회사 네트워크와 끈끈한 국제 지향성을 가지는 음반회사이었다. 이러한 관계들은 전후기간 동안 라이더 자이트 사가 피브이시 낱개, 종이 라벨과 음반커버 등과 같은 물자 구매를 하기 위하여 서독

안에 있는 기업으로 의지했을 때 형성되었다. 동독이 1961년 국내시장에 담을 쌓았을 직후에조차도, 독일음반회사는 생산 흐름을 멈추게 할 수 있는 물자 부족에 대비하기 위하여 자본주의 파트너 국가들과의 관계를 집중했다. 철의 장막을 넘어서 이러한 비즈니스 관계가 엄혹한 지정학적 분위기에도 불구하고 활발해지면서, 서구 기업들은 독일음반회사가 이들에게 제공해야만 했던 어떤 것에 대한 관심을 개발시켰다. 그것은 바로 고전음악이었다.

고전음악과 문화유산

제2차 세계대전의 여파로, 동독은 고전음악의 성지로 발전 되었다. 전후 직후 기간 동안 소련이 다양성을 창출하기 위한 시도로 독일 고전음악의 유산을 진흥시키려고 한 이후, 동독 문화정책결정자들은 이러한 궤적을 따라서 지속적으로 움직였다. 동독문화부는 드레스덴 국립 관현악단Staatskapelle Dresden과 라이프치히 교향악단Gewandhausorchester Leipzig 등과 같은 세계적으로 알려진 고전 음악기관에 엄청난 자금을 쏟아 부었다. 독일의 격조 있는 유산의 수호자로 스스로를 나타내면서, 동독은 문화와 외교 영역에서 위신을 얻기를 희망했다. 록 음악이 서구 사회에서 사회 규범에 제기했던 도전에 노골적인 우려와 재즈 등과 같은 진보적인 장르에 유의하면서, 동독의 문화기획가들은 국내에서도 역시 고전음악위주로 진흥하기로 결정했다. 동독 문화부 문화부서를 책임졌던 베르너 랙비츠Werner Rackwitz는 “인간 문명의 초창기부터 역사적인 연속성”은 동독의 “음악 생활”의 발전과 현대 서구 사회가 표방했던 “파괴적인 과오[와] 빈곤을 막아내기 위하여 사회주의 국가 문화 등의 발전에 필수 불가결했다고 주장했다Rackwitz 1-2. 현대 노래와 무용 등에 대한 근대 사회주의 접근방법이 대중의 공감을 얻는데 실패하면서, 문화 관리들은 독일 음악유산의 진정한 수호자로서 행동하는 것에 호소했다. 자연스럽게, 동독의 음반 산업은 고전음악을 위한 국가지원의 제1의 수혜자가 되었다. 동독 문화부는 독일음반회사의 고전음악부서인 에테르나 Eterna가 최고의 내용 녹음을 위한 국제시장에서 동독을 대표하기 위하여 재능, 자금과 기술 등에 접근하는데 최 우선권을 받도록 주장했다.

에테르나는 모두가 인정하는 독일 음반회사의 선두주자이었다. 고전음악 담당부서는 독일 음반회사 라벨 사이에서 최대 인력을 채용했고, 두 개의 교단에 녹음 스튜디오를 유지했고, 수입 기계와 물자 등에 최우선적 접근권을 향유했다. "독일 음반회사에서 나의 전체 경력기간 동안," 에테르나의 예전 음향기사는 "나는 단 한번이라도 국내에서 생산된 레코드 테이프를 절대 사용해서는 안 되었다고 회상했다. 음향과 관련되는 모든 것이 서구로부터 수입되었다."[2] 1984년이 시작되면서, 동독 문화부는 에테르나에게 디지털적으로 스테레오 음향 녹음을 창출하도록 새로운 생산 시설을 건설할 목적으로 독일 음반회사에 400만 동독 마르크화를 배정했다. 반면에 동독은 이용 가능한 디지털 재생 장치를 만드는 것으로부터 수년 동안 오래 떨어져 있었다Stadtrat Mitte. 수입된 기술은 부가적인 화폐교환가치 비용을 초래했다. 아직도 이러한 노력들은 명백한 목표에 다음과 같이 작용했다. 에테르나는 자본주의 국가에서 음반회사에 라이선스를 줄 수 있는 세계적으로 유명한 예술가와 오케스트라 등과 함께하는 고전음악 작업 녹음을 제작했다. 서구 기업에 호소하는 이러한 녹음을 만들기 위하여, 품질 기준이 냉전시기 서구 소비자들이 익숙해지도록 성장했던 것과 동등해야만 했다. 동독은 자국에서 서구 파트너들과의 고전 음반녹음을 공동제작하거나 라이선스 받은 협정 하에서 단순하게 완성된 테이프를 단순하게 수출함으로써 돈을 벌도록 하는데 에테르나에 상당히 투자했다. 독일 음반회사는

---

2) "In meiner gesamten Zeit im Betrieb [Deutsche Schallplatten] hab ich nicht ein einziges Mal mit [einer] DDR-Band arbeiten müssen. Alles das, was Einfluss auf den Klang hatte, kam aus dem Westen"에테르나 전 음향기사.

공동 제작에 최우선적으로 두었고 동독 경제에서 라이선스 받은 수출은 냉전 후반기 동안 경화투자에 지속적으로 의지하도록 성장했다. 1978년과 1988년 사이에, 에테르나 앨범 프로젝트 사이에서 공동제작 비율은 3분의 2 미만에서 약 90퍼센트까지 성장했다Ministerium für Kultur, Produktionspläne. 서독, 영국, 네덜란드, 일본 그리고 전 세계 출신 음반회사들은 독일 음반회사와의 협력하기를 선호했다. 그 이유는 파트너십 덕분에 서구 돈으로 매우 적당한 가격에 최첨단 고전음악을 얻었기 때문이다.

구매력과 대중음악

독일음반회사의 두 번째로 큰 부서는 아미가Amiga인데, 대중음악을 위한 동독의 유일한 명칭이다. 아미가는 동독 음반회사 초기부터 문화 기획자들의 인식에서 하나의 필요한 것으로 남았다. 음악 제작자와 정치 관료들이 온갖 음악 스타일이 있는 동독 음반 시장에서 특집 방송을 해야만 하는지에 대한 의문에 충돌했을 때였다. 동독의 음반 예술가들이 자본주의 국가 출신 스타와 경쟁하는데 혈안이 되었을 때인 냉전 후반기이었다. 아미가는 약 2만개의 앨범을 발매했는데, 동독에서 이용할 수 있는 모든 앨범들의 4분의 1보다 약간 더 많도록 하는데 기여했다. 그렇지만, 이러한 발매들은 내수 시장에서 최소한 모든 앨범 판매의 절반을 차지하는데, 대중의 만족을 위한 높은 요구에 증언 한다Rauhut and Rauhut 8. 아미가의 상업적인 관련성은 젊은 사회주의에게 잘못된 사상을 서서히 주입시킨다는 공산의 의심에 불을 붙였다. 이데올로기적인 투명성을 보장하기 위하여, 대중음악에 관한 모든 토종 연주자들은 독일에서 노래를 불러야만 했고, 그들의 노랫말은 예정된 제작 날 훨씬 이전에 제출되어야만 했다. 배정의 핵심은 서구 스타일 영향을 잘라버리기 위한 부가적인 수단으로 아미가의 음악 생산에 장르 할당을 지시했다.

현대 팝, 록, 그리고 댄스 음악 발매—영미 예술가들의 창조적인 리더십 하에서 발전되어 온 현대 장르—는 연례 레퍼토리에서 25퍼센트 카탈로그 숫자를 넘어설 수 없었다. 균형조정 목적으로, 동일 비율로 감성적인 가사를 지닌 독일 풍의 경쾌한 음악인 유행가schlager에 배정되었다. 나머지 절반에 달하는 발매 자리는 재즈와 블루스, 노래와 포크, 뮤지컬과 오페라타, 어린이용 오락과 다른 내용 등을 담긴 앨범 제작을 필요로 했다leitner 182. 팝 음악이 특별 장르 전문으로 명명되며 정체성을 확립시키기 위해 노력하게 되었다. 그래서 아미가는 독점적 지위를 위해 한 곳에서 다 해결할 수 있는 상점 형태로 운영되어야만 했다.

아미가 상점에서 가장 잘 팔리는 것은 현대 록과 팝 음악이 들어 있는 앨범들이었고, 인기 유행가도 이것들 만큼은 아니더라도 어느 정도 발매되었다. 동독 음악 무대는 제한적이나마 서구 전문가를 롤모델로 한 스타일과 선율을 모방한 록 밴드 몇 개와 디스코 팀 등을 제작했다. 푸디스Puhdys, 카라트Karat, 그리고 스텐 메이센Stern Meissen 등과 같은 밴드들은 실리Siily, 피터와 폴Peter & Paul, 그리고 잉카Inka 등을 포함하는 예술가들이 동독의 팝 사운드를 전형적으로 보여주면서 가장 풍성한 국내 록 밴드를 대표했다. 허프와 헨클러Hauff & Henkler, 프랭크 쇼벨Frank Schöbel, 그리고 울프강 지에글러Wolfgang Ziegler 등과 같은 연주자들과 함께, 동독은 매우 인기가 높은 서독과 오스트리아 스타들과 반대되는, 국내에서 성장한 차분한 유행가 장르의 가수들을 양성하기도 했다. 그렇지만, 아미가 사무실 안에서 팝 음반 생산에 관한 역량집중과 고전 음악 이외에 제작을 위한 최신 녹음 장비의 부족 등은 서구의 경쟁사와 비교해서 국내 예술인들의 요구에 부응하지 못했다. 자국민의 서구 라디오 시그널 접속을 인식하면서, 그리고 아마도 젊은 세대의 음악적인 흡인력에 대한 어느 정도의 최소한 통제유지를 희망하면서도, 독일음반 회사의 문화 정책결정자와 레퍼토리 관리자 등은 경제적 이윤과 함께 문화 자유화를 혼합하는 접근방법을 선택했다. 광범위한 요구에 영합하면서, 동독 음악 독점주의는 우월적인 미국, 영국, 그리고 서독 예술인의 원래 제작물들을 아미가 목록 안으로 섞어 놓게 되었다.

라이선스 레코드—서구 예술인에 의한 오리지널 음반을 포함하지만 동 베를린의 독일음반회사에 의하여 찍어낸 앨범과 싱글—는 차츰차츰 아미가 목록에서 주된 자리를 차지하게 되었다. 현대 팝과 록 음악에 관한 한, 라이선스 레코드는 앨범의 약 45퍼센트와 1964년과 1990년 사이에 이 목록 안에서 발매된 싱글의 20퍼센트를 차지했다 Rauhut. 라이선스 발매는 엄격하게 기존의 구성단위 숫자에만 엄격하게 한정되면서, 이것들은 대단히 인기 있는 품목이 되었다. 현대 음악 구매자들은 라이선스 앨범이 판매된다는 소문이 돌 때 평상시보다도 더 길어진 줄에서 기다리고 있는 것을 기억한다. "우리에게는" 어떤 동독의 음반 수집가는 "라이선스 음반 구매는 우리의 범위 밖에 있는 커다랗고 넓은 세상에서 토큰 하나를 얻는 것과 같은 느낌"이라고 회상했다.[3] 대중음악 소비자들에게, 라이선스 레코드에 관한 아미가의 팽창적인 프로그램은 은유적으로 장벽의 균열이 넓어지는 것과 비슷하다.

아미가의 라이선스 디스크가 1964년 처음으로 발매되었다. 비틀스의 열기가 미국을 막 휩쓸기 시작했을 때였다. 동독의 젊은 음악 팬들은 서구의 몇몇 동료들이 기회를 잡기 직전에 팹 포Fab Four, 비틀스의 비공식 이름의 조기 싱글 "Ain't She Sweet"을 구매할 수 있었다The Beatles. 1960년대 후반에, 독일 음반회사는 미국 출신 예술인들의 첫 번째 작품들을 발매하기 시작했다. 잠시 동안, 공산주의 시장 안으로 진입자격을 받은 두 그룹은 도시좌파적인 포크 계열밥 딜런, 피터 시거, 조안 바에즈 등 뿐만 아니라 유명한 아프리카계 아메리카 재즈 연주자루이 암스트롱, 엘라 피츠제랄드, 듀크 엘링톤 등을 대표했다. 최소한 처음에, 서구 예술인들은 자본주의에 관

---

[3] "Für uns fühlte sich das [Kaufen von Lizenzplatten] an, als würden wir materielle Dinge aus einer Welt kaufen können, zu der wir keinen Zugang hatten" (동독의 음반 수집가).

한 노골적으로 반대했거나 동독에서 발매된 음반을 가지고 있는 자격을 박탈당한 소수민족 구성원 등이 되어야만 했다. 그렇지만, 이어진 십여 년 동안, 아미가는 서구의 라이선스 앨범 프로그램을 확대했고 다양화 했다. 1970년대 중반 공격적인 막대한 투자 이후에, 독일음반회사는 엘비스 프레슬리, 반체제 문화의 아이콘인 지미 핸드릭스의 스케일, 그리고 아바와 같은 디스코의 선구자 등과 같은 불멸의 슈퍼스타를 포함했던 다양한 종류의 우상 예술인들에 의하여 히트 앨범들을 발매했다. 1980년대, 독일 음반회사는 서구의 음악적인 흐름을 완벽하게 포용했고 동독 팬들에게 마돈나, 휘트니 휴스톤, 마이클 잭슨 그리고 지지탑 ZZ Top 등에게 최고의 판매수입을 올리도록 해주었다. 레이건 행정부의 기업 음악 문화에 사로잡힌 앨범 레퍼토리로부터 선택받은, 동독 음반 구매자들은 냉전이 끝나갈 때 이념적인 정치 자유화의 영향을 처음으로 향유한 사람들 중 하나였다.

자연스럽게, 서구 아티스트들의 앨범들은 그들이 아미가 라벨을 붙인 라이선스 앨범으로 탄생되기 이전에 승인될 필요가 있었다. 그러나, 검토과정은 놀랄 만큼이나 자유방임적인 일이었다. 아미가 음악 제작자들은 서구 발매를 자신들의 음반 책임자에게 다음과 같이 권고했다. 그가 서명하게 되면, 독일음반회사의 최고위층의 창작 감독자와 경제담당 매니저 등으로부터의 허가 획득은 단순한 형식임을 나타냈다. 모든 노래를 위하여 번역된 가사가 승인과정에 관련된 모든 독일음반 제휴회사들에게 전달되어야만 할지라도, 아미가 음악 제작자들이 자율적으로 제안했던 프로젝트들은 일반적으로 이것을 가게에 전시되게 만들었다. 감독기관의 특정 지시에 매몰되기보다는, 오히려 제작자들은 자신들의 견해를 상식으로 여겼던 것을 근거로 삼았다. "우리는 어떤 노래도 마약 사용을 촉진하고, 폭력을 선동하거나 소련의 위대한 업적을 비난하지 않는다고 알고 있고 들을 필요가 없다,"고 제작자들 중에 한 사람은 회고했다.[4] 그렇지만, 오리지널 서구 발매에 약간의 수정은 때때로 필요하게 되었다. 예를 들면, 아미가가 아바ABBA의 앨범인 Arrival를 Dancing Queen으로 바꾸어서 발매했을 때, 음반의 빅 히트는 없었다. 풍요롭고 훌륭한 인생에 대하여 조롱조로 축하하는 아바의 아이콘이 된 싱글 “Money, Money, Money”는, 노동자와 농민 공화국을 자칭하면서 웃기는 것으로 간주되지 않아서, 아미가는 밴드의 대히트를 더 오래되고 불분명한 음반의 뒷면으로 대체했다ABBA.

아미가는 자신의 라이선스 프로그램에 대하여 국가당국으로부터의 아무런 간섭도 받지 않았다. 라벨은 레퍼토리 개발에서 매우 자율적으로 남았고 정치권력의 회랑으로부터 서구 발매를 위한 허가를 얻을 필요가 없었다. 독일음반회사의 예술제작 감독자는 기업은 문화 정책결정자들과 팔씨름을 해야 할 필요도 없거나 라이선스 서구 음반 제작과정에서 공식 기준에도 얽매일 필요가 없음을 강조했다. “독일 음반회사는 가사에 특별하게 적용할 때 방송보다도 더 과감해지는 것으로 알려진다”고 한스뷔르겐 샤에페르Hansjürgen Schaefer은 자신의 마지막 인터뷰에서 언급했다Wicke and Müller 117. 라이선스가 경화로 지불되어야만 되기 때문에 그리고 회사의 자금예산이 항상 빠듯하기 때문에, 독일 음반회사는 고전음악을 구매하는 동일 회사로부터 서구 팝 음악 구매를 선호했다. 런던에 있는 이엠아이EMI사는 비틀스와 퀸의 음반을 위한 라이센스를 제공했다. 미국의 거대 회사인 씨비에스CBS는 슈퍼트램프Supertramp와 자니 캐시Johnny Cash 등의 음반에 기여했다. 서독 도이체 그라모폰Deutsche Grammophon은 크림Cream과 더 폴리스The Police 등의 테이프를 제공했다. 결국, 독일음반회사는 스스로를 현대적인 대중 가사의 대규모 수입을 위한 라이선스를 얻는데 고전 음반 수출로부터 얻은 수입인 많은

---

4) “Wir wussten schon—und brauchten auch nicht erinnert zu werden—dass die Lieder nicht Drogen verherrlichen konnten, der zu Gewalt aufrufen konnen, oder Kritik an den groß en Errungenschaften der Sowjetunion äuß ern konnten” (전 아미가 관련자).

경화를 소비하고 있음을 알게 되었다.

결론

아미가의 서구 라이선스 음악 프로그램의 진화는 실질적으로 모든 동구권 국가들이 유사한 방식으로 직면했던 문화적인 딜레마를 보여준다. 공산당 형제국가들에서 벌어지는 많은 것들처럼, 동독은 정치적으로 경제적으로 뿐만 아니라 문화적으로 실패했다. 대중음악에서 서구의 창작과 반대로 국가 감독과 개입 등으로부터 자유로운 문화 예산으로 인해, 동독 정책결정자들은 일반 대중과 공감을 얻는 데에 실패한 지난 세기로부터의 전통을 진흥했다. 서구 대중장르에 대한 대중에게 문화부서들이 공산주의 국가로부터 위임받은 위원회로부터 떼어낸 국가의 대안으로 도전하기는 어렵다.

대다수의 시민들이 정기적으로 서구 라디오와 텔레비전 등에 상대적으로 편안하게 접근하는, 특별하게 동독에서, 젊은 음악 팬들은 현대적이고 신나는 음향에 자신들의 귀와 눈을 돌렸다. 독일 음반회사는 미국, 영국, 서독 그리고 베를린 장벽 서쪽에 있는 국가 등으로부터 나온 히트 음악을 수입하면서 동독 시민들의 선호도 부응했다. 이러한 면에서, 아미가의 라이선스 받은 서구의 앨범 프로그램은 국내 구매력을 소진시키기 위하여 매력적인 제작물에 의존했던 국유 독점시업사로부터의 경쟁력 부족을 인정했다. 여전히 냉전의 적대자들과의 동독의 음악교역도 경제적이고 문화적인 맥락에서 철의 장막에도 침투할 수 있음을 보여준다. 이것은 항상 서유럽 수도로만 침투되는 것으로 남는다. 이것은 항상 너무 투과성이어서 서구 음악의 진입을 막지 못한다. 결과적으로, 동서간의 분열을 가로지르는 음악 교역은 서구의 문화-외교적 노력의 후류에서 뚜렷해졌다. 그 이유는 공산주의 음악 시장은 자본주의 음악 산업의 문화적이고 경제적인 패권을 부인할 수 없기 때문이었다.

인용 자료

ABBA. *Dancing Queen.* VEB Deutsche Schallplatten, 1978. LP.

Cummings, Richard H. *Cold War Radio: The Dangerous History of American Broadcasting in Europe, 1950-1989.* Jefferson: McFarland, 2009. Print.

Davenport, Lisa E. *Jazz Diplomacy: Promoting America in the Cold War Era.* Jackson: UP of Mississippi, 2009. Print.

Eschen, Penny M. von. *Satchmo Blows Up the World: Jazz Ambassadors Play the Cold War.* Cambridge: Harvard UP, 2004. Print.

Former Amiga editor. Personal interview. 13 Apr. 2015.

Former Eterna producer. Personal interview. 29 May 2015.

Former Eterna sound engineer. Personal interview. 21 May 2015.

Fosler-Lussier, Danielle. *Music in America's Cold War Diplomacy.* Oakland: U of California P, 2015. Print.

GDR record collector. Personal interview. 13 Nov. 2014.

Leitner, Olaf. R*ockszene DDR: Aspekte einer Massenkultur im Sozialismus.* Reinbek: Rowohlt, 1983. Print.

Lied der Zeit. *Letter to Rat des Stadtbezirks Mitte.* 10 June 1953. C Rep. 304 Nr. 53786. Handelsregister Teil B. Landesarchiv Berlin. 28 May 2015. Print.

Meyer, Martin. *Letter to Rat des Bezirkes Leipzig.* 6 Feb. 1988. DR 1 15091. AWA-Korrespondenz. Bundesarchiv. 2 Apr. 2015. Print.

Ministerium für Kultur. "Fragen der Langspielplatten-Produktion." 1957. DR 1 257. Hauptabteilung Musik. Bundesarchiv. 21 Apr. 2015. Print.

Ministerium für Kultur. *Produktionspläne Eterna.* DR 1 15088. Fachbereich Musik, Ablieferungsverzeichnis. Bundesarchiv. 9 Apr. 2015. Print.

Ministerium für Kultur. "Staatliche Auflagen des Valutaplanes." 21 Dec. 1979. DR 1 10671. Korrespondenz 1978-1981. Bundesarchiv. 10 Apr. 2015. Print.

Ministerrat der DDR. "Beschlußprotokoll der 44. Sitzung des Ministerrates." 10 Jan. 1973. DC20/I-4 2789. Sitzungen des Präsidiums des Ministerrates. Bundesarchiv. 5 May 2015. Print.

Nelson, Michael. *War of the Black Heavens: The Battles of Western Broadcasting in the Cold War.* Syracuse: Syracuse UP, 1997. Print.

Rackwitz, Werner. "Probleme der Prognostik des Musiklebens." Mar. 1968. DR 1 9858. Protokoll des zentralen Seminars der Führungskader des sozialistischen Kulturlebens. Bundesarchiv. 30 Apr. 2015.

Rauhut, Birgit and Michael Rauhut. *AMIGA: Die Diskographie aller Rock- und Pop-Produktionen 1964-1990.* Berlin: Schwarzkopf und Schwarzkopf, 1999. Print.

Register der Volkseigenen Wirtschaft. *HRC 373.* 1953-1963. C Rep. 304 Nr. 55324. Handelsregister Teil C. Landesarchiv Berlin. 28 May 2015. Print.

Schindler, Alexander. *Chronik der DSB Deutsche Schallplatten GmbH* Berlin. 1995. Typescript.

Schlosser, Nicholas J. *Cold War on the Airwaves: The Radio Propaganda War against East Germany.* Champaign: U of Illinois P, 2015. Print.

Stadtrat Mitte. "Standortgenehmigung." 25 July 1984. C Rep. 110-01 Nr. 2524. Städtebauliche Genehmigungsverfahren. Landesarchiv Berlin. 28 May 2015. Print.

The Beatles. "Ain't She Sweet / Cry for a Shadow." VEB Deutsche Schallplatten. 1964. Single.

Wicke, Peter and Lothar Müller, eds. *Rockmusik und Politik: Analysen, Interviews und Dokumente.* Berlin: Ch. Links, 1996. Print.

제10장

내셔널 플라멩코 주의

프랑코 정권(1939–1975)에서 스페인 공공외교의 도구로써 플라멩코

카를로스 산즈 디아즈와 호세 마누엘 모랄레스 타마랄
Carlos Sanz Díaz & José Manuel Morales Tamaral

1963년 12월, 플라멩코 무용수이자 마리엠마Mariemma라는 예명으로 알려진 안무가인 기예르미나 마르티네 카브레하스Guillermina Martinez Cabrejas는 스페인공보·관광부 장관인 마누엘 프라가Manuel Fraga에게 불만을 담은 장문의 편지를 보냈다Martínez Cabrejas. 그녀의 요점은 다음과 같이 명확했다. 그녀는 1940년대 이래로 스페인 이미지와 진정한 "스페인 무용"의 위상 등에 상당한 공헌을 해 왔기 때문에, 그녀는 스페인 공보·관광부에 의해 예정된 마지막 공연이 취소된 것에 대해 약간의 재정적인 보상을 받을 만한 여유가 있다는 내용이었다. 이에 따라서, 마리엠마는 "극장 안팎에서 자신에게 불리하게 집중되었던 캠페인에도 불구하고" 파리 코믹 오페라에서 자신의 성공적인 공연을 회상했다. 세계 여론이 절대적으로 스페인에 대한 반대를 했을 당시에도, 나는 "프랑코주의자"라고 선언했기 때문이다Martínez Cabrejas. 워싱턴 디씨 주재 스페인 최고 대표인 호세 펠릭스 드 레퀴리카Jose Félix de Lequerica에 의하여 1948년 언명된 말이 그녀의 편지에 포함된 것은 우연한 일이 아니다. 그는 스스로를 뉴욕에서 마리엠마의 공연을 다음과 같은 용어로 말했다. "국제 언론에서 오래 동안 발견된 것이 스페인에게 불리한 모욕적인 언사 일색이었는데," 그녀의 공연은 스페인 사람에 대한 몇몇 찬사를 보도하도록 보상하고 동요하도록 하는 것이다Martínez Cabrejas.[1] 이러한 "스페인 사람"이라는 것은 플라멩코 음악과 무용이었다.

엄밀하게 말하면, 플라멩코는 고대 무어, 로마, 카스티아와 유대 등에 뿌리들 둔 퓨전으로부터 18세기에 현재의 형태를 갖추면서 나타난 대중적인 로마-안달루시안 음악 장르이다. 이것은 전통적으로 다양한 표현으로 무대에서 나타내는 강력하게 열정적이고 정서적인 표현으로 특징 된다—노래*cante*, 음악적 기교*toque*, 그리고 무용*baile*.

준-국가 음악과 무대 장르로서 플라멩코의 정체성은 프랑코 장군1939-1975독재가 시작되면서부터였다. 그럼에도 불구하고, 이것은 플라멩코가 다른 스타일에 우월하고 프랑코주의 공공외교의 도구가 되기까지에는 시간이 좀 걸려서, "내셔널 플라멩코주의"스페인어로 *nacionalflamenquismo* 현상을 탄생시켰다. 우리는 이것을 스페인 문화의 정수로 플라멩코의 정체성으로 정의한다. 테레사 골드 바흐Thersa Gold Bach에 따르면, "플라멩코 의상의 확대로 플라멩코를 다른 스페인 국가장르에 융합하는 것과 지나친 상업화된 장르 해석 등 모두는 *내셔널플라멩코주의*"의 스타일을 나타냈다1.[2] 내셔널 플라멩코주의는 로마 가톨릭 종교가 스페인 국가 정체성의 근간이라는 사상과 연관되는 내셔널 가톨릭주의nacionalcatolicismo와 유사한 문화연구에서 부상되었다Álvarez Bolado; Botti; Payne 171-91. 두 가

---

1) "A pesar de la campaña desarrollada contra mí dentro y fuera del teatro, por haber sido declarada 'franquista' en momentos en que la opinión mundial se manifestaba resueltamente contra España . . . Después de tiempo que llevamos no encontrando en la prensa más que verdaderas letanías de insultos contra España, es consolador y alegra el alma leer al fin elogios sobre algo español."(모든 영역은 필자)

2) 이러한 현상에 관한 다른 문화적 접근방법에 대해선, Álvarez Caballero, Hayes, and Washabaugh를 보라.

지 사례들에서, 특별한 문화적 특성은 스페인 전체 사회에 공통적인 정체성 확대를 강제적으로 부과하는 것이다. 두 가지 사례들에서, 개념은 다음과 같은 균질화 효과를 지닌다. 종종 갈등 하에 존재하는 다양한 문화적 정체성과 가치—바스크, 카탈루니아, 갈리시아, 카스티야와 안달루시아 사라들의 지역 문화전통 간에 벌어지는 것처럼—는 더 커다란 것 안으로 흡수되는데, 대중적인 뿌리를 가진 음악 장르에서 플라멩코의 경우에도 합쳐진다.

본장에서는 프랑코 장군의 독재가 어떻게 플라멩코를 도구화하기 위하여 제도적인 장치를 창출해서 스페인의 국제적 아젠다로 써먹을 수 있도록 했는지를 설명하는 데에 목적이 있다. 우리는 독재가 플라멩코의 문화적 풍부함과 이것의 국제적인 호응도 등을 포착했고 이것은 외국의 선전으로 통합하는지 등을 통하여 동기, 장치와 약간의 이니셔티브 등을 살펴볼 작정이다. 우리의 접근방법은, 미학적이고 성과주의 입장에서 보면 플라멩코와 프랑코 정권 간의 근본적으로 정치적이고 정체성 연계성을 강조해 왔던, 플라멩코학flamencology과 문화 연구 등의 기여를 넘어서도록 할 작정이다Washabaugh. 스페인 정권으로부터 나온 독특한 자료 활용에 기초해서, 우리는 독재자에 의한 플라멩코의 정치적 활용은 냉전 동안 정부에 의한 음악의 외교적 활용이라는 광범위한 맥락에서도 찾아볼 수 있다고 주장 한다Ahrendt; Gienow-Hecht; Tompkins. 독재정권 하에서 스페인의 상대적인 고립에도 불구하고, "플라멩코 외교"—즉, 국제무대에서 플라멩코의 정치적 도구화—는 스페인이 명백하게 참여했던 1950년대 이래로 문화 무기로 싸우던 위신과 정치적 정통성 등을 위한 전 지구적인 투쟁의 한 가운데에서 한 지역적인 표현으로 간주될 수 있다.

플라멩코 음악과 프랑코주의 음악 외교

19세기 말 이래로, 플라멩코에 관한 사회적인 정체성의 배경은 이 스타일의 본질에 관한 하나의 논쟁을 불러일으켜 왔다. 플라멩코는 전통적이고 순수하며 가장 중요한 것으로 민족적인 음악 장르cante jondo인가, 아니면 오히려 다양한 공연 관행에 대한 미학적인 적응에 지속적인 진화에서 혼종적이고 대중적인 장르, 상업적이고 세계화된 음악 종류인가Folch; Orozco; Pantaleoni? 프랑코 독재 초창기에, 논쟁은 두 가지 현상들 간에 하나의 모순으로 재구성 되었다. 한 편으로는, 일종의 존중받는 플라멩코 음악과 춤은, 원래 안달루시아 민속의 지역적인 변형으로, "합창과 춤"의 형식으로 주에 의하여 지원되었다Coros y Danzas.[3] 다른 한편으로, 구별되는 안달루시안의 특수성에 뿌리를 둔 스테레오타입과 상투적인 문구 등의 혼합을 구성하는, "포크 장르"folk genre로 불리웠던 상업적이고 시장 지향적인 다양성은 진정한 스페인의 음악적인 특성을 희화화 한 것으로 알려진 명분 때문에 주정부에 의하여 거부되었다.

이러한 모순은 프랑코 스페인의 선전과 문화외교에서 대중음악의 역할에 관한 현대의 넓어진 논쟁과 연결된다. 두 가지 단계들이 이러한 면에서 구별될 수 있다. 첫 번째 국면1939년부터 1950년대 중반까지에서 스페인은 문화적으로 유럽 파시스트 권력에 그리고 1945년 이후 점차적으로, 서구 반공산주의 국가들에게로 기울어졌다. 이들의 경쟁의식에도 불구하고, 파시스트 스페인 팔랑헤와 전통그룹과 가톨릭교회 등의 연합으로부터 1937년 만들어진 스페인의 유일합법 독재정당인 팔랑헤FET y de las JONS는 문화문제를 주도했다.[4] 이 기간 동안에, 스페인 정권은 스

---

3) "Coros y Danzas de la Sección Femenina" (합창과 춤 여성분과)는 1939년 만들어진 춤과 노래 회사이었고 스페인 파시스트 정당인 "Falange Española"에 속했다가 1977년 사라졌다. 팔랑헤당원Falangist 작가인 메르세데스 포르미카Mercedes Formica에 따르면, 이 재단의 이념은 필라 프리모 드 리베라Pilar Primo de Rivera와 팔랑헤 설립자의 여동생인 호세 안토니오 프리모 드 리베라José Antonio Primo de Rivera와 독재기간 동안 존재했던 유일한 여성 대중기구인 여성분과 등으로부터 나왔다Richmond 152.

4) "FET y de las JONS"의 머리글자는 Falange Española Tradicionalista y de las Juntas de Ofensiva Nacional Sindicalista"(Traditionalist Spanish Phalanx of the Committees of the National Syndicalist Offensive)과 일치한다.

페인 지역으로부터 나온 여러 포크 음악 전통의 퓨전인 "스페인 음악"을 만들어내는데 앞장섰다. 팔랑헤와 일반 음악 사무실General Music Office 등은 국가교육부를 통하여 1940년 수행했던 노력으로 말이다. 이들의 노력들은 곧바로 성과를 보였다.

"경건한 음악" 차원에서, 정부는 후안 크리소스토소 데 아리아가 Juan Crisóstomo de Arriaga, 1806-1826, 이사크 알베니스Isaac Albéniz, 1860-1909, 엔리크 그라나도스Enrique Granaᇡdos, 1867-1916, 마누엘 데 파야Manuel de Falla, 1876-1946, 그리고 호아킨 투리나Joaquín Turina, 1882-1949 등과 같은 세계적으로 명성이 있는 작곡가들의 레퍼토리에 기반 해서 이상적인 스페인 고전음악의 기반을 깔아 놓았다. 이들의 음악은 확실한 스페인 풍을 공유하는 것으로 알려졌다. 이것은 특정한 "영혼", "진정한" 또는 스페인의 "정수" 등에 관한 창의성을 넘어서서 정의하기가 곤란했다"Moreda Rodriguez, "Folklore and Gender" 637. 스페인정부는 배드 엘스터Bad Elster (작센), 마드리드, 그리고 빌바오Bilbao 등에서 1941년 7월에서 1942년 8월간에 나치 정권과 함께 공동으로 열린 독일-스페인 축제 시리즈에 이와 같은 종류의 음악을 널리 공연했다Moreda Rodriguez, "Hispanic-German". 동시에, 스페인 국립오케스트라와 국립체임버오케스트라 등이 1940년에 만들어졌는데, 양 오케스트라는 결국 부처로서 국가교육부에 의존하면서 스페인 전역에서 고전음악의 진흥에게 직접적으로 관여했다. 시간이 지나면서, 독재정치는 이러한 문제에 대한 이니셔티브를 다변화했는데, 그라나다Granada에서 국제음악무용페스티발을 시도했다. 이것은 한 연주회를 플라멩코 노래—특별하게 순수한 플라멩코—에 헌정하는 것이 포함되었고 1960년대와 1970년대에 마드리드와 바르셀로나에서 오페라와 발레 페스티발 등이다.[5)]

---

5) 그라나다와 국제음악무용페스티발과 마드리드와 바르셀로나 오페라와 발레페스티발 등에 대해선, Archivo General de la Administración (AGA), Alcalá de Henares (Madrid, Spain), Sección de Cultura, (3) 52.15, Boxes 73579 and 88419를 보라.

대중음악의 영역에서, 스페인 정부는 국립음악연구소를 개설했고 1941년과 1961년 사이에 스페인의 여러 지역에서 포크 자료들을 수집하고 표기했던 소위 민간전승 임무Folk Missions를 착수했는데, 스페인 포크 음악의 말뭉치corpus를 창출하고 출판할 목적이었다. 이러한 프레임워크 안에서, 코로시 단자스Coros y Danzas는 외국에서 최적의 스페인의 트레이드 마크로 부상되었다. 1948년 라틴 아메리카 최초 전역 순회공연을 갔고 이듬해 미국, 여러 유럽 국가들과 중동 등에 지속적으로 방문했다. 이 앙상블은 진정한 스페인의 민속음악을 대표하는 역할을 침해했다. 팔랑헤에 따르면 스페인 민속음악은 남녀 간에 신체적 접촉이 없는 춤인 소위 자유분방한 것으로 불리 우는 춤으로 대중적 인기가 있고, 익명성이 보장되고 함께 노래 부르면서 지지받는 것이어서 엄격한 가톨릭의 성윤리에서도 받아들여진다. 그렇게 함으로써, 그들은 스페인 통합의 위조범으로서 카스티야를 대표하는 것으로 압축되는 일상적인 국가 정체성 하에서 지역적인 특수성을 포함했다. 이에 따라서, 플라멩코는 코로시 단자스 연주에선 들어갈 자리가 없었다. 반대로 다양한 안달루시아 지역 춤에 대한 변형들이 잘 표현되었다Stehrenberger. 개인에 기본적으로 초점을 두는 장르로서, 플라멩코는 무정부와 반란 등에 관한 지나친 함의를 담고 있었다. 부가적으로, 이것은 성적인 탐닉과 특정한 오리엔탈리즘 등과 심리적으로 연관되었다. 간단명료하게 말하자면, 플라멩코는 국가 가톨릭주의의 문화적 뿌리와 충돌했다.

이러한 초창기의 부조화에도 불구하고, 안달루시아의 특정한 유형의 상업적인 무용과 플라멩코의 멋 등은 스페인 국경을 넘어서면 잘 수용되었는데, 음악외교와 관련하여 공식적인 프랑코의 문화정책에서 변화를 가져오는 길을 열어주었다. 사실상, 상업성이 있는 플라멩코의 변형의 배경은 역사적으로 19세기 말 *플라멩코 카페*cafés cantantes에서 그리고 이미 전간기 *플라멩코 오페라*óperas flamencas 등에서 찾아볼 수 있다. 후자는 플라멩코와 *스페인 노래*copla or canción española가 섞여있는 일종의 버라이어티 쇼로 구성되었다. 이것은 민족적인 음악장르를 최초로 자그마한 로마적인 중심에서 탈피해서 공연할 수 있도록 허용했다Cruces Roldán. 1933년과 1945년 사이에 수많은 영화제작들은 플라멩코를 이와 같이 특수한 사용을 보여주는 적절한 사례이다. 반면에 이것들 중에 몇몇은 독일 영화사와 공동제작하기도 했다. 임페리오 아르헨티나Imperio Argentina가 출연한 *Carmen de Triana*1938, 에스트렐리타 카스트로Estrellita Castro가 출연한 *Suspiros de España*1939 등이 이에 속한다Jarvinen and Peredo-Castro; Paz and Montero 222-23. 이처럼, 1940년대와 1950년대 동안 루이스 페레즈 다빌라Luis Pérez Dávila "Luisillo," 카르멘 아마야Carmen Amaya, 그리고 안토니오 루이즈 솔레르Antonio Ruiz Soler "Antonio," 등이 이끄는 몇몇 민간 플라멩코 그룹들은 유럽, 라틴 아메리카와 미국 등을 순회하는 장기공연을 성공리에 마쳤다. 그들은 프랑스 사람 페르난드 룸브로소Fernand Lumbroso—그는 나중에 스페인 정부 음악외교에 참여했다, 아래에서 보게 될 것이다—또는 카르멘 아마야가 1941년 오리지널 집시 댄스Original Gypsy Dances를 함께 녹음했던 미국인 솔 후록Sol Hurok Robinson 등에 의하여 흥행되었다Arce; Madridejos. 로라 플로레스Lola Flores와 콘차 피큐어Concha Piquer 등과 같은 *코플라*copla가수들도 플라멩코 쇼 비즈니스엔선 유명한 인물들이었다.

이러한 상황과는 반대로, 스페인의 음악외교는 1950년대 중반 두 번째 단계로 들어서게 되었다. 스페인은 그 당시 세계경제에 개방되어 가고 있는 중이어서 서구권과의 전략적인 연대를 통하여 국제적인 승인을 모색하고 있는 중이었다—예를 들면 이러한 면에서 1953년 스페인-미국 군사협정은 이정표를 찍었다Delgado Gómez-Escalonilla et al.; García Delgado and Jiménez 125-49; Viñas 45-332. 스페인은 신속하고 지속적인 경제성장을 경험했다. 최초 국가 산업과 문화재에 대한 대량 생산 등으로서 관광발전과 함께 말이다Cazorla 133-71; Pack 83-104. 그 와중에서, 정부 엘리트와 테크노크라트의 부상 그리고 *개발주의*desarrollismo라고 불리우는 실용정책 등 사이에서 시들어가는 팔랑헤의 힘은 프랑코주의 음악 관심에 대한 상당한 지렛대를 가졌다. 카스티야는 더 이상 스페인의 본보기로 대우를 받지 않았다. 대신에 이것은 외국에서 스페인을 최적으로 대표할 수 있는 지역으로 안달루시아로 대체되었다. 매우 적절하게, 안달루시아 사람들은 민족주의적인 텐션tensions이 모자라고, 정치기구가 없는 수많은 유적들이 있는 로마 조상이 살던 지역이다Orozco)—수백여만 명의 관광객들이 찾아보는 태양, 즐거움과 진기함 등을 언급하는 것이 아니다. 안달루시아는 또한 가장 인기 있는 다양성에서 플라멩코 음악의 본거지이었는데, 문화 수출이 전 세계적으로 잘 인식되고 있다. 그런 다음 이것은 우리가 플라멩코 외교라고 부를 수 있는 것으로 부상되는 스페인 문화 중심의 재정립이었다.—즉, 외국에 대한 스페인의 자기표현을 위한 도구로서 국가에 의한 플라멩코의 상업적인 활용 말이다.

1951년 창설이래로, 정보관광부MIT, Ministry of Information and Tourism가 문화외교 분야에서 핵심적인 공식 행위자로서 외교부MFA, Ministry of Foreign Affairs와 합류하게 되었다Delgado Gómez Escalonilla; Jevenois and Romero de Terreros. 스페인 안팎에서 대중문화 증진을 포함하는 모든 종류의 도구를 통하여 스페인 관광의 확산에서 핵심적인 역할을 수행 했다. 이러한 맥락에서 정보관광부의 가장 중요한 문화 사업은 스페인 페스티벌 국가기획이었다. 1954년에 시작되었는데, 여기에는 대략 5월에서 9월까지 열리는 3-4개월 캠페인으로 구성되었다. 극장, 도시 정원과 기념광장 혹은 자연경관 등에서 중요한 국내외 앙상블이 공연하는 다양한 춤, 음악과 극장 쇼 등을 포함한다. 예전 경험에 비추어서, 즉 그라나다 페스티벌과 1952년에 만들어진 새로운 국제산탄데르페스티벌, 에스파냐페스티벌FE 등이 프랑코주의 아래에서 높은 수준의 국가 음악정책의 주요 업적으로 전환되었다. 이것들은 최고의 공식지원재정지원과 정치적 후원 양면에서, 가장 광범위한 국내외 선전 그리고 최소한 스페인의 공식 자원에 따른 최대 성공 등을 향유했다.

에스파냐페스티벌에 대한 막대한 지원은 마누엘 프라가Manuel Fraga가 1962년 정보관광부 장관으로 임명되었을 때 이루어졌다.[6] 그 직후에 그는 2명의 조력자인 그의 사위인 카를로스 로브레스 피큐어Carlos Robles Piquer—정보사무총장1962-67과 대중문화오락사무총장1967-69—앙리케 드 라 호즈Enriquw de la Hoz—대중문화부사무총장1962-69 등과 긴밀하게 작업하기 시작했다. 그들의 네트워킹은 빈도, 자질 차원과 자금력 등으로 보면 의미 있는 에스파냐페스티벌 개선을 가져다주는 결과를 낳았다. 한 가지 사례로, 45개의 에스파냐페스티벌과 거의 800개의 다양한 공연 등이 1963년에 이루어진 반면에, 이들의 숫자는 1969년 83개까지 도달했다MIT, Report 1964; Robles Piquer, *Memoria* 264-69. 동시에, 페스티벌 재정은 1950년대 매년 4-5백만 페세타peseta, 스페인 이전의 화폐단위로 2002년 유로화로 대체됨에서 1960년대 연간 1억 페세타까지 급증했다.[7] 부가적으로, 정보관광부와 외교부 등은 국가교육부에 스며드는—매우 낮은 강도이지만—그들의 협조를 개선했다.

프라가 재임 동안 에스파냐페스티벌은 두 가지의 중요한 목적을 가지고 있었다. 국내적으로, 에스파냐페스티벌은 소위 개명된 예술형식을 스페인 사회의 하층계급으로의 파급을 모색했다. 다른 현대 유럽의 독재자들의 경우처럼 말이다Buch et al. 그렇게 하면서, 그들은 "스페인 국민의 문화적이고 예술적인 수준 향상과 대중 간의 세련된 감각의 미학적인 확신의 창출과 높은 수준의 지성적인 창조로 용이한 접근을 제공함으로써 인간의 존엄" 등을 지원했다MIT, Report 1964.[8].

---

6) 이어진 십여 년 동안 정보관광부에 의하여 개발된 수많은 활동들에 대한 내부자의 설명에 대해선, 1962년과 1969년 사이에 프라가 장관의 회고록을 보라Memoria Breve 33-255.

7) 에스파냐페스티발 재정의 개선은 the AGA, (3) 49.12, Boxes 44166, 44265, and 44267에 위치하고 있는 연례 보고서에서 재구성될 수 있다.

8) " . . . elevación del nivel cultural y artístico de la población española, creación de una autentica afición por las manifestaciones estéticas en las masas populares, dignificación del hombre por su acceso a las formas superiores de la creación

국제적인 차원에서 그리고 스페인 외교정책의 전환을 반영하면서, 스페인 정부는 외국 관광목적지로 스페인을 진흥하고 에스파냐페스티벌 정책을 통하여 독재정권에 대한 국제 승인을 얻어내려는 작정이었다Sanz and Morales Tamaral. 결과적으로, 정보관광부는 1960년대 초 이래로 에스파냐페스티벌에 대한 국제 확산 대 민간 여행사와의 협력을 강화했다—예를 들면, 1965년부터 나온 여행 가이드는 마드리드를 "훌륭한 음식, 즐거움과 플라멩코의 수도"로 선전했다MIT, Notes on Advertising. 국회도서관조차도 이러한 뮤지칼 쇼에서 확실한 이해관계를 보여주었는데, 정보관광부에게 1964년 10월 에스파냐페스티벌 소책자를 만들도록 요구했다Library of Congress.

로브레스 피규어Robles Piquer는 대중문화정책을 위한 정보관광부의 기본지침을 촉구했을 뿐만 아니라 독재 정권에 관한 선전으로 이것의 적용을 창안하도록 했다. 문화외교 실행의 이면에 있는 공공과 민간 행위자들 간에 최적의 중개자로서 그가 생각하는 국가의 이념인데, 자유주의 국가의 문화적인 문제에서 특징적인 절제주의와 전제주의 국가에 의하여 부과되는 과도한 개입주의 간에서 스페인만의 독특한 입장을 찬미 한다Robles Piquer, Puntos 4-9. 로브레스 피규어는 또한 *스페인 발레*가 담아내야만 하는 것에 대한 관념을 가진다. 이것에 의하여 거의 독점되다시피 했지만 플라멩코만을 배타적으로 고집하지 않으면서, *스페인 발레*는, 그의 견해에 따르면, "대중적인 전통, 전통 무용과 의상 그리고 이에 대한 일반 가치에 관한 경험 등에 뿌리를 둔 세련된 생산품"을 의미했다Robles Piquer, Letter to Moreno.[9] 그들 모두가 플라멩코 무용수도 유명한 루이실로Luisillo, 마리아 로사María Rosa, 라파엘 드 코르도바Rafael de Córdoba, 안토니오 가데스Antonio Gades, 빈센테 에스쿠데러Vicente Escudero,

---

espiritua."

9) "procedimiento de elaboración culto, efectivamente, del acervo popular, las danzas y vestiduras más autóctonas y la vivencia de sus valores típicos."

안토니오 파봉Antonio Pavón 등이 주도하는 무용단은 이러한 범주로 분류되었다.

그럼에도 불구하고, 스페인 발레와 정보관광부의 문화 비즈니스 이면에 있는 사회적 교육 등은 서구의 트렌디 한 팝과 로큰롤 음악에 의하여 추동되는 한바탕의 열정과 충돌되었다. 특별하게 젊은이들 사이에서 대중적인 것은, 베니돔Benidorm페스티발과 같은 이벤트, 정보관광부의 눈에도 롤 모델은 아니었다. “이것들은 청중의 입맛을 왜곡하고, 나쁜 취향을 창출하거나 스페인 사람들의 예술적인 문화를 증대시키기보다는 오히려 퇴조시키기 때문이었다”MIT, 비밀보고서.[10] 기준은 “현대적이지만 스페인적”이어야만 한다는 것이다. 스페인 대중 가수인 마노로 에스코바르가 언명했던 1970년 녹음된 노래 주제였다“Moderno pero Español”.[11] 특징적으로, 1965년 7월 마드리드에서 열린 비틀즈 공연은 강력한 경찰 제지로 스페인 정부에 의하여 취소되었다. 4명의 영국 팝스타들은 마드리드 공항에 도착하자마자 환영의 선물로 투우사 모자를 받았다. 그들은 그 후에 백포도주 지하 저장실 방문에 플라멩코 무용수들 사이에 있는 것이 미디어 의해서 보도되었고, 독재자의 외국 대중음악에 대한 불편함 뿐만 아니라 *스페인 풍으로 하려는* 정부의도가 내포되었다는 신호였다.—즉, 모든 종류의 문화적인 표현을 스페인 식으로 적용하는 것Luqui 97-112. 스페인 정부는 현대 음악 트렌드의 명백한 금지를 궁극적으로 피하려고 모색해서, 그들에게 독재자의 가치를 위하여 수용가능한 예술형식을 적용하는 동시에 체제 전복적이고 동요케 하는 가

10) “propenden a deformar el gusto del público, o a crear el mal gusto y a que el nivel de la cultura artística de los españoles descienda antes que aumente.”

11) 이 노래는 영화 *En un lugar de La Manga*의 오리지날 사운드트랙의 일부이었다(dir. Mariano Ozores, 1970). 이것은 1960년대 스페인 여행에 전형적인 상업 코미디이다. 전통과 현대 간의 갈등은 지중해 연안에 위치한 재산을 부동산 개발업자에게 매각을 거부하는 주인공을 사례로 한 것이다. 음악외교의 도구로서 스페인 대중음악 활용에서 전통과 현대 간의 변증법에 관한 장기적인 시각에 대해선 마르크(Marc)를 보라.

능성을 줄이려는 것이었다Gracia García and Ruiz Carnicer.

독일과 소련에 대한 플라멩코의 사명

독일과 소련과의 두 개의 무용 교환은 에스파냐페스티벌의 제도적인 틀 안에서 플라멩코 외교의 실천에 중요한 역할을 수행 했던 행위자, 동기, 그리고 결과 등을 매우 잘 설명한다. 첫 번째 국가가 주도하는 플라멩코 사명은 스페인 내전1936-39이 끝날 무렵인 25주년에 일어난다. 이것은 "25년의 평화"라는 슬로건 아래에서 1964년에 독재정치를 화려하게 기념하기 위해서였다. 이 행사를 위하여, 정보관광부는 대중음악회, 다큐멘터리, 전시회, 그리고 모든 종류의 음악회 등을 포함하는 교육적이고 정치적인 동기로 제기된 야심찬 문화 프로그램을 장려했다. 스페인-라틴 아메리카 음악 페스티벌과 함께 앞서 언급했던 오페라 페스티벌은 이 행사를 위하여 마드리드에서 개최되었다. 공식적인 축하 목표는 두 가지이었다. 첫째로, 이것은 프랑코 정권의 골통 보수, 내셔널리스트와 권위주의 원칙을 공고히 하는 것을 모색했다. 여전히 이것들을 개발주의 기간 동안 달성된 전례 없는 번영의 결과로부터 나온 급속한 사회적 경제적 변환에 적용했다. 둘째로, 그리고 캠페인과 페스티벌 부서 책임자에 따르면, 이것은 에스파냐 페스티벌 캠페인 10년 이상 이후에 독재자의 끊이지 않는 교육적 관심 때문에 스페인 국민에 의하여 이룩한 문화적 기준의 칭송을 모색했다.[12)]

이와 같은 광범위한 선전 목적은 1964년 동안 스페인 정권에 의하여 후원되는 모든 공연에 전술적인 이념적인 편향성을 가져다주었다. 관련 예술인들이 이러한 목적에 의식적으로 공헌하지 않으려 할 때조차도 말이다. 이것은 평화음악회를 위한 정보관광부가 위임한 3개의 음

12) 라몬 캄포스 드 에스파냐Ramón Campos de España가 정보관광부 캠페인과 페스티벌 부서를 책임자이었고 그리고 "평화의 25년" 페스티벌 부위원장으로 임명되었다.

악 분과에서 특별하게 일어났다. 현대 아방가르 음악인인 미구엘 알론소Miguel Alonso, 크리스토발 하프터Cristóbal Halffter, 그리고 루이스 드 파블로Luis de Pablo 등은 "기념식과 같은 가장 고귀한 행사"에 적용하는 한 자신들의 작품을 작곡하는 자유를 향유했다qtd. in Contreras Zubillaga 183. 더욱이, 정보관광부는 25년 기념식을 준비하기 위하여 1963년 말 초대 국가페스티벌회의와 국가페스티벌위원회 등을 설립하지 않았을 뿐만 아니라, 이것은 이 행사를 위하여 몇몇 전략적인 스페인 대사관들에 임명된 문정관cultural attachés들과의 긴밀한 협력을 추구했다. 활기찬 문화 캠페인이 공식 서류에 들어가면서, 오퍼레이션 페스티벌은 외교적인 문화교류에 관한 전략적인 스케줄을 추구했는데—해외 재정지원에 의하여 가능해지면서 완화됨—해외에 스페인 문화를 전파하기 위해서 말이다MIT, "Acta".

이와 같이 야심 찬 기획의 결과로, 이것은 플라멩코가 특정 관객을 모으도록 제시된 무형적이고 준 공식적인 외교수단으로 부상되었다는 것이 매우 의미심장한—명백한 이유는, 이들을 모국의 품 안으로 다시 들어오도록 하기 위해서이다. 이러한 맥락에서, 에스파냐페스티벌은 1964년 11월 스페인령 적도기니현재 적도기니 수도인 산타 이사벨Santa Isabel에서 공연하기 위한 해외 도피처를 만들었는데, 플라멩코가 스페인 마리아 로사 발레단Spanish Ballet of Maria Rosa으로 대표된 곳이었다.[13)]

그럼에도 불구하고, 25년 동안의 평화 이벤트에 관한 국제적인 선전을 제고하기 위한 독재자의 최대의 노력은 1964년 7월 스페인 마리엠마 발레단의 서독방문이었다. 국가와 시민사회 차원 모두에 의한 국제 선전 노력의 종합으로 촉발된 이러한 노력은 정보관광부, 독일 노동고용 사회복지부, 국가자본뒤셀도로프기업개발청, 스페인이주기관, 북라인-웨스트발리아의 스페인이주청 등과 같은 다양한 기관들 간의 조

---

13) 1964년 11월 17-21일부터 산타 이사벨의 마리아 오사 발레단 공연에 대한 문서에 대해선, AGA, (3) 49.12, 44140를 보라.

정 덕분에 가능했다. 그렇지만, 1964년 3월에 아이디어를 가지고 온 사람은 실질적으로 마누엘 콜라도Manuel Collado라고 불리웠던 배우이었다. 콜라도는 중요한 스페인 배우이자 무대 관리자이었다. 그는 정보관광부와의 긴밀한 관계를 유지했다. 그의 영화사가 매년 에스파냐페스티벌 캠페인에 참여했기 때문이었다. 그가 예전 독일에서 공부해 왔기 때문에 독일 공연예술에 익숙했었다. 그는 독일 원작을 스페인어로 번역해 왔기 때문이었다. 콜라도는 그 해 5월에 시작 되는 모든 관련 당사자들과의 매우 자세한 순회공연에 대해서 자세하게 논의하기 위하여 정보관광부와 스페인이주기관까지 허가를 얻는데 아무런 장애가 되지 않았다Collado, "Anteproyecto".

독일로부터 나온 정보관광부에 대한 콜라도의 신속한 보고서는 프로젝트를 활성화하기 위하여 지체된 500만 페세타peseta 지불을 포함하는 지속적인 행정적인 장애와 재정지원 문제 등을 증언 한다Collado, Letter to Araujo.[14] 스페인 당국은 이와 같이 약간의 변화를 임시변통으로 마련했다. 첫째로, 본, 함브루크와 프랑크푸르트 등을 포함하는 공연을 위한 여러 장소를 고려한 후에, 기획자는 뒤셀도르프, 도르트문트와 만하임 등을 공연 장소로 선정했는데, 현지 예술 파트너들에 대한 조언에 따르기도 했다. 이러한 산업도시들과 이들을 둘러싼 도심 지역들은 더 좋은 고용 기회를 찾기 위하여 1950년대 말 이래로 이주했던 수만 여 명의 스페인 노동자들의 근거지였다Bundesanstalt 39-40. 독일 안에 있는 이러한 공동체의 숫자는 다음과 같이 말한다. 서독은 20만 명의 스페인 노동자를 초정했다. 이것은 1959년과 1964년 사이 유럽 안에 있는 전체 스페인 이주자들 중에 45퍼센트를 차지했다Sanz Lafuente 293-305.

둘째로, 추가 연극, 고전음악회와 전시회 등을 가진 플라멩코로 구성된 독일에서 열린 에스파냐페스티벌에 대한 콜라도의 제안은 마리엠

14) 호아킨 아라우호Joaquín Araujo가 정보관광부의 페스티발부서의 프로그램행정을 주도했다Comisaría General de Festivales.

마를 주연으로 하는 단순한 스페인 춤 공연으로 재구성되었다. 그녀의 쇼는 바스크 지역과 아라곤 춤, 안달루시안 "판당고"와 당연히 그 당시 마리엠마의 매니저이었던 앙리케 루주리아가Enrique Luzuriaga가 책임지고 있던 마드리드심포니오케스트라가 공연하는 생음악으로 플라멩코를 포함하는 스페인 포크 음악의 역사를 응축한 시각을 포함했다Cavia Naya. 메카 관광객으로서 스페인에 관한 오디오-비주얼적 찬양을 한 *신포니아 에스파뇨라*Sinfonia Española, Spanish Symphony, 1965 영화의 독일 초연은 이벤트를 풍성하게 해 주었다. 이 영화는 할리우드에서 제작한 엘 시드El Cid, 1961와 로마제국의 몰락The Fall pf the Roman Empire, 1964 등의 영화를 상업적으로 성공시킨 미국 영화감독 사뮤엘 브론스톤Samuel Bronston이 제작했다. *신포니아 에스파뇨라*스페인 현지에서 모두 촬영은 "예술성. . . 현재와 과거 스페인에 대한 적극적인 혜안과 스페인을 시각적으로 장엄하고 의미 있는 내용으로 최적으로 그린 인상적인 영화로서 평가" 된다는 이유로 로브레스 피규어에 의하여 좋은 평가를 받았다Robles Piquer, Note to Fraga, 8 Apr.[15]

콜라도에 의하여 독일어로 번역되고 기획된 프로그램 인쇄물에 언급된 바와 같이, 1964년 7월 14일과 19일 간에 마리엠마의 플라멩코의 공연은 서독에서 "예술적인 임무"를 대표했다. "스페인과 이에 대한 역사 등이 독일 무대에 올려 진 이후에," 이벤트는 독일에 거주하는 우리 동포의 고국에 대한 깊은 그리움과 25년 평화 기간 기념식에 온 독일 관객 등에게 감동을 주어야만 했다Robles Piquer, Note to Fraga, 8 Apr.[16]

---

15) "la belleza cinematográfica de Sinfonía Española, su positivo enfoque respecto a la España de siempre y a la de hoy y el hecho de ser el mejor documental de largo metraje que ha fotografiado a España con un contenido serio y trascendente." 그의 영화에 대한 찬사 때문에, 신포니아는 결국 25주년 기념 동안 모든 페스티벌에서 제일 먼저 공연되었다.

16) "España y su historia se representan en el escenario alemán . . . recuerdo vivo de la Patria a nuestros compatriotas residentes en dicho país y al público alemán, con motivo de la conmemoración de XXV Años de Paz Española."

플라멩코 외교로 겉치레 되는 설득적인 영향에도 불구하고, 선택적인 타깃 그룹들은 에스파냐페스티벌이 발표된 직후에 중요한 정치 메시지를 실질적으로 인식한다. 그들이 마리엠마의 독일 방문을 처음 들었을 때, 스페인 이주자들은 스페인 정부—무엇보다도 코로시 댄자—에 의하여 증진되는 예전의 약간은 실망스런 음악 경험을 회고한다, 이들의 의견 속에서 스페인 정부는 자기정체성과는 일치되지 않는다Collado, "Informe General". 만하임에서 이것은 값싼 입장료를 기꺼이 낼 수 있는 스페인 이민자들을 모으는 것이 가능했다. 그렇지만, 뒤셀도르프와 도르트문트 등에서 기획자들은 충분한 관객들을 확보하기 위하여 입장표를 거저 줄 수밖에 없었다Collado, Report to De la Hoz and Magariños.17) 인접국 벨기에 안에 있는 스페인 이주 공동체들 사이에서 플라멩코 수용에 관하여, 문화 연구는 우리에게 우리의 사례연구의 심연을 깊게 해주는 얼마간의 단초를 주어 왔다. 스페인 출신 이주자들은 익숙한 음악 장르로서 플라멩코를 바라볼 의지가 있을 때조차도, 벨기에 있는 스페인 사람들은 플라멩코에 대한 모든 종류의 편견을 가진 스페인 내셔널리스트 함의를 제거하려는 경향이 있다. 이것을 고대의 문화유산과 주로 주재국 안에서 사회화와 네트워크화 수단 등으로 재차 전용했다Ruiz Morales. 두 가지 방식으로, 마리엠마의 공연은 일반적인 용어로 브론스톤 영화보다도 더 큰 성공을 거두었다는 증거는 존재 한다Collado, "Informe General".

독일 여론에서 플라멩코 외교에 관한 가능성 있는 적대적인 수용은 왜곡 또는 미묘한 행정절차를 권고했고 대중의 불안을 예방하기 위하여 국가 후원에 대한 명백한 근거를 회피했던 콜라도에게는 충분할 정도로 명백했다Collado, Report to De la Hoz. 모든 노력이 수포로 돌아갔다. 몇몇 독일 언론 기사는 이데올로기적인 배경 때문에 순회공연을 강력하게 비난했다. 저널리스트인 6월 23일 쿠르트 크라우스벡Kurt Krausbeck

17) 페르난도 마가리뇨스(Ferando Magariños)가 해외 지원 부서를 이끌었다.

는 *프랑크푸르터 알게마이너 차이퉁*Frankfurter Allgemeine Zeitung에서 다음과 같이 적고 있다.

우리는 스페인 예술인들을 반대하지 않고 정말로 프랑코와 평화롭게 살고 싶다. 그러나 독일에서 그의 혁명을 축하하는 것은 민주주의를 잠정적으로 유용한 형태의 거버넌스 이상으로 여기는 사람들의 경우에 모든 민주주의가 직면하는 하나의 깊은 상처이다. . . .스페인에서 민주주의에 반대하는 쿠데타를 찬양하는 민주주의는, 민주주의에 대한 불신을 보여주지 않는가? 우리가 미래 우리의 국립극장에서 "서독" 공휴일을 축하할 것인가?qtd. in Collado, "Informe General"[18)]

*노에 라인 차이퉁*Neue Rhein Zeitung에 따르면, 마리엠마의 뒤셀도르프 공연은 전체주의국가들이 어떻게 이러한 기회를 활용했고 자신들만의 정치 목표를 위한 이러한 기회를 악용하는 지를 증명해 주었다. 이러한 불협화음에도 불구하고, 현대 음악 비평은 수용에 관한 찬성하는 분위기를 다음과 같이 보여 주었다. "기진맥진해진 플라멩코,"qtd. in Aymamí[19)]라는 7월 18일 특집에 하나의 기사로 *라이니슈 포스트*Rheinische Post에 제목이 붙여졌다. 다른 중립적인 스페인 대중 장르와는 대조적으로 플라멩코의 정서적인 힘을 특집으로 했다Robles Piquer, Note to Fraga, 15 July. 부가적으로, *노에 라인 차이퉁*은 페스티벌을 독일과 스페인 관객들에게 제공되는 위대한 선물로 설명했다Aymami.[20)]

---

18) "Wir haben nichts gegen spanische Künstler und wollen mit Franco im Frieden leben. Aber seinen Putsch-Feiertag bei uns mitfeiern, das ist ein Schlag ins Gesicht jedes Demokraten, dem die Demokratie mehr als eine zeitenweise zweckmäβige Staatsform ist. . . . In einer Demokratie, die Feiertage erfolgreicher Putschisten gegen die Demokratie mitfeiern—heiβt das nicht bekunden, wie wurscht und fremd einem Demokratie sei! Wird man künftig auch etwa der Feiertage der 'DDR' durch Feierstunden im Nationaltheater gedenken?"

19) "Flamenco bis zur Erschöpfung"

20) 루이스 아이마미Luis Aymami는 스페인 영사관원으로 뒤셀도르프 이민문제 책임자이었다.

첫 번째 에스파냐페스티벌의 해외공연으로 이루어진 이와 같이 부분적인 성공은 정보관광부를 동일한 방식으로 계속하도록 독려했다. 스페인 외교정책에 관한 실험해보지 않는 전략적인 목적에 대한 음악 외교를 다변화하면서 말이다. 다음 목표분야는 철의 장막의 다른 면이었는데, 특별하게 소련이었다. 놀랄 것도 없이, 플라멩코는 재차 의미 있는 역할을 수행했다.

스페인-소련 문화 외교 프로그램은 프랑스 기획자인 페르난드 룸브로소Fernand Lumbroso에 의하여 1964년 11월에 주도되었다. 그는 그 당시까지 프랑스-소련 문화교류를 책임지고 있었다. 그는 1964년 11월 마드리드에서 정보관광부 관리들과의 면담을 한 이후 매력적인 음악 비즈니스를 두루 살펴보았다. 초안에는 그 당시 전 세계적으로 알려진 스페인 플라멩코 무용수들 중에 가장 우수한 인물들 중에 하나인 안토니오 발레단Ballet of Antonio의 모스크바 처음 방문이 포함되고 그 다음에 15개의 소련 공화국 출신의 민속무용 공연을 전문으로 하는 유명한 러시아 안무가인 이고르 모이세예프Igor Moiseyev 발레단의 스페인 공연 등이 포함된다. 룸브로소의 견해에 따르면, 무용 외교관들에 의하여 수행되는 이와 같은 쌍무적인 행동은 스페인과 소련 간의 솔로이스트와 고전음악회 공연 등과 같은 보다 심도 있는 교류의 길을 깔아 놓는 것이다Lumbroso. 피규어는 룸브로소의 제안을 즉각 받아들였다. 스페인은 이러한 전략적인 작전을 지닌 국제무대에서 커다란 혜택을 얻을 수 있음을 주장했다. 교류는 미국 정부에게 공산주의를 포용하기 위하여 스페인에 투자를 독려하는데 도움을 줄 수 있었다. 피규어에 따르면, "달러가 필요로 할 때 주변에 공산주의자를 가지는 것이 유용하기" 때문이다Robles Piquer, Note to Fraga, n.d.[21] 모든 경우에, 프랑코주의와 소련 간에 화해를 하면서 놀란 사람은 아무도 없다. 피규어의 견해에서, "러시아 축

---

21) "es conveniente tener comunistas cuando se quiere tener dólares."

구팀은 먼저 스페인을 방문했고 상대인 스페인 상대와 시합했다. 스페인 페스티벌로서 공식적일 뿐만 아니라 국가의 상징적인 것으로 어느 정도까지 간주될 수 있다"Robles Piquer, Note to Fraga, n.d.[22]

냉전 분위기는 스페인-소련 관계를 심화하는데 사실상 매우 유리하지 않게 진행되었다. 스페인의 서구와의 지지에도 불구하고, 스페인 정부는 바티칸의 동유럽에 대한 동시 화해 조치에 의하여 고무된 *데탕트*라는 우세한 쪽으로 뛰어올랐다. 마드리드와 모스키바는 1964년 6월 워싱턴 디씨에서 양자 회담을 주도했는데, 유엔에서 수십여 년 간의 오해를 남겨놓았다. 결과는 미래 다층적인 화해로 향하는 최초의 조치로서 스페인-소련 관광객과 예술 교류 증진을 위한 비공식적인 협정이었다Suárez Fernández 245-74. 스페인-소련 양국 언론과 해군협정 등이 1966년 9월과 1967년 2월 각각 이와 관련된 첫 번째 협상이 이어졌다.

의미심장하게, 협상은 1964년 11월 말 룸브로소가 안토니오-모이세예프 교류 추진과 동시에 서명되었다. 그렇지만, 프로젝트는 1965년 3월에 무시되었다. 그 이유는 소련당국이 스페인 앙상블에 대한 받아들일 수 없는 낮은 비용을 지불했기 때문이었다. 결과적으로, 안토니오는 미국과 캐나다 등에서 자신의 전문적인 의무를 계속했다. 반면에 스페인 외무부는 플라멩코 임무는 최종협정의 핵심 조건으로 모이세예프의 공연보다 우선한다고 주장했다.[23] 기대하지 않은 사적 연결고리가 없었더라면 모든 것이 수포로 돌아가게 되었다. 명성이 자자한 투우사이고 스페인 정치문화 엘리트 회원이기도 한 루이스 미구엘 도민긴Luis Miguel Dominguín은, 모스크바와 레닌그라드 등에서 2회에 걸친 투우를 기획하기 위하여 수개월 먼저 소련 문화부서에 알렸던, 스페인 당국사이

22) "Al fin y al cabo el equipo nacional ruso de futbol ha venido a España y ha jugado con el equipo nacional español, al que puede considerarse quizá tan oficial como a los Festivales de España y más representativo del país en ciertos aspectos."

23) 외교부 문화국장.

에 중개하기 위하여 소련문화부에 의하여 1965년 12월 요청받았는데, 무용교류를 재개하도록 하는 것 말이다Boni.[24]

길고 힘든 교섭 이후, 안토니오가 1966년 6월과 7월 사이에 레닌그라드, 키예프, 모스크바 등을 포함하는 8개 소련 도시들에서의 공연을 최종적으로 얻어냈다. 그의 공연은 관객과 언론 모두로부터 상상할 수 없는 찬사를 다음과 같이 받았다. "안토니오는 무용의 파가니니"라고qtd. in MIT, File 2.[25] 모스크바에서 무용수의 정확한 플라멩코 기교를 즐긴 이후 모이세예프가 선언했다. 7월 9일, *리테라투르나야 가제타*Literaturnaya Gazeta, 러시아와 소비에트 연방에서 발행되는 주간 문화 및 정치 신문. 이 책은 19 세기에 두시기에 걸쳐 출판되었으며 1929 년에 부활는 관객의 미학적인 즐거움을 비슷하게 보도했는데, 안토니오는 스페인국민을 대표하는 재능을 담아냈다고 찬사를 보냈다MIT, File 2. 6월 23일 파리주재 스페인 대사는 소련관객의 안토니오 공연에 관한 대중적인 찬사와 그 당시 열렸던 아메리카발레시어터에서의 무덤덤한 반응 간에 극명한 대조를 보고했다Cortina Mauri.

결과적으로, 모이세예프의 발레단은 1966년 8월과 9월 에스파냐페스티벌에 마지막 공연으로 스페인 여러 도시들을 순회했다. 스페인 대표는 임시방편에 대하여 아무런 자세한 내용도 남겨두지 않으려고 방문을 용의주도하게 검토했다. 예를 들면, 안토니오는 그의 스튜디오에서 모이세예프와 그의 단원들을 맞이했다. 스페인 언론은 소련무용단원들의 모든 일상사와 세비야에서 가장 유명한 *타블로*플라멩고 바방문 등을 보도했고, 바스크 산업지대가 예정되어 있었다. 음악교류의 정치적인 의미를 제고하기 위하여, 비밀경찰이 순회공연을 철저하게 감시했다MIT, "Proyecto".[26] 소련 방문에 대한 독재정권의 특정 목적 달성을 모색하

---

24) 보니V. Boni는 소련 문화부 음악회협회의 교향악단장이었다.

25) "Antonio es el Paganini del baile."

26) 모이세예프의 스페인 방문에 대한 더 심층적인 신문기사에 대해선 AGA, (3) 49. 12, 44170를 보라.

면서, 국가정보원장은 스페인정부를 위한 정보원으로 활동한 현지 직원으로 모이세예프 수행원에 2명의 음악인을 심어 놓았다. 무용 외교관들은 스페인 노동계층을 현대화하기 위한 스페인의 노력으로 절대적인 환영을 받았다. "노동자들은 소련이 제시하는 방식보다도 더 좋게 구원받을 수 있다는 사실을 그들에게 인식시키는 것이었다"Arespacochaga.[27)]

이념적인 배경이 독재정치가 끝날 때까지 프랑코주의 음악외교를 지배하였다. 1975년 10월과 11월 사이에 마드리드에서 열린 제4회 국제무용 페스티벌에서 밝혀진 바와 같이 말이다. 그 당시에, 1940년대 프랑코 정권에 부담을 주었던 엄혹한 국제 고립은 그의 사망 직후인 1975년 9월에 프랑코에 의하여 실행된 마지막 사형집행 때문에 부활하였다. 이와 같은 극단적인 상황의 맥락에서, 마드리드 라 자르주엘라 극장 무대에서의 플라멩코 공연은 재차 정치적인 함의를 함축하게 되었다. 우선, 이벤트의 스페인 대표는 스페인페스티벌의 새로운 국립발레단장으로 안토니오가 지도했다는 것은 매우 놀라운 일이다. 플라멩코가 스페인 민족성의 원류로 오래 동안 연관을 가진 후에, 1974년 이것은 스페인무용단이 시도한 첫 번째 공식적인 스페인 무용이었다. 또한, 무대는 정치 무대로 전환되었다. 모리스 베자르Maurice Béjart가 감독으로 있는 라 스칼라 발레단과 20세기 벨기에 발레단 등은 페스티벌 공연을 거부하면서 최근 사형집행에 반대하는 시위를 결정하기도 했다. 결국, 공연은 다양한 프랑스, 영국 그리고 미국 발레 등을 마지막 순간에 기획하는데 성공한 정보관광부의 극장 사무총장인 마리오 안톨린 파스Mario Antolín Paz과 같은 정보관광부 관리자들과의 개인적인 인연 덕분에 진행될 수 있었다Antolin Paz.

27) "[C]onvencerles con realidades que, a la masa obrera, se la puede redimir mejor de lo que ellos propugnan por otros caminos." Juan Arespacochaga was the MIT's General Director of Touristic Promotion.

결론

프랑코 독재정권 치하에서 플라멩코 외교는 민간 행위자—기획자와 플라멩코 스타—에 광범위하게 퍼져 있던 공식적인 외교 관행으로 통합되었다. 정보관광부가 1950년대 이래로 지속적으로 스페인 대중문화의 국제 증진과 국가 음악정책 실행에서 주도적인 입지를 가지게 되었을 때 근본적으로 강화되었다. 정보관광부의 행정은 팔랑헤와 코로시 댄자 등이 음악정책을 책임질 때 수년 동안 고전음악과 포크 음악 간에 간극을 메우려고 노력했다. 대중음악 스타일을 수준 높은 음악으로 전환시키면서 말이다. 그렇지만, 이와 같은 교육적인 목적은 다음과 같이 실패했다. 엘리트주의 문화 선언의 대중화는 하층 또는 중산층이 여유를 가질 수 없는 고전음악 공연에 간다는 것을 실질적으로 의미하지 않았다—또는 그들은 정말 가기를 원하지도 않았다.

피레네 산맥을 넘어서, 프랑코 정권은 이것은 스페인에 대한 인식과 관광 발전을 위한 즉각적이고 긍정적인 결과를 달성할 수 있다는 확신 하에서 플라멩코를 도구화했다. 몇몇 이유들은 이러한 선택을 설명해 준다. 한편으로는, 로마 공동체는 자신의 문화유산을 용이하게 전용하기 위하여 독재자의 선전 목적을 위한 유쾌한 장점인 강력한 정치적 조직을 가지지 않았다.[28] 다른 한편으로, 플라멩코는 *카페 칸탄데스* cafés cantante)와 *오페라스 플라멩코*óperas flamenco 등을 통하여 19세기 말 이래로 이미 상업화되어 왔다. 모든 상상할 수 있는 안달루시아 틀과 로마적인 함의 등과 연관되는 플라멩코에 관한 이해를 하는 이와 같이 소비지상주의적인 방식—예를 들면, 투우사, 노상강도와 용감한 여성 등의 지역으로 안달루시아를 묘사—은 전 세계에 있는 많은 사람

28) 1970년대가 되어서야 "새로운 플라멩코" 공연 그룹이 플라멩코 예술에 관한 프랑코 정권의 단순화를 뒤엎기 시작했는데, 안달루시아의 영감을 지닌 지역주의 정치운동과 연관시켰다.

들에 의하여 공유되었다. 이에 따라서, 프랑코 독재정치는 플라멩코를 "스페인 발레"라는 개량화 된 형태로 재구성했는데, 거의 플라멩코로 독차지 했는데, 음악과 무용에 관해서만 말이다. 운율은 제쳐 두었다. 이러한 것들이 스페인 관광정책의 주요 목표를 달성하기 위한 최우선적인 것은 아니기 때문이었다. 즉, 서구 그리고 심지어 동구원 등에 의한 합법적인 파트너로서 인정받는 현대화되고 유일한 국가 이미지로 사용하기 위해서이다.

몇몇 사례들에서 플라멩코 임무에 관한 애매한 수용에도 불구하고—예를 들면, 서독에서 스페인 이주민들 사이에서—즉, 프랑코 독재정권 하에서 가장 강력한 업적은 플라멩코를 "국립 발레"로 전환시킨 것이었다. 프랑코주의는 국가 공공외교 장치에 플라멩코 포함에 기초하여 국가 플라멩코 시스템을 창출했다. 국내적으로, 플라멩코의 도구화는 탈정치화의 결과로 나타났다. 근본적으로 이것은 플라멩코가 "스페인" 음악 역사와 유일한 "국가" 정체성 등에 관한 오래된 뿌리를 대표했음을 보여주었기 때문이었다.

마지막으로, 플라멩코 외교는 우리에게 민간 외교 대리인과 공공외교 문제에서 국가 지침 간의 곤란한 균형에 더욱 가깝게 그리고 스페인 정권 즉 마르카 에스파냐Marca España ("About")에 의하여 강화된 현재 공공외교 프로그램에 매우 정확하게 다가간다. 스페인 문화에 관하여 공유하는 국제 이미지에 국가와 민간 행위자의 협력이 좀처럼 조화롭지 않게 진행되었을 뿐만 아니라 이것은 플라멩코로 알려진 스페인 정수에 관한 과거 프랑코주의 담론을 지지한다Perujo. 플라멩코 담론, 플라멩코 예술에 관한 전 지구적인 확산을 위한 협정과 2010년 유네스코인류무형문화유산 목록에 플라멩코의 수록 등은 오랜 학술적인 행로가 미래 플라멩코 외교 연구를 기다리고 있음을 시사한다.[29]

---

29) 본 작업은 스페인 경제부가 재정을 지원하는 HAR2014-58695-R 리서치 프로젝트에 의하여 진행되어 왔다.

인용 자료

Ahrendt, Rebekah, et al., eds. *Music and Diplomacy from the Early Modern Era to the Present.* New York: Palgrave Macmillan, 2014. Print.

Álvarez Bolado, Alfonso. *El Experimento del Nacional-Catolicismo, 1939-1975.* Madrid: Cuadernos para el Diálogo, 1976. Print.

Álvarez Caballero, Ángel. "Del Nacionalflamenquismo al Renacimiento." Los intelectuales ante el Flamenco: Los Complementarios 9-10, Cuadernos Hispanoamericanos (1992): 109-20. Print.

Antolín Paz, Mario. Notes to the Minister of Information and Tourism Adolfo Martín Gamero, 22 Sep.-14 Oct. 1975. Archivo General de la Administración (AGA), Sección de Cultura, (3) 52.15, caja 88422. Print.

Arce, Julio. "On the Other Side of the Screen. Songs in Spanish Popular Cinema from Concha Piquer to Manolo Escobar." *Made in Spain: Studies in Popular Music.* Ed. Silvia Martínez and Héctor Fouce. New York/London: Routledge, 2013. 168-77. Print.

Arespacochaga, Juan. Report to Carlos Robles Piquer, 22 July 1966. AGA, (3) 49.12, 44148. Print.

Aymamí, Luis. Dispatch to the Minister of Foreign Affairs, Fernando María Castiella, 20 July 1964. AGA, (3) 49.12, 44140. Print.

Boni, V. Letter to Luis Miguel Dominguín, 18 Dec. 1965. AGA, (3) 49.12, 44148. Print.

Botti, Alfonso. *Nazionalcattolicesimo e Spagna Nuova (1881-1975).* Milano: Franco Angeli, 1992. Print.

Bundesanstalt für Arbeitsvermittlung und Arbeitslosenversicherung. *Beschäftigung, Anwerbung, Vermittlung Ausländischer Arbeitnehmer: Erfahrungsbericht 1964.* Nürnberg: Bundesanstalt für Arbetisvermittlung und Arbeitslosenversicherung, 1964. Print.

Buch, Esteban, et al., eds. *Composing for the State: Music in Twentieth Century Dictatorships.* Abingdon/New York: Routledge, 2016. Print.

Campos de España, Ramón. "Informe Sobre la Vinculación que en Relación con el XXV Aniversario de Paz Española Tendrá Lugar en los Festivales de España y Campañas de Divulgación Cultural" 24 Jan. 1964. To Enrique de la Hoz. AGA, (3) 49.12, 44167. Print.

Cavia Naya, Victoria. "El Ballet Español en Mariemma o la Amalgama de lo Tradicional en Ibérica (1964)." *Etno-Folk: Revista galega de etnomusicoloxía* 14-15 (2009): 390-426. Print.

Cazorla Sánchez, Antonio. *Fear and Progress: Ordinary Lives in Franco's Spain, 1939-1975.* Oxford: Wiley-Blackwell, 2010. Print.

Collado, Manuel. "Anteproyecto de Consulta para el Envío de Unos 'Festivales de España' a los Emigrados Españoles en Alemania," 16 Mar. 1964. AGA, (3) 49.12, 44140. Print.

___. "Informe General y Rendición de Cuentas de la Edición Especial de Festivales de España en Alemania," 28 Aug. 1964. AGA, (3) 49.12, 44140. Print.

___. Letter to Joaquín Araujo Dualde, 18 June 1964. AGA, (3) 49.12, 44141. Print.

___. Report to Enrique de la Hoz, 1 June 1964. AGA, (3) 49.12, 44140. Print.

___. Report to Enrique de la Hoz and Fernando Magariños, 21 July 1964. AGA, (3) 49.12, 44140. Print.

Contreras Zubillaga, Igor. "El Concierto de la Paz (1964): Three Commissions to Celebrate 25 Years of Francoism." *Composing for the State: Music in Twentieth Century Dictatorships.* Ed. Esteban Buch, et al. Abingdon/New York: Routledge, 2016. 168-86. Print.

Cortina Mauri, Pedro. Dispatch to Fernando María Castiella, 23 June 1966. AGA, (3) 49.12, 44148. Print.

Cruces Roldán, Cristina. "El Flamenco." *Conocer Andalucía: Gran Enciclopedia Andaluza del Siglo XXI,* Vol. 6. Ed. Gabriel Cano García. Sevilla: Tartessos, 2000. 146-217. Print.

De la Serna, Alfonso. Dispatch to Carlos Robles Piquer, 23 Oct. 1965. AGA, (3) 49.12, 44148. Print.

Delgado Gómez-Escalonilla, Lorenzo. *Imperio de Papel: Acción Cultural y Política Exterior durante el Primer Franquismo.* Madrid: Consejo Superior de Investigaciones Científicas, 1992. Print.

Delgado Gómez-Escalonilla, Lorenzo, et al., eds. *La Apertura Internacional de España: Entre el Franquismo y la Democracia, 1953-1986.* Madrid: Sílex, 2016. Print

Dominguín, Luis Miguel. Letter to V. Boni, 11 Feb. 1966. AGA, (3) 49.12, 44148. Print.

En un lugar de La Manga. Dir. Mariano Ozores, Screenplay by Mariano Ozores and Alfonso Paso. Perf. Manolo Escobar, Concha Velasco, and José Luis López Vázquez. José Frade PC/Arturo González PC, 1970. Film.

Escobar, Juan Gabriel García. *Moderno pero Español.* Belter Discos, 1970. LP.

Ferrer Cayón, Jesús. El Festival Internacional de Santander (1932-1958). Cultura y Política bajo Franco. Granada: Libargo, 2016. Print.

Folch, Enric. "At the Crossroads of Flamenco, New Flamenco and Spanish Pop: The Case of Rumba." *Made in Spain: Studies in Popular Music.* Ed. Silvia Martínez and Héctor Fouce. New York/London: Routledge, 2013. 17-27. Print.

Fraga Iribarne, Manuel. *Memoria Breve de Una Vida Pública.* Barcelona: Planeta, 1980. Print.

García Delgado, José Luis, and Jiménez Juan Carlos. *Un siglo de España: La Economía.* Madrid: Marcial Pons, 1999. Print.

Gienow-Hecht, Jessica C. E., ed. *Music and International History in the Twentieth Century.* New York/Oxford: Berghahn, 2015. Print.

Goldbach, Theresa. "Fascism, Flamenco and Ballet Español: Nacionalflamenquismo." Master's Thesis. University of New Mexico, 2014. Print.

Gracia García, Jordi, and Ruiz Carnicer, Miguel Ángel. La España de Franco (1939-1975): *Cultura y Vida Cotidiana.* Madrid: Síntesis, 2001. Print.

Grimaldos, Alfredo. *Historia Social del Flamenco.* Barcelona: Península,

2010. Print.

Hayes, Michelle Heffner. *Flamenco: Conflicting Histories of the Dance.* Jefferson/North Carolina: McFarland, 2009. Print.

Jarvinen, Lisa, and Peredo-Castro, Francisco. "German Attemps to Penetrate the Spanish-Speaking Film Markets, 1936-1942." *Cinema and the Swastika: The International Expansion of Third Reich Cinema.* Ed. Roel Vande Winkel and David Welch. London: Palgrave, 2007. 42-57. Print.

Jevenois, Pablo de, and Juan M. Romero de Terreros, eds. *La Dirección General de Relaciones Culturales y Científicas, 1946-1996.* Madrid: Ministerio de Asuntos Exteriores, 1997. Print.

Library of Congress. Letter to Robles Piquer, 20 Oct. 1964. AGA, (3) 49.12, 44618. Print.

Lumbroso, Fernand. Letter to Joaquín Araujo, Enrique de la Hoz and Alfonso de la Serna, 24 Nov. 1964. AGA, (3) 49.12, 44142. Print.

Luqui, Joaquín. *Los Beatles que Amo.* Madrid: Nuevas Ediciones, 1977. Print.

Madridejos, Montse. "Carmen Amaya, star de Hollywood." *Revista de Investigación sobre Flamenco "La Madrugá",* 6 (2012): 55-73. Print.

Marc, Isabelle. "La Diplomacia Musical Española: el caso de la Música Popular." *Análisis Real Instituto Elcano 61/2015,* 6 Nov. 2015. Web. 22 June 2017. 〈http://www.realinstitutoelcano.org/wps/portal/web/rielcano_es/contenido?WCM_GLOBAL_CONTEXT=/elcano/elcano_es/zonas_es/lengua+y+cultura/ari61-2015-marc-diplomacia-musical-espanola-musica-popular〉.

Marca España. "About Marca España." Web. 22 June 2017. 〈http://marcaespana.es/en/about-marca-espana〉.

Martínez Cabrejas, Guillermina. Letter to Manuel Fraga, 23 Dec. 1963. AGA, (3) 49.12, 44170. Print.

MIT. "Acta de la reunión de la Junta Coordinadora de Festivales," 17 Jan. 1964.AGA, (3) 49.12, 44166. Print.

___. Confidential Report to the Coordination Committee of the FE, 15

Oct. 1963.AGA, (3) 49.12, 44167. Print.

___. File 2 "Shows, Publicity, 1966." AGA, (3) 49.12, 44148. Print.

___. Notes on Advertising, 1965. AGA, (3) 49.12, 44168. Print.

___. "Proyecto de Actos y Atenciones previstos durante la estancia del Ballet Moiseyev (sic) en España." AGA, (3) 49.12, 44148. Print.

___. Report on the National Plans of the Spanish Festivals 1964, AGA, (3) 49.12, 44166. Print.

Moreda Rodriguez, Eva. "Hispanic-German Music Festivals During the Second World War." *The Impact of Nazism on Twentieth-Century Music.* Ed. Erik Levi. Vienna: Böhlau, 2014. 309-22. Print.

___. "'La Mujer que no Canta no es… ¡Ni Mujer Española!': Folklore and Gender in the Earlier Franco Regime." *Bulletin of Hispanic Studies* 89.6 (2012): 627-44. Print.

Orozco, Lourdes. "Flamenco: Performing the Local/Performing the State." *A History of Theatre in Spain.* Ed. Maria M. Delgado and David T. Gies. Cambridge: Cambridge UP, 2012. 372-90. Print.

Pack, Sasha D. *Tourism and Dictatorship: Europe's Peaceful Invasion of Franco's Spain.* New York and Houndmills: Palgrave, 2006. Print.

Pantaleoni, Angelo. "El Flamenco y la Cultura Oficial Española." *Revista Internacional* 6 (2005): 187-93. Print.

Payne, Stanley G. *Spanish Catholicism: An Historical Overview.* Madison: U of Wisconsin P, 1984. Print.

Paz, María Antonia, and Montero, Julio. *La Larga Sombra de Hitler: el Cine Nazi en España (1933-1945).* Madrid: Cátedra, 2009. Print.

Perujo, Francisco. "El Flamenco Marca la Diferencia Cultural de España." *Retos de nuestra acción exterior: Diplomacia Pública y Marca España.* Ed. Rafael Rubio, et al. Madrid: Escuela Diplomática, 2012. 225-31. Print.

Richmond, Kathleen J.L. *Women and Spanish Fascism: The Women's Section of the Falange 1934-1959.* London: Routledge, 2003. Print.

Robinson, Harlow. *The Last Impresario: The Life, Times and Legacy of Sol Hurok.* New York: Viking Penguin, 1994. Print.

Robles Piquer, Carlos. Letter to Antoñita Moreno, 25 Nov. 1965. AGA, (3) 49.12, 44148. Print.

___. *Memoria de cuatro Españas: República, Guerra, Franquismo y* Democracia. Barcelona: Planeta, 2011. Print.

___. Note to Manuel Fraga Iribarne, 8 Apr. 1964. AGA, (3) 49.12, 44166. Print.

___. Note to Manuel Fraga Iribarne, 15 July 1964. AGA, (3) 49.12, 44140. Print.

___. Note to Manuel Fraga Iribarne, n.d., AGA, (3) 49.12, 44142. Print.

___. *Puntos de una política teatral.* Madrid: Ateneo, 1969. Print.

Ruiz Morales, Fernando C. "De Cante, Baile y Toque en la Emigración. Sociabilidad en Torno al Flamenco en Bélgica, 1956-1975." *Revista de Dialectología y Tradiciones Populares* 66.2 (2011): 433-54. Print.

Sanz Díaz, Carlos and José Manuel Morales Tamaral. "Selling a Dictatorship on the Stage: The 'Festivales de España' as a Tool of the Spanish Public Diplomacy during the 1960s and 1970s." Machineries of Persuasion: European Soft Power and Public Diplomacy during the Cold War AIAS Symposium. 19-20 Jan. 2017, Aarhus Institute of Advanced Studies, Aarhus, Denmark. Conference Paper.

Sanz Lafuente, Gloria. "Anexo 1: Estadísticas históricas de la emigración Asistida e IEE, 1956-1985." *Historia del Instituto Español de Emigración: La Política Migratoria Exterior de España y el IEE del Franquismo a la Transición.* Ed. Luís M. Calvo Salgado, et al. Madrid: Ministerio de Trabajo e Inmigración, 2009. 293-307. Print.

Stehrenberger, Cécile Stephanie. *Francos Tänzerinnen auf Auslandstournee: Folklore, Nation und Geschlecht im 'Colonial Encounter.'* Bielefeld: Trancript, 2013. Print.

Suárez Fernández, Luis. *Franco y la URSS. La Diplomacia Secreta (1946-1970).* Madrid: Ediciones Rialp, 1987. Print.

Tompkins, David G. *Composing the Party Line: Music and Politics in Early Cold War Poland and East Germany.* Indiana: Purdue UP, 2013. Print.

Viñas, Ángel. *En las Garras del Águila: Los pactos de Estados Unidos, de Francisco Franco a Felipe González (1945-1995).* Barcelona: Crítica, 2003. Print.

Washabaugh, William. *Flamenco: Passion, Politics, and Popular Culture.* Oxford/Washington: Berg, 1996. Print.

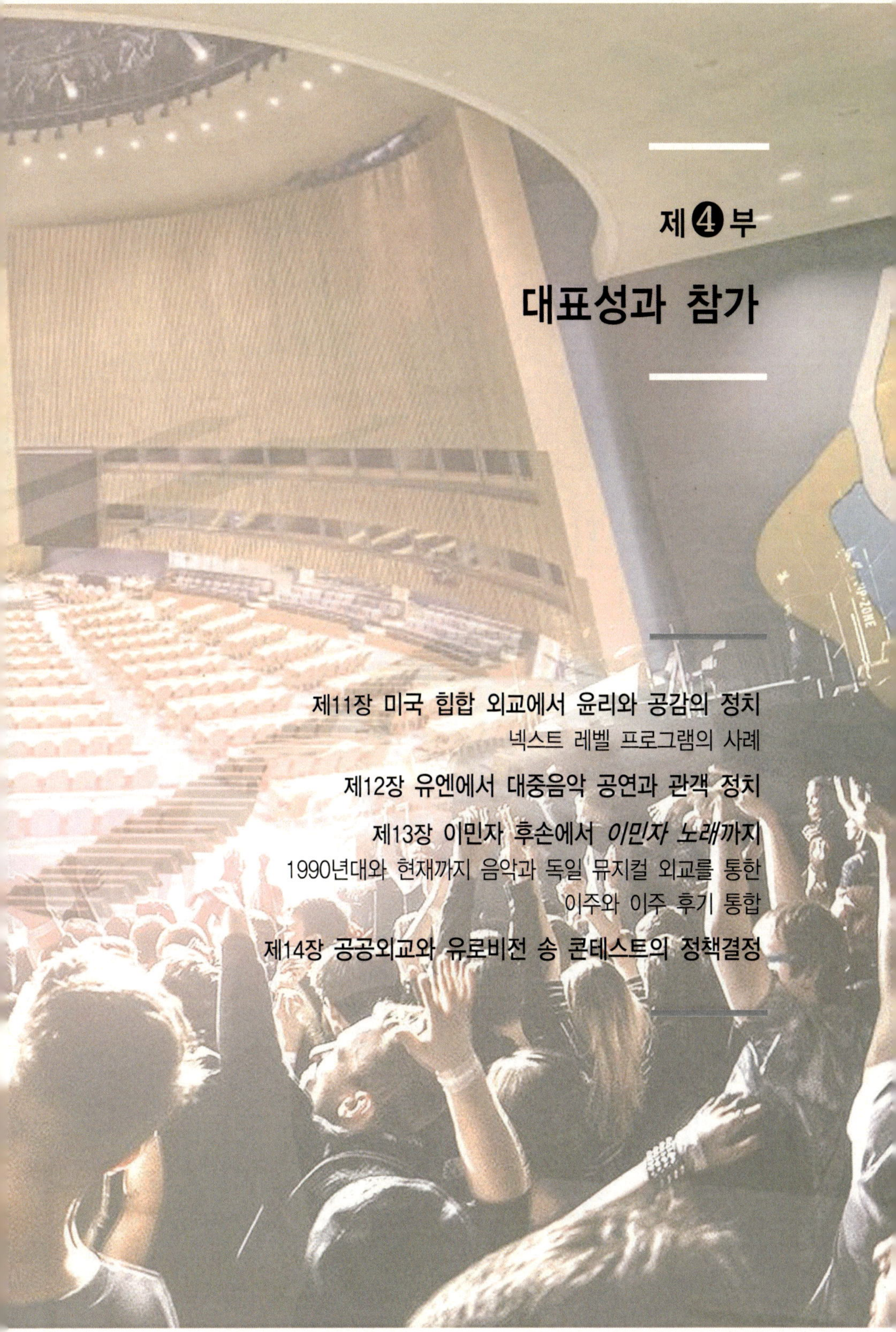

제❹부

대표성과 참가

제11장 미국 힙합 외교에서 윤리와 공감의 정치
넥스트 레벨 프로그램의 사례

제12장 유엔에서 대중음악 공연과 관객 정치

제13장 이민자 후손에서 *이민자 노래*까지
1990년대와 현재까지 음악과 독일 뮤지컬 외교를 통한
이주와 이주 후기 통합

제14장 공공외교와 유로비전 송 콘테스트의 정책결정

제11장

미국 힙합 외교에서 윤리와 공감의 정치
넥스트 레벨 프로그램의 사례

켄드라 살루아 *Kendra Salois*

2000년대 중반에, 미국 국무부는 자신의 역사적인 음악외교 전략을 재검토했다. 더 많은 장르들을 외국으로 전파하고, 기존 교환 프로그램과 연계하고, 음악적인 상호작용을 위한 기회를 증가하면서 말이다. 넥스트 레벨NL, Next Leve로 불리는 최신의 이니셔티브는 국내외 관객들을 재차 개선시키는 동시에 초보자와 전문가 등을 위한 힙합예술 워크숍을 수행했다. 20세기 중반 "재즈 대사"Jazz Ambassadors와는 다르다. 넥스트 레벨은 사회자, 디제이, 무용수 또는 비트메이커 등 못지않게 활동가와 선생 등으로 알려진 미국 음악인들을 물색하는 것이다. 넥스트 레벨의 형식과 바람직한 연주자 등은 민간 외교에서 최적의 관행에 대한 최신 반복으로 읽힐 수 있다. 나는 이것 또한 음악인의 감정노동을 선호하는 것으로 이데올로기적인 이동을 표현한다고 주장 한다—즉, 언어를 초월해서 구현된 개인 간의 초 연결 인식을 위하여 그들 스스로와 다른 사람들에 대한 이들의 활동—음악 공연과 이것을 넘어서는 것이다.

미국문화공연프로그램CPP, US Cultural Presentation Program역사가들은, 엘리트 관객을 목적으로 하는 여러 국가의 순회공연을 위하여 1954년부터 1970년대 내내 해외에서 재즈와 예술 음악 앙상블을 보냈다. 미국 음악인들이 비엘리트와 함께 그리고 그들을 위하여 만나고 연주하기 위한 이들의 개인적인 목표를 이루는 방식에 주로 중점을 두었다Eschen을 보라. 다니엘 포스레-루시에르Danielle Fosler-Lussier는 우리는 "도발"의 순간이 아니라 국무부와 외교단원 등에 의하여 포용·평가하는 것으로 이러한 순회공연을 이해해야만 한다고 최근 주장했다*Cold War Diplomacy* 98-99. 우리가 어떻게 이것들을 해석할 것인가에도 불구하고, 학자들은 이러한 순간과 미국 문화 공연프로그램 등은 일반적으로 냉전 전선에서 적극적인 것으로 이것들 자체에 대한 모든 실무자들의 이해를 표현한다는 데 동의한다. 대조적으로, 넥스트 레벨 프로그램 등에 대한 이들과 연관해서 이야기했던 예술가들은 스스로를 미국의 외교정책 목표를 초월하는 것으로 바라보았다. 그들이 정확하게 자신만의 정직한 의도로 동의하던 그렇지 않던 간에 말이다Salois "US Department".

본 장에서는 넥스트 레벨 프로그램은 국무부가 음악 외교에 대해서 예전 세대로부터 배워 온 것을 살펴본다. 소규모 워크숍과 엄선된 협력 등으로, 넥스트 레벨은 초기 순회공연에 대한 기획되지 않은 조우와 기대하지 않은 결과를 취해 왔고 이것을 프로그램 전략의 핵심으로 삼아 왔다. 이러한 이념 아래에서, 민간 음악 외교는 전반적으로 마음을 얻지 못한 것으로 동원 된다—이러한 마음 얻기에 관한 문화적 또는 계층에도 불구하고—그러나 공감에 관한 미시정치를 위하여, 목표가 상호적으로 인정하고 평가받는 정서적인 감정이 자리 잡았다. 이해되지 않지만 말이다.

본 장에서는 넥스트 레벨의 구조가 어떻게 음악인들로부터 감정 노동을 필요로 하는 지를 논의한다. 나는 미국 음악인, 외국 음악인과 이들의 대상 관객 간에서 요구되는 일종의 상호주관적인 연계에 초점을 둔다. 궁극적으로, 본 장은 모순으로서 유일하게 "힙합 외교" 형성을 넘어서서 움직이기 위한 상호작용하는 음악적인 감정 노동 참여자에 집중하는 대신에 이것을 인간과 음악적인 상호주관성에 관한 국무부 이해에서 발췌된 적용으로 바라본다.

미국의 예술 외교: 철학과 실천

미국의 문화외교 정책은 정부-민간 파트너십, "정책 단절. . . 그리고 정치적 취약성"Sablosky 31, 그리고 1920년대와 1930년대 이것의 도입 이래로 외교정책 기구 안에서 다양한 의견 등에 의하여 특징된다. 이와 같이, 음악 외교는 실험의 계승으로 여겨져 왔는데, 특별하게 9/11이후 부활된 이래로 말이다. 현재 예술 외교 프로그램의 선구자인, 문화공연 프로그램CPP, Cultural Presentation Program이 1954년 수립되었다. 예술 음악을 위한 설립위원회의 선호도와 오케스트라와 체임버 단원 등의 명단에 대하여 국제적으로 알려진 재즈 앙상블의 신속한 추가 등을 포함하는 문화 공연 프로그램 기원에 대한 논쟁은 현대 프로그램 선택을 위한 중요한 배경을 구성한다Campbell; Eschen. 역사가들은 또한 미국 문화가 최고 잠재성을 달성할 수 있음을 보여주기 위한 문화공연 프로그램의 의존을 강조하는데, 미국의 개인 시장이 될 수 없음에도 불구하고 말이다 Monson 111.

외교 실무자와 역사가 등은 미국 문화외교를 위한 재정적이고 정치적인 지지에서 최악의 순간으로 1989년 이후 10여 년을 설명한다 Bayles 235-36; Bayles in this volume; Cull 180-83를 보라. 냉전 기간 최고의 예술 외교 프로그램을 책임졌던 미국 해외정보국USIA, United Nations Information Agency은, 카터 행정부가 이것을 1980년대와 1990년대 내내 미국국제통신처USICA, United States International Commniication Agency를 창설하기 위하여 국무부 교육문화부로 통합시켰다. 1999년, 이것은 완전히 분리되었고 비방송 편성을 국무부 교육문화부서 안으로 통합시켰다 Sablosky 32; Hayden 179.

2001년 9/11 공격 이후, 학자, 실무자와 변호사 등에 의한 출판에서의 자그마한 붐은 새로운 정치적 맥락, 기술, 국가와 비국가행위자 그리고 이론적 접근방법 등을 포함하는 변화된 요인들에 대한 반응으로서 니콜라스 컬Nicholas Cull이 설명하는 “신 공공외교”에 대한 주장을 설파 했다Bayles 235; Cull xi-xii. 문화프로그램은 새로운 공공외교를 요구하기 위한 핵심이었다. 비평가들은 창의적인 생산품을 위하여 타깃으로 삼은 젊은 관객의 바람과 상대적으로 낮은 비용을 지적했기 때문이었다. 2005년, 지금은 미국 해외음악AMA, American Abroad Music으로 알려진 리듬의 길 프로그램Rhythm Road Program은 20세기 중반의 “재즈 대사” 모델을 부활·확대했다Aidi; AMS Planning and Associates 21. 미국 해외음악은 음악과 무용에서 여러 새로운 음악회와 교환 프로그램 중에 으뜸이었다. 신구 프로그램에 관한 철학적이고 이론적인 기반이 유사하다. 반면에, 현대 예술외교 프로그램 역시 방식, 음악 스타일, 그리고 타깃 등을 다양화 했다. 아무런 유일의 음악 수출도 다양한 젊은 관객들의 선호도를 만족할 수 없음을 인정하면서 말이다. 대신에, 이러한 관객들을 인정한다는 것은 미국 음악의 저작물이 아니라 다음 단계, 원비트 등과 같은 실질적인 미국 프로그램에 대한 경험이 부족하다는 것이다. 이는 어느 정도의 미국 해외음악은 개인들에게 집중적이고 단기적인 조우를 가져오는 데에 집중한다는 것이다.

이러한 것들의 개시 이래로, 미국 예술 외교 프로그램은 뚜렷한 모순에 의존해 왔다. 한편으로, 예술가와 관객 등은 미국 정책으로부터 미국인들을 완전히 분리할 수 있었고, 자주 그렇게 할 의지가 있었다 Fosler-Lussier, “Music Pushed” 63.[1] 다른 한편으로, 이러한 분리는 미국 외교정책에 공감하지 않는 사람들에게 미국인들에 대한 선의를 베풀도록 허용한다. 이것은 대가로 미국의 이해관계를 수용하도록 이러한 관객들에게 잘 준비하게끔 한다. 1999년 미국공공외교자문위원회US ACPD, US

---

1) 타깃 관객과 미국 음악인 등과 관련하여, 예전 다음 단계 현장 매니저는 “대부분의 경우, 사람들은 정치대표와 문화 대표 사람 간을 구별할 수 있음을 나는 발견 한다” 라고 언급했다.

Advisory Commission on Public Diplomacy의 언급에서, "미국 대외경제정책은 잘 이해될 것이다. . . 이들의 견해가 미국 사회에 관한 개인적인 관찰과 광범위하고 다양한 계층의 미국인들과의 접촉 등에 기반 하는 사람들에 의해서 말이다"US ACPD 2, qtd. in Sablosky 38. 분리된 문화와 정치 분야에서의 개념을 수용하는 것은 그 자체가 미국 외교가 만드는 근본적인 논쟁을 수용하는 것이다.

크레이그 헤이든Craig Hayden의 경우에, 이와 같은 뚜렷한 모순은 관행 그 자체와 공공외교의 적법성을 혼란시킨다. 그는 미국 변호사들은 "이러한 가치들이 보여주는 것으로 인식되는 기술 배치와 미국 가치에 관한 강제적인 양상을 자주 융합 한다고" 주장 한다175. 헤이든은 마셜 스턴스Marshall Stearns와 데이브 브루벡Dave Brubeck 등은 1950년대와 1960년대 주장했던 것과 현대적인 외교와 음악 실무자들이 오늘날 자주 주장하는 것 등을 깔끔하게 정리했다. 이러한 내러티브에 따르면, 재즈와 힙합 등은 미국인들에게 다음과 같이 다가가지 않았다. 그들의 음악 단체가 필요로 하는 개인적인 상호작용은 민주적인 공공 부문에서 개인주의, 상호존중, 대화 그리고 논쟁 등에 대한 미국의 핵심 가치를 직접적으로 표현 한다Crist; Fosler-Lussier, Cold War Diplomacy 86.

유사하게, 헤이든은 "미국 공공외교는 . . . 미국 가치에 대한 외국 관객들을 노정 시키는 것이 미국의 동기부여와 정책과 공유된 정체성을 표시함을 [가정한다고] 주장한다. 이러한 견해에서, 공공외교는 일종의 폭로 기능을 제공 한다—외국 관객들을 미국 가치와 제도 등은 사실상 이들의 가치라는 믿음을 지적하면서 말이다"180. 대조적으로, 유일한 전략적 메시지보다는 오히려 외교 커뮤니케이션 방식에 대한 오바마의 강조는 "영향력은 미국에 관한 논쟁의 진수성찬이 아니라" 목표로 삼은 관객에게 도움을 주고. . . 연결하는 외교 관행의 상징적인 의미를 축적하는 믿음을 보여 준다182.

헤이든 논평은 넥스트 레벨에 관한 두 가지 특징과 일치한다. 첫째, 프로그램은 다양한 힙합 공동체를 연계시키는 것을 강조한다. 지리적으로 먼 미국 예술가들을 팀으로 함께 하도록 하고 글로벌 넥스트 레벨 올스타 등에서, 외국 예술가 팀은 주재국 직업인들로 구성되었고 모든 공연 편집이 끝날 무렵에 2주간 미국에 머물게 되었다. 둘째, 힙합 음악에 관한 이야기는 "글로벌적"이고 대중적인 형식으로 급속히 일어난 성장에 자주 초점을 맞추었다. 음악의 보편성에 가정을 통합하는 것은 저항과 대리인의 표현 수단으로서 힙합의 특수성에 강력하게 믿음을 유지했다.[2] 무비판적으로 표현하면, 이러한 이야기는 모든 힙합 실무자들은 연결될 만한 기회만 주어진다면 서로를 즉시 알아본다는 것을 의미한다.

공감을 구조화하기: 넥스트 레벨 프로그램

다른 국무부의 예술외교 프로그램처럼, 넥스트 레벨 프로그램은 오디션 참가, 진행과 기획 공연을 운영하기 위하여 교육문화부서에서 비영리기관까지 응모를 시작했다. 노스캐롤라이나 채플 힐 소재 노스캐롤라이나 대학 음악과 교수인 마크 캐츠Mark Katz가 2013년 시범 보조금pilot grant을 받았다. 보조금은 다섯 번이나 갱신되어 왔다. 다가오는 2019년 판

---

2) 아프리카계 미국인들에 대한 체계적인 인종주의를 이해하는데 특별하게 자신들만의 주변성 또는 인정을 받기 위한 자신들만의 투쟁의 비유로서 닮으려고 하기 때문에 멀리 떨어진 지역에 있는 실무가들은 로렌 벌런트Lauren Berlant의 "친숙한 대중"이라는 표현을 다음과 같이 강력하게 닮아 있다. "공공 부문을 친숙하게 만드는 것은 이러한 특별한 사물의 소비자들이 이미 광범위하게 퍼진 일반적인 역사경험으로부터 나온 세계관과 정서적인 인식 등을 공유하고 있다"라는 기대감이다. 이에 따라서 특정의 순환이 친숙한 대중을 다음과 같이 구성한다. 이것의 소비 참여자는 일상적으로 살아 있는 역사에 의하여 특정됨을 인식하는 것이다. 이것의 이야기와 물건 등은 소속된 장소를 구현하고 세상에 존재하는 특정 종류로 살고 있는 경험담을 구체화하면서 이것의 역사를 서술할 가치가 있다. 이것은 또한 사회적인 소유에 관한 더 나은 경험을 제공하도록 약속하는 것이다—부분적으로 적절한 상품문화에 참여를 통하여, 그리고 부분적으로 사람들이 어떻게 살고 있는 지에 관한 표현 때문이다vii.

을 포함해서 말이다Katz, Dec. 2016 and Feb. 2018. 미국공공외교자문위원회 2016년 보고서에 따르면, 2013년 프로그램 예산은 96만 달러인데, 이듬해에는 80만 달러였다. 이 예산에는 무제한으로 여행, 숙박, 급여 그리고 2-3주 동안 26명의 참가자 평균의 일일 경비 비용을 포함 한다US ACPD, *2016 Comprehensive Annual Report* 103.

이 프로그램 첫해 동안, 넥스트 레벨은 여섯 개 국가—인도, 방글라데시, 보스니아-헤르체코비나와 몬테니그로, 세르비아, 세네갈 그리고 짐바브웨—들에 힙합 엠시, 디제이, 작사(곡) 또는 비트 만들기, 그리고 무용 등에 대한 워크숍을 열기 위하여 미국 "예술 교육자" 팀을 파견했다. 다른 프로그램처럼, 상당한 정도의 무슬림 인구를 가진 국가 또는 도시 등에 있는 젊은이들이 주요 타깃 관중들이었다. 마르타 베일스Martha Bayles가 적시한 바와 같이255, 아메리카뮤직어브로드American Music Abroad, 댄스모션유에스에이Dance Motion USA, 또는 지역 보이스오브아메리카와 라디오 사와 방송 등처럼 거대 관중에 도달을 모색하는 현대 예술 외교 프로그램과는 다르게, 넥스트 레벨에서는 사전에 선발된 젊은이와 힙합 팬 등만 목적으로 삼는다. 일반적으로, 국무부는 넥스트 레벨에서 도시들을 방문하기 전에 교부금이 부여되는 해에 다음과 같이 확정했다. 넥스트 레벨 기획자들은 어디로 가야할 지에 대한 최종적인 발언이 아닌 인풋을 가진다Katz "Hip-Hop Diplomacy"; Rockower. 현장 매니저들은 팀과의 작업을 할 비영리단체 책임자와 대사관 직원 등을 만나기 위하여 팀이 도착하기 이전 각국의 초청 도시를 방문하는데, 편의 시설과 공연 시설 등을 찾아보고 이들의 공연을 확인받는 것은 모든 현지 라이벌들을 자극하지 않으려고 하는 것이다. 각 공연장에서, 넥스트 레벨 팀 회원들은 대부분 자신의 시간을 학령기의 청년들과 작업하고 소비하는데, 자주 힙합 예술에 대한 약간의 실질적인 노출과 함께 말이다.[3] 일

[3] 카츠는 오늘날 "적합한 나이의 범위는 18-25세이지만," 팀들은 종종 고등학교와 협력했다고 언급한다Feb. 2018.

정표도 고급 수준의 학생들을 충족시키고, 문화 탐방을 취하고, 현지 음악인과 상호 간 협력하기 위하여 팀 회원들을 위한 시간을 둔다. 각각의 순회공연은 팀 학생들과 팀 자체에 의한 한 사람 등에 의하여 최소한 한 가지 공개 공연에서 정점을 이룬다.

넥스트 레벨 프로그램은 강력한 교사 자격증뿐만 아니라 전문적인 연주력 등을 가진 예술가 팀에 의지한다. 2015-16년 동안 지원은 "교육 역량과 경험," "평화와 문화 교류 진작을 위한 음악 또는 무용을 사용하는 잠재성," 그리고 "문화 외교관으로 노력할 수 있는 잠재성" 등을 필요로 했다"Apply". 이러한 지원 기준들은 또한 사회-문화적인 논평을 위하여 자신들의 음악과 가사 등을 노골적으로 활용하는 "의식 있는" 예술인들을 독려하는 경향이 있다. 이와 같이, 외교 인력들은 자신들은 항상 대접받고 교사, 멘토 또는 비영리 기업가 등과 같은 사회연계 실적을 가진 예술인들을 선호함을 보여 준다Werberg.

다음 부분에서 사례들은 오디션에서 최종 공연, 반환 후 미디어 관리까지, 관대함, 성실성, 그리고 공감 등에 관한 예술인들의 개인 자질은 성공적인 넥스트 레벨 순회공연의 핵심임을 보여준다. 나는 공감에 가장 신경을 세우고, 이익, 투자와 관심 등에 관한 인정과 마찬가지로 다른 사람에 대한 애정 어린 인정으로 임시로 여기에선 통용 된다—그리고 이에 따라서 동등한 만큼, 비슷하지는 않지만 말이다. 개념으로서, "공감"은 "애정을 갖는 것"과 유사한 태도로 자주 나타난다. 이것은 유용하기 위하여 함축적인 개념적인 핵심의 충분함을 지니지만, 어렴풋한 경계와 다층적이고 이론적인 계보 등이 적용에서 광범위한 변이를 허용하는 것이다. 로렌 베를란트Lauren Berlant는 "모든 다양성을 포용할 수 있는 '한 사람'의 이상을 통하여 그 자체를 표현하는 "자유스런 공감에 대한 메타문화적인 이상"으로 특정 한다55. 이러한 보편성의 담론은 수많은 공공외교의 근거를 이루고 여러 인터뷰어들에 의하여 반향을 이룬다.

마사 누스바움Martha Nussbaum, (*Upheavals of Thought*)과 캐롤린 페드웰 Carolyn Pedwell, "Affective (self-) transformations"; *Affective Relations* 등이 지적한 것처럼, 공감에 관한 다양한 이론들은 다양한 정서적인 장치를 전제로 한다는 것이다. 페드웰은 "상상력이 풍부한 재건," "조망 수용"과 "상호관계" 등에 관심을 갖는 것만큼 공감에 관한 반 인종주의적인 정의와 페미니즘 등으로 요약 한다*Affective Relations* 51. 이러한 것들은 이러한 상상을 이해하는 것에 관한 합리적이고 창의적인 상상과 애정 어린 구체적인 차원으로 얽혀진다. 대조적으로, 사라 아흐메드Sara Ahmed는 동성애 삶의 실체에 관한 논의에서 다양한 과정을 제시한다. 20세기 말부터 그녀의 영화적이고 소설적인 사례에서, 동성애 주제의 만족도는 그들이 전통적이고 직설적인 낭만적인 삶을 벗어나서 행복을 상상하는데 실패했을 때 공감한다고 주장하는 사람인 그들 연인들의 불운으로 이탈 된다*Promise* 92-96. 아후메드는 공감의 목표대상에 관한 피할 수 없는 타자성otherness을 주장하기 위하여 이러한 대표성을 활용하는데, "공감은 이것이 극복을 모색하려는 바로 이러한 차이점을 지속한다는 것을 주장하면서. . . . 주체는 그들이 다른 사람들이 느끼는 것을 느낄 수 있는 상상을 하는 바로 그 순간에 다른 사람들이 느끼는 것 이외에 어떤 것을 '느낀다'Cultural Politics 30.[4]

공감에 관한 일반적인 담론은 이것은 사람들에게 스스로를 근본적으로 유사한 것으로 바라보도록 독려한다고 주장한다. 반면에 비판적인 이론가들은 이것은 도용하거나 동정 등으로 서서히 변화할 수 있음을 적시하는데, 외교 전문가들이 어떻게 이 생각을 전개하는가? 페드웰은 공감을 한 쌍의 인적 자원으로 스스로를 발전시키는 데 투자하는 신자

---

4) 이러한 문제를 둘러싼 그녀의 페미니스트적인 요약에서, 클레어 헤밍스Clare Hemmings는 우리에게 "초국가적인 페미니스트 시각은 . . . '글로벌 타자'에 관한 서구 백인의 시각에서 공감과 동정 간의 매우 가능성 있는 조각으로 특징되어 왔고 진정한 공감이 필요로 하는 권위 상실과 투쟁 등을 강조했음을 일깨워 준다152.

유주의 주체에 의하여 배양되고 제도에 의하여 도구화 될 수 있는 "능력, 기술 또는 도구"로 바라보는 이론가들간 주관적인 "사회관계 또는 순환의 생산물로"로서 이것을 애정에 더욱 근접한 것으로 바라보는 사람들 간에 구분 한다*Affecrive Relations* 49. 후자는, 아마도 역설적이게도, 다른 경제와 마찬가지로 승자와 패자의 순환경제로서 공감의 산출물을 잘 이해하게 될 것이다.

애정 어린 노동으로 공감

그 다음, 나는 넥스트 레벨 참여자에게 프로그램 기획자를 포함하는 애정 어린 노동의 사례를 제공할 것이다. 이는 순회공연을 통해 반드시 이루어지는 것이다. 이러한 작업은 팀의 현장 워크숍뿐만 아니라 팀 회원, 국무부 인력과 스스로 등의 참여자에게만 향하지 않는다. 영향력 있는 선생과 "문화 외교관," 등으로서, 선발된 음악인들은 높은 인간 간의 기교를 보여주어야만 한다. 그들은 일반적으로 효과적으로 관여해야만 하고, 빠르게 미국 전역에 있는 그리고 현장에 있는 외국 대사관 인력, 그들이 위치한 학교에 있는 현지 교사, 순전한 아마추어와 전문 힙합 매니아까지 젊은 워크숍 참여자 등과 광범위하고 다양한 이방인들에게도 말이다.

넥스트 레벨 지원자들이 개인 인터뷰를 마치도록 요구받지 않는다. 반면에 지원자들의 개인 연줄 기대는 다른 국무부가 후원하는 프로그램의 그것과 유사하고 그렇게 이루어진다. 현장 관리자이자 공공외교전문가인 폴 락커Paul Rockwer가 설명한 바와 같이, 아메리카뮤직어브로드America Music Abroad 오디션은 그들의 인터뷰와의 정서적인 유대를 공연할 음악인을 필요로 한다. 락커는 "독일에서 선발된 몇몇 그룹이 [있]는데. . . 그들은 선발되지 않았다." 그 이유는 인터뷰와 오디션 동안 "시무룩했기 때문이었다." 이러한 정서적인 유대는 공유하는 사명감과 프로젝트의 의미와 권위에 대한 본연의 감각을 반영하는 것에 부분적으로 기반한다. 그는 이것을 설명한 바와 같이, “[당]신은 디바를 원하지 않는다. 당신은 기회를 잡을 사람을 원한다.” 더욱이, 음악인들은 순회공연 도전에 관한 공감적인 대응을 함양하기를 요구받는다. 락커는 지원자들에게 재앙적인 시나리오에 예상하도록 요구받았음을 다음과 같이 회고했다. “레바논에서 프로그램을 진행하고 팔레스타인 난민촌으로 당신이 가고 있다고 상정하라. . . . [당신이 도착했을 때,] 그들이 거기에 2시간 동안 앉아 있었고 아무런 전기도 없다. 당신이 무엇을 하겠는가?” 이러한 가설적인 2시간이 아마도 음악인을 위한 스트레스를 주는 상황을 내포하더라도, 팀 구성원들은 “디바”가 되는 것보다는 오히려 우선 관객의 요구를 들어주려는 의지를 기대한다.

음악인들이 넥스트 레벨 또는 이것의 자매 프로그램 등으로 자신들의 순회공연을 마친다면, 그들은 최소한 3년 동안 이어지는 에디션editions에는 자격이 주어지지 않는다“Apply”. 민간 부문에서 미국의 외교적이고 정치적 목표를 발전시키기 위한 의무도 없이, 이와 같은 탁월한 예술가들이 유사한 금전적인 기회를 발견하지 않는다면 넥스트 레벨과 유사한 프로그램 등을 착취적인 것으로 여겨야만 하는가? 넥스트 레벨 기획자들 스스로가 이러한 가능성에 민감하다. 카츠와 그의 스텝 등은 매우 안정적인 고용을 제공하고 이 프로그램에 대한 음악인들의 헌신을 유지하려는 작업을 했다. 2015-16년 두 번째 에디션 동안, 팀은 엘살바도르, 온드라스, 탄자니아, 태국과 우간다 등으로 갔다“About”. 락커에 따르면, 태국 순회공연은 수행연도에 있는 한 예술인에 의하여 수행되었다. 2016년 여름까지, 3명의 예술인들이 현장 관리자가 되었는데, 다른 사람들은 미래 에디션에 그렇게 하기로 예정되었다Katz, July 2016. 부가적으로, 넥스트 레벨은 비디오 카메라 촬영과 같은 전문적인 식견을 가진 분야에서의 실무 경력자들을 고용한다. 자신만의 비영리부문 예술을 관리하는 예전 참여자인, 무용가 주니어스 브릭하우스Junious Brickhouse

는 지금은 조감독으로 근무한다Katz, Feb. 2018.

카츠는 지속적인 방식으로 힙합 예술 생태계를 대우해주려는 책임감을 느낀다. 그가 수행 연도 동안 공개 강의에서 설명한 바와 같이, "나는 이것은 국무부의 아젠다가 아님을 확신한다. . . 그러나 이것은 나의 아젠다 일부이다. . . . 나는 납세자의 세금을 힙합 예술인들의 손에 보내고 있는 중이다. 나는 이것은 좋은 일이라고 생각 한다"“Hip-Hop Diplomacy”.

> 이것은 힙합 실무자들을 프로그램 관리 안으로 가지고 오는 것이 중요다고 오래 동안 생각해 왔다. . . . 그렇게 하기 위한 한 가지 방식은 현장 관리자로 그들을 채용하는 것이다. 이것은 이러한 관계를 지속하고 내가 교류하는 공통체와의 강력하고 상호 이익이 되는 관계를 배양하는 방식이기도 하다. . . . 나는 말할 수 있는데. . . 몇몇 예술인들은 현장 관리에 탁월하다고—그들은 이러한 기술 세트와 이와 같은 자질 등을 가지고 있다July 2016.

부가적으로, 카츠는 다음과 같이 "기술"과 "자질" 등을 융합하면서, 카츠는 인격, 반응과 정서 등을 관리하는 것은 현재 관리자로서 하나의 팀을 이끄는데 주요 부분이 됨을 의미한다.

또한, 넥스트 레벨 기관들은 모든 순회공연을 위한 포용적인 팀을 만드는데 주의한다. 이러한 것들은 목표 대상이 되는 관객들에게 다양한 음악 스타일, 연령, 종교, 인종과/또는 민족 배경, 성적 지향과 현재 미국 힙합에서 젠더 정체성 등을 보여줄 뿐만 아니라 규범적인 남성우위주의자 비전보다는 오히려 전체 힙합공동체에 대한 헌신을 보여준다. 인터뷰 동안, 카츠, 락커와 프로젝트 매니저인 마이클 코헨Michael Cohen 등 모두는 최소한 1명의 여성을 포함하는 팀 구성에 대한 프로그램의 헌신을 강조했다. 그렇지만, 다음 단계에 대한 미국공공외교위원회 데이터는 처음 3년 동안에 걸쳐서 30 퍼센트의 여성 참여자를 보여주는데, 이러한 목표가 현재 달성하기가 얼마나 어려운지를 암시하는 것이다US ACPD, *2016 Comprehensive Annual Report.*[5] 이러한 방식에서 잠재적인 노동 시장에서 다양한 음악인 명부를 유지한다는 것은, 여러 순회공연을 진행하는 음악인들에 반하는 규칙을 작업하는 동안, 페드웰이 비판적인 학자와 국제개발 전문가 등에 의하여 이상화되는 다양한 삶의 기회에 대한 공감적인 반응의 결과로 설명하는 것이 타당하다.

> 공감에 대한 [급]진적으로 "풀리지 않은 애정 어린 경험은. . . 개인적이고 사회변동에 대하여 잠재적으로 발생하는 것으로 인지된다. . . 이와 같이 그리고 다른 페미니스트와 다른 인종주의 맥락들에[서], 제안은, '우리'가 사회적 불평등을 이론화하고 개략적으로 사회적 책임과 의무 등에 우리가 전념하는 동안, 애정 어린 차원에서 변화는 '우리'를 실질적으로 그들에 대하여 느끼고 실현하며 행동할 것을 필요로 한다"Affective (Self-)transformations" 166.

이와 같은 독해에서, "상호적으로 이익을 주고받는 관계"를 지속한다는. . ." 카츠의 목표는 그의 대화 상대에 대한 애정 어린 연계를 통해 궁극적으로 정보를 제공한다는 것이다.[6]

다음으로, 나는 넥스트 레벨의 "예술가-교육가" 등이 그들의 음악적인 활동이 어떻게 외국에서 관리·기대하는지를 보여주기 위해 넥스트 레벨 인도 순회공연에 참여했던 워싱턴 디씨를 거점으로 활동했던 디제이 투-톤 존스DJ 2-Tone Jones의 사례를 활용할 것이다. 존스의 배경은 대중적인 예술인들을 넘어서 젊은이들이 힙합에 접근할 수 있도록 "예술가-교육가"팀을 탁월하게 구상했다. 그의 개인적인 스타일은 외견상 실증주의자인데, 그의 출판된 믹싱과 소림Shaolin 재즈 프로젝트 등에서 증거가 되듯이 말이다. 이것은 유명한 우탱Wu-Tang 카펠라 랩과의

---

5) 카츠는 "다음 [사이클]에서 이것은 39퍼센트의 [여성 참여]가 될 것이라고 적시한다 Feb. 2018.

6) 이러한 독해에는 애정 어린 "변환"과 도덕적이거나 윤리적인 규범 간의 유일한 종류의 관계를 필요로 하지 않음을 적시한다. 예를 들면, 나는 재분배하려는 카츠의 바람은 이것이 옳은 일이라는 믿음에 근거한 것만도 아님을 제안하지 않는다.

재즈 리믹스remix, 원본 음악을 컴퓨터를 이용하여 자유자재로 변형을 가하는 음악 짝을 이루면서 힙합에 대한 재즈의 영향력을 지속하는 특징을 지닌다. 그는 또한 워싱턴 디씨에 있는 월드 비트 앤 라이프World Beats & Life로 불리는 힙합 비영리단체에도 적극적이었는데, 10대들에게 디제잉과 체스 등을 가르치면서 말이다. 우리와의 인터뷰에서, 그는 넥스트 레벨 지원은 그가 이미 하는 것을 반영한다는 사실을 발견했다고 설명한다. 그는 또한 외국에 가기 위하여 "서로가 진심으로 작업하지 않아 왔던 다양한 예술인들이 함께 하는 접근방식"에 관심이 있었다.

팀은 2015년 초여름 워싱턴 디씨에서 처음으로 오리엔테이션을 만났다. 다음 달, 그들은 인도 비하루Bihar 주의 주도인 파트나 Patna에서 2주 동안 그 지역 고등학교 학생들과 작업하면서 보냈다. 이것은 콜카타 주재 미국 총영사관에서 한 주가 이어졌는데, 10대 말에서 20대 초에 있는 고급 학생들과의 공동 작업을 하면서 말이다. 존스가 나에게 설명한 바와 같이 그리고 다른 순회공연 참여자들이 확신한 바와 같이Gann; Rockower, 첫 번째 시범 사업 순회공연은 이어진 순회공연보다도 더 바빴고 더 시험적이었다. 그룹은 자신들의 공연을 극대화 준비를 위하여 하루에 서너 시간씩 초보 학생들과 작업했다. 공연 후에, 예술가들은 스스로 리허설을 했는데, 전속기간이 끝날 무렵에 그들만의 공연을 준비하면서 말이다. 그들은 콜카타에도 이러한 구조를 그대로 따랐다.

그렇지만, 팀은 또한 한 가지 추가적인 권한을 가졌다. 총영사관은 "우리에게 여섯 개의 공익광고PSAs를 만들어내길 원했다. . .세 개의 라디오와 세 개의 텔레비전—그들이 매일 다루고 있는 사회 이슈들에게 젊은이들을 참여시키기 위해서였다. 우리는 그들을 교육도 하고 함께 공연도 하면서 이러한 것들을 선택해야만 했고. . . 공익광고를 공연동안 실질적으로 보여주기 위하여 완성 시켜야 했다"고 존스는 회고했다 Wallace. 존스는 취학연령 학생들과 자주 작업하는 헌신적인 선생으로서, 존스는 이것이 얼마나 오래 초보자들에게 보상하고 적절한 힙합 공연을 하도록 강력한 주장을 했지만 프로그램은 후자의 목표를 위해서 허용하지 않았다.

우리는 아이들과 약 8일 동안 있었다. . . . 이것은 날마다 열기가 대단했다. . . 이것을 주도한 사람은 예술가들이고, 우리는 절대 함께 작업하지 않았다. 그리고 우리는 우리 자신만의 공연을 해야만 했다. 우리는 현지 예술가들과 조우해야만 했고 이처럼 최고의 [공연]의 일부가 되기 위하여 그들과 함께 뭔가를 수행했다. . . . 그래서, 나의 평균 일상은 7시에 일어난 다음 새벽 2-3시에 잠들었다Wallace.

동시에, 파트나에서 존스는 학생들과의 작업을 즐겼던 것을 강조했다. "어느 정도인가 하면, [아이들은] 나의 기대 이상이었다"고 그는 평가했다. "그들은 정말 흥이 있고. . . 거의 매일 우리는 거기에 있었다." 존스가 3주 동안의 강조한 것과 특징을 회고하는 침착성과 프로그램 첫 번째 순회공연에 대하여 "일종의 실험대상"Wallace이 된다는 그의 생각 등은 지원과정에서 모색하려는 회복력, 낙관주의, 기술 능력과 감사 등에 관한 정확한 혼합을 보여주었다.

무대에서의 공감

그들이 세 번째 주가 끝날 무렵에 콜카타 총영사관에서 공연하기 위하여 모였을 때, 팀 회원들은 그들이 기본적인 힙합 공연을 넘어서서 어떻게 상호작용하는지에 대한 강력한 기대를 여전히 갖고 있지 않았다. 존스가 이것을 설명한 바와 같이, "디제이로서, 내가 최고를 얻을 수 있어야만 되는 사람들 중에 한 사람은 엠씨이지만, 나는 두 번째 주까지 그녀의 랩rap을 들어보지 않았다"Wallace. 추가적으로 힙합 음악인이 아닌 사람과 친근함이 부족하다면 공연 순간에 복잡한 음악 협의가 필요하다. 페드웰의 의미로 여기에서 이해하는 애정 어린 "사회관계"로서, 공감을 느끼는 청취 관행과 긍정적인 반응은 개인 음악인들의 선택을 앙상블의 일관된 공연으로 전환하는데 필수적이다. 이것을 보여주기 위하여, 나는 팀의 마지막 공연 비디오로부터 특별한 순간을 분석할 것이다. 이 비디오에서, 디제이 투-톤 존스, 제작자 고, 그리고 엠씨 퍼플 헤이즈Purple Haze 등이 2명의 바울Baul, 방글라데시와 서벵갈의 인도 주 등의 노래) 음악가인 원비트OneBeat 동문인 마라비카 브라흐마Malabika Brahma와 그녀의 음악 파트너인 타악기연주자 산제이 바타허지Sanjay Bhattacherjee 등과 협조했다Next Level USA 0:00-2:40.

비디오는 존스가 타악기 패턴으로 주요 수입원이 된 1991년 히트작인 "Looking at the Front Door"를 긁히는 소리로 시작한다. 이것은 에프F를 기본으로 한다. 그는 노래의 유명한 어휘 기반의 코러스 앞에 견본을 네 가지 표시로 시작한다. 고가 존스의 왼쪽에 위치한다. 무대화면 밖에 퍼플 헤이즈와 마라비카 브라흐마가 시작 사인을 기다린다. 고와 존스 뒤에 서 있는 바터허지는 시작 순간을 집중해서 듣고 있다. 그는 존스의 견본에 있는 기타와 매치할 음의 높이를 찾기 위하여 그의 카마크Khamak인 텐션 드럼 tension drum으로 일시적인 소음을 만든다. 최정점에 관한 두 가지 시도 이후, 바터허지는 존의 견본에 있는 베이스기타를 소리 내면서 으뜸음을 내고 있었다.[7] 기타와 히트-햇hit-hat 리듬이 울리는 엇박자 패턴을 유지하면서 말이다. 존스를 지켜보아 왔고 이것의 도입에 함께 동의했던 고는 그의 장비를 8번째 공연 시작 또는 코러스 중간에 들어갈 준비를 한다. 거의 동시에, 퍼플 헤이즈는 18개의 시도 중에 세 번째 비트의 후반을 시작하는 16번째 신호로 "우리에게 고와 같은 사람을 달라고" 말한다. 그래서 그녀가 말한 "고"가 올라와서 "그리고" 네 번째 비트가 되었다. 시작에서, 바타허지는 아홉 번째

[7] 카마크(또는 카마카) 또는 아난다-라하리 등으로 번갈아 쓰는 것으로 알려진, 이 드럼은 통상적으로 어깨끈에 매달려서 겨드랑이에 끼는 것이다. 한 두 가지 끈이 드럼의 머리 부분을 꿰매는 것은 손 안에 있는 매우 작은 드럼에 붙인다. 연주자는 이 줄의 팽팽함과 음의 높이 등을 변화시킬 수 있다Capwell 95.

시도에서 그의 기타 치는 패턴 부분을 늘렸는데, 약간 날카롭게 미끄러진 그의 으뜸음을 내던지면서 말이다. 고의 처음 드럼은 늦게 지상으로 울려 퍼진다. 두 번의 시도 이후에, 그는 박수를 치면서 "그리고" 두 번 네 번의 비트를 쳤다.

새로운 여덟 번째 시도가 시작되자, 존스는 다른 음악가들에게 관심을 끌리도록 하기 위하여 그의 견본의 볼륨을 낮춘다. 고는 바타허지 뒤를 힐끗 돌아본다. 그들은 브라흐마가 자신이 비트를 공연하는 것만큼 틀에 박힌 미소를 교환한다. 이것과 다음 여덟 번째 공연단 등 전체를 통하여, 고는 8분 음표에 8분 음표를 더한 당김음표로 된 베이스 드럼을 더한다. 바타허지는 이러한 당김음표와 대비되게 비트로 연주하는 네 개의 8분 음표를 자주 덧붙였다0:00-1:09.[8)]

카메라가 잡히지 않는 곳에서, 퍼플 헤이즈는 한 단위에 여섯 개의 시도 중에 두 개의 비트의 "예" "그리고" 등의 가사를 대입하려고 준비한다대략 1:04. 고는 곧바로 그의 타악기 패턴으로 박수치고 바타허지는 박자에 맞추면서 나머지 부분을 채운다. 그리고 나서 퍼플 헤이즈는 "나는 사랑해 왔지만 이제는 더 이상 그렇게 하지 않으련다"라는 가사를 집어넣어서, "왔지만"이라는 첫 번째 가사를 일곱 번째 시조 중에 첫 번째 비트로 갖다 놓고, "않으련다"와 "더 이상" 등은 고의 베이스 드럼 패턴과 준비한다. 종합해서, 이러한 것들은 느지막한 환호의 효과를 준다. 이것은 그녀가 따라잡기 위한 그녀의 첫 번째 가사를 강하게 밀고 나가는 것처럼 들린다. 그녀의 두 번째 가사에서, "그래서 나는 내가 한 때 담아 두었던 나의 마음을 열어 둔다"에서 "둔다", "한 때", 그리고 "담아 두었던" 가사 등은 한 단위 중에 여덟 번째 시도 전체를 통하여 베이스 드럼 패턴의 8분음표로 준비한다. 퍼플 헤이즈는 즉시 8분음표로 고정하는데, 당김음표로 된 베이스 드럼 패턴과는 대조적으로

8) 마리오 던켈이 지적한 바와 같이, 고의 베이스 드럼 패턴은 "Looking at the Front Door"의 4/1에 2/4 조치의 영향을 부여한다.

말이다. 안정적인 지원 패턴으로 바타허지의 전환은, 퍼플 헤이즈의 가사와 고의 변화무쌍한 드럼 묘기 간의 상호작용은 이 단위의 핵심이 되었다. 카메라는 퍼플 헤이즈에게 집중한다. 그녀가 직접 브라흐마를 향해 랩을 하고, 브라흐마에게 몸을 돌리면서, 브라흐마도 그녀를 경청하며 지상에 쳐다보는 것처럼 그녀를 보면서 웃고 있었다. 두 명의 여성들은 몸으로 박자를 맞추고 있었는데, 그들의 몸의 무게를 비트의 세세한 부분으로 이동하고 있는 중이었다.

이어지는 여덟 번째 시도에서, 브라흐마의 진입은 각 음악가로부터 새로운 반응을 불러오게 한다. 브라흐마가 이E로 시작하는데, "Looking at the Front Door"에 있는 베이스 소리가 나는 에프F 음향 위에 있는 메이저 7번 말이다. 그녀는 으뜸음 위에 있는 여섯 번째 정도 또는 디-플랫D-Flat으로 그녀의 첫 번째 악구를 마친다. 존스는 주요 원천 코로스 사본을 내던진다. 멜로디 악구는 주도적이고 잠재적인 불협화음을 해결해준다. 바타허지는 즉각 네 가지 시도를 위한 으뜸음을 채워 넣는다. 두 번째 악구에서, 브라흐마는 더 높은 음역으로 올린다, 그녀의 세 번째 악구에서, 브라흐마는 점점 더 올리면서 디-플랫을 유지한다. 바타허지는 한 옥타브 아래로 연주하면서 강화한다. 주요 원천 견본 없이, 이것은 새로운 으뜸음의 높이 효과를 지닌다. 퍼플 헤이즈는 그런 다음 새로운 건반으로 내가 듣는 것에서 라인의 교환을 주도한다. "당신은 내가 당신에 말하지 않는 것/당신은 어떻게 나를 알고 있나요 등을 통하여 당신은 나의 마음을 알고 계신가요?" 라고 노래 부르면서 말이다. 그래서 양 라인의 끝부분이 새로운 으뜸음 높이로 떨어진다. 브라흐마와 퍼플 헤이즈 등은 그런 다음 눈 맞춤, 신체적인 움직임, 얼굴표정 그리고 구두 신호 등으로 악구와 균형을 맞추기 위하여 서로에게 신호한다. 브라흐마의 악구 후에, 퍼플 헤이즈는 두 번 째 진입에서 그녀의 라인을 반복한다. 그렇지만, 카메라 프레임을 벗어나서, 바타허지는 그의 반주 패턴을 원래 으뜸음인 에프로 헤이즈의 라인 이후 즉각 되돌려 놓는다. 결과적으로, 브라흐마는 낮은 에프로 "난 알아요"를 부르면서 다시 합류하고 다양한 방향으로 왔다 갔다 한다. 퍼플 헤이즈가 다음 시도를 자유롭게 구사하면서, 브라흐마는 미소 짓고 그녀의 머리를 흔들면서 눈을 맞추고 그녀에게 집중한다. 존스는 조용히 "Lookin at the Front Door"의 합창으로 되돌려 놓으면서 말이다. 브라흐마가 재차 들어갈 때, 그녀는 견본 노래를 부르는데, "you know my heart"로 부터 나온 퍼플 헤이즈의 멜로디를 디-플랫 운율로 사용하면서 말이다1:32-2:40.

이러한 순간들은 노련한 음악가들이 익숙하지 않은 협력자에게 기대하고 서로의 신호를 읽으며 다음 행동을 결정하는 것이 얼마나 어려운지를 보여준다. 특히 비트의 세분 안에서 말이다. 내가 존스에게 이러한 클립clip을 보여줄 때, 그가 "이것은 순간에 약간 더 접하게 했던 것들 중에 하나이었다. . . . 다른 모든 것들은 우리가 바쁜 시기에 노력했던 것들이었다. 반면에 이것은 그럭저럭과 같은 것인데, '어, 헤이 내가 우리가 지난 날 했던 것을 기억하는데, 당신도 기억하지요?'" 그는 다음에 일어날 일을 확신하지 않기 때문에 그는 "나는 기본 비트로 할 수 밖에 없다고 그는 [바타허지]는 그가 내 뒤에서 하는 모든 일을 밖에 할 수 없다고 생각했다"고 제안했다. 그는 그가 바울 음악가들을 느낄 수 없었고 그룹은 사전에 충분하게 연습할 시간이 없었음을 적시했다. 그러나 그들은 "여전히 이러한 종류의 방식으로 작업을 하고 있다"Walllace.

여기에서 논의되었던 각각의 결정은 연주를 탈선시킬 잠재성을 가진다. 고가 처음으로 진입할 때, 그의 첫 번째 두 번의 시도에서 약간 박자가 맞지 않은 사운드는 재능이 부족한 협조자들을 혼란시킬 수 있었다. 바타허지는 고와 존스 등의 견본에 의하여 구축된 리듬에 맞서는 그의 패턴에 약간 다른 변화를 시도하거나 브라흐마가 여섯 번째 규모 정도로 그녀의 멜로디 라인을 조직할 때, 두 사람은 필수 타악기로 도와주는 음악가들을 이끈다.

각각의 사례에서, 음악가들은 그들이 듣고 있는 것에 반응한다. 이것이 그들이 듣고자 하는 것이 아닐지라도 말이다. 예를 들면, 내가 브라흐마의 멜로디를 건반 변화로서 이해할 때, 나는 “Looking at the Front Door”의 베이스 라인이 변하지 않는 으뜸음 센터를 의미한다는 몸에 밴 가정을 가지고 듣는 중이다. 심지어 사본 그 자체가 더 이상 들을 수 없을 지라도 말이다. 어떤 면에서, 나는 견본에 의하여 형성된 나 자신만의 기대 청취 회피를 할 수 없다. 그렇지만, 앙상블은 주요 원천 코러스에서 만들어진 에프 마이너와 디-플랫의 브라흐마의 으뜸음 센터, 그리고 디제이 또는 주요 도구로서 카막khamak 등 간에서 불안정하게 움직인다. 다음 단계가 음악가들에서 칭찬받는 유동성과 문화 간 적응성 등의 신호에서, 이러한 견본에서 힙합과 바울 음악가 등은 장르 관습을 넘어서서 청취하고 기대하지 않는 결과를 확정한다.

비디오 분석도 음악가들이 어떻게 효과적인 교대로 하는 것과 호혜성의 기대 등에서 자신들의 역할을 사용하는가를 보여준다. 연주하는 순간에, 음악가들은 자신들만의 반응, 자신들의 그룹 간의 반응, 그리고 그들이 즉각 관중들에게 보여주려고 했던 것 등을 관리한다. 양 보컬리스트들은, 라이브 관중들을 위한 관심의 핵심으로서, 무대에서 공연하는 것처럼 관객들이 편안하게 만들어지는데 초점을 두는 것으로 나타난다. 그들은 그들의 평정과 미소 등을 유지하는데, 문자 그대로 동작을 하면서 관객들에게 다가가고, 이쪽저쪽으로 움직이는 무대에서조차도 공간을 공유하면서 말이다. 퍼플 헤이즈와 브라흐마 간의 상호작용에 관하여, 존스는 내가 “‘당신이 이것을 가지고 어디로 가려하는가?를 당신은 알고 있나’와 같이. . . 시간 부분이 존재한다고 논평한다. 그러나 . . . . 그들은 유대가 있고, 그들은 순간을 공유한다.” 마이크만을 잡고서, 여성 가수는 자신들의 음향 대화를 시각화하기 위하여 상대적인 이동의 자유를 활용하는데, 연주자와 관객 등을 위하여 서로의 공연에의 관심과 주의를 확신하면서 말이다. 이와 같이, 연주자들도 비언어적 단서를 가지고 서로의 이니셔티브를 지속적으로 확인한다. 그들의 얼굴이 연주 도구로 향하고 그들의 음악적인 행동이 다양한 방향에서 잡히더라도 말이다. 예술가들이 자신감 있는 자연스러움에 관한 가시적이고 음향적인 인상을 부여하면서, 한 사람이 보상을 받지만 공연 3주 후에 스트레스가 많은 연주의 경로를 가까이서 들을 수 있다.

결론

넥스트 레벨은 대규모 관중을 연주의 흥행으로 판단하기 위한 무능력으로 예술외교에 관한 전통적인 취약성을 강화로 전환해 왔었다. 20세기 중반의 문화공연 프로그램의 현재 후속 프로그램은 문화공연프로그램이 하도록 구상된 것보다도 더 많은 워크숍과 협력 등의 포함에도 불구하고, 이것들은 여전히 수백 여 명의 관중이 모이는 다양한 도착지 공연을 순회한다. 현재에도, 이러한 프로그램들의 효과에 관한 검토는 신문 스크랩과 대사관 직원들의 일화 등에 의존한다. 이러한 것들이 가끔 고급이고 맥락이 잘 개념화 된 자료 등이어서, 그들은 엘리트 관객과 주재국 대사관의 활동을 보여주는 것 등으로 왜곡된다. 대조적으로, 주재국 대사관 또는 영사관, 현지 학교, 엔지오 또는 젊은이 단체 등에 의하여 선발된 소규모 집단을 대상으로 삼으면서, 넥스트 레벨은 우선적으로 대규모 관객에 대한 영향력 판단을 해야만 하는 것을 회피한다. 대신에, 디제이2-톤 존스의 사례에서 보여준 바와 같이, 성공적인 다음 단계 공연은 가끔 상충되는 대사관의 목적, 대상 기관과 학생 그리고 예술가 자신 등을 통하여 행로를 교섭한다.

이러한 사례들이 집단 간에 그리고 안에서 가져오는 차이에도 불구하고, 인터뷰한 모든 사람이 그들이 그렇게 했던 믿음과 지속적인 연계를 강화하려는 생각 등에 헌신하도록 남았다. 넥스트 레벨은 5명의 외국 음악가들을 워싱턴 디씨와 노스 캘롤라이나 주 채플 힐 등으로 데려옴으로서 2015년 4월 시범 연도를 마쳤다. “Next Level Global All-Stars”로 명명되면서, 그들은 매 순회 공연마다 넥스트 레벨 팀과 협력을 하는 사람들이었다. 각자는 넥스트 레벨 기획자, 참여 대사관, 그리고 넥스트 레벨 음악인 등으로 추천에 기반했다Rockower. 미국 예술인들처럼, 전 세계 공관에서 선발된 음악인들은 전문 음악인, 교사, 변호사, 방송종사자 그리고/또는 활동가 등으로 이미 활동하고 있었다. 마크 카츠에 따르면, 공관의 목표는 선발된 외국 음악인과 미국 참여자 등을 재결합하고 다른 이들과의 창작을 위한 각국의 한 사람을 위한 기회를 제공하는 것이다2014. 넥스트 레벨 웹사이트를 위한 블로그 포스트blog post에서, 어떤 직원은 "힙합은 다양성은 예외가 아닌 규범이고 우리는 . . . 동일한 연주가 다양한 이유로 다양한 사람들에 의미가 되고 이러한 이해는 항상 우리 외교 임무의 핵심이 되어 왔음을 견지하려고 노력한다"고 적고 있다Amazing Journey.

이처럼 폴 로커는 글로벌 올-스타스 레지던스를 "다양한 목소리를 들을 수 있는 공간을 만드는 것"으로 설명한 바 있다. 그러나 그는 또한 넥스트 레벨 기획자들의 목표와 국무부의 그것 간에 차이를 강조했는데, 후자의 경우에, 이것은 하나의 예술 형태와 미래의 지도자 양성에 관한 많은 것으로 힙합을 발전시키는 데는 약간 모자라다고 적시한다. 그가 이것을 다음과 같이 설파한 바가 있다. "이것은 우리가 왜 기업가 정신에서, 사회 행동주의에서, 분쟁해결에서 수많은 워크숍을 하는 지인데. . . . 그들에게 많은 기술을 부여해서 . . . 그들이 공동체 안에서 연계될 수 있도록 하는 것이다." 기획자들은 디씨에 본부를 둔 힙합교육을 논의하기 위하여 패널로 참여하는 존스를 포함하는 다음 단계 참여자들의 도움으로 이러한 워크숍을 운영한다.

이들의 공개 논평에 기반해서, 2015 글로벌 레지던스 회원들은 사회복지 옹호와 기업가정신 등으로 국무부 비전에 관하여 열정적이었다. 2015년 4월 10일 워싱턴 디씨에서 열린 라운드테이블에서, 올스타는 그들이 거주지에서 집으로 돌아온 교훈을 물어보았다. 짐바브웨의 비트 메이커인 나리 "FTR" 마장고Nyari "FTR" Mazango는 다음과 같이 언급했다.

내가 할 수 있는 가능성, 음악, 힙합 등은 나를 수많은 사람들과 연결시켜 주었다. 하나의 미디어 그 자체로서 말이다. 나는 이러한 모든 것으로부터 취할 수 있는 최대라고 생각한다. . . . 나는 이것과 함께 돌아갈 수 있기 때문에, 그리고 내가 공동체 프로그램을 건설할 때, . . . 나는 그들에게 음악 자체를 통하여 너무 많은 사람들을 연결시킬 가능성을 보여줄 수 있다.

유사하게, 엠씨 블랙 장Black Zang은 동일한 질문에 다음과 같이 대답했는데, "[방글라데시에서] 우리는 정말 힙합을 통하여 연결될 수 있고, 우리는 진짜 서로를 도울 수 있고. . . 모든 종류의 문제에 대해서 말이다."

이러한 방식으로, 넥스트 레벨은 자신만의 가장 심오한 작업—또는 최소한 자신의 최대한 추적할 수 있는 작업—을 처음 하게 되는데, 미국 내 워크숍에 참여하는 젊은이에 대해서보다는 오히려 문화 간 경험을 지속적으로 반영하는 미국 참여자와 전문적인 외국의 카운터파트 등에 대해서이다. 2014년 넥스트 레벨 세네갈 팀에 참여했던 비트메이커이자 정신과의사인 엘리엇 간Elliot Gann 박사는 세네갈 라디오 방송에서 관객들에게 "나는 모든 미국인들이 내가 하는 것을 경험할 수 있기를 희망한다"고 설명했다. 미국 전문가 프로그램의 초대 "힙합 사절"이자 넥스트 레벨 세네갈 팀원인 토니 블랙맨Toni Blackman은 다카르 엠씨 투사Toussa를 위한 편가를 최근 출판했는데, 그녀의 조력자이자 2015년 글로벌 넥스트 레벨 올 스타 참여자인, *인스타그램* 포스트 시리즈에 다음과 같이 있다. "토니와 투사. 어떤 카페 또는 이피판 레코드 타이들 등을 위한 커다란 이름. . . . 이건 너무 멋져서 예술인들이 당신을 멘토와/또는 성장하도록 도와주는 것으로 볼 수 있다. 나는 너무 흥분되고 자랑스럽다." 그녀의 입장에선, 존스는 20세기 중반 볼리우드Bollywood 음반회사의 은닉처와 비트메이킹과 협력 등을 위한 장르를 개척하는데 새로운 관심 등을 가진 디씨로의 귀환을 설명했다.

애정 어린 노동에 대한 초점과 특별하게 공감 등이 넥스트 레벨 또는 유사한 프로그램 동안 예술인 대리인에 관한 우리의 이해를 위하여 무엇을 했는가? 나의 관심은 여기에서 예술인의 정치적 발언은 검열을 하는지가 아니다. 내가 인터뷰했던 모든 참여자들은 자신들은 침묵하거나 특정 주제를 회피하기 위한 압력을 느끼지 않았다고 긍정적으로 언급했다. 1978년 미국해외정보국이 미국국제통신처USICA으로 재편성 된 이래로, 보호 장치는 국무부의 다른 부서에 의하여 선발 중인 문화 프로그램과 참여자들에게 미국 외교정책을 대표해서 행동하거나 언급하도록 강요 등에 반대하는 것으로 존재했다Sablosky 32; Hayden 177.[9] 대신, 나는 예술인들이 어떻게 자리매김하고 그들을 국가에 유용하게 만들 것인가 등에 관심 갖는다.

존스는 이것을 내가 그가 국무부가 넥스트 레벨로부터 어떤 것을 얻고 있다고 생각하는지를 물었을 때 다음과 같이 요약했다.

> 물론 이것은 미국의 이미지를 외국에 잘 알리도록 하는 방식이다. 이것이 프로그램의 본질이다. . . . 이러한 아이들은 누군가가 그들을 미국에서 나온 힙합 예술인들과 작업하도록 선택하는 지를 수백만 년 지나도 전혀 생각하지 않았다. . . . 내가 이면에 있는 약간의 동기가 있음을 안다 하여도, 나는 이러한 어린아이들을 이것에서 어떤 것을 가지는 것을 정당화할 수 있음을 느꼈다Wallace.

여기에서, 존스는 국무부가 자신만의 이해관계로 행동 중임을 당연하게 여긴다. 그도 자기 자신은 힙합 음악과 문화에 진지한 관심을 가진 국무부 직원으로 존재한다고 느낀다는 것을 말했더라도 말이다. 동시에, 교사와 학생 등에 대한 상호적인 연계는 그에게 "숨은 동기"를 물어보거나 걱정하도록 해 준다.[10] 비슷한 맥락에서, 존스는 프로그램은 "진

---

9) 나는 미국 시민들에게 다음 단계의 성취를 선전하는 것에 관한 명백한 정책을 알지 못한다. 그러나 프로그램이 자신만의 소셜 미디어 계정으로 전문적으로 편집된 비디오에 정기적으로 게시하고 있다. 다음 단계에 관한 개인적이고 전문적인 네트워크에 있는 모든 사람과 이에 대한 현재와 과거의 음악인들은 페이스북, 트위터 그리고 기타 등으로 프로그램 뉴스를 볼 수 있다.

10) 우리 논의에서, 존스는 팀의 파트나 학생은 "페이스북으로 우리와 여전히 연락한다

짜 예술인"들을 파견 중이라고 평가했다. "상징성" 있는 힙합 예술인들은 크게 필요하지 않고, 명성보다는 수업 능력을 최고로 평가했다. 이와 같이 개별화된 의도의 순수성을 힙합 예술인들에게 부과했다. 그들은 그들이 일반적으로 프로그램에 참여하고 운영하는 장소에서 미국 정책에 동의하지 않는 사람들이었다.

부가적으로, 이러한 프로그램들을 위하여 작업 중인 예술외교의 레토릭 입장에 있는 예술인들의 방식은 자신들의 전문적인 식견과 노동 등을 기부로 완화하려는 경향이 있다. 부분적으로 예술인들은 그들이 생각한 바를 말하도록 장려되기 때문에, 그들은 일반적으로 미국인 또는 미국 대표로서 자신들을 여기도록 권하지 않는다어떤 사람은 그렇게 하기도 하지만. 그들은 자신들이 어떻게 처신할 것인지에 따라서 워크숍. 전시회, 그리고 협력 등을 관리하기 때문에, 그들은 스스로를 국가에 고용된 사람들로 여기도록 권고되지 않는다. 그들은 자신의 음악적인 역량만큼은 개인적인 자질에 따라 선발되었기 때문에, 스스로를 노동자로 생각하기보다는 "자신이 사랑하는 것을 하는 것으로" 생각하기를 원한다. 역설적으로, 이것은 사람들의 음악적인 전문적인 식견과 자신들의 관대함, 융통성, 성실함, 공감, 또는 독자성 등을 호의적으로 평가하고 자신들의 재능을 연마하는데 수년이 걸리는 것 등을 저평가한다.[11] 이러한 모드mode는 음악인들뿐만 아니라 국무부 기획자 등에 의하여 포용될 때, 이것은 공연자의 서정적 진술에도 불구하고 국가의 힙합 선택을 탈

면서 웃음을 띠면서 회상했다. . . . 나는 나의 페이지에서 무작위로 이러한 인물들의 배경 중에 몇몇을 여전히 보유하고 있다.

11) 본 장을 인터뷰할 때, 대신에, 카츠는 다음 단계 참여자들은 자신들의 재능을 음악인과 교사 등에 집중하도록 허용할 것을 다음과 같이 제안했다. "그들에게 그들이 전문적인 분야가 아닌 분야에서 공연하도록 압력을 가하는 대신(즉, 미국의 외교정책에 대해서 언급하라던지)에 말이다(Feb. 2018). 나의 요점은 다음 단계 참여자들은 이러한 전통적인 외교 기업에서 전문소양을 쌓기를 기대해서는 안되지만, 관행상, 그들의 애정 어린 노동은 자신들의 음악적이고 가르치는 노동만큼이나 매우 중요한 것으로 여겨져야만 한다.

정치화하는 것으로 작동된다. 체계적이고 인종에 기반한 차이점을 만드는 힙합 예술은 너무 흔한 정체성의 비판 대신 예술인의 애정어린 노동에 관한 보편주의를 강조한다.

넥스트 레벨은 개인 간 외교에 관한 순간을 조율하면서 지금은 흔한 "공공외교" 패러다임 위에 형성된다. 힙합의 원래 내러티브는, 인종차별을 하지 않는 정책을 약속한 전체 기관들에게 알려졌을 때, 프로그램 기획자, 워크숍 참여자와 음악인 스스로 등에 의하여 공유된 언어적, 종교적, 정치적 또는 문화적 장벽을 극복하기 위한 자체적인 권력에서의 믿음에 기여한다. 록웨르Rockower가 우리의 논의에서 주장한 바와 같이, "힙합은 보편적이다. 이것은 이러한 모든 다양한 국가들에서도 힘을 발휘할 수 있는 것이다. . . . 이러한 것의 가치—이것을 지지하려는 메트릭이 존재하지 않는다." 나는 이러한 논평의 진실성을 의심하지는 않지만, 힙합은 어떤 장르로서 현지의 맥락이 정의하는 권력에 대한 의존을 통한 "역량 강화"이다.

힙합은 언어적이고 정치적인 장벽을 초월한다고 주장하면서, 국무부는 예술의 보편성에 관한 유혹적인 가정을 내놓는다. 그렇지만, 이것은 역설적이게도 힙합 음악이 전 세계적으로 차지하는 위상을 통하여 이것을 하는 것이다. 국내에서, 미국 예술인들은 장르와 아프리카계 미국인 등에 대항하는 체계적인 차별과 싸우기 위하여 힙합의 미학적인 가치를 지속적으로 재차 언명해야만 한다. 외국에서, 다음 단계는 자유와 저항 등을 지원하는데 장르의 역할에 관한 힙합 애호가 자신들만의 내러티브를 추동시키기 위하여 교사-예술인 등의 애정 어린 노동에 의지한다. 헤이든의 관찰로 되돌아가서, 이에 따라서 다음 단계는 "관계있는 기능"으로 작동하는데, 미국과 외국 참여자 등에게 미국 공공외교에 대한 근본적인 핵심의 동일성을 확신시키는 것이다. 계속해서, 이것은 미국 문화의 우월성을 당연시하고 외국에서 미국의 국내외정책에 관한 의문을 축소하는 데 작용한다.12)

인용 자료

"About." *Next Level USA.* 2016. Web. 3 Jan. 2017. 〈http://nextlevel-usa.org/about/〉.

"The Amazing Journey of the Next Level Global All-Stars Part I: Washington DC." Next Level USA. 2 May 2015. Web. 3 Jan. 2017. 〈http://nextlevel-usa.org/the-amazing-journey-of-the-global-next-level-all-stars-part-i-washington-dc/〉.

"Apply to be a Next Level Artist-Educator." *Next Level USA.* 2016. Web. 2 Jan. 2017. 〈http://nextlevel-usa.org/apply/〉.

Ahmed, Sara. *The Cultural Politics of Emotion,* Routledge, 2004. Print.

___. The Promise of Happiness. Durham: Duke UP, 2010. Print.

Bayles, Martha. *Through A Screen Darkly: Popular Culture, Public Diplomacy, and America's Image Abroad.* London: Yale UP, 2014. Print.

Berlant, Lauren. *The Female Complaint: The Unfinished Business of Sentimentality in American Culture.* Durham: Duke UP, 2008. Print.

Black Zang. "Global Next Level All-Stars." American University, Washington DC, 10 Apr. 2015. Panel Discussion.

Campbell, Jennifer L. *Shaping Solidarity: Music, Diplomacy, and Inter-American Relations, 1936-1946.* Diss. University of Connecticut, 2010. Print.

Capwell, Charles. *The Music of the Bauls of Bengal.* Kent State: Kent State UP, 1986. Print.

Cohen, Michael. Personal interview. 14 Jan. 2014.

Crist, Stephen A. "Jazz as Democracy? Dave Brubeck and Cold War Politics." *The Journal of Musicology* (26.2) 2009: 133-74. Print

Cull, Nicholas. T*he Decline and Fall of the United States Information Agency: American Public Diplomacy, 1989-2001.* Palgrave Macmillan,

---

12) 필자는 본장의 내용에 대한 논평을 해 준 Mario Dunkel, Terence Kumpf, Sina Nitzsche, and Marj Katz 등에 감사한 마음을 전하고 싶고, 인터뷰하는데 그들의 시간과 논평을 해준 모든 사람에게도 동일한 말을 전하고자 한다.

2012. Print.

Eschen, Penny M. von. *Satchmo Blows Up the World: Jazz Ambassadors Play the Cold War.* Cambridge: Harvard UP, 2004. Print.

Fosler-Lussier, Danielle. *Music in America's Cold War Diplomacy.* U of California P, 2015. Print.

___. "Music Pushed, Music Pulled: Cultural Diplomacy, Globalization, and Imperialism." *Diplomatic History* (36.1) 2012: 53-64. Print.

Gann, Elliot. Personal interview. 10 Nov. 2016.

Hayden, Craig. *The Rhetoric of Soft Power: Public Diplomacy in Global Contexts.* Plymouth: Lexington Books, 2011. Print.

Hemmings, Clare. "Affective Solidarity: Feminist Reflexivity and Political Transformation." *Feminist Theory* 13.2 (2012): 147-61. Print.

Katz, Mark. "Hip-Hop Diplomacy: Opportunities and Challenges." *YouTube,* University of Rochester Institute for Popular Music. 8 Oct. 2014. Web. 18 Oct. 2015. 〈https://www.youtube.com/watch?v=ubAZ_w5Vivg〉.

___. Personal communication. 17 Feb. 2018.

___. Personal communication. 23 Dec. 2016.

___. Personal interview. 12 July 2016.

___. Personal interview. 7 Jan. 2014.

Monson, Ingrid. *Freedom Sounds: Civil Rights Call Out to Jazz and Africa.* Oxford: Oxford UP, 2007. Print.

Next Level USA. "BaulBeats at the American Cultural Center Kolkata (II)." *YouTube,* 15 July 2014. Web. 30 Dec. 2016. 〈https://youtu.be/4AVcBErWqQw〉.

Nussbaum, Martha. *Upheavals of Thought: The Intelligence of Emotions.* Cambridge: Cambridge UP, 2003. Print.

Nyari "FTR" Mazango. "Global Next Level All-Stars." American University, Washington DC. 10 Apr. 2015. Panel Discussion.

Pedwell, Carolyn. *Affective Relations: The Transnational Politics of Empathy.* Palgrave Macmillan, 2014. Print.

___. "Affective (Self-)Transformations: Empathy, Neoliberalism and International

Development." *Feminist Theory* 13.2 (2012): 163-79. Print.

Rockower, Paul. Personal interview. 20 Apr. 2015.

Sablosky, Juliet Antunes. "Reinvention, Reorganization, Retreat: American Cultural Diplomacy at Century's End, 1978-1998." *The Journal of Arts Management,* Law, and Society 29.1 (1999): 30-46. Print.

Salois, Kendra. "The US Department of State's 'Hip-Hop Diplomacy' in Morocco." *Music and Diplomacy from the Early Modern Era to the Present.* Ed. Rebekah Ahrendt, Damien Mahiet, and Mark Ferraguto. Palgrave Macmillan, 2014. Print.

@ToniBlackman. "Toni & Toussa." *Instagram,* 29 Dec. 2016. Web. 2 Oct. 2018. 〈https://www.instagram.com/p/BOnao6BAcTT/?taken-by=toniblackman&hl=en〉.

___. "It's so dope to see artists you helped mentor and/or coach soar." *Instagram,* 29 Dec. 2016. Web. 2 Oct. 2018. 〈https://www.instagram.com/p/BOncJHnApbW/?taken-by=toniblackman&hl=en〉.

US ACPD (US Advisory Commission on Public Diplomacy). *Public Diplomacy in a Changed World.* US Department of State, 1993. Print.

___. *2016 Comprehensive Annual Report on Public Diplomacy and International Broadcasting: Focus on FY 2015 Budget Data.* US Department of State,

Wallace, Trey, aka DJ 2-Tone Jones. Personal interview. 29 Oct. 2015.

Werberg, Sam. Personal interview. 24 Aug. 2013.

제12장

유엔에서 대중음악 공연과 관객 정치

제임스 R. 볼 3세 *James R. Ball III*

> 음악에서 감성은 어떤 위상을 지니는가? . . [한 가지 견해]로는 음악은 감성의 "커뮤니케이션" 또는 "표현" 또는 "설명" 등과 관련 되어 있다고 주장한다. . . 상식은 나에게 사람들이 왜 감성의 커뮤니케이션에 그들의 인생과 자원 등을 쏟아야만 하는 지. . . 그리고 이러한 문제에 대해서 청취자들은 왜 그들에게 이들과 커뮤니케이션을 하는데 관심을 가져야만 하는 지 등을 질문하도록 유도한다. *결국, 우리 모두는 다른 사람의 정서를 느끼지도 않고서 우리만의 많은 정서들을 가지고 있다.*
>
> *(Small 135-6, 강조 추가)*

음악학자인 크로스토퍼 스몰Christopher Small의 연구는 음악 역량이 공동체를 발전시킨다는 낭만적인 주장을 형성하는데 자주 언급된다. 뮤지킹Musickin이라는 책에서, 나의 논문 주제가 시작되고 발전된다. 그는 음악은 연주자와 관객 각자가 참여하는 과정이라고 낙관적으로 주장한다. 그들의 독특한 사회공동체를 기념하고 사람들을 결속시키는 의식으로 말이다. 그럼에도 불구하고, 애정 어린 음악 전달로 특정하는 것에 반대하는 그의 그럴듯한 주장은 음악 목표의 충격을 매력 있는 반-사회적인 냉소주의로 확대한다. 스몰은 음악은 개인 간의 느낌의 전파를 촉진시킨다는 이론을 경시한다. 예술은 국가와 문화적인 타자 간의 공감을 이루는 조우를 독려함으로써 더 좋은 세상을 만들 수 있다고 자주 들먹

이는 개념에 대한 그의 피로를 보여준다. 공감에 기반하는 미학 이론들에 관한 스몰의 의심은 외교에서 음악의 활용 재고를 위한 유용한 프레임을 제공하는데, 특별하게 유엔과 같이 국제기구에서이다.

뮤지컬 프로그램은 유엔에서 자주 공연되어 왔다. 음악은 국제관계 이론에서 오랫동안 편리한 은유의 장으로 제공되어 왔다. 공연으로 유엔 활동을 이론화하기 위한 초기의 노력에서, 아일랜드 외교관 코노 크루즈 오브라이언Conor Cruise O'Brien은 총회 결의는 "성스러운 노래를 가지는 것과 동일한 의미로 법의 강제"를 다음과 같이 가져야 한다고 적고 있다. "이것은 영적인 용기와 편안함을 제공하고 공동의 노력에 관한 집단적인 올바름과 정통성 등의 의미를 유도하는 것이다"19. 유엔에서, 국가는 국제공동체의 윤곽을 그려내는 공연을 상영한다. 국가와 국민 등에 관한 특별한 배열을 순간적으로 안정화시키는 노력에서 합의와 의견불일치[1] 등을 무대에 올리면서 말이다. 오브라이언이 의미한 바와 같이, 이러한 작업은 또한 자크 랑시에르Jacques Rancière가 인본주의, 책임과 목표 등을 공유한 우리 종species에 관하여 긍정적인 감정을 활성화하기 위한 노력으로, 외교 신임장 없이도 전 세계 관객들에게 알려질 수 있다.

본 장에서는 유엔에 의하여 발표되는 다양한 관객들에 대한 다양한 반응에 초점을 둔다. 이것은 대중음악을 통합하는 공연을 무대에 올릴 때이다. 나는 유엔은 세계정부에 관한 다루기 쉬운 대상 안으로 유엔 활동을 따르는 전 세계의 개별 시민들을 변화시키기 위한 광범위한 프로젝트의 일부로서 음악 공연을 진행한다고 주장한다. 그렇지만, 이러한 노력은 이러한 개인들이 보고 듣는 순간의 불안정성에 의하여 훼손된다. 이어서 나는 스몰이 뮤지킹이라는 용어에 관한 두 가지 장면을 다음과

1) 의견 불일치는 철학자인 자크 랑시에르가 평등주의자가 되기를 원하는 공간에서 불평등을 나타내는 논쟁을 위한 용어이다. 그는 "의견 불일치는 이해관계, 의견 또는 가치 등에서의 분쟁이 아니다. 이것은 '상식'에 바탕을 두는 차이이다. 주어진 것에 대한 갈등이고, 우리가 주어진 것처럼 여겨지는 것 안에서의 틈이다"304.

같이 살펴본다. 음악을 연주하거나 듣는 것에 관한 사례이다. 심지어 관객과 오디션조차도 의미를 부여하는 적극적인 참여 과정임을 인식하는 범위이다. 첫째, 나는 팝 스타인 퍼렐 윌리엄스Pharrell Williams의 참여로 화제를 모은 2015년에 열린 제3회 국제행복의 날을 기념하기 위하여 유엔 사무국이 만든 이벤트를 살펴볼 것이다. 그날, 윌리엄스는 두 부류의 열정적인 관객들 사이를 다리를 벌리고 올라앉았다. 총회의장 바닥에서 그를 보려는 많은 고등학생들과 총회의장의 녹색 대리석 연단에서 바라보는 열렬한 유엔 직원 등이 있었다. 둘째, 나는 2013년 총회에서 개시된 신년 음악회를 살펴볼 것이다. 여기에는 세르비아의 비바 복스Viva Vox합창단이 공연을 하기로 되어 있었다. 여기에서 나는 계속 지켜보는 시민사회단체와 언론인 등을 위한 불편함과 취재 공격 대상 되는 높은 우선순위를 차지하는 관객으로서 유엔사무총장에게 초점을 둘 것이다.

이러한 다른 관객들 중에서, 나 또한 나만의 시선을 찾을 것이다—유엔의 스트리밍 웹 비디오 서비스를 통하여 이러한 이벤트를 소비하는 한 사람의 관객으로서 나의 입장 말이다. 나는 나의 반응을 일반화하려는 노력이 아닌 관객 정치를 포함 시킨다. 그렇지만, 오히려 이러한 만일의 사태를 강조하는 것이다. 민족음악학자 데보라 웡Deborah Wong은 *Shadows in the Field* 전집에서 그녀만의 민족지학적인 연습에 반영한 바와 같이, “이것은 당신의 주관성과 나의 것 등이 오버랩overlap 되는 의견을 가진다. 그렇지만, 우리의 반응은 동일하지 않고, 될 수도 없다는 것이 불가능하지 않다”80. 이러한 음악 공연 장면들에 대한 나만의 반응은 곤욕감에서 혐오감으로 광범위하게 다양하다. 나는 성실함을 불신하는데 준비가 되어 있고, 종종 이러한 이벤트들이 팝 스타, 외교관 그리고 비전문가 등을 활용하는 방식이 민망하다. 이러한 반응은 나의 특권이자 방관자로서의 입장 등에 관한 기능으로 잘 돌아갈 것이다. 그럼에도 불구하고, 본 논문은 모든 개별 관객 경험의 내용이 아니라 국제기구에서 공연은 이데올로기의 주관으로서 이러한 관객에 대한 질문을 던지는 것이다. 이러한 사례는 설명하는 각 개인에 따라서 달라질 필요가 있다.[2] 나는 이들의 이종성에서 조차도 이러한 순간을 이론화하려는 노력으로 나 자신만의 첫 번째 사람의 설명을 포함시킨다. 공연 연구 학자인 델라 폴록Della Pollock이 다음과 같이 주장한 바 있다. "이에 따라서 '나는' 정치와 윤리라는 [이]러한 것을 수행한다는 것이다. 실수, 친밀함, 타자성 등에 의한 격식을 수행하면서, 이것은 정체성과 연합 등에 관한 새로운 포인트에 대하여 원자화, 소외 그리고 저자 자신의 재생산 등을 넘어서서 움직인다252". 이에 따라서 내가 수행하는 "나는" 다른 유형의 친근성과 조직 등을 통해 의식적으로 유엔의 시선을 가져 기이한 거부를 한다.

이러한 노력에서 위험한 것은 국제기구와 이들의 한계 안에서 활동하는 국가 등이 공연과 관객 정치 등을 통하여 권력을 행사하는 방식에 관하여 보다 명백해지는 시각이다. 유엔사무총장은 유엔외교에서 관객 정치에 관한 핵심적인 위상을 명백하게 한다. 그는 관객 정치를 촉진한다. 그의 가장 확실한 권력은 유엔헌장 99조에 다음과 같이 들어가 있다. "사무총장은 국제평화와 안전의 유지를 위협한다고 그 자신이 인정하는 어떠한 사항에도 안전보장이사회의 주의를 환기할 수 있다"UN. 헌장에서는 사무총장에게 글로벌 관객으로 행동하도록 요구한다. 사무총장은 분쟁에서 특정 지역에 대한 유엔 안보리가 관심을 가지도록 훈련받아 왔다. 제재, 평화유지 그리고 관련 장치 등의 형식으로 경제와 군사력의 간접적인 적용으로 자주 시행되는 관심 말이다. 유엔의 관객 정치는 진행된다. 이것은 "누군가의 몸, 영혼, 그리고 행동" 등을 목표

2) 여기에서 나는 루이 알튀세르Louis Althusser의 설명요구 이론을 따른다. 그의 논문인 "Ideology and Ideological State Apparatuses"에서 설명한 바와 같이 말이다. 알튀세르는 설명요구는 "가장 일상적인 순찰활동(또는 다른) 설명의 방침에 따라서 상상할 수 없다고 그의 독자들에게 다음과 같이 말한다. '헤이, 거기 당신!'"118. 알튀세르가 이러한 사례의 연극성과 "일시적인 계승" 등을 부인하는 것을 의미하면서118, 본 장의 사례들은 설명 요구에 관한 함축적인 과정이 의식의 표면으로 부상되는 설명에 관한 극적인 순간을 통하여 설명요구 인식의 효용성을 주장하는 것이다.

로 하면서 세계인들을 관리하는 세계정부시스템의 필수부분인 것처럼 말이다Foucault, *Security* 122. 다시 말해서, 유엔은 관객정치를 통하여 세계무대에서 다음과 같이 행동한다. 특별한 개인, 주민 또는 영토 등에 관한 시각 여부, 그리고 그들이 계속해서 볼 수 있는지 아닌지 간에 영향을 미친다. 이러한 맥락에서, 유엔에서 대중음악 공연에서 관객과 국제기구 간의 접점의 순간은 세계정치에서 투표권이 전혀 없는 관객들에 관한 급진적인 기관을 재상정할 기회를 제공한다. 강대국들은 한 사람의 관객을 위하여 만들어진 세계무대에서 공연을 할 수 있는 지역에서, 이러한 관객의 반응에서 그녀 또한 그는 무대 서기를 거부할 수 있다.

국제행복의 날

1972년, 부탄 왕은 국민총생산Gross Domestic Product과 같은 지표와 함께 측정할 수 있는 새로운 국가개발 지표로 국민총행복Gross National Happiness 지수 또는 GNI 등을 제안했다. 국민총행복 지수는, 지속 가능하고 평등한 사회-경제 개발, 자연보호, 문화보호와 증진, 굿 거버넌스 등 네 가지 기본적인 특징에 대한 정기적이고 입법적인 주목을 하면서 국가관리에서 돈으로 살 수 있는 것을 초월해서 예견하는 것이다"Four Pillars". 부탄에서, 국민총행복지수 위원회는 이러한 원칙들을 국가정책의 주류 안으로 편입시키는 책임을 맡고 있다. 국가 기관들은 국민들의 주관적인 복지로 향하게 하고, 국민들의 인생의 보람을 정기적인 전국 조사로 모니터링 한다. 이러한 조사들은 응답자의 심리적 행복, 건강, 환경과의 관계, 삶에 대한 경제 기준 등등을 측정하고 계량화하는 10여 개의 질문으로 구성 된다"Gross National Happiness". 국제적으로, 국민총행복 지수는 또한 세계무대에서 부탄을 위한 외교적 문화적 자산의 형태로 이데올로기 수출품목이 되어 왔다. 행복의 원천을 발전시키면서, 부탄은 결의 65/309를 통하여 2011년 유엔 아젠다로 가치를 두게 되었다. 그리고 1

년 후 유엔총회는 역시 부탄이 작성한 결의 66/281를 만장일치로 채택하면서 3월 20일을 국제행복의 날로 선언했다. 결의에는 유엔사무총장에게 "적절한 관찰을 위하여 모든 회원국, 유엔 시스템 기관과 시민사회 단체 등에게 선언을 행하도록 요구하면서 유엔사무총장의 중요한 의무 대 글로벌 관객정치 등을 또한 강조했다UNGA 1.

국제행복의 날은 유엔 사무국의 기분전환용 행사가 절대 아니었다. 기후변화와 빈곤타파 등과 같은 문제에 유엔의 최우선권 서명을 위하여 글로벌 관객들을 독려하도록 구상된 광경의 방식을 제공하려는 것이다. 페미니스트 학자인 사라 아흐메드Sara Ahmed가 *The Promise of Happiness*에서 자세하게 밝힌 바와 같이, 행복이란 역시 우리보다 "행복이 우리 앞에 있고, 최소한 우리가 올바른 일을 한다는 것이다"라고 제안한다. "우리에게 미래라는 특수한 이미지를 제공하는 것"이라는 공연 약속으로 기능 한다29. 약속으로서, 행복은 이것이 지향하는 것들의 에너지를 조직하고 집중한다. 예를 들면, 유엔 행동에서 안보리나 총회의 운영상의 결의 문구에 양념을 뿌리는 적극적인 언어로 자주 수행 연설이 활용된다. 유엔이라는 국제관계에 매우 폭넓게 적용될 수도 있는 철학자 오스틴J. L. Austin의 발화행위speech act, 말을 통해서 하게 되는 행위이론그의 강연인 *How to Do things with Words*에서 자세히 설명은 국가 간 관계에 영향을 주기 위하여 파견된 신중하고 효과적인 외교 수행으로 구성된 영역이다. 조약, 제재 위협 그리고 주도국가에 의한 즉흥적인 한 발언—이것들 각자는 외교 수행으로서 기능을 하는데, 세상을 말로 하는 수행을 통하여 재구성하는 노력으로 말이다. 행복의 약속은 훌륭한 제도와 세계무대에서 주제 등으로서 국가와 시민 등에게 질문하도록 작동하는 또 다른 외교 수행이다.

2015년 국제행복의 날에 관한 세 번째의 관찰인 경우에, 반기문 유엔 사무총장이 "유엔이 세계문제를 해결하는 데 도움 주기 위하여 사람, 사상, 그리고 자원 등을 연계하려고" 테드 터너Ted Turner에 의하여 설립된 비정부기구인 유엔파운데이션UN Foundation과 같은 단체와 협력하면서 유엔사무국이 운영하는 간단한 비디오선전프로그램을 발표했다"What We Do". 비디오에서 사무총장은 네온 핑크 평면 모니터 벽 앞에 서 있는데, 다양한 언어로 "행복 하세요"라고 시청자들에게 호소하는 중이다. 2014년 가장 많은 음반이 팔린 팝 스타 퍼렐 윌리엄스Pharrell Williams의 "Happy"가 배경에 깔리면서 말이다. 비디오는 2015년에 기획된 다양한 프로그램들을 시작하는데, 음악 플랫폼인 믹스 라디오Mia Radio를 연속적으로 송출하도록 협조하는 #HappySoundsLike Campaign이 포함되어 있었다. 관객이 글로벌 행복 행위자들에 대한 노래를 선정하도록 초대받았다. 환경운동가인 필리페 쿠수토Philippe Cousteau와 실비아 얼Sylvia Earle 등과의 대화에서 윌리엄스를 총회에서 피쳐링featuring, 주로 대중음악 분야에서 다른 가수의 앨범 작업에 참여하여 노래나 연주를 도와주는 것을 가리키는 말하는 교육 이벤트, 사용자들이 자신들에 대한 만화 영화 지프Graphic Interchange Format, gif, 화상데이터 압축 보존형식를 재차 "Happy"와 함께 춤을 출 수 있도록 하기 위한 행복의 날 웹사이트구글의 도움으로 유엔파운데이션과 퍼렐 윌림엄스 간의 또 다른 공동 제작 등이다.

그림 9: 유엔 프로모션 비디오 스크린샷, 반기문 특집
"Ban Ki-moon Joins the #HappySoundsLike Campaign,"

출처: courtesy of the United Nations

처음 볼 때는 퍼렐 윌리엄스의 도발적인 시각에서는 국민총행복지수가 윌리엄스의 히트곡이 동시에 차트에 오르는 중 글로벌 구매가 발견된다는 것은 우연의 산물처럼 보인다. 그렇지만, 확대된 반응은 표면상 반소비주의와 상당히 상업화된 대중음악 시장인 행복의 담론 간에 더욱 심층적인 관련성을 제시한다. 몇몇 경제학자들[3]이 150위를 차지하는 미국의 "행복지수"HPI, Happy Planet Index)—*포린 폴리시 매거진*Foreign Policy Mazazine에 2009년에 발표된 "behind Burkina Faso"보고Yester—에 의하여 방해받을 지라도, 국민총행복이 사실상 주류 경제 관계를 지지하는 것에 의혹이 있다는 것은 어려운 일이 아니다. 국민총행복은 국민들은 21세기에 국가와 자국민 등에 관한 계층적인 분포에 동의하는 권력구조를 변경하는 데 거의 아무런 활동을 하지 않으면서 통치되거나 관리하는 조건을 재작성한다.

2015년 프로그램에서 명백해진 바와 같이, 유엔사무총장의 국제행복의 날 선언을 실행하는 것은 의미 있는 기업 후원을 필요로 하고 테드 터너의 유엔파운데이션에 의하여 크게 촉진되어 왔다. 이러한 파트너십은 시민적인 쟁점을 살펴볼 때 시장 해결marketplace solutions을 선호하는 21세기 신 자유 정치질서로 견고하게 자리 잡게 한다. 부와 생산 등에 관한 원시 측정은 개인과 집단행복 등에 관한 미묘한 평가를 만들어내는 분야이다. 우리는 시장 논리를 철학자 미셸 푸코Michel Foucault가 "통치성governmentality이란 . . . 우리가 인간의 행동을 수행하는 방식"이라고 부르는 것을 위한 도구로 개량되는 것을 여전히 발견 한다*Birth of Biopolitics* 187. 통치성은 직접적인 세력 적용을 통해서가 아닌 세력들 간의 관계를 지렛대로 이용하면서 그리고 이들의 행동과 성향을 전달하면서 국민들을 관리하는 권력 사용이다Foucault, *Security* 190–98. 국민총행복

3) 예를 들면, 경제학자 아르노 타우슈Arno Tausch의 논문 "In Praise of Inequality? 'Happy Planet' Performance and its Determinants," 그리고 캐서린 예스터Katherine Yester이 포린 폴리시 매거진에서 인용한 경제학자 등을 보라.

은 불평등, 착취와 억압 등을 유지하고 어둡게 하는 글로벌 통치성을 집중시킬 위험부담이 있다. 세계자본의 순환이 국민총행복에 관한 이상주의적인 이론이 부족하지만, 신자유구조는 행복 담론을 통합하고 이것의 물질적인 표현을 침투시키는데 노련한 것으로 증명된다. 제작자, 작곡가, 그리고 자신만의 의류 상품과 향수를 가진 연주자로서, 2015년 포브스 매거진Forbes mazazine이 발표한 세계적으로 가장 돈을 많이 버는 유명인사 리스트 중에 78위를 차지했던 퍼렐 윌리엄스는 이러한 모순을 보여준다.

국민총행복은 경제와 개발정책 분야에서 긍정적이고 파괴적인 의미가 될 수 있다. 반면에, 이것의 실천은 이것이 통치성 체제를 통하여 권력 행사로 부착되는 분야에서 애매한 것으로 불가피하게 증명된다. 아후메드는 "행복은 세상 만들기의 형식"이고2, 이것은 "의무가 됨"7을 주장한다. 그녀는 기교로서 행복의 도구"에 대하여 경고하는 분야로10, 우리는 유엔의 국제행복의 날 활동을 이와 유사한 의심을 가지고 바라보게 된다. 여기에서 다시 한번, 관객 정치의 촉진자로서 사무총장의 역할이 핵심으로 떠오른다. 이미 언급했던 총회결의 66/281는 사무총장에게 국가와 시민사회의 주목을 관리하도록 지시하고 있다. 이것은 국제행복의 날을 적절하게 관찰하게 만든다. 사무국은 관객을 행복 의무로 부르도록 구상된 이벤트를 개최하지만, 이러한 이벤트들은 또한 반대로 느끼기 위한 기회를 제공한다.

나는 확실하게 다르게 느꼈다. 2015년 사무국의 국제행복의 날에 관한 모든 관찰은 나의 불편함을 재촉했지만, 아마도 그 누구도 해피파티웹사이트 퍼렐 윌리엄스, 구글, 그리고 유엔파운데이션 등이 생산하는 것만큼은 아니었다globalhappyparty.com. 나는 한 사람의 문외한으로서 이러한 반응에 다음과 같이 대응했다. 웹사이트를 구성하던 춤추는 만화 영화 지프에 관한 무한한 바다로부터 판단하면서한 방문객에 의하여 업로드 된 각각의 파일, 많은 다른 사람들이 프로젝트 참여를 즐기는 것이 명백하다. 웹사이트의 반복적인 음악이 제공되는 감성을 확인해주는 공연에서 참여 유도 노래에서 윌리엄스의 목소리를 다음과 같이 빼 버린다. 우리는 누락된 공간에 남아 있던 가사를 채우도록 요구했다. 목소리와 가사 없이 공연밴드목록만이 남았다. 노래에서 누락된 하나는 다음과 같은 박수이다. "행복이 진실인 것처럼 느낀다면 박수치라. . . 당신이 행복이 당신에게 온 것을 안다면 박수치라. . . 당신이 원하는 것을 있는 것을 하고 있음을 느낀다면 박수치라" 등을 부르면서 관객들을 집요하게 유도하는 반복되는 코러스이다Williams. 이러한 엄격함이 부족한 규칙들로 그들은 이벤트를 위해 모은 만화 영화 지프 퍼레이드를 통해 당연하게 여겨지는 사회 압력을 보상받는다. 이러한 것들은 해피파티에 관한 이상한 효과를 다음과 같이 증폭한다. 수많은 지프들이 그룹 안에 있는 사람들을 특집으로 잡는다 해도, 해피파티가 지역적으로 만들어 낸 공동체의 장면을 제시하면서, 쪽page에 관한 압도적이고 가시적인 모티브는 각각의 지프에 관한 이동하는 프레임의 섬광과 같은 리듬이 전 세계적으로 다양한 무용수들을 묶어주는 정사각형의 균등 그리드grid, 차세대 인터넷망이다. 참여자들은 다음과 같이 세분화된다. 그들은 행복의 깃발 아래에서 균등하게 암호화되고 배열되고 통합되기 위하여 참여한다. 그들이 흥미를 가지는 것처럼 보이지만, 나는 애정 어린 관리에 관한 이러한 장면으로부터 움찔하고 이들 사이에서 놓여지기를 거부한다.

유엔 파운데이션과 *내셔널 지오그래픽 매거진* 등은 윌리엄스를 기후변화에 대한 교육 이벤트에 참가하기 위하여 행복의 날 총회식장에 불렀다. 환호하는 군중들에게 인사하면서 그는 은근슬쩍 "[진]짜 재밌다"고 표현했다"International Day of Happiness Event. 그의 부드러운 억양은 기업 팀의 운동부터 고등학교의 사기진작 모임까지 오직 흥미를 유발하기 위한 제도적인 노력에 의해 과장된 전형적인 반응이었다. 나 또한 윌리엄스의 공연에서 빈정거림의 요소를 감지했는데, 냉정한 그의 젊은 관객의 행동은 그들의 즐거움을 재차 벅차게 하는 것을 포용하는 것처럼 보였다. 윌리엄스의 생방송은 연주자와 관객 등이 서로와 세계 등에 그들의 관계를 순항하고 교섭하는 급격한 매개의 순간을 열었다. 국제행복의 날에 유엔이 적절한 공개 참여를 내키지 않게 요구한다면, 총회 안에 있는 다른 관객들은 각각 자신들만의 방식으로 자리에 앉는 것을 거부했다.

유엔공적정보원조부서 책임자인 마허 나세르Maher Nasse는 명백한 한계를 지녔던 참여 요청을 가지고 다음과 같은 이벤트를 열었다 "당신의 휴대폰을 사용해 주세요. 당신은 트윗할 수 있고, 소셜 미디어도 사용 가능합니다. 당신은 춤을 출 수 있지만, 테이블 위에서는 안 됩니다." 이에 관객들은 포복절도 했다"International Day of Happiness Event". 그 이후, 나세르는 사진을 위한 공연을 조직하려고 시도하면서, 음악 비디오 "해피"가 총회장에서 울려 퍼지기 시작했다. 학생 무리는 총회 연단으로 가기 위해 자리를 떠났다, 다행히 테이블 위는 아니었다. 그 당시

그림 10: 국제행복의 날을 기념하는 특별 이벤트 동안 유엔총회에서 퍼렐 윌리엄스

출처: Courtesy of UN Photo, Loey Felipe.

이것은 유명인사와의 휴대폰 셀카를 찍기 위한 무대가 되고 말았다사진 10을 보라. 이벤트의 웹 캐스트는 총회 안의 뮤직비디오와 점점 무질서해지는 이미지를 삭제했고, 몇 분 지난 후 나세르는 “제발 밀지 마세요, 질식할 수 있는 어린아이들이 있습니다”라고 군중들에게 애원하는 노래를 흥얼거렸다“International Day of Happiness Event”. 노래는 멈췄고 안전요원들이 혼잡한 무대를 정리하기 위해 윌리엄스와 다른 이들을 끌어당겼다. 두 그룹의 관객들은 이 이벤트에서 서로를 보게 되었다. 팝 콘서트의 에너지와 컨벤션 등을 총회 안으로 이동시킨 젊은 그룹과 이들을 불편한 눈으로 바라보는 안전 요원 등이었다. 밀려오는 군중은 총회라는 엄숙한 외교의 장에서 부적절하고 도발적이기까지 했다. 무질서가 이러한 현상에 대하여 즉각적인 안전상의 방해를 노정시키는 동안, 이것은 또한 세상에 질서를 가져오는데 노력하는 기구에 대한 함축적인 위협을 나타냈다. 세 번째 관객도 다음과 같이 바라보고 있던 중이었다. 나는 온라인으로 나에게 스트리밍 하는 역설적인 혼란에 대해서 멋쩍은 웃음을 지었다. 이것은 유엔이 난민 캠프 또는 휴전 지역 주변에 자주 책임지기 위하여 군중 통제에 관한 매우 인과론적인 형식을 패러디하는 것처럼 보였다. 학자, 학생, 그리고 안전 요원—관객 모두—등 우리는 우리가 바라보는 방식을 통하여 국제질서에 대한 우리의 관객을 구현했다.

크리스토퍼 스몰에 따르면, “콘서트 홀 안[에], 다른 어떤 종류의 뮤지컬 이벤트에서처럼 관객 회원들 사이에서 중요한 연대감이 존재하고. . . 그들이 서로와 그들이 필요치 않는 다른 종류 등을 기대할 수 있는 특정 종류의 행동이 존재 한다”(41). 스몰은 공간의 넥서스nexus, 관객정치, 그리고 군중의 힘을 알게 만드는 기대 등을 나타내는데, 이질적이고 자발적인 반응이 사회적 의미를 표현하는 현장에서 말이다. 총회장은 역시 행동에 관한 기대를 활성화 하는데, 이것은 외교 또는 음악적 임무에 대한 주된 역할을 하는 것이다. 총회의 일상적인 회기 동안, 우리는 1960년 총회연단에서 소련 지도자 니키타 후루시쵸프Nikita

Khrushchev의 구두를 흔들고, 유엔주재 사우디아라비아 대사 자밀 바로디 Jamil Baroody가 1973년 총회의장에게 주먹을 날리거나 이스라엘 대통령 차임 헤르조그Chaim Herzog가 1975년 시오니즘을 인종차별주의와 동일시한 결의를 산산조각 내버린 장면 등으로 불화를 일으키는 지루한 연설을 기대한다. 이러한 모든 것들은 오래된 외교 규범으로부터 발생하는 자신들의 출발에 대한 의미를 취하는 과도하고 수행적인 연극처럼 구성되었다.

음악 공연을 총회 안으로 가져오는 것은 관객 행위를 지배하는 규범을 집중 시킨다—우리가 어떻게 행동하고 반응하는 것은 총회장의 공간 안에서 추가된 수행되는 힘을 취하는 것이다. 이러한 추가된 힘들은 현실을 확정하기보다는 오히려 이것을 공연하는 약속으로 부여함으로써 "중요한 공감대"의 가정을 다음과 같이 도발한다. 실패에 대한 위험부담이 항상 있도록 만드는 것이다. 유엔은 유사한 공연 약속으로 설립되었고, 또한 항상 다음과 같은 실패의 위험부담이 있다. "전쟁의 참화로부터 후속 세대를 구하기 위하여"UN. 유엔 외교관들은 바람직한 희망으로 집합적인 유대감을 수립하기 위한 음악을 요구하는데, 청취자들에게 악기의 음악회 또는 그들이 보는 목소리 등에서 재차 반영되는 통합 안으로 조직하는 것이다. 대안적인 참여 형식이 부상될 때, 퍼렐 윌리엄스를 질식시키겠다고 위협하는 자발적으로 구성된 청중처럼, 그들은 제안에 관한 만일의 사태와 불안정 등을 보여준다. 공동체 결속을 강화할 수 있는 영향(행복)을 만들어 내도록 파견된, 유엔에서의 음악 공연은 사실상 우리의 사회세상을 구성하는 과정에 대한 압력을 부과하고 시간과 공연을 열어 놓는다.

67차 유엔총회 신년음악회

2013년 1월 세르비아의 비바 복스 합창단을 소개하면서, 반기문은

1950년대 유엔에서 음악공연 전통을 예전 사무총장 다그 함마르셸드 Dag Hammarskjöld의 공이라고 말했다. 반기문은 동방정교회 신년을 기념하기 위하여 유엔 세르비아 대표부에 의하여 조직된 공연장에서 말했다. 연주 음악의 본질적인 요인에 의해 수행되는 명백한 평화의 표시였다. 연주자들로 돌아가서, 그는 “오늘 밤 공연은 우리에게 희망을 선사한다고 언급했다. 비바 복스 합창단은 아카펠라를 부른다. 다른 어떤 것보다도 이것은 인간의 목소리를 보여주는 것이다. 목소리가 활용될 수 있다. . . 분열하고 억압하기 위하여, 또는 이것들이 잘만 활용된다면, 이것들은 치유하고 행복감을 주고 조화를 이룩하는데 활용될 수 있다” “Viva Vox Choir”. 반 사무총장은 목소리 또는 악기의 하모니, 영혼 또는 영역의 하모니, 그리고 국가 또는 국민의 하모니 등 간의 개념적인 연결고리를 인정하기 위하여 외교와 국제관계 분야에서 대중적인 음악 메타포metaphor를 언급한다. 현대 학문은 이러한 메타포를 해체하고, 이것을 뒷받침하는 보편성 원칙과 이것을 의미하는 안정적인 공동체에 도전하는데 능숙함을 보여 준다. 반면본서의 Ahrendt et al. 3-8, and Bayles 등을 보라에, “조화로움”의 개념은 정책결정자를 위한 잠재력 있는 수사적인 rhetorical 장치로 남는다.

다음을 이야기하면, 유엔 세르비아 대표부의 부크 예레미치Vuk Jeremić와 그 해 유엔 총회 의장 등이 반기문 사무총장의 주제를 다음과 같이 이어나갔다. “위대한 음악은 모든 경계를 넘어설 수 있고 모든 영혼을 울린다. 이것은 차이를 초월한다. 우리가 어디서 왔던지 간에, 이것은 인간으로서 우리를 묶어 준다”“Viva Vox Choir”. 이들의 연설에서, 반 사무총장과 예레미치 등은 청취자들 간에 일상적인 유대감을 보여주는 연주를 통하여 공동체를 묶어주는 음악의 이상에 대하여 그들의 공감을 보여준다. 여전히 모든 외교관은 음악은 정치적 경계선을 넘고 선율은 인간의 몸에 젖어든다고 언급했다. 음악이 공동체를 강화한다면, 이것은 이것이 행동하는 주제를 분열되고 불안정하고 비하하게 한다.

비바 복스 합창단의 유엔 공연은 유엔의 코즈모폴리턴적인 약속에 내재 되어 있는 모순을 다음과 같이 명백하게 했다. 멜로디와 가사 등이 대위법contrapuntal, 둘 이상의 독립된 선율이나 성부를 동시에 결합시켜 곡을 만드는 복음악임을 증명될 때, 이것들은 국제기구에서 내셔널리즘 경쟁의 현실과 글로벌 평화 등에 대한 따로따로의 깊은 구렁의 야망을 의미한다. 웹사이트에 따르면, 비바 복스 합창단은 고졸 그룹이자 예전 교사이고 지휘자인 재스미나 로린Jasmina Lorin이 2015년에 만들었다. 그룹은 인더스트리얼 메탈industrial-metal 밴드 람스타인의 1997년 히트곡 "Du Hast"이 온라인으로 퍼졌을 때인 2011년 국제적인 인기를 얻었다"Choir History". 비바 복스가 대중음악 해석으로 명성을 얻었지만, 유엔에서 이들의 공연으로 비바 복스는 아나운서 조란 바라나크Joran Baranac가 "자신들의 민족 유산을 대표하는 몇 가지 조각들이라고 설명한 것"을 덧붙였다"Viva Vox Choir". 이러한 것들은 "Tamo Daleko"저기, 멀리를 포함하는데, 제1차 세계대전 동안 작곡된 민속음악이다. 19세기 민속음악 "Ajde Jano"C'mon Jana, 그리고 가장 문제가 되고 있는 1914년 제1차 세계대전 동안 세르Cer 전쟁에서 세르비아의 오스트리아-헝가리 승리를 기념하기 위하여 쓰인 스타니슬라브 비니스키Stanislav Biniĉki의 "March on the Drina" 등이다. 나머지 프로그램은 아바ABBA의 "Mamma Mia"와 같은 팝 클래식이 포함되었다. 몬티 파이튼Monty Python의 "Always Look on the Bright Side of Life,"와 같은 참신한 노래 그리고 소말리아계-캐나다 래퍼 케이난K'naan의 "Wavin' Flag,"과 같은 코즈모폴리턴적인 상업-문화 질서를 대표하는 것 등이다. 이것은 코카콜라 사가 2010년 월드컵 동안 광고 노래로 사용되었을 때 대중화되었다.

비바 복스의 1971년 존 레논John Lennon의 히트 송 "Imagine" 연주는 프로그램의 주제와 관련된 프로그램을 다음과 같이 형성했다. 예레미치는 굉장한 갈채를 받았다. 그가 개회사에서 이것을 인용했을 때이었다. 그러나 "Imagine"는 또한 약간의 감성을 유엔에 관한 명백하고 암묵적인 목표에 불편하게 의존하는 총회로 불러왔다. 노래 멜로디의 평정성과 전통적인 조화적인 구조는 관객들에게 하모니에 약간의 감정을 "국가가 존재하지 않음을 상상해 보라", "종교가 없음을 상상해보라", "소유도 없음을 생각해 보라" 등을 간청하는 무정부적인 가사의 취지를 가린다. 월가에서 멀리 떨어지지 않은 동방정교회 신년을 기념하기 위한 내셔널리스트적인 노래를 연주하면서, 비바 복스는 이러한 모든 것들을 하지 않은 것처럼 보였다. 아마도 이것이 그들이 공연했던 수많은 노래들이 자신들의 가사 내용을 모호하게 했던 이유이다. 음악회는 어렴풋이 종교적이게 들리도록 횡설수설하는 뉴에이지 그룹 시대에 쓰인 노래인 "Ameno"와 함께 시작되었다. 그 이후에, "Imagine"은 로드스 프레이어Lord's Praye가 스와힐리어로 부른 크리스토퍼 린Christopher Lin에 의하여 2005년 작곡한 "Baba Yetu"Our Fathe)가 이어졌다. 스타니슬라브 비니치키*Stanislav Binički*의 "March on the Drina"의 저녁 앙코르 공연을 위하여, 비바 복스는 드리나 강의 차가운 물 가까이에서 흘러나오고 퍼져 나가는 피의 이미지를 가진 외국 침략자의 추방을 기념하기 위하여 1964년 작곡된 가사를 독자적인 목소리로 대체하도록 선택했다.

말이 없는 상태로, 가수들은 드럼과 혼 등의 전쟁 도구로 따라했는데, 빠르고 느린 템포 간을 오가면서 말이다. 3분 후 관객들이 리듬을 따라 박수치기 시작했다. 유엔 공식 웹 캐스트 공연은 바로 옆에 앉아 있는 반기문과 예레미치 등의 중간 정도 크기 사진을 찍었는데, 그들 역시 박수를 치고 있었다*그림-11.* 얼마 후, 카메라는 무대에 있는 공연자들에게로 다시 돌아온다. 박수는 비트 박스에 의하여 묻혀 버리면서 노래가 끝나자, 총회의장은 박수로 환호했다. 이 광경은 미세한 지정학적인 사건을 다음과 같이 촉발 시켰다. 공연 다음 날, 북미보스니아 연합회*the Congress of North American Bosniaks*[4)]와 미국과 캐나다 등에서 보스니아 공동체를 대표하는 비정부기구 등은 사무총장의 저녁 공연 참여를 비난하는 편지를 전달했다. 이것은 "악명 높고 공격적인 세르비아의 국민노래인 'March on the River Drina'"가 들어 있기 때문 이었다*Alibasic et al.*. 이틀 후, 보스니아계-미국 기자인 에롤 마브도비치*Erol Avdović*는 유엔사무총장 대변인의 일일 정오 브리핑 동안 재차 문제제기 했는데, 이번에는 반 총장이 "거기에서 박수쳤다"는 사실에 대해서 특별하게 언급했다*"Daily Press Briefing"*. 사무총장을 대표해서, 대변인은 "[우]리는 공식 프로그램에 들어가 있지 않았던 이 노래로 상처를 받은 분들에게 정중하게 유감을 표한다고" 반응했다. "사무총장은 노래에 대해서 또는 과거에 이것이 만들어진 것을 잘 알지 못했다"*"Daily Press Briefing"*.

그림 11: 반기문 사무총장과 총회 의장 부크 예레미치 등이 비바 복스 합창단 공연을 보고 있다.

출처: Courtesy of the United Nations.

---

4) 보스니아크*Bosniak*라는 용어는 국적에 관계없이 보스니아 무슬림 민족·집단을 나타내는 사람들을 의미한다.

전 유고슬라비아 전범에 관한 미국 국무부 7차 보고서에 수록된 희생자 설명에 따르면, "March on the Drina"는 1990년대 보스니아 전쟁 동안 대량 성폭력에 대한 비공식적인 음악으로 사용되었다. 포차Foča에서, 무슬림 "여성들은 ['March on the Drina']이 주요 모스크의 확성기에서 불러질 때 강간이 시작되었음을 알게 되었다고" 보고서는 확인해 준다*US Department of State*. 사무총장이 정신적 외상을 초래할 정도의 노래의 유산에 무지했음을 보여주었다. 그러나 이것은 이벤트에서 노래의 함축적인 의미를 옹호했던 사람들이 만들어 낸 주장의 부정확성을 개선하는데 도움이 안 된다. 바라나크의 소개로부터, 평화 프로젝트로의 한 때 군가의 방향 전환으로서 공연을 짠, 공격했던 당사자들이 우리의 음악적 재능의 의미를 왜곡했다는 후의 예레미치의 내용까지*in Nichols에서 인용*. 음악회 기획자와 참여자 등은 제스처를 인식하는 무능력을 보여주었고 현재의 역사적 트라우마를 다시 한 번 활성화시켜 줄 수 있다는 소리이다. 유엔 외교관들이 음악을 언어에 관한 정치적 함정을 회피하는 것으로 전환하는 곳에서 말이다. 그들은 이러한 말들이 주고받는 구조에 의하여 수행되는 의미와 수행되는 정치 등에 무관하다는 것이 증명되었다. 재차, 관객과 연주자 간의 세계무대에서 생생한 조우는 국제관계의 무난한 관리를 불안하게 만든다. 너무 많은 외교를 규범적인 세력으로 빌려주는 통합, 협정, 그리고 합의 등의 수행을 약화시킨다.

말 많은 외교관들이 설명할 수 없는 이러한 제스처들 간에서 압권인 것은 아마도 양손으로 박수치는 소리인데, 특히 함께 박수치는 사람들의 손이다. 이것은 사무총장이 왜 비바 복스 또는 세르비아 대표부 등보다도 이 사건에서 더 많은 주목을 받고 있음을 보여주었다. 인문학자인 스티븐 코노*Steven Connor*는 박수치는 것을 "몸의 소리로 넘쳐나는 형태"로서 설명하고 "몸을 때리고 수갑을 채우는 행동에서 이것의 진화적인 기원을 가정하는데. . . 그의 희생자를 찾고 있는 침략자의 몸에 대한 상징적인 공연"*67-8.* 아마도 미국과 캐나다-보스니아 관객들은 불평에 사무총장의 리듬 있게 박수치기에 초점을 두었다. 노래의 역사적 활용으로 증폭되는 함축적인 의미에 관한 유사한 느낌 때문이다. 다른 한편으로, 아마도 사무총장의 참여하는 관객정치는 이것이 어렵게 얻은 정치적 경계선을 엄벌하는 방식에 흠집을 냈다. 함께 박수칠 때, 그의 집무실에서 요구되는 표면적으로는 유순한 제스처, 반 사무총장은 세르비아 외교관과 공연자 등에 의하여 무대에서 벌어지는 의도적이던 비의도적인 의미를 인정했고, 그는 그의 손이 리듬을 구성하기 위해 단합해야 할 때 음향소리를 통하여 애정 어린 책임과 이들의 내용 등을 재차 전송했다.

그의 개인적인 박수치기 행위는 또한 이것의 의미했던 논쟁적인 모음집으로 이동을 위하여 에롤 아브도비치*Erol Avdović*와 다른 이들을 불안하게 만들었다. 공연장 안의 관중들의 행위를 고려하면, 공연학자 바즈 커쇼*Baz Kershaw*는 "박수는 개인에 대한 자신을 순응하는 집단적인 목적의 순간인데, 상정된 공동체가 고무된다고 적시한다. 그래서 박수의 극치—이것이 계속되는 박수 또는 일시적인 박수 이건 간에—는 다양한 유형의 공감 포기를 의미한다. 다음과 같은 개별적인 판단 포기이다. 우리는 공개적으로 다른 이들과 함께 우리의 손을 칠 때 우리자신의 어떤 것을 상실 한다"*135.* 공동체의 어떤 표현도 이 공동체가 만드는 배타성에 관한 필요한 행동을 의미하는 한, 함께 치는 박수는 박수에서 하나가 되는 관중과 공포의 대상을 쫓아버리는데 사용된 불협화음의 박수 사이에서의 짧은 거리를 인정하는 것이다. 행복의 약속처럼, 하나가 되는 박수는 의무와 불일치 또는 반대 등을 표시하는 주장 등이 된다. 이에 따라서 관중과 연주자—『북미보스니아 연합회』와 유엔세르비아대표부—등은 국제공동체의 내용과 윤곽 등에 대한 논쟁 안으로 다음과 같이 진입한다. 사무총장이 만들어 낸 소리와 제스터 등에 모아지는 갈등 말이다.

*Powers of Horror*에서 페미니스트 철학자인 줄리아 크리스테바*Julia Kristeva*가 비참한 상태*abjection*의 형성은 많은 외교적 광경에 대한 무심한 반응의 수입에 관한 이해에 많은 것을 제공할 수 있다. 비참한 상태는 심리적이고 외교적인 광경이다. 이것은 자아에 관한 개인 인식을 안정시키고 해당 공동체의 경계를 감시하는 과정이다. 크리스테바에 따르면, "극도로 비참하고 또 비참한 상태는 나의 보호 장치이다. 나의 문화의 최우선 사항"이다2. 비참한 상태는 그 주제에 적합하지 않은 것을 버리는 과정인데, "나"말이다. 다양한 것이 비참한 상태에 대한 광경을 색인하는데 다음과 같이 영향을 준다. 두려움, 역겨움, 수치, 증오와 기타 등이다. 이러한 것들이 분출되는 분야에서, 주제는 자동 안정의 과정에 있다고 말해지는데, 그 또는 그녀의 심리적인 경계를 올리거나 유지하면서 말이다. 크리스테바가 이것을 설명한 바와 같이, "나는 비참한 상태를 경험하는데 다른 것이 제자리에 놓여 있고 '나'일 것 같은 것 대신에 말이다1). 비참한 상태에서, 주관성은 자기소외 장면으로부터 부상되는데, 이와 같은 다른 것이 버려지고 퇴치된다.

*National Abjection: The Asian American Body Onstage*에서, 카렌 시마카와Karen Shimakawa는 역시 "과정을 형성하는 국민적/문화적 정체성으로서 비참한 상태의 패러다임"을 주장 한다3. 그렇지만, 시마카와는 비참한 상태를 특정 정체성 형성을 위한 배타적인 심리분석적인 설명이 아니고 "국가 정체성에 관한 초자연적이고, 상징적이며, 법적이고, 그리고 미학적인 차원을 연결하는 관계의 이해에 관한 방식을 받아들이기 위하여 설명하는 패러다임"으로서 연관 시킨다4. 지정학적인 구경거리에 대한 관객들의 혐오감의 사례는 (국제) 국가적인 비참한 상태에 관한 작전을 의미한다. 보스니아 관객들의 신경질적인 반응은 심리적인 정체성에 관한 개인의 감정이 국제기구에서 벌어졌던 이벤트에 관한 법률적인 파문에서 공공외교의 상징적인 구조와 미학적인 관객정치의 경험 등과 충돌 하는 여러 가지 것의 복잡한 결합에 자리 잡게 된다.

국제기구에서 흠칫 놀래는 관객들은 스몰의 "중요한 연대감"에 관한 공연 제작에 대한 부정적인 반응을 표시한다. 크리스테바가 적시한 바와 같이, "비참한 상태는. . . 개인의 잠과 사회의 숨소리 등에 대한 종교적이고, 도덕적이며 그리고 이데올로기적인 코드에 관한 다른 면이다"209. 비참한 상태는 법, 질서, 평화 그리고 안보 등에 관한 구조적인 어두운 면이다. 비참한 상태는 유엔이 기존의 자아의식에 맞지 않는 글로벌 공동체를 구축하거나 변화하는데 작업하는 공간에서 분출한다. 흠칫 놀래고 공격적인 되거나 민망해진 관객들은 주제의 경계선을 어지럽히는 문화적이고 정치적 세력에 대한 필요한 본능적인 반응을 보인다. 이러한 순간에, 외교 임무의 광경 사이에서 통용되는 세력들은 관객의 몸에서, 그리고 이에 대해서 이것들의 영향력을 보여준다.

스티븐 코너는 "함께 박수를 치는 것은 당신은 동시에 주체이자 객체라는 사실을 극대화시키는데, 호감을 사기 위해서 적절한 행동이다. 당신은 몸을 구부리고, 당신은 당신과의 접촉을 형성하는데, 이것은 다른 이들과 당신이 형성하는 접점에 함께하는 것이다"72. 집단적인 박수에 의한 개인에 관한 커쇼의 절멸에 대해서, 우리는 손바닥과 손바닥이 마주치면서 유대성을 상실하는 심리적인 경계선과 개인화된 몸에 대한 테러를 추가하게 된다. 박수칠 때, 몸은 신중하고 전반적이고 안정적인 실체가 되는 것을 중지한다. 국제기구에서 음악 공연이 국제공동체의 윤곽의 교섭과 재교섭 등을 위한 특별하게 잠재성이 있는 기회를 제공하는 나의 주장은 공유되거나 공유되지 않은 영향과 의미인 특정 몸의 형태와 민족과 국가 등을 만드는 법률 구조 간의 관계를 인정하느냐에 달린다—상호간의 관계형성은 비참한 상태를 확실하게 만들어 주었다. 크리스테바가 몸의 해체에 관한 공포를 인정하는 곳에서("경계는 하나의 목적이 되어 왔다. 내가 어떻게 경계 없이 존재할 수 있는가?"(4)) 박수를 이론화 한 사람들은 광범위해진 사회 규모로 이러한 공포를 재생산하는 잠재성을 인정하는 것이다.

접점으로서, 박수치는 몸은 공감하는 리듬 또는 돌아온 감정 등에서 연주자와 관객 등을 묶어주는 소리의 망을 생산한다. 관객을 참여시키고, 소리가 귀에 울리면 방관하던 사람들도 함께하게 한다온라인 비디오를 보는 사람들. 이러한 효과는 대부분의 음악 공연에서 하찮은 것이 될 수 있다. 반면에, 유엔에서 이러한 것들은 국제기구에 관한 사활적인활동 분열된 사람들 간의 공동의 명분을만드는 것을 반복한다. 이러한 활동에 관한 잠재성 있는 실패를 밝혀주면서 말이다. 박수치는 관객과 그렇지 않은 관객생방송이거나 멀지 않은 거리에서 등은 음악공연의 사회기능을 집중화시킨다. 그들을 묶어주는 개인과 여러 세력 간에 대결을 촉진한다.

내가 반기문 사무총장이 "March on the Drina," 노래를 들으면서 박수 치는 것을 보았을 때, 나는 공격적인 아브도비치 또는 다른 사람들보다도 여러 가지 이유로 흠칫 놀랐다. 비참한 상태가 기이한 것과 함께 한다고 생각된다면, 그런 다음 비참한 상태는 이것은 한때 나의 일부였다는 기억을 떠올리게 한다. 죽은 시체와는 달리 나를 비춘다. 반기문을 바라보면서 나는 나의 시선이 묘하게 나를 무대로 중첩시키는 것을 발견했다. 우리는 관객이고 관객정치에 관한 그의 행동은 나만을 질겁하게 만들었는데, 세계무대에서의 다양한 힘의 경험을 강조하면서 말이다. 여기에서 나는 질겁해야만 하고, 나는 나의 인식을 집어던져야만 하고, 나는 심리적으로 안정해야 하기 위하여 불안 해 하고 자리를 이동해야만 한다. 박수를 침으로써, 사무총장은 실존적 공포를 지정학적인 광경 안으로 이동시킨다. 한 개인이 관객정치를 통하여 움직이는 글로벌 정부 시스템의 구성원인 집합적인 관리의 객체가 될 때 정체성에 관한 테러가 상실된다. 그가 합의한 방종을 바라보면서, 나는 나의 세계를 지배하는 사회통제 형식을 다음과 같이 인식하게 되었다. 나는 나 자신과 권력 나 자신만의 관객정치의 한계 등을 본다.

공연은 사무총장에게 과도한 압력으로 다가온다. *The United Nations and Changing World Politics*의 저자에 따르면,

사무총장은 신중하게 행동하지 않으면 안 되는 상황에 있는데, 독자적으로 나타날 필요가 있고 [안보리 상임이사국] 모두 또는 어느 누구의 졸pawn도 아니지만, 동시에 그는 이러한 동일 국가들의 신뢰와 지지를 유지해야만 한다Weiss et al. 11.

사무총장은 목적에 어긋나게 관객을 위하여 업무 수행하고, 코너 크루즈 오브라이언Conor Cruise O'Brien이 한 때 다그 함마르셸드를 설명한 바와 같이, "그 자신만의 행위에 관한 사려 깊은 관객이 된다" 121—관객처럼 자화자찬하는 것은 박수행위로 객체가 된다. 모든 곳에서, 오브라이언은 유엔의 의례적이고 연극적 기능을 대표한다고 주장한다. 그는 사무총장이 "신사의 제사장"으로 행동하는 이스트 강East River, 미국 뉴욕주 동남부의 수로. 맨하탄 섬과 롱 아일랜드 사운드를 연결에 대한 일반 대중들 속에 사는 바티칸으로 던진다134. 교황의 비유는 강대국과 신과 인간 간으로서 인간 간의 역할에 관한 간질성 기질interstitial nature을 강조한다. 사무총장은 안보리, 총회와 수많은 국제공동체 등을 대표해서 행동하는 접점이다. 사무총장은 세계정부가 필요로 하는 감시망을 설정하는 강대국에 의하여 영향을 받기도 한다. 세계무대에서 관객 정치의 다양한 형식을 위한 중심지로써, 사무총장은 글로벌 관객으로 확장되고, 유엔 외교관들 사이에서 회자되거나 사무국으로 반응이 되돌아온다.

그의 에세이 "The Standard Modes of Aversion: Fear, Disgust, and Hatred"에서, 철학자 아우렐 콜나이Aurel Kolnai는 도덕적으로 역겹도록 만드는 사람들을 다음과 같이 적시했다.

러시아인들의 시로카야 나투라shirokaya natur [...]; 비일관성과 무책임; 프랑스인들의 *비양심*, 지나친 자발성, 지나친 인격성, 부드러움, 센티멘털리즘; 무엇보다도, 독일인들은 거짓 주장Verlogenheit으로 부르는 것; 즉, 거짓말, 감정 숨기기, 허상과 자기기만 등과 유기적으로 연관되는 특징인데, 다양하게 물든 정신생활이다103.

엘나이의 열거들은 문화 참여에 대한 외교관의 관대한 행위는 불안하게 만드는 것으로 증명되는 여러 가지 방법을 다음과 같이 잡는다. 이것의 광범위성, 이것의 센티멘털적인 성실함, 그리고 이것의 의심스런 연극성 등이다. 엘나이의 국가의 차이점에 대한 함축적인 상조는 역시 불쾌함에 관한 그의 이론이 민족과 국가를 구성하고 공동체를 인종화하고 그리고 제노사이드 적인 폭력 안으로 폭발시키는 위험 등을 만드는 비참한 상태에 관한 광경의 핵심에서 애정 어린 현상을 조사하는 한 대단한 것이다. 비바 복스 공연에 사무총장의 지나치게 관대한 참석이 보스니아 구경꾼들을 자극한 것은 하찮은 이벤트에 대한 지나치게 감정적인 대응이거나 엉뚱한 분노의 사례는 아니다. 이것은 다양한 사회적이고 문화적인 프레임의 사람들 간의 국제관계가 자율적인 반응과 축적된 반응으로 교섭되는 통합적이고 실질적인 순간이다.

결론

본 장에서 일관되게 살펴본 이벤트에서, 다양한 청중들이 유엔 활동의 핵심에서 사회적이고 정치적인 행정의 프로젝트에 대하여 자신들의 저항을 수행했다—이것이 추구하는 반사되지 않은 조화에 대해서 말이다. 사라 아흐메드Sara Ahmed에 따르면,

> [조]화는 순응을 위한 하나의 요구이다. 이것은 내가 당시의 권력자가 비통한 것보다도 오히려 행복한 주체를 원하는지를 주장하는 이유이다 [...]. 적절한 조우는 몸이 어떻게 제 장소에서 머물거나 그들이 머물 수 있는 지역을 획득하는 지를 밝혀낼 수 있는데, 그들이 수용하는 것에 동의하면서 말이다. 안 좋은 조우는 몸이 어떻게 그들이 수용하는 것에 동의하지 않음으로서 자리 매김 되는 것을 거부하는 것을 읽어 낼 수 있다213.

아흐메드는 급진적 권력을 유엔의 참여 이벤트가 불발되고 몸이 제대로 반응을 거부하는 사람들처럼 순간에 따른다는 것이다. 우리가 행복하거나 함께 박수치는 요구에 직면하고 거부하는 곳에서, 우리는 심리적이고, 물리적이고, 공간적이고 그리고 사회적인 조정 등에 대한 재구성을 가

져온다. 내가 음악은 외교를 제공한다는 기본 장치로서 공감에 반대하는 주장을 할 때 크리스토퍼 스몰의 의견을 합류했지만, 나는 유엔에서 음악 외교에 반대하는 주장은 하지 않는다. 오히려, 음악 외교의 효율성과 유용성 등은 모든 곳에서 다음과 같이 적시되어야만 한다. 직관에 어긋나는 효과성에서, 정확하게 이것이 불발되고 불행으로 끝날 때이다.

콜나이에 따르면, "이것은 내가 나의 자질과 특성 등을 세상물정 안으로 바치는 그 자체가 역겹고 내가 나와 같은 꺼림칙하고 취약한 하나의 우주에 대하여 나의 개성을 봉인하는 자기혐오 등이다"99. 유엔에서 공공외교 광경은 다양한 관객을 위한 다양한 의미를 나타냈지만, 모든 것이 공연과 관객 간의 조우의 순간으로 모든 영향을 전파하는 것이다. 우리의 반응에서 우리는 가장 평범한 공연과 함께 일을 하는 것이다. 아흐메드가 이를 설명한 바와 같이, "인상을 수용하기 위해[서]는 인상을 만드는 것이다"40. 긍정적이고 부정적이든 반응에서, 나는 문화적으로, 이념적으로, 그리고 생리적으로 세상에 이름을 새기에 되었는데, 내가 테이블에서 춤추고, 셀카를 찍거나 함께 박수치는 세상 말이다. 다른 이들의 참여를 보면서 나는 나의 사회생활을 규정하는 과정으로부터 벗어나고, 공공외교처럼 이들이 명백하거나 문화적인 비참한 상태처럼 함축적이 된다는 것이다. 이에 따라서 급진적인 구성 세력은 세계정부를 관리하는 국제기구에 의하여 벌어지는 각본에 의하여 잘 짜인 광경을 위하여 모여든 군중들에게 집착한다. 세계무대에 대중음악을 공연하면서, 유엔은 관객들을 유엔이 세상에 대해서 쓰고자 하는 제스처에 재차 신호를 보내도록 하는 것이다.

인용 자료

Ahmed, Sara. *The Promise of Happiness.* Durham: Duke UP, 2010. Print
Alibasic, Haris, Ajila Delkic, Emir Ramic, and Sanja Segerovic-Drnovsek.

"Protest Letter to Ban Ki-moon, UN Secretary-General." *Bosniak.org.* Congress of North American Bosniaks. 15 Jan. 2013. Web. 24 June 2016. 〈http://www.bosniak.org/protest-letter-to-ban-ki-moon-un-general-secretary/〉.

Althusser, Louis. "Ideology and Ideological State Apparatuses: Notes towards an Investigation," *Lenin and Philosophy and other Essays. Trans. Ben Brewster.* New York: Monthly Review Press, 2001. 85-126. Print.

Austin, J. L. *How to Do Things with Words.* 2nd ed. Ed. J. O. Urmson and Marina Sbisà. Cambridge: Harvard UP, 1975. Print.

"Choir History." *Viva Vox Choir.* Viva Vox Choir. 2015. Web. 24 June 2016. 〈http://www.vivavoxchoir.com/en/〉.

Connor, Steven. "The Help of Your Good Hands: Reports on Clapping." *The Auditory Culture Reader.* Ed. Michael Bull and Les Back. Oxford and New York: Berg, 2003. 67-76. Print.

"Daily Press Briefing by the Office of the Spokesperson for the Secretary General." *United Nations.* United Nations. 17 Jan. 2013. Web. 24 June 2016. 〈https://www.un.org/press/en/2013/db130117.doc.htm〉.

Foucault, Michel. *Security, Territory, Population: Lectures at the College de France, 1977-1978.* Trans. Graham Burchell. Ed. Michael Senellart. New York: Palgrave Macmillan, 2007. Print.

___. *The Birth of Biopolitics: Lectures at the College de France, 1978-1979.* Trans. Graham Burchell. Ed. Michael Senellart. New York: Palgrave Macmillan, 2008. Print.

"Four Pillars and Nine Domains." *GNHCentreBhutan.org.* GNH Centre Bhutan. 2017. Web. 20 June 2017. 〈www.gnhcentrebhutan.org〉.

"Gross National Happiness." *Grossnationalhappiness.com.* Centre of Bhutan Studies and GNH. 2017. Web. 20 June 2017. 〈https://www.grossnationalhappiness.com/〉.

"International Day of Happiness Event." *UN Web* TV. United Nations, 20 Mar. 2015. Web. 24 June 2016. 〈http://webtv.un.org/watch/international-day-ofhappiness-event /4129206146001〉.

Kershaw, Baz. "Oh for Unruly Audiences! Or, Patterns of Participation in

Twentieth-Century Theatre." *Modern Drama.* 44.2 (Summer 2001): 133-154. Print.

Kolnai, Aurel. *On Disgust.* Ed. Barry Smith and Carolyn Korsmeyer. Chicago and La Salle, IL: Open Court, 2004. Print.

Kristeva, Julia. *Powers of Horror: An Essay on Abjection. Leon S. Roudiez,* trans. New York: Columbia UP, 1982. Print.

Mahiet, Damien, Mark Ferraguto, and Rebekah Ahrendt. Introduction. *Music and Diplomacy from the Early Modern Era to the Present.* Ed. Rebekah Ahrendt, Mark Ferraguto, and Damien Mahiet. New York: Palgrave Macmillan, 2014. 1-16. Print.

Nichols, Michelle. "Serbian Military Song at U.N. Concert Sparks Bosnian Outcry." *Reuters.com.* 17 Jan. 2013. Web. 27 June 2016. 〈https://www.reuters.com/article/us-serbia-bosnia-un-song/serbian-military-song-at-u-n-concert-sparks-bosnian-outcry-idUSBRE90G1D520130117〉.

O'Brien, Conor Cruise. *United Nations: Sacred Drama.* New York: Simon and Schuster, 1968. Print.

Pollock, Della. "The Performative 'I'." *Cultural Studies—Critical Methodologies.* 7.3 (2007): 239-55. Print.

Rancière, Jacques. "Who is the Subject of the Rights of Man," *The South Atlantic Quarterly.* 103.2/3 (Spring/Summer 2004): 297-310. Print.

Shimakawa, Karen. *National Abjection: The Asian American Body Onstage.* Durham and London: Duke UP, 2002. Print.

Small, Christopher. *Musicking: The Meanings of Performing and Listening.* Middletown: Wesleyan UP, 1998. Print.

Tausch, Arno. "In Praise of Inequality? 'Happy Planet' Performance and its Determinants." *Australian and New Zealand Journal of Public Health.* 35.6 (2011): 572-73. Print.

UN (United Nations). *Charter of the United Nations.* 26 June 1945. Web.3Mar.2016. 〈https://www.un.org/en/charter-united-nations/〉.

UNGA (United Nations General Assembly). Resolution 66/281 (A/RES/66/281). "International Day of Happiness," 28 June 2012. Web.25June2016.

PDFFile. 〈https://www.un.org/ga/search/view_doc.asp?symbol=%20A/RES/66/2 81〉.

US Department of State. "Seventh Report on War Crimes in the Former Yugoslavia." *US Department Of State Dispatch* 4.16 (19 April). Washington: GPO, 1993: 257-269. Print.

"Viva Vox Choir (Belgrade)-New Year's Concert of the 67th Session of the General Assembly." United Nations. *UN Web TV*. 14 Jan. 2013. Web. 24 June 2016. 〈http://webtv.un.org/watch/viva-vox-choir-belgrade-new-yearsconcert-of-the-67th-session-of-the-general-assembly/2094291812001/〉.

Weiss, Thomas George, David P. Forsythe, Roger A. Coate, and Kelly-Kate Pease. *The United Nations and Changing World Politics*. 5th ed. Boulder: Westview Press, 2007. Print.

"What We Do: Campaigns and Initiatives." *United Nations Foundation*. 2013. Web. 24 June 2016. 〈http://www.unfoundation.org/what-we-do/campaigns-and-initiatives/〉.

Williams, Pharrell. "Happy." *GIRL*. Columbia, 2013. MP3.

Wong, Deborah. "Moving: From Performance to Performative Ethnography and Back Again." *Shadows in the Field*. Ed. Gregory Barz and Timothy J. Cooley. Oxford: Oxford UP, 2008. Print.

Yester, Katherine. "Happy Math." *Foreignpolicy.com*. Foreign Policy Magazine. 14 Oct. 2009. Web. 1 Nov. 2015. 〈https://foreignpolicy.com/2009/10/14/happy-math/〉

제13장

이민자 후손에서 *이민자 노래*까지

1990년대와 현재까지 음악과 독일 뮤지컬 외교를 통한 이주와 이주 후기 통합

게사 주르 니덴 *Gesa zur Nieden*

"랩은 레퍼런스reference-음악과는 반대인 커뮤니케이션communication-음악이다." 이것이 음악 사회학자인 안토이네 헤니언Antonie Hennion이 음악 중개자에 대한 그의 논문들 중에 하나에서 초기 유에스-아메리카와 유럽 랩 등을 설명하는 방식이다. "악보, 문자, 음향, 악기, 레퍼토리, 무대, 공연 장소, 그리고 미디어" 등과 같은 비-인간적인 중개자를 특별하게 살펴봄으로써, 헤니언은 랩에 관한 관심은 "아름다운 객체이거나 재건된 집단으로 음악적인 진실의 전파자로서 음악과 관련이 없었다는 사실을 강조 한다 [...]. 대신에 중요한 것은 직접적인 모든 수단과 이러한 공연이 어떻게 라이벌 공연과는 상대적으로 판단되면서 측정된 연계를 가지고 현재의 개별 공연하는지이다"432.

이처럼 전투와 경쟁의 차원을 설명하는 의사소통에 기반한 설명에 따르면, 랩 음악과 힙합 문화는 초국가적인 공공외교 안에서 유용한 커뮤니케이션 미디어인 것처럼 보이지 않는다. 이들 핵심에 있는 경쟁적인 차원 때문에, 랩과 힙합 등은 "레퍼런스-음악"에 기반하는 긍정적인 문화 이미지 전달이라는 외교적인 목표에는 외견상 맞지 않는 것으로 보인다. 최근 공공외교 학자들이 소위 국민 대 국민 외교 교류에 초점을 둠으로써 "강력한 인간적인 요인"과의 직접적이고 개별적인 교류에 관한 의미를 지적해 왔다 하더라도 말이다.[1] 그러나 랩 뮤직과 운율 등이 부정적인 문화 이미지와 공공외교에서 회피되어야만 하는 "나쁜 정책" 등을 전달함에도 불구하고, 랩과 힙합 등은 지난 20년 동안 독일 공공외교에서 자주 사용되어 왔다. 글로벌 맥락에서 문화적으로 다양한 국가라는 이미지를 전파할 목적 때문임이 확실하다. 1998년 이래로, 독일 외교부와 괴테협회Goethe Institute, 독일 뮌헨에 본부를 둔 독일어·문화 보급 기관와 같은 외교부와 그 연계 기관 등은 글로벌 시대에 독일의 현대 이미지를 증진하기 위하여 최근 이주 역사를 가진 독일 음악인들에 의한 랩, 힙합 그리고 전자음악 등을 활용해 왔다.[2] 여기에는 괴테협회의 여러 지부에서 음악회 조직, 프랑스와 벨기에 등에서 독일어 교육을 위한 랩 노래에 관한 교육자료 준비뿐만 아니라 1, 2, 3 세대 이주 세대에 의한 음악집의 발행 등을 포함하는데, *독일에서 온 고향의 노래*Heimatlieder aus Deutschland, Songs of Home from Germany라는 제목으로 젊은 디제이들에 의하여 녹음되고 리믹스remix,원본음악을 컴퓨터를 이용하여 자유자재로 변형을 가하는 음악되었다.[3]

---

1) Cf. 크로스에 의한 공공외교의 정의(4). 또한 스코트-스미스Scott-Smith 50-6를 보라. 사람 간의 직접적인 커뮤니케이션은 또한 데이스Deis에서 강조된다192-205.

2) 괴테 협회 연례보고서에 따르면, 이것의 첫 번째 랩 프로젝트는 카메룬의 수도 야운데Yaundö와 독일 작사가 마르셀 바이어Marcel Beyer과 함께 1996년 카메룬에 조직되었다. 최근 이주를 한 독일 래퍼의 첫 번째 공연은 비텐 출신의 가스타베이타Gastarbeit의 선원들과 함께 1998년 브뤼셀에 있는 괴테 협회에서 벌어졌다. 1년 후, 2명의 국제공동프로그램은 독일 출신의 랩 뮤지션들을 포함했다. 래퍼 스파스와 디제이 미르코Spax and DJ Mirko 등이 있는 독일 교사들의 "독일 랩" 워크숍과 쾰른 출신 셀림 외즈도간과 마이크로폰 마피아Selim Özdogan and Microphone Mafia 등의 참여와 함께 로테르담에서의 "이주와 문화정치" 전시회 등이다*Jahrbuch/Annual Report 1996/1997, 1997/1998 and 1998/1999 등을 보라.*

3) 지난 세월 동안은 "이주 노동자"의 자손과 다른 1세대 이민자 등을 언급하기 위하여 사용된 용어에 대한 필요하지만 벌써 행해졌어야 할 논쟁을 목도해 왔다. "2- "와 "3-세대 이민자" 등의 용어는 여전히 통용되고 있으면서, 사회 활동가들은 "새로운

미학과 관련하여, 랩과 힙합 등의 채용은 미국의 연구자 미학과 관련하여, 미국 연구자인 존 브라운John Brown이 설명한 "예술 외교" 속 예술에 관한 실질적인 정의에 부분적으로만 일치하는 것처럼 보인다. 독일 랩 음악은 커뮤니케이션의 목적과 문화 다양성, 인간성에 대한 제시 등에 대해서 매우 잘 반응했었다. 그렇지만, 미국과 비교했을 때 음악사로 보면 독일에 관한 글로벌 시민과의 정신과는 일치하지 않을 수 있다. 사실상, 브라운을 따른다면, 이것은 글로벌 휴머니스트적인 문화 안에 있는 한 국가의 뿌리 깊음을 보장해주는 것처럼 보이는 낭만적인 미학이다. "예술 외교"는 관객들에게 "강력한 인상," "폭로,"와 "설명" 등에 의하여 창출되는 독특하고 기억나는 경험을 제공하기 때문이다. 이러한 종류의 미학적인 접근방법은 독일 작곡가들에 의하여 고전음악 레퍼토리에 맞추는 것처럼 보이는 반면에 독일 힙합의 터키-독일 국민들에 대한 문화적이고 인종적이고 민족적인 타자성 개념과의 동질성에 모순되는 것이다Diessel; Ickstadt. 이에 따라서, 외교적이고 문화 기관이 어떻게 랩과 힙합 등을 "우리의 삶을 살아갈 가치가 있도록 만드는 일종의 특별한 순간"을 통하여 개인적인 경험을 보장하는 예술외교 안으로 통합 (정치적으로 동기부여)할 것인가Brown 59 ?

다음으로 나는 개인의 중개자로서 랩 음악에 관한 헤니온의 사회학적인 설명을 분석할 것인데, 초국가적인 정보, 대화와 독일의 근대이미지의 성공적인 진흥 간에서 (서)독의 공공외교에 관한 핵심적인 관심과 관련해서 대부분의 지역에 기반을 둔 커뮤니케이션이다.[4] 헤니온의 논문에서 했던 것처럼, 나는 이민 1, 2, 3세대 구성원들에 의한 다른 장

독일사람"이라는 대안을 주장해 오고 있어서, 2-와 3-세대 이민자로서 이와 같은 개념에 본질적으로 담아있는 타자의 과정에 대한 반박을 모색했다. 수많은 예술가들이 2-와 3세대 이민 등의 용어를 사용한 반면에 이러한 말들은 이들이 독일 시민권자이고 정체성 등에는 아무런 의문을 제기하지 않았던 것을 인식하고 있는 중이었다.

4) 독일 공공외교의 개관을 위해선 췰너Zöllner(262-69를 보라. 공공외교의 개념과 핵심 주제 등에 대한 개관을 위해선 오스트로브스키Ostrowski(19-36)를 보라.

르의 대중음악과 독일 공공외교에서의 독일어 랩 채용을 개념화할 것이다. 나는 1980년대에서 현재까지 기간을 살펴볼 것인데, (서)독 공공외교에서 사용된 랩 음악의 주요한 미학과 문화적인 요인 등을 살피기 위한 문화 영역에서 (서)독 외교정책 기관과 음악인 등의 시각으로 바라본다.

조사에서 선택되어진 시기는 2세대 이민세대에 의하여 작곡되고 연주된 독일 대중음악의 다른 장르와 독일 랩 등과 연계된 다양한 의도를 역사적으로 개념화 하도록 허용해준다. 소위 1955년과 1973년 간 독일의 인력요구에 순응했던 터키를 포함한 남부와 동남부 유럽 출신의 이민자들인 *외국인 근로자*Gastarbeiter, guest workers의 자녀들이다. 나는 개인 지향적인 접근방법과 다른 대중음악과 비교되는 랩 음악의 미학적 가치와 이것의 수용에 대한 비교방법 등을 취한다. 최근에 이민해온 역사를 가진 1990년대 독일의 랩 음악인들은 1930년대 이래로 독일 역사에서 치워지거나, 현대 독일의 민주주의적이고 미래 지향적인 이미지를 깎아 먹는 것으로 되었다. 현재, 공공외교에 적절한 이민자에 의한 음악에 관한 프로젝트의 미학적인 가치는 일상적인 문화기억과 이민 후 사회에서 추억에 관한 공유문화 등의 중개자로서 음악 개념에 지속적으로 근거하는데, 주로 독일 시민권과 2세대 이민의 정체성 등과 유사하다는 사실이다.[5]

이민, 통합과 사회적 책임 간의 독일 랩

독일 랩의 역사는 이민, 통합과 사회적 책임 그리고 문화적으로 다양한 사회에서 문화전파 등과 강하게 연관을 갖는다.[6] 1980년대 독일 랩은

---

5) "이주 후" 라는 용어와 이에 대한 역사 등에 대한 비판적인 견해를 보기 위해선 Kosnick Introduction 7-10; "Ethnic Club Cultures" 199을 보라.

6) 독일의 랩 음악의 역사를 위해선 Pennay (111-33); Verlan and Loh; Loh and

서 베를린, 브런즈윅, 쾰른, 프랑크프루트, 함부르크, 하이델베르크, 키힐 그리고 도르트문트 등에서 이루어졌다. 주로 이민역사를 가진 음악인들에 의해서이였다Elflein 257, 261. 서독은 1990년대 동안 피난민 센터에 대한 수많은 인종주의자들의 방화공격에 의하여 흔들렸을 때였다. 독일 랩과 록 등은 독일의 소위 "다문화" 정체성의 인정과 반인종주의 준수 등에 관한 핵심 미디어로서 부상되었다Pennay 116-17. 파블로 도밍구에즈 안데르센Pablo Dominguez Andersen이 지적했던 바와 같이, 미국 랩의 독일 전파는 통합 부족에 관한 지속적인 문제를 꺼내기 위한 2세대 이민 중에 주로 남성을 위한 수단이었다. 이들의 영어 밴드 이름은 서구에 대한 문화적 적응을 상징했다. 터키, 그리스, 또는 이탈리아 이름을 감추어 주었고, 그들의 독일 악보는 아이러니하게도 터키 *외국인 근로자* 말에 독일 말의 흐름과는 대조를 이루었다. 다음과 같은 프레시 패밀리Fresh Familee에 의한 "Ahmet Gündüz"1992 노래에서처럼 말이다.

근무 중에 나의 보스가 나에게 카나크케Kanacke[7] 안녕? 이라고 말한다.
나도 그에게 하스티르 이안(Hastir Ian)[8]이라고 말하는데,
그러나 멍청한 녀석들은 아무 것도 알아먹지 못한다.
나의 아들이 학교에 가는데, 지금은 쓸 줄 아는데,
그러나 교사가 나쁜 놈이라서, 그는 그에게 최저점을 준다.[9]

앨범 *Falsche Politik*1993으로부터 나온 이 노래 속 터키 이민자의 독일어를 이해하지 못하는 독일인 보스는 독일 일상생활 속 배타적인 구조

Güngör; Bennett (133-50); Androutsopoulos; Saied; Kautny (405-19)를 보라.

7) 터키와 남동부 이민자 등을 의미하는 경멸적인 독일어 슬랭이다.

8) 터키 말로 꺼져 버려Fuck off이다.

9) "In Arbeit Chef mir sagen: Kanacke hey wie geht's? / Ich sage Hastir lan, doch Arschloch nix verstehen. / Mein Sohn gehen Schule, kann schreiben jetzt, / doch Lehrer ist ein Schwein, er gibt ihm immer Sechs."Kaya 79 모든 번역은 내가 한 것이다. 달리 언급이 없으면 말이다.

에 반대하는 터키계-독일 래퍼들의 의도를 보여준다.[10)]

배려에 대한 이러한 요구는 이민자의 경험을 억압하는 악담에 묻힌다. 하지만 3년 후, 독일에서 가장 도시화된 지역들 중 한 곳인 루르 지역의 젊은 레바논계-독일인과 필리핀계-독일인 랩 음악인 등으로 구성된,[11)] 외국인 근로자 밴드는 터키계 외국인 근로자의 독일어 이야기와 집단적인 통합 부족을 비난하는 "아흐메트 귄뒤즈"Ahmet Gündüz와 같은 노래를 발매했다.

그렇지만, "아흐메트 귄두즈"Ahmet Gündüz와는 대조적으로, 노래는 반란의 명분으로 사회적, 정치적 그리고 종용의 차별 등에 관한 실질적인 경험보다는 오히려 문화적 뿌리에 관한 세대 간의 과정을 지적한다.[12)] 무엇보다도, 밴드 이름이 외국인 근로자 아이들은 독일에서 2세대 이민자로 제한하기 위하여 영어와 루르 지방 방언을 혼합했다qtd. in Loh and Güngör 6. "Söhne der Gastarbeita"의 가사 안에, 그룹의 세대성이 핵심 주제이다Du so. "Sons of Guest Workaz/we are the sons of guest workers,"[13)]이라는 가사로 구성된, 노래에서 청중의 흥미를 이끄는 래퍼의 독일어 가사이다. 지역에 뿌리를 두었지만 문화적으로는 개방된 정체성을 강조 한다"이 지역의 아들이지만/전통과 종교에 도 불구하고".[14)] 노래 또한 2세대 이민자들의 독일 사회로의 완전하고 영구적인 통합을 지적하기도 한다. 래퍼들이 "외국인 근로자"라는 말을 흉내 내는 두 번째 절은 독일에 도착하기 이전 터키, 그리스와 이탈리아 등과 같은 나라 출신의 독일의 수많은 근로자들에 관한 이상적인 이미지를 묘사한다. 이것은

---

10) 노래에 있는 다양한 정신에 관한 대립을 지적하는 해석을 위해선 쿰프Kumpf (210-11)을 보라.

11) 루르 지역의 힙합문화를 조망하기 위해선 Nitzsche4-8을 보라.

12) 루르 지역의 독일과 터키 등의 혼합을 위해선 Byrd292-300를 보라. 루르 지역의 독일과 터키 등의 혼합을 위해선 Byrd292-300를 보라.

13) "Sons of Gastarbeita/Wir sind die Söhne der Gastarbeiter."

14) "ein Sohn dieser Region/unabhängig von Tradition und Religion."

이들이 도착하기만 하면 온데간데없이 사라졌다. 2세대 이민자들에게 독일의 의미를 강조하는 이와 같이 긍정적이지만 비현실적인 이미지는 두 번째 절에서 다음과 같이 노래의 핵심적인 메시지가 된다. 1세대 이민자의 투쟁은 독일에 뿌리 내린 진보적인 2세대 이민과 차별에 대한 "창조적인 저항"“kreative Widerstand”으로 언급되면서 수행된다.

세대성을 통한 독일 통합사에 관한 작업은 상당한 메인스트림 소울 비트와 배경 노래에 의하여 음악적으로 개념화 된다. 배경 코러스 여성들의 목소리는 코러스 내의 정치 시위를 연결시키는 남성 밴드원이 지르는 소리를 보완한다. 이러한 음악 편곡으로, 외국인 근로자 자녀는 최근 이민사를 지닌 공동체와 동양적인 음악 스타일에 초점 등을 넘어선 독일의 이민 후의 랩의 가사와 스타일 등을 대중화하는데 기여했다. 1990년대, 1991년Hoyerswerda, 1992년RostockᄚLichtenhagen, 그리고 1993년Solingen Sons of Gastarbeita, qtd. in Loh and Güngör 63. 피난민 센터에 대한 수많은 인종주의 방화공격 이후 독일의 "다문화" 정체성으로 일반적으로 언급되는 것과 반인종주의 약속에 관한 미디어로서 독일의 랩과 록의 부상을 가져왔다.

2002년, 새로운 세대에 관한 내러티브를 지닌 그룹이 베르텔스만Bertelsmann재단에 의하여 조직된 "통합 경쟁"의 맥락에서 요하네스 라우Johannes Rau)독일 대통령에 의하여 공식적으로 영예를 안았다Bertelsmannᄚ-Stiftung 18. 민간기관은 베르텔스만 미디어 기업과 긴밀하게 연계되었다. 베르텔스만 재단은 2세대 이민에 특별한 관심을 가졌다Stiftung 9. 프로젝트 선정을 위한 기준 항목에서 그들은 음악인들만의 이니셔티브의 의미와 여러 차례에 걸친 다양한 문화적 배경 출신의 현지 시민들 간의 직접적인 교류의 중요성 등에 중점을 두었다Bertelsmannᄚ-Stiftung 17, 25. 또한, 평가받는 프로젝트는 언어 진흥, 젊은이 활동, 그리고 문화적 조우/화해 등을 포함하는 공공외교의 핵심적인 대부분의 분야를 포용했다Bertelsmann-Stiftung 22. 밴드의 초상화에서, 음악은 공동체를 구축하고 다양한 미디어를 넘어서서 도달할 때 매우 광범위한 범위의 영향력의 탓으로 돌린다Bertelsmann-Stiftung 228.

젊은 세대의 음악적 표현과 지역적이거나 국가적인 공공외교 간의 이러한 중복 때문에, 괴테 협회는 1998년, 1999년, 그리고 2008년 브뤼셀, 파리, 낭시, 릴, 그리고 리옹 등에 있는 협회 지소에서 프랑스 학생들을 대상으로 연주하고 워크숍을 제공하기 위하여 외국인 근로자의 아들을 초청했다.[15] 괴테협회는 또한 그룹들을 "외국인 근로자 아들" 노래에 프랑스에서 독일적인 교훈을 위한 교육적인 단위를 채우면서 어학 코스로 통합시켰다"Dommel et al.. 이와 같은 교훈적은 자료들은 학생들이 가사 내용에 기반 해서 작사를 해야만 하는 일을 제공함으로써 젊은 세대의 내러티브를 강조했다. 뿐만 아니라 1998년 이후 괴테협회의 독일어 분과에 의하여 온라인으로 출판된 독일 교사들을 위한 유인물이었다. 노래는 독일의 *지역연구*Landeskunde에 관한 매우 긍정적인 이미지와 직접적으로 연결되었다.

이러한 맥락에서, 독일연방공화국의 이민 역사는 논의될 수 있다 (60년대, 경제 기적, 베를린 장벽—동베를린 출신 근로자들은 더 이상 서베를린으로 갈 수 없는데, 고도로 산업화된 루르 지역에서 노동력 부족, 터키 근로자의 충원)Dommel et al., "6. Textarbeit 1".[16]

괴테협회의 교육 자료는 1970년대, 1980년대 등을 이야기해 준다. 1990년대 주로 래퍼 자서전에 기초하고 있다. 역사 배경정보는 1960년대 경제 호황에 한정된다. 현대 생활과 1세대 *외국인 근로자*의 구조적인 붕괴에 대하여 역사적인 지식 전하기를 원했던 밴드의 원래 의도와

---

15) 1990년대 힙합의 현지 열기에 관한 간단한 조망을 보기 위해선 마거Mager 267를 보라.

16) "Der Anlass ist gegeben, die Geschichte der Immigration in der BRD anzureißen (Die 60er Jahre, das Wirtschaftswunder, die Berliner Mauer – es kamen keine Arbeiter mehr aus Ost- nach West-Berlin, der Mangel an Arbeitskräften im hochindustrialisierten Ruhrgebiet, Anwerbung von türkischen Arbeitern)."

는 모순되었다Sons of Gastarbeita qtd. in Loh and Güngor 63-5. 요약하면, 교육 자료는 전략적으로 적절한 특성을 구축하는 가사를 활용했다. 반면에 독일에서 1세대 *외국인 근로자*의 사회환경 연구를 주장했다. 학교에서 절대 가르쳐주지 않았던 역사적 지식을 축척해 온 음악 연주자들 자신들을 무시했다 Sons of Gastarbeita qtd. in Loh and Güngor 63.

교육 자료에 따르면, 이러한 것들은 자서전적으로 인물을 구축했고 이들의 문화적 유동성은 이민에 관한 세계적인 "현실"과 상응한다Dommel et al.,"1. Mit Wortkarten Geschichten schreiben".[17] 이러한 이해를 달성하기 위하여, 학생들은 프랑스 상황에 있는 노래와 선언을 비교하는 것을 지속적으로 요구받았다. 흥미롭게도, 이러한 비교들은 통합 부족과 같은 부정적인 양상들이 우려될 때 주로 다음과 같이 환기시킨다.

> "외국인 근로자"들의 어려움속으로 더 깊이 들어가[라]. 고향에서의 끔찍함, 천국의 꿈, 독일인들의 적대감, 그리고 그들을 선량한 독일인과 적절한 접촉을 방해하는 "게토"안에서의 고립. 교실 토론에서 이것은 이러한 상황은 여전히 극도로 시사적인 것임 확실해진다——자신만의 국가에서 조차도 말이다Dommel et al., "7. Textarbeit 2"[18]

이에 따라서, "우리 시대"의 전체 세상의 시사 문제에만 지속적으로 주목하면서 신세대 구성원으로서 래퍼들을 구축한다Dommel et al., "9. Textarbeit 4". 예술가 연주회는 성공을 위한 양적인 기준을 기록하는 참여 학교들의 증언으로만 언급된다. 예를 들면, 이러한 증언들 중에 하나로, 독일어 프랑스인 교사는 괴테협회에서 열린 공연에 참여한 이후 또 다른 공연

---

17) "Ihr werdet den Song anhören. Da geht es um eine Realität, die Menschen überall in der Welt betrifft."

18) "[D]ringt tiefer in die dargestellte Problematik des 'Gastarbeiters' ein: die Misere in der Heimat, der Traum vom Paradies, die Feindseligkeit der Deutschen, die Isolierung im 'Ghetto,' die einen guten Spracherwerb verhindert. Man erkennt im Klassengespräch, dass diese Situation auch heute noch—auch im eigenen Land—von höchster Aktualität ist."

을 위하여 랩 그룹을 그녀의 학교로 초청하기를 다음과 같이 모색한다.

어제 저녁 나는 제5회 2개 국어 영-독 수업 학생들과 맨 처음 같은 날 아침에 2개의 워크숍에서 행한 학생들의 활동 발표자 등과 "외국인 근로자 아이" 음악회에 참석했다. 나의 학생들은 에너지, 환영 그리고 참여자들에게 춤추기 위하여 무대로 갈 수 있도록 허용하는 관대함 등으로 저녁 동안 나의 열정으로 사로잡았다—나의 학생들 중에 한 사람은 힙합연주를 했고 나는 그가 매우 재능 있는 것을 발견했다!
우리는 씨디를 구매했고 귀가 중에 나의 학생들은 "Ich will mehr!" ("I want more")이라는 후렴구를 불렀다!!!
이에 따라서 나는 외국인 근로자의 아이들이 비교할만한 워크숍과 음악회 등을 우리 학교에서 하게 된 환경과 조건 등을 알기를 원한다. 음악학습을 가르친 나의 동료는 약간의 음악 악기를 가지고 우리는 학교건물에서 다양한 대형 강의를 가진다. 이러한 일이 어떻게 이루어질 수 있는가???
나는 이러한 이니셔티브를 위하고 이 밤의 적절하게 중후하며 문화 간의 정신 등을 위하여 괴테협회에 재차 감사 한다Sternberg, slide 22.[19)]

교육 자료에서 노래음악 자료는 음악 해석에 관한 특별한 의미를 강조하는 약간의 주석을 선택하기만 한다. 펑키 소울 반주는 코러스가 왜—

---

19) "Je suis venue hier après-midi assister avec des élèves de cinquième 'bilingues anglais-allemand' au concert donné par les 'Sons of Gastarbeita' et à la présentation, au tout début des productions d'élèves ayant participé le matin-même à 2 ateliers; mes élèves ont été enthousiasmés par cet après-midi, par l'énergie, la chaleur et la générosité qui se dégageaient des musiciens- qui acceptaient que les jeunes montent sur la scène et y dansent- Un de mes élèves a fait une démonstration de hip-hop et je l'ai trouvé plutôt doué!"
Nous avons acheté le cd et pendant le trajet du retour mes élèves reprenaient le refrain 'ich will mehr!'!!! Jetzt wuerde ich gerne wissen, ob und unter welchen Bedingungen die Sons of G in meine Schule kommen koennten, um gleiche Workshops und ein Konzert zu planen; meine Musikkollegin verfuegt über ein Paar Instrument, wir haben mehrere grosse Räume in der Schule. Wie koennte sich das organisieren lassen???
(sic)
Ich bedanke mich nochmals für diese Initiative am Goethe-Institut und für den freundlich-interkulturellen guten Geist an diesem Nachmittag."

잘못되게—시위가 아닌 불평으로 해석되는 이유이다.

> 노래를 하면서 악보는 자신만으로 절대 분석되어서는 안 된다. 해석은 이에 대한 특별한 의미를 부여한다. 여기에서 우리는 악기에 의한 펑크와 소울 등으로 지속적으로 동반되는 힙합 리듬을 가지는데, 악기의 흐름에서 뿐만 아니라 연단에서 이다. 펑크와 소울 등은 리듬감 있고 감성적이다. 후렴은 탄식이 되는데, 마지막에 이것은 울게 된다. . . . 악기(특별하게 키보드와 기타)는 한탄하는 성격을 강조한다. 주목은 서막에서 기타 솔로에게 집중되어야만 한다. 죽어가는 북소리가 어떻게 마무리에서 이해되어야 하는가?Dommel et al., "11. Das Lied hören"[20]

이국적이거나 "혼혈"인 사람들을 인격이나 정신 장애라고 깎아내리기를 거부하는 동시에 미래의 얼굴로서 음악인들을 특정하는 것이다 Dommel et al., "5A. Wer sind die Sons of Gastarbeita".[21] 도멜 등은 그들이 비참한 래퍼들의 문화정체성이 음악이 될 만한 가치가 있음을 기획했다. 그렇게 하면서, 그들은 음악인들을 자신들의 예술적인 성과를 인정하기보다는 오히려 자신들의 민족적 정체성을 저감하려는 경향이 있다.

이러한 해석과 병행하면서, 괴테협회의 웹사이트에 관하여 출판된 협회의 문화 간 활동 검토는 "밴드들은 좋은 음악 또는 뛰어난 연주 때문이 아니라 그들은 독일에 뿌리를 두지 않은 사람들을 가지고 있다는 사실 때문에 초대받았다는 사실을 문제시 한다Verlan,"Breakdance".[22] 그런

---

20) "Bei der Arbeit an einem Lied/Song sollte nie der Text allein behandelt werden. Die Interpretation gibt ihm besondere Bedeutung. Hier haben wir HipHop-Rhythmus, der ständig von instrumentalem Funk und Soul begleitet wird, nicht nur in den instrumentalen Passagen, sondern auch in den gesungenen Strophen. Funk und Soul sind melodiös und gefühlvoll. Der Refrain wird zur Klage, am Schluss fast geheult. . . . Die Instrumente (besonders Keyboards und Gitarre) unterstreichen den klagenden Aspekt. Zu beachten das Gitarrensolo im Zwischenspiel. Wie ist der absterbende Trommelwirbel am Schluss zu verstehen?"

21) "Gesichter der Zukunft . . . [die] sich nicht mehr als Exoten oder 'Mischlinge' mit Persönlichkeitskonflikten und psychosomatischen Störungen abstempeln."

22) "Die Bands wurden nicht eingeladen, weil sie gute Musik machten oder tolle

다음 검토는 이러한 그룹들의 사례로서 Microphone Mafia, Sons of Gastarbeita, Islamic Force, and Asiatic Warriors 등을 목록에 계속 올린다Verlan, "Breakdance". 외국인 근로자의 아이들은 이러한 견해에 솔직하게 확실히 했다. 이들의 역사적 지식뿐만 아니라 이들의 음악에 관한 미학적인 차원 등에서 일반적인 이해관계의 부족을 비판하면서 말이다 Loh and Güngür 63-75.

괴테협회의 해석은 이들의 랩 그룹의 자신만만한 이해와는 상응하지 않는다. 우리가 노래를 밴드의 예술작품의 배경으로 본다면 명백한 것이다. 밴드의 일반적인 작업은 이민 후와 관련된 가사와 Die Fantastischen Vier와 같이 이러한 단원에 의한 독일 중산층의 랩 음악 간의 타협으로 특징지어질 수 있는 것이다. 이러한 타협과 관련해서, 그들은 자신들의 음악에서 정치적 주제와 과련 된 터키-독일 래퍼 의하여 반복해서 비판되었다Özdoğan 2.

그럼에도 불구하고, 우리는 외국인근로자 아들에 관한 정치적 의미가 독일 공공외교의 요구에 적절하지 않음을 가정하게 된다. 그들의 노래 중에 "März-Rap 1920""March Rap 1920가 2006년에 발매되었다. 그룹은 역사적이고 정치적인 의식을 제기하고자 1920년 루르 지역의 피 묻은 노동자의 시위를 떠오르게 한다. 소울 비트의 샘플인 "Söhne der Gastarbeiter"를 기반으로 해서, "März-Rap 1920"는 역사적인 녹음의 도움으로 노동자의 반란을 시적으로 다시 이야기하고 일방적인 정치당국에 대한 경고를 하기 위하여 집단적인 인식을 요구하는 것이다. 밴드를 독일 음반 비평 상을 수여하면서, 비평가들은 "März-Rap 1920"을 역사적인 사건에 관한 성공적인 분석과 정치적인 노래 장르의 재발견이라고 치켜세웠다"Grenzgänger". 바이마르 공화국 안에서 사회와 계급불평등에 관한 역사적인 인식 구축을 모색함으로써, 외국인 근로자 아들

Liveauftritte, sondern weil sie offensichtlich nicht-deutsche Wurzeln hatten."

그룹은 독일 공공외교 분야에서 정책결정자들의 눈에서 자신들의 존재를 약간 상실하게 되었다. 대신에, 두 개의 주요 밴드멤버인 Ghandi Chaline and Germain Bleich 등이 학교에서 괴롭힘과 같은 진짜 사회적 쟁점들을 논의했던 다양한 사회 차원에서 독일 젊은이들의 통합을 심층적으로 하는데 실질적인 기여를 하는 결과로 독일 젊은이들의 랩 프로젝트를 지속했다.

고향노래가수: 반 인종주의 약속에서 문화 기억까지

서유럽 괴테 협회에서의 외국인 근로자 아들의 랩 공연과 비교해서, 독일 공공외교의 틀 안에서 최근 공식적인 음악 프로젝트는 음악, 문화적 정체성, 그리고 정치사 등에 관한 매우 다른 혼합을 보여준다. 이것은 두 가지 대비되는 사례들에서 명백하다. (1) 1970년 경 독일에서 출생했고 최근 *Songs of Gastarbeiter*이라는 타이틀로 독일 이민 음악전집으로 완성시킨 독자적인 이니셔티브를 시작했던 예술가이자 작가인 임란 아야타Imran Ayata와 불랜트 클루크쿠Bülent Kullukcu 등에 의한 독자적이고 민족지적인 이니셔티브 (이들은 1세대 이민자들 사이에서 퍼졌었던 이민과 이민 후 음악 전집을 발매했다) 그리고 (2) 지금 베를린과 아우구스부르그 등에서 활동 중인 이민 배경을 지닌 전통 음악과 음악인 등의 앙상블을 공연하려는 독일 외무성에 의하여 기획된 프로젝트인 *Heimatlieder aus Deutschland* 프로젝트이다. Galileo Music과 Karaoke Kalk라는 명칭으로 협조하면서, *Heimatlieder aus Deutschland* (Songs of Home from Germany, 2013), *New German Ethnic Music* (2013), 그리고 *Heimatlieder aus Deutschland Berlin/Augsburg* (Songs of Home from Germany Berlin/Augsburg, 2015) 등이라는 타이틀로 된 세 개의 앨범들은 이 프로젝트 안에서 발매되었다"CD und Vinyl".

아야타와 클루크크 등은 학계에선 잘 알려져 있고 최근에 독일과 터키 등에 있는 제작 스튜디오에서 1세대 이민자들에 의하여 녹음된 자신들의 노래 전집을 제출하기 위한 순회공연을 하고 있는 중이다. 사회 연결망에서, 두 작가들은 자신들의 호텔방 내부를 보여주는데, 아이러니하게도 자신들을 자신들만의 예술적인 이동성뿐만 아니라 독일에 "손님"으로 도착했을 때 자신들의 선조들의 불편한 투숙 등과 관련된 것이다. 예를 들면, 루르 지방에서 가장 가난한 지역들 중에 하나인 겔젠키르헨Gelsenkirchen 사진에서는 아이러니하게도 명품이 전시된 것을 보여준다.[23] 이러한 방식으로, 예술인들은 1세대와 2세대 이민자 등에 관한 주된 자서전적인 이야기에 대하여 아이러니하게 논평한다.

정치적이고 역사적인 연구와 이들만의 사회화 등에 기초하면서, 아야타와 클루크그의 민족지적인 프로젝트는 독일 대중음악의 역사의 중요 부분을 독일 (대중) 음악에 관한 공식적인 역사학 안으로 통합을 모색한다. 동시에, 프로젝트는 또한 1950년대와 1960년대 적극적인 세대 간의 추억을 위한 실질적인 기반을 구성한다. 예술가의 민족지적인 활동은 자신들만의 사회화에 관한 정치-역사적 반영과 문헌적인 연구 등에 기반한다. 학계 밖에서, 아야타와 클루쿠그 등은 2세대 *외국인 근로자*의 사회 경험뿐만 아니라 이러한 경험에 관한 주요한 독일의 역사화 등을 살핀다. 그들이 모음곡으로 "우리들의 노래"를 정의하는 반면에, 즉 이주 근로자 자녀들의 노래로, 소책자로, *외국인 근로자 아이들*의 노래의 앨범 커버는 Heimat (고향) (소책자)에 관한 독일식 개념을 환기시키는 아름다운 산의 경관을 보여준다. 흥미롭게도, 다양한 독일어인 "Anadolu rock"(아나톨리안 바위) 노래는 가사뿐만 아니라 음악 자체 등의 결과로부터 나오는 많은 양의 문화적인 암시와 아이러니 등을 포

---

23) Songs of Gastarbeiter, "Weil wir hin und wieder"; "Songs of Gastarbeiter, das ist keine Sosyete-Komfor-Zone" (sic); "Geht doch: Luxus in Gelsenkirchen"; "In Wiesbaden wieder zurück auf dem Gastarbeiterniveau"; "Hotel Fortuna, Essen"을 보라.

함 한다Yener Ağabeyoğlu 62-3. 예를 들면, 앨범은 터키 록 음악인이자 작곡가인 쳄 카라카Cem Karaca에 의한 "Es kamen Menschen an"도착한 사람이라는 노래를 포함한다. 이러한 선택은 특별하게 흥미롭다. 카라카는 이주민 근로자가 아니고 오히려 1980년대 정치 망명으로 독일에서 살고 있었다.

그렇지만, 카라카의 활동은 1세대 이민의 생활환경을 다룬다. "Es kamen Menschen an"은 "그들은 근로자들을 부르면서 인간들이 도착했다"라는 맥스 프리시Max Frisch의 유명한 말에 대해서 언급 한다"man hat Arbeitskräfte gerufen, und es kommen Menschen"[24]

> 그들(외국인 근로자)은 외국환 소득자로 자신들의 국가에서 신속하게 인정했지만, 이러한 자금과 근로자의 수출 동안 그들은 그들의 선배들에서 새로운 세상에서 외톨이가 되 버렸다 (Songs of Gastarbeiter, booklet)[25]

카라카는 자신만의 시각으로 프리시의 말을 재구성했을 뿐만 아니라 그는 또한 모리타트Moritat의 브레히트Brechtian 풍으로 떠올리기 게 하면서 그의 음악적 권위를 강조한다. 이것은 기타, 베이스 기타와 드럼 등을 서두에 깔면서 일반적인 록 음악 반주를 풍요롭게 하는 깊은 브라스 사운드에서 가장 뚜렷하다. 이러한 스타일은 대표적인 독일식 슐레거

---

24) 맥스 프리시는 다음과 같이 언급한다. "그들은 [외국인 근로자]는 매년 10억 달러를 벌고 이것을 그들의 모국으로 송금한다. 이것은 아이디어가 아니었다. 그들은 돈을 절약했다. 사실상, 당신은 이에 대해서 그들에게 정말로 분노해서는 안 된다. 그러나 그들은 바로 거기에 있는데, 인간들에 의한 외국인의 침투이다. 내가 말했던 바와 같이, 우리가 근로자들을 위하여 단순하게 요청했지만 말이다.
"[Die Gastarbeiter] sparen, heiβt es, jährlich eine Milliarde und schicken sie heim. Das war nicht der Sinn. Sie sparen. Eigentlich kann man ihnen auch das nicht übelnehmen. Aber sie sind einfach da, eine Überfremdung durch Menschen, wo man doch, wie gesagt, nur Arbeitskräfte wollte." (Frisch 374).

25) "[Die Gastarbeiter] wurden in ihrem Heimatland/schnell als Devisenbringer anerkannt/doch bei diesem Arbeiter-Geld-Export/wurden siie Fremde hier wie dort."

사운드를 흉내 내고 아이러니하게도 논평하는 것처럼 보이는 카라카의 목소리와 합쳐진다. 예를 들면 오스트리아 가수 우도 위르겐스Udo Jürgens 처럼 말이다. 동시에 독일인의 시각에서 보면 그리스 외국은 근로자의 대표적인 이미지를 생각나게 하는 "Griechischer Wein"그리스 와인과 같은 노래의 청취자들을 떠 올린다Huber 81-101를 보라. 그런 다음 이민에 관한 독일 주류 문화 개념화의 아이러니한 융합은 두 번째 부분이 사즈-솔로saz-solo와 대비된다. 솔로에서, 변화지 않은 록 비트에 대하여 두 배로 연주하는 사즈는 리듬 있게 자유롭게 연주하는 록 리듬과는 대비된다. 그렇지만, 솔로도 터키 악기로 연주 하는 음악인들의 고도의 연주기교를 보여준다. 정규적인휴식시간 록 비트는 사즈의 두 배 때문에만 노래안에서 이것의 흐름을 재차 연주하기 때문이다. 요약하면, 노래는 이주에 대한 독일 시각의 비판적인 인식과 상당한 지식 등 뿐만 아니라 사즈의 자유로운 리듬감 있는 해석과는 대조적으로, 록 비트의 단순한 규칙성을 아이러니하게도 강조하는 양 문화 간의 경쟁 등을 반영한다.

1세대 이민자들에 의한 모음곡이 나오기 훨씬 전에, 아야타는 다문화 사회에 관한 그의 비판을 강조했다. 그의 견해에서, 민족성에 관한 이러한 사회의 초점은 수많은 사회적, 경제적 그리고 젠더적인 면을 무시하면서 다양한 문화 배경을 가진 사람들 간의 진지한 교류를 지연 시킨다Ayata 275, 285. 동일한 비판은 카라카가 음악인이자 배우로 참여했던 뮤지컬 영화인 *Ab in den Orient express*Go, Take the Orient Express, 1984에 내재 된다Burkert and Böseke 1-2. 이러한 연극적인 작품은 사회적이고 문화적인 복잡성에서 터키와 독일인의 성격에 관한 다양한 사회적인 양상과 개별적인 목소리를 보여준다. 이러한 복잡성은 다양한 성격과 관련된 정신적인 개념을 또한 보여주는 언어적인 차이로 보여준다. 터키어를 말하는 터키인, 터키어를 흉내 내려고 노력하는 독일인, 서툰 독일어를 구사하는 터키인, 그리고 서툰 독일어를 구사하는 독일인 등이 있는데, 그들은 터키인들이 그들을 더 잘 이해할 것이라고 생각하기 때문이다. 이러한 사례에서, 음악은 개인적인 특성을 끊임없이 초월하는 표준화된 공간을 위한 플레이스 홀더place holder, 빠져있는 다른 것을 대신하는 기호나 텍스트의 일부로 다음과 같이 활용된다.

하루 종일 아한 카디올루Şahin Kadioğlu는 쓰레기통을 상업중심지로 밀어 넣고 거리를 휴지, 담배꽁초 그리고 추잉 껌 등으로부터 청결하게 유지하도록 노력한다. 그저께 그의 보스가 그에게 새로운 임무를 부과했다. 그는 하루에 두 번 인위적인 종려나무와 꽃 등으로 장식된 가습 분수를 청소해야만 한다. 제임스 라스트James Last의 지속적인 배경음악은 이 장소에서 불쾌한 영향을 가진다. 몰mall중심지에 있는 카페에서, 확성기는 다른 장소에서 보다도 더 크게 트는 것처럼 보인다. "목카메카"Mokka-Mekka라는 말은 브렌드의 여동생인 클라우디아가 그녀의 고객들에게 봉사한 선술집 위에 갈색-노란색으로 적혀 있었다.[26]

노래의 아이러니는 이민자와 "토박이" 등에 관한 함축된 의식적인 연관과 관련된 편견에 기반한다. 이에 따라서, "Es kamen Menschen an"에 담겨져 있는 음악적인 아이러니는 고도의 연주 기교 경쟁을 언급하지 않고, 상정된 문화 이미지와 하께 문화적으로 체험한 연주를 강조하는 것이다. 이러한 방식으로, *Ab in den Orientexpress*의 작가와 음악인 등은 동일한 사회적 현실에 속한 현지인과 모든 이민자의 생활을 강조한다. *Songs of Gastarbeiter, Ab in den Orientexpress* 등과 같은 역사적인 모음집은 독일의 공공외교 프로그램 안에서 직접적으로 활용되어

---

26) "Şahin Kadioğlu schiebt seine Müllkarre den ganzen Tag durch das Einkaufzentrum und bemüht sich, den Boden der Ladenstadt von Papier, Zigarettenkippen und Kaugummi sauber zu halten. Sein Vorgesetzter hat ihm vorgestern eine zusätzliche Aufgabe gegeben. Er muß den luftbefeuchtenden Springbrunnen mit den schwingenden Plastikpalmen und den künstlichen Blumen zweimal pro Tag reinigen. Die Musikberieselung durch James Last wirkt an dieser Stelle besonders unangenehm. Hier am Steh-Café, im Zentrum der Ladenstadt, scheinen die Lautsprecher weiter aufgedreht zu sein als anderswo. Mokka-Mekka steht in braun-gelber Schrift über der Theke, an der Bernds Schwester Claudia die Kundschaft bedient."

온 것처럼 보이지 않는다.

최근 프로젝트인 *Heimatlieder aus Deutschland*는 역사편찬 지향적인 *Sons of Gastarbeita*와 음악-역사편찬 지향적인 *Sons of Gastarbeita* 사이에서 접점을 보여준다. 이와 같이, *Heimatlieder aus Deutschland*는 노골적으로 문화적이고 음악적인 용어로 "고향"이라는 용어를 확대하는 작업을 한다. 이는 위에서 분석했던 괴테 협회의 교육 자료들을 주도했던 민족성의 축소와는 대조적이다.

프로젝트의 산출은 다음과 같이 두 가지이다. 첫 번째 씨디CD는 베를린과 아우구스부르그 등에 거주하는 다양한 독일 이민자 집단이 노래하는 파두Fado, 포르투갈의 대표적인 민요·춤)와 이탈리안 합창에서 터키 노래와 달마티안 아카펠라 (Dalmatian klapa 등을 망라하는 최근의 민속음악으로 불리는 것을 포함한다. 반면에 두 번째 씨디는 "New German ethnic music" 라는 명칭으로 독일 디제이DJ들에 의한 이러한 노래들의 리믹스를 보여준다. 모음곡들의 가사가 이들의 모국어에 남아있기 때문에, 독일은 프로젝트 타이틀로만 한정된다. 대신에, 디제이들은 비 독일어 말을 자신들의 노래 안으로 리믹스하고 자신만의 비트, 리듬, 형태소morpheme로부터 나온 멜로디, 교수요목들 그리고 가사 파편 등을 창출한다. 자주, 이러한 파편들은 원곡의 다양하고 복잡한 리듬과는 대조되는 리믹스의 견고한 비트를 동반하는 것으로 활용된다. 또한, 가사 파편들은 원곡 버전에서 리믹스까지 원만한 변환을 창출하기 위한 음악악기의 사운드 스펙트럼을 확대하는 것으로 활용된다.[27] 이와 같은 종류의 언어의 음악화또는 언어와 음악의 하이브리드화로, 리믹스는 새로운 장르의 "새로운 독일 민족 음악"을 창출해야만 해서, "진짜 독일"을 상징하는데, 전국무장관 프랑크 발터 슈타인마이어Frank Walter Steinmeier가 2014년 연설해서 지적한 바와

---

27) "Milho Verde" (Trio Fado) 그리고 Guido Möbius에 의한 리믹스 뿐만 아니라 "Adalardan Bir Yar Gelir Bizlere"의 노래와 Murat Tepeli에 의한 이것의 리믹스 (*Heimatlieder aus Deutschland; New German Ethnic Music*) 등을 보라.

같이 말이다.

고향노래가수하이마트라이더, Heimatlieder 프로젝트기획자들의 경우에, 리믹스는 오늘까지 많은 독일인들이 무시해 왔던 음악적이고 언어적이며 문화적 전통에 관한 "두꺼운 설명"을 구성하는 것이다. 단순하게 이들은 이러한 것들을 이해하지 않았기 때문이었다Terkessidis and Kühling. 프로젝트 기획자들에 따르면, 이러한 종류의 음악을 이해하기 위한 핵심 단체는 재차 이러한 음악과 함께 성장했다고 생각되고 이와 정서적인 유대관계를 지니고 있는 2세대 이민 독일인들이다. 프로젝트는 정서와 기억 등을 전달하는 것으로 음악을 정의하는 반면에, 이것은 19세기 유럽 음악미학에 핵심적인 요소에 의지한다. 프로젝트 기획자들에 따르면, 이러한 음악적인 추억은 독일로의 이민 후에 "고향의 노래"를 부리는 것이 관행인 "이주 근로자"에게서 기원한다. 이러한 관행은 "이민자에 의하여 경험해 온 문화와 기억의 연속 안에서 단절을 치유하고 외국에서 그들 스스로를 재차 정의하는 것"이라고 전해 진다Terkessidis and Kühling.[28] 동시에, 프로젝트는 실질적으로 경멸되고 이해되는 전통문화의 맥락으로부터 나온 1세대라고 불리 우는 것에 대한 문화적인 표현을 완화하고 이것은 하나의 보편적인 음악 환경 안으로 자리매김하는 것을 모색한다.[29] 소책자에 있는 민족음악적인 주석은 다른 음악적인 문화들 사이에서 안달루시아와 모로코 음악 등에 관한 역사적인 하이브리드화를 지적하면서 정치적으로 동기부여 된 문화적 정체성보다는 오히려 순순하게 음악적인 것에 초점을 강조한다.[30]

---

28) "[D]en durch die Migration erfahrenen Bruch in der Kontinuität von Kultur und Erinnerung zu kitten und sich im fremden Land sozusagen zu rekontextualisieren."

29) "entfernt die kulturellen Artikulationen der sogenannten Ersten Generation aus dem in Bezug auf Migration derzeit häufig pejorativ verstandenen Kontext von Folklore und stellt sie in ein universelles musikalisches Umfeld."

30) "Saadi Bellouali Jani" and "Dini Din Allah" (*Heimatlieder aus Deutschland*)에 관한 라이너 노트(liner note, 음반에 따라 나오는 음악 연주자에 대한 해설)을 보라.

초월문화사, 문화전파와 교류 등에 관하여 이와 같이 역사적으로 폭넓은 아젠다는 독일문화에 관한 현대 이미지의 구축에 다음과 같이 필수적이다. 기획자에 따르면, 다양한 문화 전통과 장르 간의 오래 동안 지속된 문화 간 교류는 오랜 기간의 오해와 스테레오타입을 변환시키는 힘을 지닌다. 이러한 면에서, 소책자에 있는 이탈리아 여행에 관한 설명은 현존하는 젠더 역할에 도전하려는 하나의 시도로써 다음과 같이 이해될 수 있다.

이탈리아로 가자! 2005년 합창지휘자 안눈지아타 마테우치Annunziata Matteucci는 유명한 부활절 행렬에 참가하기 위하여 30명의 여성들과 함께 사르디니아로 여행 갔다. 아름다운 동부 연안(누오로 지역)에 있는 조그마한 마을 오로세이Orosèi에서 그녀는 현지 마을의 매우 특별한 노래인 "Divina Consoladora"천상의 위안자에 놀랐다. 노래는 4명의 테너 가수들이 9월 성모 마리아 축제에서 전통적으로 공연된다. "고통스런 고통에 관한 천상의 위안자는 우리에게 우리 고통을 위한 치유를 준다." 테너들은 흔치 않은 여성들의 다성 가법의 노래 테크닉을 가르쳤다. 여행 직후 도니 소Donni Sò (그들은 여성이다) 합창단이 설립되었다. 30대에서 60대 사이에 있는 현재 23명의 여성들이 이 합창단에 노래한다. 음악 교사인 마테우치는 세계와 함께 합창단의 노래를 공유하고 미래 세대를 위하여 특별한 보물로 보존하기를 원한다*Heimatlieder aus Deutschland,* booklet.[31)]

이러한 일화에 포함된, *고향노래가수* 소책자는 예전 비 독일 전통은 젠

31) "Auf nach Italien! 2005 reiste Chorleiterin Annunziata Matteucci mit dreiβig Frauen nach Sardinien, um an den berühmten Osterprozessionen teilzunehmen. Im kleinen Ort Orosèi an der wunderschönen Ostküste (Provinz Nuoro) überraschte sie ein ganz besonderes Lied aus der dortigen Gemeinde: Divina Consoladora (Himmlische Trösterin). Es wird traditionell beim Marienfest im September von vier Sängern, den 'Tenores,' gesungen: 'Himmlische Trösterin des schmerzlichen Schmerzes, gib uns eine Medizin gegen unser Leiden.' Die Tenores brachten den Frauen die auβergewöhnliche, mehrstimmige Gesangstechnik bei. Gleich im Anschluss an die Reise wurde der Chor Donni Sò gegründet, 'Frauen sind's': Heute singen hier 23 Frauen im Alter von 30 bis 60. Mit dem Chor möchte die studierte Musikpädagogin Annunziata Matteucci Lieder mit der Welt teilen und diesen ganz besonderen Schatz für künftige Generationen bewahren."

더 범주와 다양한 세대 등을 넘어서면서 독일 문화의 핵심적인 부분으로 포함시켜 왔다는 사실을 강조한다. 이러한 것들이 지금 해외에서 독일을 대표하는데 활용된다는 사실은 독일의 "환영 문화"의 성공사례를 보여줄 뿐만 아니라 독일의 소프트 파워의 도구로서 새로운 기능을 시도하는 것이다. 슈타인마이어가 21세기 독일의 새로운 역할을 다음과 같이 설명한 바가 있다.

외교문제 시각에서 보면, 우리는 개방할 필요가 있다—그리고 이것은 잘 고려되지 않는 논쟁이다. 세상은 균형이라는 것을 상상해보라. 다가오는 십여 년간 독일의 비중, 유럽과 전 세계에서 서구의 비중 등은 저감될 것이고 새로운 행위자들의 늘어날 것이다 -아시아, 남미, 그리고 또한 아프리카 등에서 "하드 파워"와 관련된 모든 범주들에 적용될 것이다. 인구, 경제력, 군사력, 정치력 등의 증가이다. "소프트 파워"는 전부 중요하게 될 것이다! 이것은 우리가 주장하는 것들이 세계에 매력적이 될 것이라는 것이 중요하게 될 것이다. 자유롭고 개방된 사회에 대한 우리의 개념이, 사회시장경제에 관한 우리의 사상 등이다.[32]

전 독일외교장관의 경우, 예술, 문학, 그리고 음악 등의 위력은 외교적인 협력으로 특징되는 "이해"를 창출하는 능력에 달려있다. 그는 이것을 역시 일상생활을 위한 기반으로 다음과 같이 여긴다.

세상 밖에는 정말로 수많은 위기가 존재한다. 우리 독일인들이 참여를 원한다면, 우리가 평화에 자그마한 기여를 원한다면—그리고 우리는 이와 같은 여망을 따라야만 한

32) "Wir brauchen offene Türen aber auch aus außenpolitischer Sicht – und das ist ein Argument, das weniger oft beleuchtet wird: Stellen Sie sich die Welt als Waage vor. In den nächsten Jahrzehnten wird das Gewicht von Deutschland, Europa, dem Westen insgesamt abnehmen, und das von neuen Playern zunehmen – in Asien, Lateinamerika, auch in Afrika –, und zwar in allen Kategorien, die man 'Hard Power' nennt: Bevölkerungswachstum, Wirtschaftskraft, militärische Stärke, politisches Gewicht. Umso mehr kommt es auf 'Soft Power' an! Darauf, dass das, wofür wir stehen, attraktiv ist für die Welt: unser Modell einer freien und offenen Gesellschaft, unsere Idee einer sozialen Marktwirtschaft."

다!—그런 다음 무엇보다도 우리는 다음과 같은 것을 할 수 있도록 해야만 한다. 세상을 위해서! 이해와 이해력 등이 진정한 외교적 해결을 위한 기반이다.
그러나 이해를 위한 전제조건은 무엇인가?
최근에 나는 인도 뿌리를 가진 독일 저자인 라지빈어 싱Rajivinder Singh과 함께 인도를 방문했다. 그리고 그가 나에게 다음과 같이 말했다. "당신을 이해하기 위해서는 여섯 개의 눈을 가진 시각을 가질 필요가 있다. 우리는 우리 자신만의 시각으로 세상을 보아야만 한다. 다른 사람들과 일반적인 시각을 지닌 눈이다. 여섯 개의 눈을 가진 이러한 견해는 우리 자신과 함께 시작된다. 여기에서, 고향에서, 우리는 이것을 배워야만 한다.[33]

프로젝트의 성공은 프로젝트의 웹사이트에 대한 언론논평으로 문서화되었다. 이것은 "민속 음악"이라는 용어의 현대화와 *고향*Heimat 뿐만 아니라 한을 댄스 음악으로 바꾸는 음악의 힘을 강조한다"Presse".

대표와 참가 간의 독일 대중음악 외교

최근 이주역사를 가진 음악인과 그룹 등에 의한 대중음악에 관한 나의 분석은 1990년대 말부터 현재까지 독일 공공외교를 형성해 왔던 세 가지의 양상들을 보여주어 왔다. 첫째, 외무성과 괴테 협회 등과 같은 문화외교를 책임지는 정부기관과 민간 제도 등은 대중음악에서 최근의 트렌드를 포함시키려고 했다. 본 장에서 논의된 모든 프로젝트들은 현

---

33) "Es gibt da drau ß en in der Welt wahrlich viele Krisen. Wenn wir Deutsche uns einbringen wollen, wenn wir ein kleines Stück beitragen wollen zum Frieden – und diesen Anspruch sollten wir haben! –, dann müssen wir zuallererst eines können: die Welt verstehen! Verstehen und Verständigung sind die Voraussetzung für jede echte diplomatische Lösung.
Aber was ist eigentlich die Voraussetzung für Verstehen?
Kürzlich war ich in Indien. Mit mir war ein deutscher Schriftsteller mit indischen Wurzeln, Rajivinder Singh. Und er sagte: 'Zum Verstehen braucht man einen Blick der sechs Augen. Wir sollten die Welt mit unseren Augen sehen, mit denen des anderen – und mit einem gemeinsamen Blick.'
Dieser Blick der sechs Augen beginnt bei uns selbst. Hier, zu Hause, müssen wir ihn lernen."

지의 정치적이고 사회적 약속으로부터 부상되거나 문화적인 이해관계와/또는 표현에 관한 특정된 최근 의 것에 속했다. 이것은 수상 랩 그룹인 Sons of Gastarbeita와 *Sons of Gastarbeita*의 독자적인 전집과는 대조적인 *고향노래가수* 프로젝트 포함에 적용한다.[34)]

둘째, 현대 독일 공공외교는 간섭 없이 선형linear 역사 관념을 선호하는 것처럼 보이고, 음악사를 사회사로 포함하기까지 한다. 사실상, 역사적인 문화 간 혼재성에 관한 독일 공공외교의 초점은 다양한 사고방식에 관한 복잡한 별자리에서 참가와 관여 등의 수단으로서 아이러니에 관한 이해와 인정 등을 축소한다. 2세대 이민음악에서 핵심적인 요인으로서, 그리고 글로벌적이고 중개의 시대에 현대 민족지학에 관한 중요한 요인으로서Lethen 205-31, 아이러니는 공공외교 전략에서 정치 당국에 의하여 주로 완화되어 왔다. 모순을 인정하기보다는 오히려, 외무성에 의하여 재정지원 된 프로젝트는 새롭게 만들어진 장르인 "새로운 독일 민족 음악"과 같은 글로벌 음악 범주를 통하여 고국을 독일 음악 시장 안으로 통합시키기 위해 1세대의 향수를 통합할 방법을 모색했다. 독일에 관한 새로운 이미지가 세계적이고 다인종적이고 그리고 문화 간이기 때문에, 독일 국제 공공외교는 독일에서 이미 존재하는 유사한 사회적이고 문화적인 정책을 수용하는 것처럼 보인다.

셋째, 위에서 언급했던 프로젝트에서 활용된 음악의 정의는, 랩, 록, 일렉트로닉, 그리고 포크 등과 같은 다양한 장르들 사이에서의 차이는, 존 브라운John Brown에 의하여 행해진 "예술 외교"에 관한 전통적인 미학적인 정의와 일치한다. 최근 프로젝트에서조차도, 대중음악은 모든 사람과 정서와 기억의 전달자 등에게 이해되는 언어의 역할을 모색해야만 한다. 동시에. 이것의 정치적이고 사회적인 차원—1980년대에서 2013년까지 독일 이주와 이주 후 음악까지 추적할 수 있는—은 소책자

[34)] 2013년, 임란 아야타는 마크 테르케시디스Mark Terkessidis에 의하여 초대받았다"Imran Ayata zu Gast".

에서 라이너 노트를 수반하고 모든 문화적 하이브리드화를 강조하는 음악적 업적 그 자체 등에 의하여 진흥된다. 여기에서, 문화전파의 과정은 참가와 대표 등의 균형을 맞추기 위하여 선형적이고 연속된 음악사를 구축하려는 독일 공공외교의 대리인들에 의하여 활용된다. 그러나, 이주에 관한 사회적 현실을 독일 음악사에 관한 더 커진 내러티브 안으로 통합하기 보다는 오히려, 1세대와 2세대 이민에 의한 음악의 개념화는 국민교류를 위한 문화적으로 다양한 개인의 자서전을 강조한다. 이에 따라서, 논의와 반성 등을 제고하기 위한 문화적인 스테레오타입에 관한 원경distant view을 창출하기 위한 민족지적인 문화와 음반의 개인적인 수집 등에 초점을 둔 위의 개별 프로젝트 대신에, 독일 공공외교 노력에 의하여 수행된 프로젝트는 역설적이게도 정확한 역사적 현실에 대한 전체적인 민족적인 차원을 강조한다. 풀뿌리 전집 Songs of Gastarbeiter와 공개적으로 더 많은 재정지원을 받은 *Heimatlieder aus Deutschland* 안에서 이것의 활용 간의 주요한 차이이다.

마지막으로, 이러한 맥락에서, 랩 음악이 공공외교를 위한 번창하는 매체이지만, 아프리카의 디아스포라적인 문화 관행으로 이것의 전통과 관습을 무시할 수 있다. 독일 공공외교는 미래 지향적인, 세대 간 구축된 문화적 정체성을 보여주기 위한 잠재성보다도 대중음악 문화에 관한 실질적인 역사에는 관심을 덜 가진다. 동시에, Sons of Gastarbeita과 같은 단원과 밴드 등의 학술적인 이해관계는 관리뿐만 아니라 역사적인 인류학과 민족지 등의 틀 안에서 2세대의 독자적이고 참여적인 프로젝트를 위한 기틀을 준비한다. 독일 이주와 이주 후 대중음악 등에 대한 현존하는 프로젝트에 관한 풍부한 다양성의 배경과 관련하여, 독일 공공외교는 “이해” 또는 “관여”뿐만 아니라 “강력한 인적 요소”와의 개인적인 교류를 통한 독일문화의 대표성을 창출할 때 “역사”와 “기억” 간의 긴장에 대처할 것이다.[35]

인용 자료

Andersen, Pablo Dominguez. "Ahmet Gündüz. Migration, Männlichkeit und die diasporischen Ursprünge von HipHop in Deutschland und Europa." *Themenportal Europäische Geschichte* 2015. Web. 28 July 2016. 〈https://www.europa.clio-online.de/essay/id/artikel-3793〉.

Androutsopoulos, Jannis, ed. *HipHop: Globale Kultur – lokale Praktiken.* Bielefeld: transcript, 2015. Print.

Ayata, Imran. "Kanak-Rap in Almanya: Über die schweren Folgen Deutschlands." *Angeworben-eingewandert-abgeschoben: Ein anderer Blick auf die Einwanderungsgesellschaft Bundesrepublik Deutschland.* Ed. Katja Dominik, Marc Jünemann, Jan Motte and Astrid Reinecke. Münster: Westfälisches Dampfboot, 1999. 273-87. Print.

Ayata, Imran and Bülent Kullukcu (AYKU). *Songs of Gastarbeiter* Vol. 1. TRIKONT US-0453. 2013. CD.

Baier, Frank and Sons of Gastarbeita. "März-Rap 1920." *1920: Lieder der Märzrevolution.* Die Grenzgänger und Frank Baier. Verlag Müller-Lüdenscheid, 2006. CD.

Bennet, Andy. *Popular Music and Youth Culture: Music, Identity and Place.* New York: Palgrave Macmillan, 2000. Print.

Bertelsmann-Stiftung, ed. *Auf Worte folgen Taten: Gesellschaftliche Initiativen zur Integration von Zuwanderern.* Gütersloh: Bertelsmann-Stiftung, 2003. Print.

Böseke, Harry, and Martin Burkert. *Ab in den Orient-Express: Neu erzählt nach dem gleichnamigen Theaterstück der beiden Autoren.* Kevelaer: Anrich extra, 1992. Print.

Burkert, Martin, and Harry Böseke. *Ab in den Orient-Express: Ein Stück zum Thema Ausländerfeindlichkeit.* Weinheim: Deutscher Theaterverlag, 1984. Print.

---

35) 필자는 본 장의 초고에 대한 귀중한 논평을 해준 마리오 던켈과 시나 니체 그리고 교정을 보아준 테렌스 쿰프 등에게 감사한 마음을 전한다.

Byrd, Brenna Reinhart. "Stylized Turkish German as the Resistance Vernacular of German Hip-Hop." *The Cambridge Companion to Hip-Hop.* Ed. Justin A. Williams. Cambridge UP, 2015. 292-300. Print.

Brown, John. "Arts Diplomacy: The Neglected Aspect of Cultural Diplomacy." *Routledge Handbook of Public Diplomacy.* Ed. Nancy Snow and Philip M. Taylor. New York: Routledge, 2009. 57-62. Print.

"CD und Vinyl." *Heimatlieder aus Deutschland.* 2016. Web. 6 July 2018. 〈http://www.heimatliederausdeutschland.de/cd-und-vinyl.html〉.

Cross, Mai'a K. Davis. "Conceptualizing European Public Diplomacy." *European Public Diplomacy: Soft Power at Work.* Ed. Mai'a K. Davis Cross and Jan Melissen. New York: Palgrave Macmillan, 2013. 1-11. Print.

Deis, Christopher. "Hip-Hop and Politics." T*he Cambridge Companion to Hip-Hop.* Ed. Justin A. Williams. Cambridge: Cambridge UP, 2015. 192-205. Print.

Diessel, Caroline. "Bridging East and West on the 'Orient Express': Oriental Hip-Hop in the Turkish Diaspora of Berlin." *Journal of Popular Music Studies* 13 (2001): 165-87. Print.

Dommel, Hermann, et al. "Sons of Gastarbeita – 'Söhne der Gastarbeita', ausgehend von einem Arbeitsvorschlag von Almuth Meyer-Zollitsch und Kornelia Bitzer-Zenner (Goethe-Institut Brüssel, 1998)." *Goethe Institut Paris.* Web. 28 July 2016. 〈www.goethe.de/resources/files/pdf63/Sons_of_Gastarbeita_Shne_der_Gastarbeita1_1.pdf〉.

Elflein, Dietmar. "From Krauts with Attitudes to Turks with Attitudes: Some Aspects of Hip-Hop History in Germany." *Popular Music* 17.3 (1998): 255-65. Print.

Fresh Familee. "Ahmet Gündüz." *Falsche Politik.* Phonogramm, 1993. CD.

Frisch, Max. "Überfremdung I." *Max Frisch: Gesammelte Werke in zeitlicher Folge. Vol. V 1964-1967.* Ed. Hans Mayer. Frankfurt am Main: Suhrkamp, 1976. 374-76. Print.

"Grenzgänger und Frank Baier: 1920. Lieder der Märzrevolution." *Chanson. Liedermacher- Magazin.* 2006. Web. 6 July 2018. 〈www.chanson.de/

download/presse_1920_cd.pdf〉.

Heimatlieder aus Deutschland. Galileo Music Communication, 2013. CD.

Heimatlieder aus Deutschland Berlin/Augsburg. Galileo Music Communication, 2015. CD.

"Heimatlieder aus Deutschland." 2016. Web. 6 July 2018. 〈www.heimatliederausdeutschland.de/home.html〉.

Hennion, Antoine. "Baroque and Rock: Music, Mediators and Musical Taste." *Poetics* 24 (1997): 415–35. Print.

Huber, Harald. "Griechischer Wein? Der Song als Heimat vielfältiger Kulturen." *Heimatlose Klänge? Regionale Musiklandschaften heute.* Ed. Thomas Phleps. Karben: CODA, 2002. 81–101. Print.

Ickstadt, Heinz. "Appropriating Difference: Turkish-German Rap." *Amerikastudien/American Studies* 44.4 (1999): 571–78. Print.

"Imran Ayata zu Gast bei Mark Terkessidis am Montag, den 10. Juni." *Trikont* 23 June 2013. Web. 6 July 2018. 〈trikont.de/blog/imran-ayata-zu-gast-bei-mark-terkessidis/〉.

Goethe-Institut München. *Jahrbuch/Annual Report* 1996/1997. Ed. Goethe Institut, Munich 1997. Print.

___. *Jahrbuch/Annual Report 1997/1998.* Ed. Goethe-Institut, Munich 1998. Print.

___. *Jahrbuch/Annual Report 1998/1999.* Ed. Goethe-Institut, Munich 1999. Print.

Kautny, Oliver. "Immigrant Hip-Hop in Germany: The Cultural Identities of Migrants." *Hip-Hop in Europe: Cultural Identities and Transnational Flows.* Ed. Sina A. Nitzsche and Walter Grünzweig. Zürich: LIT, 2013. 405–20. Print.

Kaya, Verda. *HipHop zwischen Istanbul und Berlin. Eine (deutsch-)türkische Jugendkultur im lokalen und transnationalen Beziehungsgeflecht.* Bielefeld: transcript, 2015. Print.

Kosnick, Kira. Introduction. *Postmigrant Club Cultures in Urban Europe. Ed. Kira Kosnick.* Frankfurt am Main: Peter Lang, 2015. 7–34. Print.

___. "Ethnic Club Cultures: Postmigrant Leisure Socialities and Music in

Urban Europe." *Speaking in Tongues: Pop Local Global.* Beiträge zur Popularmusikforschung 42. Ed. Dietrich Helms and Thomas Phleps. Bielefeld: transcript, 2015. 199-211. Print.

Kumpf, Terence. "Beyond Multiculturalism: The Transculturating Potential of Hip-Hop in Germany." *Hip-Hop in Europe: Cultural Identities and Transnational Flows.* Ed. Sina A. Nitzsche and Walter Grünzweig. Zürich: LIT, 2013. 207-26. Print.

Lethen, Helmuth. "Versionen des Authentischen: Sechs Gemeinplätze." *Literatur und Kulturwissenschaften: Positionen, Theorien, Modelle.* Ed. Hartmut Böhme and Klaus R. Scherpe. Hamburg: Rowohlt, 1996. 205-31. Print.

Loh, Hannes, and Murat Güngör, eds. *Fear of a Kanak Planet: HipHop zwischen Weltkultur und Nazi-Rap.* Höfen: Hannibal, 2002. Print.

Mager, Christoph. *HipHop, Musik und die Artikulation von Geographie.* Sozialgeographische Bibliothek 8. Heidelberg: Franz Steiner, 2007. Print.

New German Ethnic Music. Karaoke Kalk (Indigo), 2013. CD.

Nitzsche, Sina A. "Hip-Hop in Europe as a Transnational Phenomenon: An Introduction." *Hip-Hop in Europe: Cultural Identities and Transnational From Sons of Gastarbeita to Flows.* Ed. Sina A. Nitzsche and Walter Grünzweig. Zürich: LIT, 2013. 3-34. Print.

Ostrowski, Daniel. *Die Public Diplomacy der deutschen Auslandsvertretungen weltweit.* Wiesbaden: VS Verlag für Sozialwissenschaften, 2010. Print.

Özdoğan, Selim. "Der den Klang der Worte liebt." *Transit* 8.1 (2012): 1-5. Web. 8 Aug. 2016.

Pennay, Mark. "Rap in Germany: The Birth of a Genre." *Global Noise: Rap and Hip-Hop Outside the USA.* Ed. Tony Mitchell. Middleton: Wesleyan, 2001. 111-33. Print.

"Presse." *Heimatlieder aus Deutschland.* 2016. Web. 6 July 2018. 〈http://www.heimatliederausdeutschland.de/presse.html〉.

Saied, Ayla Güler. Rap in Deutschland: *Musik als Interaktionsmedium zwischen Partykultur und urbanen Anerkennungskämpfen.* Bielefeld:

transcript, 2012. Print.

Scott-Smith, Giles. "Exchange Programs and Public Diplomacy." *Routledge Handbook of Public Diplomacy*. Ed. Nancy Snow and Philip M. Taylor. New York: Routledge, 2009. 50-6. Print.

Sons of Gastarbeita. "Söhne der Gastarbeita." *Du so*. Kleff Records, 1996. CD.

Songs of Gastarbeiter. "Songs of Gastarbeiter, das ist keine Sosyete-Komfor-Zone" (sic). *Facebook*. 12 Oct. 2014. Web. 09 Sept. 2018. 〈https://www.facebook.com/SongsOfGastarbeiter/?fref=ts〉.

___. "Geht doch: Luxus in Gelsenkirchen" Facebook. 29 Nov. 2014. Web. 09Sept. 2018. 〈https://www.facebook.com/SongsOfGastarbeiter/?fref=ts〉.

___. "Hotel Fortuna, Essen." *Facebook*. 28 June 2014. Web. 09 Sept. 2018. 〈https://www.facebook.com/SongsOfGastarbeiter/?fref=ts〉.

___. "In Wiesbaden wieder zurück auf dem Gastarbeiterniveau." *Facebook*. 30 Nov. 2014. Web. 09 Sept. 2018. 〈https://www.facebook.com/SongsOfGastarbeiter/?fref=ts〉.

___. "Weil wir hin und wieder gefragt werden." *Facebook*. 22 June 2014. Web. 09 Sept. 2018. 〈https://www.facebook.com/SongsOfGastarbeiter/?fref=ts〉.

Steinmeier, Frank-Walter. "Wo beginnt Willkommenskultur." *Auswärtiges Amt*. 21 Oct. 2014. Web. 6 July 2018. 〈www.auswaertiges-amt.de/de/newsroom/141020-bm-ifa/266194〉.

Sternberg, Julia. "In der Fremde daheim - à chacun ses étrangers." Goethe Institute Paris, 2008-2009. Power point presentation "Musik-Beiträge zum Projekt." Message to Gesa zur Nieden. 23 Sept. 2015. E-mail.

Terkessidis, Mark, and Jochen Kühling. "Projektansatz 'Heimatlieder aus Deutschland.'" *Heimatlieder aus Deutschland*. Web. 2 Nov. 2015. 〈http://www.heimatliederausdeutschland.de/das-projekt/ansatz-und-entstehung.html〉.

Verlan, Sascha, and Hannes Loh, eds. *25 Jahre Hip-Hop in Deutschland*. Höfen: Hannibal, 2006. Print.

Verlan, Sascha. "'Mit Breakdance in der Fußgängerzone…': vom Migrationshintergrund der Hip-Hop-Szene in Deutschland." *Schulprojekte – Multikulturelles Deutschland – Goethe-Institut.* 2011. Web. 6 July 2018. 〈http://www.goethe.de/de/kul/mus/gen/pop/hip/8573851.html〉.

Yener Ağabeyoğlu, Nazlı. *Deutsch-türkische Rapmusik in Berlin: Soziokulturelle Faktoren bei der Selektion von Rap-Texten und auditiven Produktionsmethoden unter türkischstämmigen Jugendlichen in Deutschland.* Berlin: LIT-Verlag, 2014. Print.

Zöllner, Oliver. "German Public Diplomacy: The Dialogue of Cultures." *Routledge Handbook of Public Diplomacy.* Ed. Nancy Snow and Philip M. Taylor. New York: Routledge, 2009. 262-69. Print.

제14장

공공외교와 유로비전 송 콘테스트의 정책결정

딘 뷔레틱 *Dean Vuletic*

2013년 스웨덴 말뫼에서 열린 유로비전 송 콘테스트ESC에서, 몬테니그로 힙합 듀오 후씨Who Se와 가수인 니나 지치치Nina Žižić 등이 "이그랑카"Igranka, The Party를 불렀다. 후씨는 우주복을 착용하고 무대에 등장했다. 이것은 유럽인들의 문화외교로서 활용되어 왔던 경연대회에서의 상징적인 공연이었다. 우주인으로서, 후씨는 다양한 국적의 유럽인들이 유럽 통합에도 불구하고 여전히 서로를 이방인으로서 인식하고 있다는 것을 보여주었다. 유로비전 송 콘테스트 등을 통해 유럽인들이 대중문화에서 패션과 텔레비전과 같은 기술발전 등을 일상적으로 경험해 오더라도 말이다. 콘테스트 명칭에 있는 "비전"vision이라는 용어는 유로비전 송 콘테스트는 시작부터 텔레비전 이벤트로 인식되어 왔었다는 사실과 연관이 있다. 그렇지만, 콘테스트 참가자들은 항상 국가를 대표해 왔기 때문에, 그들은 또한 문화외교, 국가 브랜드 그리고 국가들이 어떻게 국제적으로 인지되는지를 형성하는 소프트파워 등을 반영해 왔다. 유로비전 송 콘테스트는 몬테니그로와 같은 소국의 문화외교에게는 특별하게 유용한 것이 되어 왔다. 3분 안에 노래를 끝내야 하는 참가자들은 소국을 위해 그들 스스로를 전 세계적으로 수백여 만 명 시청자들에게 선전할 기회를 얻는 것이다.

그렇지만, *누군가는* 1956년 유로비전 송 콘테스트가 만들어진 이래로 우리가 어떤 국가를 어떻게 전례 없는 논쟁으로 *바라보는지*를 정확하게 결정해 주어야 한다. 후씨인 경우, 이 그룹은 몬테니그로국립방송기구RTCG, Radio Televizija Crne Gore, Radio and Television of Montenegro의 관련자들에 의하여 내부적으로 선발되었다. 2013년 콘테스트의 다른 국가 참가자들은 이러한 관련자들에 의하여 직접 또는 배심원 또는 일반 대중이 승자에게 투표하는 국가 선발과정을 통하여 선발되었다. 유로비전 송 콘테스트는 항상 정치적 가치가 문화외교를 통하여 경쟁되어 왔던 무대이어 왔다. 전체정권의 국제 이미지의 눈가림 또는 성적 소수자들의 권리 증진 등을 통해서이었다. 그렇지만, 대중이 국가선발에 참여하도록 허용되어 왔던 범위는 다른 국제적인 메가 이벤트와 관련된 유로비전 송 콘테스트의 예외주의와 국가방송기구와 민주 참여와 관련된 거대한 대중 간의 문제적인 관계 등을 특별하게 살펴보아 왔다. 민주주의 결핍이 전체주의 국가들의 방송기구에서 가장 뚜렷하게 나타난다. 반면에, 유로비전 송 콘테스트에서 공개투표 역할에 관한 논쟁은 자유민주주의도 논쟁을 해야만 하는 문제임을 보여준다.

본장에서는 국가선발과정에서 일반인의 참가와 정부의 공공외교 속 콘테스트의 활용 등을 통해 유로비전 송 콘테스트의 민주주의 쟁점을 살펴본다. 나는 여기에서 문화와 공공외교 간의 차이점을 또한 강조한다. “공공외교”라는 용어는 중앙정부 또는 국제기구 그리고 오로지 문화보다 매우 다양한 방법 등을 가진 대리인을 가진 하나의 관객—“공공”으로 향하는 외교를 언급하는 것으로 통상적으로 활용 되어 왔다. 그렇지만, 공공외교에서, 초점은 “문화적인”수단에 대한 것이다—즉, 어느 정도로 한 예술품이 한 국가를 융성하는데 활용되느냐 하는 것이다 Kim 318-9. 유로비전 송 콘테스트 참가자들이 중앙정부에 의하여 일반적으로 선발되지 않음에도 불구하고 여전히 국가를 대표하기 때문에, 나는 참가자들을 공공외교라기보다는 오히려 문화외교의 하나의 사례로 여기는 것이 타당하다고 본다. 중앙정부가 콘테스트를 개최할 때 자국의 공공외교 정책에서 유로비전 송 콘테스트를 자주 악용하더라도 말이다. 그렇지만, 유로비전 송 콘테스트는 문화외교에서 직접민주주의의 드문 경우이다. 이것은 "공공외교"라는 용어에 또 다른 의견제시를 부여한다. 공중은 실질적으로 정책결정 역할을 하는 반면에 공공외교에 대한 매우 전통적인 접근방법에서 공중은 대리인이라기보다는 오히려 주체이다. 공중의 수용적인 역할이 공공외교에 관한 연구에서 상당한 고려를 통상적으로 부여하는 반면에, 나는 여기에 공중이 문화외교 창조에서 활약하도록 허용되는 역할과 유로비전 송 콘테스트가 정부, 국가방송기구와 거대한 공중 등을 포함하는 정책결정자들 사이를 살펴보아 온 관련 긴장 등에 관심을 가진다.

유로비전 송 콘테스트에서 문화외교

유로비전 송 콘테스트는 역사적으로 문화외교에선 의미심장한 것이어왔다. 이것은 특이하게 거대 관객에게로 다가가고 문화 트렌드와 새로운 기술 등에 기초하면서, 콘테스트는 이것의 유행성과 현대성 때문에 매력적 이어 왔다. 매년 5월 열리는, 유로비전 송 콘테스트는 모든 유럽 국가들로부터 참가자들을 망라해 왔고, 최근에 2,000여 만 뷰를 기록했는데, 이것을 전 세계적으로 최장기 운영되고 가장 시청률이 높은 텔레비전 이벤트로 만들었다. 유로비전 송 콘테스트는 1950년에 설립된 유럽방송연합EBU, European Broadcasting Union이 조직한다. 조직의 적극적인 회원자격은 국가적, 유럽 국가와 방송주파수를 할당할 목적으로 유엔전기통신동맹ITU, International Telecommunication Union이 규정한 기술지역인 유럽방송 영역의 일부에 속하는 지중해 가장자리 등으로부터 나온 공공서비스 방송조직 등을 포함한다. 냉전 동안, 동유럽 국가들은 동등한 국제방송기구, 국제라디오 텔레비전기구 등을 가졌지만, 이것은 중부와 동유럽 방송기구 등이 유럽방송연합에 합류한 1993년에 해체된다. 유럽 방송연합은 회원국들 간에 문화적이고 기술적인 협력을 증진하는데, 특별하게 유로비전 송 콘테스트에 이름을 부여하는 프로그램 교환을 위한 유로비전 네트워크를 통해서이다. 유럽방송연합은 정치적 그룹핑보다는 오히려 항상 기술적인 것이어 왔다. 사실상, 이것은 절대 회원자격을 위한 정치적 기준들을 가지지 않았다. 회원들의 가입 또는 추방이던지 간에 말이다Eugster 59.

유로비전 송 콘테스트의 규칙이 역사를 통하여 변화를 경험해 온 반면에, 콘테스트의 선택은 다음과 같이 동일하게 남아 있다. 국가방송기구들은 서로 경쟁하기 위하여 예술인과 노래 등을 보낸다. 그래서 국가와 직접적인 연관—그럼에도 불구하고, 우리가 기만을 보겠지만—이 존재한다. 이들 국가들 출신의 심사위원들과 1990년대 말 이래로 일반 시민들도 우승자 선발을 위한 자신들의 투표를 보낸다. 이들 국가들은 결과적으로 다음해 콘테스트를 유치할 권리를 얻게 된다. 투표 결과는 국제미디어에서 분석된다. 좋은 결과를 가진다는 것은 항상 어떤 국가를 위한 긍정적인 이미지와 일치된다. 다른 한 편으로, 좋지 않은 결과는 출전자의 자질뿐만 아니라 특정 국가의 국제 이미지 또는 당사자가 될 수 있는 모든 정치적 논쟁과 같은 광범위한 쟁점 등에 연계되는 것으로 국가 자체에서 자주 논의되어 왔다. 투표는 또한 유럽방송연합이 국가방송기구에게 재량을 주는 유로비전 송 콘테스트의 국가 선발 단계에서 논쟁거리가 될 수 있다. 유럽방송연합은 종종 심사위원 또는 일반 시민 등의 투표에 기초해서 텔레비전으로 방송되는 국가선발 무대를 선택하지만, 국립방송기구 출신 관리들은 또한 스스로 결정을 할 수 있다—이것은 유로비전 송 콘테스트에 참여를 경제적으로 덜 비싸게 만들 뿐만 아니라 공공의 구미에 대한 엘리트의 불신 등 두 가지를 반영한다.

국가이익 증진을 위한 하나의 플랫폼으로 작동되는 것 이외에, 문화외교를 위하여 중요하게 만드는 유로비전 송 콘테스트에 관한 또 다른 차원은 유럽의 문화적, 경제적 그리고 정치적 개념 등과 관련이다. 콘테스트는 다음과 같이 유럽의 모든 지역은 어떤 점에서 이것을 대표해 왔다.[1] 국가들은 자신들의 외교정책에 관한 유럽주의자의 야망 또는 친 서구지향적인 것 등을 표현하기 위하여 이들의 참여를 자주 활용해 왔다.

유로비전 송 콘테스트는 그 당시 유럽석탄철강공동체, 유럽원자력공동체, 유럽경제공동체, 북대서양조약기구 등을 통하여 정치경제 통합으로 향하는 첫 번째 단계를 추진 중인 서 유럽국가들 중에서 문화적이고 기술적인 협력을 증진하기 위하여 1956년 설립되었다. 유럽방송연합은 상징주의, 범위와 스타일 등에 입각해서 보면 유럽연합보다는 유럽회의CoE에 역사적으로 좀 더 연관이 있어 왔는데, 특별히 초점이 초국가주의supranationalism보다는 오히려 국제주의에 있었다. 유럽의회와 유럽방송연합 등도 1950년대 중반에 유럽의 상징으로서 12개 의 별이 있는 원의 활용에 선도적이던 첫 번째 기구였다Fornäs 117-8, 136.

그렇지만, 이것이 유럽통합의 하나의 메터퍼metaphor로서 기능해왔다는 사실에도 불구하고, 유로비전 송 콘테스트는 유럽의회, 유럽경제공동체 또는 다른 어떤 유럽 정치기구 등에 의해 기획된 것이 아니다. 냉전 동안 유로비전 송 콘테스트 참여국들 중 이러한 기구들의 회원국은 없었다. 그 당시 유로비전 송 콘테스트 참여국들에는 이스라엘, 공산

---

1) 예외는 리히텐시타인과 바티칸 시국이다. 전자는 이것은 국가 공영방송기구를 가지고 있지 않기 때문이고 후자는 이것이 콘테스트를 문화외교에 적절한 것으로 간주되지 않았던 것처럼 보여 왔기 때문이다. 코소보와 같은 제한적인 국제적 인지를 지닌 국가방송기구도 유럽방송연합에 가입하는 것이 허용되지 않아 왔다. 이것은 국가들이 유엔전기통신동맹 회원국인 국가방송기구만을 허용했기 때문이다. 유로비전 송 콘테스트가 광범위한 국제 공인을 모색하는 국가들에 의한 문화외교에 관한 바람직한 도구로 보아왔던 것은 코소보의 외교차관인 페트리트 세리미Petrit Selmi에 의하여 분명히 보여주었다. "국가형성에 유로비전 송 콘테스트만큼 중요한 것은 아무 것도 없다"고 2012년 말했다qtd. in European Broadcasting Union, "Kosovo".

주의 국가 유고슬라비아 그리고 오스트리아, 스위스, 핀란드 등과 같은 중립국들이 포함되었다. 그렇지만, 이러한 모든 국가들은 일반적으로 동구권 블록에 속하지 않았다는 것이다. 그렇다고 해서 서구권 블록에도 속하지 않았지만 말이다. 미디어 자유에 대한 제한을 하고 있던 일당 공산주의 국가 유고슬라비아조차도 유로비전 송 콘테스트에 참가했다. 소련과의 동맹이 1948년 단절되었기 때문이었다. 그리고 유고슬라비아는 1970년대 중반 자유민주주의 국가로 체제 전환을 했던 프랑코의 스페인과 살라자르의 포르투갈 등의 반 공산주의 독재정권과는 잘 지내 왔었다Vuletic 82-4. 냉전 종식 이후로, 유로비전 송 콘테스트는 미디어 자유가 심각하게 제한받는 국가, 예를 들어 아제르바이잔, 벨라루스, 러시아 등의 독재정권 국가의 국가방송기구도 계속 포함했다. 벨라루스는 현재 유럽의회 회원국이 아니지만 유로비전 송 콘테스트에 나갈 수 있는 유일한 국가이다.

악명이 있더라도, 다음해 콘테스트를 개최하거나 출전 준비를 할 경우, 유로비전 송 콘테스트 참가에 책임이 있는 국가방송기구는 음악산업, 관광업체와 광고회사 출신 등 자국을 대표하는 방법을 결정하는 다양한 전문가들에게 다가갔다. 또한 정부의 직접적인 개입도 있었다. 이에 따라서 예술인, 작곡가, 가사, 장르, 주제, 안무, 그리고 의상 등의 선택은 정치적 의미를 담고 있었다. 예를 들어, 모국어로 노래를 부르지 않고 민속적인 요소가 없다는 것은 비-국가적, 혹은 국제적인 것이 되었다. 반면에, 이것은 또한 올바른 정치 맥락에서 국제 협력 또는 유럽 통합 등을 위한 상징적인 바람이 될 수 있는 것이다. 이것은 에스토니아가 2001년 영어 팝송인 "Everybody"로 유로비전 송 콘테스트에서 우승했을 때의 경우이다. 노래는 에스토니아에 거주하는 흑인 네덜란드인 데이브 벤톤Dave Benton을 포함하는 듀오에 의하여 공연되었다. 이것의 초국가적인 성격은 에스토니아가 방송기구에 가입하기 이전에 유럽연합 가입교섭의 마지막 과정과 연관성이 있었다Jordan 77-83.

인종적, 언어적, 민족적, 종교적 그리고 성적 소수자 등의 대표 공연을 통하여 유로비전 송 콘테스트에서 이러한 문제들이 집중·조명되었다. 이스라엘의 성전환 가수 다나 인터내셔널Dana International은 자신의 노래 "Diva"로 우승했는데, 이것은 이스라엘의 이미지를 다양하고 개방적이며 그리고 관용적인 이미지로 제고시켜 주었다. 예술인과 공연자 등은 팔레스타인 지역을 점령하고 아랍 시민들의 권리를 위반하며 인접국들과 전쟁을 하는 국가라는 유럽 미디어 속 이스라엘의 일반적인 이미지에 도전하였다. 다나 인터내셔널의 성공은 또한 이스라엘 정부가 자국의 국제적인 지위 향상에서 새로운 전술을 개발하기 위하여 신속하게 행동하게 했다. 성적 소수자에 관용적인 국가로서 이스라엘을 나타내는 것이다. 비판자들은 이것은 이스라엘계 아랍인과 팔레스타인 등에 관한 인권 상황으로부터 주의를 돌리는 것이라고 주장하며 핑크워싱pinkwashing, 유방암 연구 후원을 암 유발 제품 홍보에 사용이라고 명명해 왔다Gluhovic 203. 바쿠에서 열린 2012년 유로비전 송 콘테스트에서 이것의 홍보 이벤트 동안, 이스라엘 방송 당국은 성적 소수자를 포용하는 국가로서 이스라엘을 선전하려는 이스라엘 공공외교와 디아스포라부서에 의해 출판된 소책자를 배포했다"The True Face of Israel".

다른 국가들도 유로비전 송 콘테스트에서 다양한 민족 그룹과 언어 전통 등의 대표를 포함시킴으로서 매우 자유롭거나 관용적인 이미지 제고를 스스로 모색해 왔다. 예를 들면, 1999년에 독일은 "Reise nach Jerusalem—Kudüs'e Seyahat"A Journey to Jerusalem이라는 노래를 영어, 독일어, 히브리어 그리고 터키어 등으로 공연했던 예루살렘에서 열린 유로비전 송 콘테스트에 터키계 독일 예술인 그룹을 파견했다Bohlman 218. 독일의 뒤셀도르프 시가 2011년 유로비전 송 콘테스트를 열었을 때, 각국의 참가자들을 독일에서 일했거나 방문했던 참가국의 인물을 특정한 우편 카드로 소개했다. 이러한 짧은 영상들은 독일의 보수정권이 2008년 유럽을 강타했던 채무 위기 동안 유럽연합이 결정한 금융

정책이 너무 지나치다는 비판을 받을 당시에 독일의 이미지를 이민자들을 환영하는 국가로 홍보했다.

유로비전 송 콘테스트에 몇몇 참가국들은 자신들의 노래 테마로 국제평화를 담았다. 반면에, 전쟁도 냉전부터 1989년 이후 구소련, 구 유고슬라비아 그리고 중동 전쟁까지 콘테스트에서 지속적인 노래 배경이 되어 왔다. 이러한 전쟁들로부터 나온 긴장은 또한 초기에서 1970년대 중반까지 만큼 유로비전 송 콘테스트 무대에서 공연되어 왔다. 그리스와 터키 등이 처음 무대에 데뷔했지만 터키의 키프로스 침공과 관련된 정치 긴장에 비추어서 서로의 참가에 대해서 항의 했다본장의 Şahin을 보라. 아르메니아와 아제르바이잔 등도 콘테스트의 투표에 서로의 주장을 주고받지 않았고 나고르노-카라바흐 분쟁에 대하여 정치적 제스처를 만들었다. 반면에 아제르바이잔 당국은 유로비전 송 콘테스트에서 아르메니아에게 투표했던 아제르바이잔 시민들에게 의문을 제기하기까지 했다Adams, "How Armenia".

그렇지만, 유로비전 송 콘테스트에서 문화외교는 현존하는 정치 긴장을 반영할 뿐만 아니라 서로 관련된 국가들에 대한 다양한 방식을 제시해주기까지 한다. 예를 들면, 구 유고슬라비아 국가들 사이에서 지속적으로 남아 있는 정치 긴장에도 불구하고, 그들은 여전히 투표에선 서로를 밀어주는 경향이 있다. 콘테스트에서 블록bloc투표에 관한 연구가 보여주어 왔던 바와 같이 말이다Gatherer 76-7. 이것은 그들이 1990년에 자신들끼리 싸웠던 최근 전쟁의 역사와 그 결과로 남아있는 정치 문제 등과는 일치되지 않는 것으로 나타나게 될 것이다. 그렇지만, 이들의 투표 형태는 이들 국가들이 공유하는 문화적인 연대성에 의하여 설명된다. 특별하게 유고슬라비아에서 발전되어 온 일반 문화산업과 언어 등을 통하여 말이다. 이것은 여전히 대중음악을 위한 일반 시장을 정의하기 위한 국가 경계선을 초월한다. 세르비아와 몬테니그로 등이 2004년 유로비전 송 콘테스트로 돌아 왔을 때, 1990년대 구 유고슬로비아 전쟁에 대한 국제 제재 때문에 콘테스트에 배제되었다. 양 국가는 1990년대 전쟁 이것은 세르비아와 몬테니그로의 전 외교장관 고란 실바노비치Goran Silvanović를 이들 국가들 간 관계에서 긍정적인 발전으로 유로비전 송 콘테스트에서 이와 같은 상호 지지를 설명하게끔 이끌어 주었다Petruseva.

공공외교에서 공론 민주주의public democracy

유로비전 송 콘테스트가 어떻게 정부에 의하여 공공외교로서 인지된 것은, 이전에 언급했던 사례들이 제시하는 것보다도 매우 복잡한 문제이다. 내가 한 국가가 유로비전 송 콘테스트에서 이런 저런 일을 했다고 썼을 때, 이것이 개별 국가 정부의 개입을 의미하는 것으로 나타난다. 그러나, 이것은 보통 그렇지 않다는 것이다. 특정 정부의 대표로 유로비전 송 콘테스트 참가를 한다는 것은 다소 기만적이다. 이미 언급한 바와 같이, 유럽방송연맹은 유로비전 송 콘테스트의 주요 기구이다. 이것의 현역 회원은 공공 방송 목적을 지닌 국가방송기구로 구성된다. 주로 자유민주주의 국가로 구성된 이 기구는 정부개입과는 독자적으로 기능을 한다는 것을 의미한다. 그렇지만, 유로비전 송 콘테스트 참여는 국가방송기구의 이름이 아니라 참여국 이름으로 무대에 오른다. 그래서 첫 번째 연합회에, 예를 들면, 초기 회원국으로는 오스트리아, 영국 또는 이탈리아 등이라는 것이지 오스트리아방송사ORF, Österreichischer Rundfunk, 영국방송사BBC, the British Broadcasting Corporation, 또는 이탈리아방송텔레비전RAI, (Radiotelevisione Italiana 등이 아니라는 것이다. 이미 콘테스트의 초기 10여 년 동안, 유럽방송연맹은 참가국들은 국가 이름으로 공연해야만 된다는 것을 결정했다. 이것은 국가방송기구의 이름을 사용하는 것은 너무 번거롭고 보기 안 좋기 때문이다European Broadcasting Union, "Planning Group Meeting". 유로비전 송 콘테스트 진출국들은 국가 이름으로 출연하기 때문에, 국가 정부가 개입하지 않더라도 문화외교의 사례가 된다.

국가방송기구는 어떻게 국가 참여자들을 기획하고 선발되는지는 자주 논쟁이 되어왔는데, 특별히 그들이 민주적인 위임 없이 그렇게 한다는 것을 인식되어 왔을 때 말이다. 유로비전 송 콘테스트 진출이 국가와 국가방송기구 등을 대표한다는 것이 면허료와 세금 등과 같은 공적 재원에 의하여 재정 충당되기 때문에, 많은 시민들이 선발 과정에 참여하기를 원한다. 이러한 절차는 관객들이 우승자를 결정하는 이런 종류의 텔레비전으로 방송되는 국가 선발과정을 통하여 자주 행해진다. 대중음악은, 결국, 상업적인 성공에 기반 해서 대중에 의하여 특정된다. 이러한 방식으로, 유로비전 송 콘테스트 진출은 공공이 직접 국가대표를 선발하는 국민적 민주적인 과정의 직접 결과인 문화외교의 드문 사례가 될 수 있다. 이것은 사실상 일상적이지 않은 현상이다. 국제경쟁에서 자국을 대표하는 예술인들은 공중에 의하여 통상적으로 선발되지 않기 때문이다. 반대로, 예를 들면, 올림픽경기 또는 피파FIFA 월드컵 등과 같은 국제스포츠 경기에서 자국을 대표하는 운동선수들은 공개투표에 직면하지 않지만, 대신에 자격기준에 의하여 측정되는 선수들의 재능에 기반 해서 출전할 자격이 있는 것이다. 그러나, 베니스 아트 비엔날레Venice Art Biennale와 같은 국가선발이 매우 주관적인 다른 국제 메가 이벤트에서, 문화부 또는 전문위원회 등은 통상적으로 선발 과정을 거친다. 그리고 이것이 정부의 외교정책 전략의 일부인 문화외교의 사례일 때, 이것은 결정하는 것은 공중보다는 오히려 민주적으로 권한 위임된 정부 대표이다.

그렇지만, 국가방송기구가 유로비전 송 콘테스트 출신의 관리 또는 대중음악 산업 출신 전문가 등과 공중의 투입 없이 구성된 기술위원회 자체에서 선발을 결정한다는 사례도 존재한다. 최근에, 이러한 방식으로 자신들의 출전을 선발하도록 선택되어 온 국가방송기구는 자신들의 방송국이 경제대공황에 비추어 비용을 삭감할 필요가 있고 그렇게 하는 방식들 중에 한 가지는 유로비전 송 콘테스트의 재정을 삭감하는 것이라며 자신들의 주장을 정당화했다. 수많은 국가에서, 이것은 통상적으로 논쟁이 되지 않아 왔다. 특히 유로비전 송 콘테스트가 국내정치적으로 인기가 없었다면 말이다. 또한 공중의 호감이 너무 편협적이어서 국제적으로 경쟁출전국에 선발되지 않는 것으로 여겨진다면 국가방송기구는 개입하게 된다.2) 아이러니하게도, 국가의 자랑을 축하하고 성공적이기 되기 위하여, 유로비전 송 콘테스트 진출은 너무 내셔널리스트적이 되어서는 절대 안 된다. 그렇지만, 국가방송기구 출신 관리도 자신만의 관심, 편견과 선호 등을 가진다. 몇몇 경우에, 이러한 내부 선발에 반대하는 공공 시위는 국가방송기구를 선발 결정을 번복시키도록 다음과 같이 강제한다. 예를 들면, 이에 순응하여 우크라이나 국가방송기구는 2010년 유로비전 송 콘테스트에 바실 라자로비치Vasyl Lazarovych를 내부적으로 선정한 것을 배심원과 공중 투표 등에 근거해서 결과적으로 내부 선발에서 이긴 알료샤Alyosha로 변경했다. 비슷한 맥락에서, 에이알디ARD, Arbeitsgemeinschaft der öffentlichrechtlichen Rundfunkanstalten der Bundesrepublik Deutschland, 독일방송연맹는 대중가수가 우파의 정치 견해 때문에 광범위하게 비판받았기 때문에 2016년 유로비전 송 콘테스트에 자비에 나이두Xavier Naidoo를 내부적으로 선발한 것을 철회해야만 했다Lehming.

턱수염 드래그 퀸drag queen, 보통 공연을 하기 위해 여장을 한 남자인 콘치타 버스트Conchita Wurst가 2014년 유로비전 송 콘테스트에 국가대표로 선발된 것에 대해서 오스트리아 방송사 내부에서도 비판이 있었다. 그 이유

---

2) 이러한 논쟁들은 또한 콘테스트의 준결승과 결승 등에서 혼합 투표를 가지기 위하여 2009년부터 유럽방송연맹의 결정에 영향을 미쳤다. 국가공공투표는 지리적으로 인접국과 문화와 정치적인 연계를 공유했던 국가들은 편협적이라고 여겨왔는데, 특별히 동유럽과 남동 유럽 국가들이다. 이것이 또한 역사적으로 북유럽구가들에서도 마찬가지 현상이어 왔다. 콘테스트에 가장 많이 재정 지원하는 5대국가들은, 프랑스, 독일, 이탈리아, 스페인과 영국, 2000년 이래로 결승에 직접 진출하는 기회를 부여받았다. 2013년 이래로 유로비전 송 콘테스트로부터 터키 국립방송기구의 철수를 재촉했는데, 터키는 독일을 제외한 모든 참가국들보다도 더 많은 인구를 가지고 있다Vuletic 156-60.

는 콘테스트에 그녀의 선발과 참가를 반대하는 *페이스북* 청원에 나타난 버스트의 성 정체성에 대한 반대 때문이었다. 그녀의 복장 도착transvestism, 이성의 옷을 입기 좋아하는 변태적 경향에 반대하는 것에 더해서, 이와 같은 비평가들은 버스트가 오스트리아 공중에 의하여 선발되지 않았던 것에 또한 분노했다—오스트리아 방송사는 그녀가 2년 전에 국가선발 공중투표에서 2위를 차지했기에 민주적인 대표성을 지녔다고 대응한 것에 대해서 말이다. 유로비전 송 콘테스트를 위한 그녀의 준비에서, 버스트는 다양성과 관용 등의 상징으로 마케팅되었다. 이것은 종종 극우 정치인에 의하여 얼룩져 왔던 오스트리아 국제 이미지에 도움을 주었다. 결과적으로, 그녀는 오스트리아의 문화외교에 의미가 있었다. 그녀가 정부 또는 공중 등에 의한 선택 되지 않은 것이 아니라 오히려 매우 진보적인 국가 이미지를 나타내려고 모색했던 자유주의적인 텔레비전 관련자들에 의한 것이었다 하더라도 말이다. 결국, 버스트는 유로비전 송 콘테스트로 우승하기 위하여 갔다. 그녀의 우승은 오스트리아에서 잘 인지되고 있는데, 그녀에 대한 국내적인 비판은 주변부적인 것이 되면서 말이다. 그녀는 우승해서 비엔나로 돌아오자마자 오스트리아 수상 베르너 파이만Werner Faymann과 문화예술장관 요제프 오스터마이어Josef Ostermayer 등에 의하여 영접받기까지 했다Austrian Federal Chancellery. 그렇지만, 이것은 오스트리아 방송사가 정치적 함의를 가지고 내부적으로 유로비전 송 콘테스트 참가를 선발한 것은 처음이 아니었다. 1986년 오스트리아 대통령으로 쿠르트 발드하임Kurt Waldheim 당선 이전, 그가 제2차 세계대전에 독일군으로 자신의 역할에 관한 자세한 내용을 숨겨왔던 논쟁의 와중에, 오스트리아 방송사는 오스트리아계-이스라엘 가수인 팀나 브라우어Timna Brauer를 유로비전 송 콘테스트에 보냈다. 그리고 외르크 하이더Jörg Haider가 이끄는 극우파이자 반 이민 오스트리아 자유당Freiheitliche Partei Österreichs, FPÖ은, 다른 유럽연합 회원국들에 의하여 오스트리아에 대한 외교적 제재를 가하던 2000년 연립정권에 합류했다. 오스트리아 방송사는 모타운Motown, 1960년대와 1970년대 사이에 디트로이트 시에 근거를 둔 흑인 음반회사가 유행시킨 음악의 형태에서 영감 받은 노래를 영어로 부르기 위하여 1명의 백인 오스트리아 여성과 영국과 미국 등에서 온 2명의 흑인 여성이주자 다인종으로 구성된 라운더 걸스Rounder Girls를 보냈다 Gura 68-70. 이러한 방식으로, 유로비전 송 콘테스트 참가 선발 역시 국내의 정치적인 피 튀기는 경쟁으로 이루어 졌다. 각 국—그리고 각 국의 정치 프로그램—이 어떻게 국제무대에서 펼쳐질 것인지에 대한 다양한 정치세력들이 혈투를 벌이기 때문이다.

버스트의 사례는 자유민주주의 국가 정권들이 어떻게 자국이 우승해서 자신들의 공공외교에서 유로비전 송 콘테스트를 이용할지 흥미를 나타내지 않은 경향이 있음을 보여주었다. 국가 미디어 통제를 행사하는 권위주의 국가에서, 유로비전 송 콘테스트와 정권의 공공외교 간의 연계는 매우 직접적이다. 예를 들면, 아제르바이잔에서, 유로비전 송 콘테스트 참여는 유럽에서 공공외교에 관한 정부의 광범위해진 캠페인의 일부이어 왔다. 아제르바이잔은 다른 유럽 국가들과 기구 출신 관리들을 초대하고 선물 주는 "캐비어 외교"caviar diplomacy를 또한 포함했다. 아제르바이잔이 2012년 바쿠에서 유로비전 송 콘테스트를 주최했을 때, 영부인인 메라빈 알리예바Mehrabin Aliyeva가 조직위원회 책임자이었다. 반면에 그녀의 사위인 에민 아갈라로프Emin Agalarov가 결승에서 중간 휴식 시간 공연을 했다. 2012년 유로비전 송 콘테스트는 2009년 모스크바 그것 이후 가장 비싼 공연 무대이었다. 이것은 아제르바이잔과 러시아 정부 등이 자신들의 공공 이미지를 국제 관객들에게 조작하기 위하여 유로비전 송 콘테스트 무대에 올렸다는 데 의미를 재차 강조했다 Adams, "Selling Azerbaijan". 특별하게 이들 국가들이 이것을 다른 국제적인 대행사 개최를 위한 발판으로의 활용을 모색했기 때문이었다. 올림픽 경기와 피파 월드컵 등처럼 말이다. 유럽 정치인들은 일함 알리예프 Ilham Aliyev대통령 정부에게 유로비전 송 콘테스트 바쿠 개최를 아제르바이잔의 민주화 촉진과 인권 개선 등을 위하여 활용하도록 촉구했다. 영부인이 2012년 유로비전 송 콘테스트에서 독일의 투표결과를 발표할 때, 독일의 여성 영화배우이자 코미디언 앙케 엥켈케Anke Engelke은 "투표할 수 있다는 것은 좋은 것이어"서 아제르바이잔의 민주화를 묵시적으로 지원함을 강조했다. 그렇지만, 유로비전 송 콘테스트의 유산은 이러한 면에서 지속적인 영향을 가지지 않았다. 아제르바이잔 미디어는 2012년 유로비전 송 콘테스트 직후인 여러 해 동안 인권기구인 프리덤 하우스에 의하여 여전히 "자유롭지 않은 것"으로 분류되었다. 그리고 언론 자유에 관한 국가의 국제 순위는 그 시기 동안에 심지어 악화되기까지 했다Freedom House 10. 다른 한편으로, 이들 국가들의 권위주의 시스템에 대한 서유럽 정부와 기구 등에 의하여 비판받아 온 국가 출신의 정치인들은 유로비전 송 콘테스트의 기구에 반대하는 동일한 종류의 비판으로 맞대응해 왔다. 예를 들면, 벨라루스 대통령 알렉산다르 루카셴코Aleksandar Lukashenko는 벨라루스에 역행하는 편향적이고 조작되기 때문에 유로비전 송 콘테스트의 투표를 공격했다—그가 자국 안에서 자유롭고 공정한 선거를 허용하지 않아서 비판받아오는 것과 똑같이 말이다BelTA.

그렇지만, 콘테스트에서 대표하는 대부분의 자유민주주의 국가 정부들은 유로비전 송 콘테스트 비판을 자제한다. 이러한 국가들에서, 정부는 국가방송기구 활동에 개입하는 것을 의미하지 않는데, 이들은 또한 유로비전 송 콘테스트 진출을 위한 정책결정과정으로부터 빠져 나온다는 것을 의미한다. 유로비전 송 콘테스트가 잠정적으로 덜 대중적인 국가들에서, 정부는 또한 이들이 "사소한" 문제에 주의하여 자금과 시간 등을 허비하지 않는 것을 보여줄 뿐만 아니라 그들이 여론과의 접촉을 보여주기 위하여 콘테스트와 자신들을 신중하게 거리를 둔다. 그렇지만, 자유민주주의 국가 정부들은 자국민 출전자들이 우승한다면 유로비전 송 콘테스트에서 통상적으로 관련을 갖게 된다. 이에 대한 첫 번째 이유로는 우승은 통상적으로 우승국에서 일상적으로 잘 받아들여진다는 것이다. 그 지점까지 2014년 버스트의 우승까지 오스트리아에서처럼 콘테스트에 관하여 열정적이지 않았던 적도 있었다. 이러한 방식으로, 정부는 또한 대중의 행복감을 자본화하려고 노력한다. 두 번째 이유로는 유로비전 송 콘테스트의 개최는 국가방송기구가 공공 또는 민간 자원의 지원 없이 제공할 수 없는 어마어마한 재정지원이 필요하다는 것이다. 이러한 사례에서, 정부들은 재정비용으로 지원하기 위한 조치에 들어가고, 정부는 이러한 저명한 국제 이벤트는 정상적으로 치러지는 것을 보장하는 것은 공공외교의 국가이익임을 주장하면서 이러한 개입을 정당화한다. 2002년과 2003년 각각 에스토니아와 라트비아 등이 유치했을 때 발생한 것처럼 말이다Jordan 85-8. 정부들이 왜 유로비전 송 콘테스트를 유치했을 때 관련되는 마지막 이유로는 콘테스트를 유치하기 위하여 자신들의 도시에 유치하는 현지 관리들의 관심을 가진다. 개최국 다양한 도시들은 다음 해 콘테스트 공모에 응모한다. 이것인 지방정부들이 자신들의 도시를 잠재적인 유로비전 송 콘테스트 개최국으로 선전하기 위하여 경쟁한다는 점이다—자국 공공외교의 잠재적인 대리인으로 말이다.

결론

문화와 공공외교를 형성할 때 직접민주주의 개입의 독특한 사례로, 유로비전 송 콘테스트가 특정 국가가 어떻게 대표되어야만 하는지에 관한 대중과 엘리트 견해 간에 존재하는 긴장을 높여 왔다. 유로비전 송 콘테스트에 관한 국가의 액면가가 현혹되어 가는 중이다. 이것의 이면에 있는 정책결정자들은 광범위하게 정치적이거나 공공적인 정통성이 부족할 수 있기 때문이다. 한편으로, 유로비전 송 콘테스트가 자신들만의 국제 이미지를 포장하기 위한 도구가 되기도 했다. 예를 들어, 권위주의, 독재나 일당 정권, 최근의 아제르바이잔과 벨라루스 또는 그리스 또는 포르투갈과 냉전 기간 스페인과 유고슬라비아 등의 사례가 있다. 다른 한편으로, 이것은 다른 국가들이 민족적, 종교적, 젠더, 성적이고 이민 소수자 등에 관한 관용으로서 자국을 선전하려는 방법이어 왔다. 수많은 경우에, 특정 국가를 위한 이러한 이미지 제고는 참가국을 조직하고 선발하는데 책임을 지닌 국가방송기구의 활동이기도 했다. 국가방송기구가 정부에 의하여 너무 많이 통제되어 온 국가들에서 더 많은 정부의 개입이 존재해 왔지만 말이다.

그렇지만, 정부들은 일반적으로 유로비전 송 콘테스트에 깊숙이 개입해 왔다. 자국이 우승한 이후에도 말이다. 이러한 우승은 시민들의 애국적인 자부심에 항상 호소한다. 콘테스트가 별로 대중적이지 않은 국가에서도 마찬가지다. 특히 최근 오스트리아 사례가 보여준 바와 같이 말이다. 게다가, 콘테스트의 유치는 국제적인 선전뿐만 아니라 주최 도시와 지역 등에게 혜택을 줄 수 있는 기회로 여겨진다. 이러한 면에서, 공공외교를 위한 유로비전 송 콘테스트의 의미는 특정 국가의 정치 구조에 관한 다양한 부분과 관련이 있는데, 중앙정부와 지방정부 뿐만 아니라 다양한 공적 민간 부문까지, 국가방송기구에서 우승 예술인의 상업적인 야망까지 말이다.

결국, 그렇다 하더라도, 여론에 깊이 새겨진 것은 콘테스트 출전이 항상 국가 이름으로 공연되기 때문에 X라는 국가가 Y 해에 우승한다는 것이다. 그리고 이것은 문화와 공공외교에서 유로비전 송 콘테스트의 의미가 왜 역설적인가를 보여준다. 그 이유는 콘테스트 우승국을 바라보는 시선이다. 국가 자체는 우승과 거의 관계가 없다 하여도 말이다.

인용 자료

Adams, William Lee. "How Armenia and Azerbaijan Wage War Through Eurovision." *Time*, 11 Mar. 2012. Web. 30 Mar. 2018. 〈http://world.

time.com/2012/03/11/how-armenia-and-azerbaijan-wage-war-through-eurovision/〉.

___. "Selling Azerbaijan." *Time,* 14 May 2012. Web. 30 Mar. 2018. 〈http://content.time.com/time/magazine/article/0,9171,2113835,00.html〉.

Austrian Federal Chancellery. "Bundeskanzler Faymann dankt Conchita: 'Ein Sieg für Toleranz, Liebe und Frieden.'" *Bundeskanzleramt Österreich* 18 May 2014. Web. 30 Mar. 2018. http://www.oesta.gv.at/site/cob__55625/currentpage__0/6592/default.aspx.〉.

BelTA. "Lukashenko: Eurovision is Totally Biased." *Belarusian Telegraph Agency,* 30 Apr. 2013. Web. 30 Mar. 2018. 〈http://eng.belta.by/president/view/lukashenko-eurovision-is-totally-biased-14871-2013〉.

Bohlman, Philip V. *Focus: Music, Nationalism, and the Making of the New Europe.* 2nd ed. New York and Abingdon, Oxfordshire: Routledge, 2011. Print.

Eugster, Ernest. T*elevision Programming Across National Boundaries: The EBU and OIRT Experience.* Dedham, MA: Artech House, 1983. Print.

European Broadcasting Union. "Kosovo Seeks Full EBU Membership and Song Contest Slot." *EBU News,* 30 Mar. 2012. Web. 30 Mar. 2018. 〈https://www.ebu.ch/contents/news/2012/03/kosovo-seeks-full-ebu-membership.html〉.

___. "Planning Group Meeting of Variety Programme Experts." (Geneva, 4 June 1964), 2. European Broadcasting Union Archives, Concours Eurovision de la chanson, Décisions 1. Print.

Fornäs, Johan. *Signifying Europe.* Bristol and Chicago: Intellect, 2012. Print.

Freedom House. *Freedom of the Press 2014.* Freedom House: New York and Washington DC, 2014. Print.

Gatherer, Derek. "Voting in Eurovision: Shared Tastes or Cultural Epidemic?" Empirical Text and Culture Research 3.1 (2007): 72-84. Print.

Gluhovic, Milija. "Sing for Democracy: Human Rights and Sexuality Discourse in the Eurovision Song Contest." *Performing the New' Europe: Identities, Feelings, and Politics in the Eurovision Song Contest.* Ed.

Karen Fricker and Milija Gluhovic. Basingstoke, Hampshire, and New York: Palgrave Macmillan, 2013: 194–217. Print.

Gura, Caitlin. “Österreichs Abschneiden beim Eurovision Song Contest zwischen 2000 und 2013: Und dessen Auswirkung auf die österreichische Identität.” *Eurovision Song Contest: Eine kleine Geschichte zwischen Körper, Geschlecht und Nation.* Ed. Christine Ehardt, Georg Vogt, and Florian Wagner. Vienna: Zaglossus, 2015: 65–90. Print.

Israeli Ministry of Public Diplomacy and Diaspora Affairs. *The True Face of Israel.* Jerusalem: Israeli Ministry of Public Diplomacy and Diaspora Affairs, 2012. Print.

Jordan, Paul. T*he Modern Fairy Tale: Nation Branding, National Identity and the Eurovision Song Contest in Estonia.* Tartu: U of Tartu P, 2014. Print.

Kim, Hwajung. “Bridging the Theoretical Gap Between Public Diplomacy and Cultural Diplomacy.” *The Korean Journal of International Studies* 15.2 (2017): 293–326. Print.

Lehming, Malte. “Eurovision Song Contest: Protest und Vorurteil.” *Der Tagesspiegel*, 1 Dec. 2015. Web. 30 Mar. 2018. https://www.tagesspiegel.de/kultur/der-fall-xavier-naidoo-eurovision-song-contest-protest-und-vorurteil/12659116.html〉.

Petruseva, Ana. “Old Foes Serenade Serbia in Istanbul.” B*alkan Crisis Report* 499. 21 Febr. 2005. Web. 30 Mar. 2018. 〈https://iwpr.net/global-voices/old-foes-serenade-serbia-istanbul〉.

Vuletic, Dean. *Postwar Europe and the Eurovision Song Contest.* London and New York: Bloomsbury Academic, 2018. Print

기고자 명단

볼 3세, 제임스*R.Ball III, James R*는 텍사스 A & M 대학교 공연학과 학부담당 조교수이자 책임자이다. 그는 공연 정치와 정치 공연을 연구한다. 두 가지가 정치과정에서 개입되는 공공 정치 이벤트와 미학적 공연 등을 지원하는 연극적인 구조를 분석한다. 그의 근간 *Theatre of State: A Dramaturgy of the United Nations*에서는 극장과 유엔 그리고 국제사법재판소 간의 관계를 살펴본다. 볼의 논문은 *Brecht Yearbook, e-Misférica, and TDR: The Drama Review* 등에 실려 있다. 그는 2012년 뉴욕대학에서 박사 학위를 취득했다.

베일스, 마사*Bayles Martha*는 *The American Interest* 칼럼니스트이자 *the Claremont Review of Books*의 영화와 텔레비전 비평가이다. 그의 최근 책 *Through a Screen Darkly: Popular Culture, Public Diplomacy, and America's Image Abroad*에서는 "수년 동안 미국 공공외교에 관한 가장 신선하고 가장 독창적인 고찰"로 미국외교를 설명하고 있다. 그녀의 최근 업적은 전 세계에 있는 독립 저널리즘에 대한 위협과 미국의 언론의 자유 전통에서 "자율 규제"의 중요성 등에 초점을 둔다. 그녀는 버지니아 대학문화고위연구소 회원이자 2003년 이래로 보스턴 대학에서 학생들을 가르쳤다.

브라운, 니콜라스 알렉산더*Brown, Nicholas Alexander*는 워싱턴을 중심으로 활동하는 지휘자, 음악학자이자 제작자이다. 그는 워싱턴 공연예술에서 특별 제작과 이니셔티브의 감독이다. 예전에는 미국의회도서관 음악분과에서 프로그램전문가이자 음악 전문가 이었다. 그는 The Irving Fine Society 책임자이자 the DC Library Association 회장이다. 브라운은 백악관 인턴(오바마 행정부)이었고 *Oxford Encyclopedia of the Bible and the Arts* 집필가이다. 그는 런던 킹스 컬리지 음악학 석사와 미국 가톨릭 대학 도서관·정보학석사, 그리고 브랜다이스 대학에서 음악·역사 학사 학위를 가지고 있다.

던켈, 마리오*Dunkel Mario*는 카를 본 오시에츠키 올덴부르크 대학교(Carl von Ossietzky University of Oldenburg) 음악학부 음악교육 조교수이다. 그는 도르트문트 공과대학교(TU Dortmund University) 미국학과에서 박사학위를 취득했다. 그의 주요 연구영역은 음악과 정치, 음악과 외교, 역사와 재즈 관행 등뿐만 아니라 초문화 음악교육 등이다. 그의 논문들은 *American Music*, the *European Journal of Musicology, Popular Music and Society* 등등에 실려 왔다. 그는 "Popular Music as a Medium for the Mainstreaming of Populist Ideologies in Europe" 유럽연구 프로젝트 (2019-2022년 폭스바겐 재단 지원)의 연구책임자이다.

퓌슬레, 마리스텔라*Feustle, Maristella*는 북 텍사스 대학 음악 특별 컬렉션 사서이다. 그녀는 윌리스 코노버의 개인 소장 자료를 포함하는 북 텍사스 대학 음악 도서관에 120개 넘는 특별 기록 컬렉션의 처리와 큐레이션을 감독한다. 그녀는 음악도서관협회의 보호위원회의 과거 회장이자 *Describing Archives: A Content Standard*에 관한 미국기록전문가기술소위원회소사이어티의 현재 회원이다. 그녀는 독일, 폴란드, 헝가리, 그리고 미국 등에서 윌리스 코노버에 대한 발표를 해 왔고, 텍사스의 달라스/포트 워스에서 재즈 기타리스트로 활약 중이다.

이그나츠, 아담*Ignácz, Ádám*은 음악학 연구가이다. 그는 2013년 박사학위를 받은 헝가리 부다페스트 소재 외트뵈스 로란드 대학교 철학박사과정에 등록했었다. 그는 20세기 헝가리 대중음악역사에 대한 두 권의 책을 편집했고 그는 러시아 음악과 사회주의 국가 헝가리의 음악 생활 등에 관한 국내와 국제 저널과 책 등에 논문을 발표해 왔다. 2013년 이래, 그는 헝가리 과학 아카데미의 음악학연구소에서 20세기와 21세기 헝가리 음악자료를 위한 연구위원으로 활동해 왔다. 2017년 이래로, 이그나츠는 헝가리 음악 출판사인 로스사볼기 (Rózsavölgyi & Co.)의 편집인으로 있다.

쿠베, 스벤*Kube, Sven*은 플로리다 국제대학교 대서양사 박사과정 박사후보자이다. 쿠베는 광범위한 사회적, 정치적, 그리고 이데올로기적인 맥락에서 문화산업과 문화 시장 등을 연구한다. 그의 박사논문은 독일연방공화국에서 음악 산업의 역사를 재구성하고 냉전기간 자본주의 국가들에서 음반회사와 VEB 도이치 샬플랫텐 간의 간계를 연구한다. 그녀는 드레스덴 공과대학에서 미국 연구로 석사학위를 받았다. 캐나다의 콘텐츠 규제에 관한 그의 석사논문연구는 캐나다 정부 보조금으로 지원되었다.

마졸라 알렉산드로*Mazzola, Alessandro*는 그는 민족이주연구센터(CEDEM)에서 박사 후 연구위원으로 벨기에 리에즈 (Liège) 대학교에서 사회정치학 박사학위를 받았다. 알렉산드로의 전문 분야는 소수자의 문화생산, 사회통합에서 문화의 역할, 인종과 이민소수자에 초점을 가지고 정치대표성 등이다. 그의 최근 연구 프로젝트는 벨기에와 유럽 등에서 피난민과 망명신청자 등에 대한 여론 분석에 초점을 둔다.

모랄레스 타마랄, 호세 마누엘*Morales Tamaral, José Manue* 등은 마드리드 콤플루텐세 대학교 근대후반과 현대사로 석사학위를 받았다. 그의 논문은 두 가지의 연구 분야를 다음과 같이 통합한다. 독일제국(1871-1918) 동안 독일과 스페인 간의 외교적 네트워크와 내전 (1918-1936) 동안 스페인에서 공공외교의 기원과 문화와 언론선전 등이다. 그의 연구관심은 초국가적인 비공식적인 행위자, 디아스포라적인 네트워크, 문화 관계 그리고 비공식 외교 등이다.

나타우스, 클라우스*Nathaus, Klaus*는 사회사학자이자 오슬로 대학 서구 현대사 부교수이다. 최근, 그는 20세기에 영국, 서독과 미국 등에서 대중음악의 생산과 소비 등에 대하여 1차적으로 연구해 왔다.

니체, 시나*A.Nitzche Sina A.*는 유럽 힙합연구 네트워크 창립자이다. 그녀는 도르트문트공과대학교와 보훔 루르대학교 등에서 미국연구를 가르친다. 그녀는 *Hip-Hop in Europe: Cultural Identities and Transnational Flows, Breaking the Panel! Comics as a Medium* 등을 공동 편집했다. 그녀의 근간 논문에서는 미국 대중문화에서 브롱크스(Bronx, 뉴욕 시 북부의 행정구)를 고찰한다. 그녀의 연구관심은 힙합연구, 대중문화, 도시연구와 미디어연구 등이다. 본서 프로젝트는 뉴욕시, 워싱턴 디씨와 방콕 등 뿐만 아니라 오스트리아 방콕 대사관 등에서 그녀의 연구가 기획되고 확대된 것에서 영감 받은 것이다.

리터, 뤼디거*Ritter, Rüdiger*는 마인즈, 디존, 콜론, 볼고그라드와 크라쿠프 등에서의 동 유럽사, 음악학과 철학 등을 연구했다. 그는 "Collective Identity and History in Post-Socialist Discourses: Belarus, Lithuania, Poland, Ukraine" (University of Bremen), "Opposition by Cultural Transfer: Jazz in the Eastern Bloc" (Freie Universität Berlin), "Discourses on Europe in Polish *Drugi Obieg* Periodicals" (Research Unit Eastern Europe, Bremen) 뿐만 아니라 as "Productive Misunderstandings: The Reception of Willis Conover's Radio Broadcast *Music USA—Jazz Hour* in the Former Eastern Bloc. 등과 같은 19세기와 20세기에서 동중부 유럽에서 음악, 문화 그리고 정치 등에 관한 여러 연구 프로제트에 참여했다.

사힌, 네빈*Şahin, Nevin*은 사회학 박사이다. 그녀의 연구는 음악, 이주와 초국가성 등의 사회학 , 역사음악학, 종교 사회학 그리고 질적 접근방법 등을 포함한다. 그녀는 독일에서 독일-터키 이주여성들, 이스탄불에서 불가리아-터키 이민자, 메블레빌리크 음악계 등의 연구를 수행했다. 그녀는 공공외교, 코즈모폴리턴이즘, 글로벌 사회학과 터키와 그리스 음악전통 등에 관한 회의에서 발표를 해 왔다. 그녀의 논문 "'Homeland' in

'Dreamland'? Space and Identity in *Göçmen Konutlari*"은 편집된 책 *Contemporary Turkey at a Glance: Interdisciplinary Perspectives on Local and Translocal Dynamics*에 실려 있다.

살루아, 켄드라*Salois, Kendra*는 워싱턴 디씨 소재 아메리칸 대학교 민족음악학 조교수이다. 그녀의 활동은 민족, 미학, 그리고 힙합에서 초월문화 조우에 관한 정치경제와 북미 대중음악 등에 초점을 둔다. 그녀의 업적은 *Anthropological Quarterly, the Journal of Popular Music Studies,* 그리고 the *Journal of World Popular Music Studies* 뿐만 아니라 편집된 책인 *Music and Diplomacy from the Early Modern Era to the Present and Islam and Popular Culture* 등에서 볼 수 있다. 그녀의 도서 프로젝트는 모로코 힙합 예술인에 의하여 발전된 시민권 이론을 살펴보는데, 장르를 논하는 것이 모로코 신자유주의 이행기의 핵심이다.

산즈 디아즈, 카를로스*Sanz Díaz, Carlos*는 마드리드 콤플루텐세 대학교 현대사 교수이다. 그의 최근 출판으로는 *Historia de las Relaciones Internacionales and La Guerra Fría (1947-1991)* (근간)이 포함된다. 그는 또한 *La Gran Guerra en la España de Alfonso XIII* (근간) and of *Das 'Gastarbeiter'-System nach dem Zweiten Weltkrieg: Westdeutschland und Europa*의 공동편집자이다. 그의 연구는 스페인 외교정책, 과학적 문화적 외교, 20세기 스페인-독일 관계와 1945년 이래로 초국가 이주 등에 초점을 둔다.

뷔래틱 딘*Vuletic, Dean*은 비엔나 대학 동유럽사 학과에 재직 중인 현대유럽 역사학자이다. 그는 *Postwar Europe and the Eurovision Song Contest* 책 저자이다. 이 책은 그가 마리 스크워도프스키 퀴리 펠로우십 (Marie Skłodowska-Curie Fellowship) 지원 하에 만들어진 것인데 유로비전 송 콘테스트 역사에 관한 최초의 학술적인 업적이다. 그는 또한 정규적으로 국제미디어에 유로비전 송 콘테스트에 대한 논평을 한다. 리제 마이트너 회원으로서, 벌렉틱은 최근에 "Intervision: Popular Music and Politics in Eastern Europe" 프로젝트를 수행한다. 그는 컬럼비아대학에서 학사

학위를 취득했다.

주 니덴 게사*zur Nieden, Gesa*는 독일 마인츠에 있는 요하네스 쿠텐베르그 대학교 음악학과 *조교수*이다. 파리 샤텔레 극장에 대한 그녀의 독일 프랑스 박사 연구를 마친 후에, 그녀는 로마에 있는 독일역사 연구소에서 근무했다. 그녀는 ANR/DFG 프로젝트 "MUSICI" (2010-13)와 HERA 프로젝트 "MusMig" (2013-16) 등의 독일 책임자이었다. 2018년 이래로, 그녀는 DFG/NCN 프로젝트 "Pasticcio"의 리더였다. 그녀의 연구는 근본적으로 근대 초 유럽에서 음악과 이주 그리고 리챠드 와그너 (Richard Wagner)와 그의 음악 등에 관한 현대적 수용에 관한 문화 기술적 연구 등에 초점을 둔다.

색인

대중음악과 공공외교
초국가·초학문적 시각

초판 인쇄 | 2022년 5월 25일
초판 발행 | 2022년 5월 30일

저자 마리오 던켈(Mario Dunkel)/시나 A. 니체(Sina A. Nitzsche) 공편
역자 김진호

펴낸곳 온누리디앤피
등록 1995년 8월 31일 제51호
주소 제주특별자치도 제주시 신성로12길 21-2
전화 064-722-0086
팩스 064-755-3380
이메일 on21@hanmail.net

ISBN 978-89-94495-74-3 93340

값 25,000원

※ 이 도서는 한국국제교류재단의 지원을 받아 출간되었습니다.